100만원 해외여행

도시 편

**100만원
해외여행**
도시 편

초판 1쇄 발행 2016년 1월 11일
초판 2쇄 발행 2016년 11월 10일

지은이 어스토리(김소희, 강지은)
발행 (주)조선뉴스프레스
발행인 김창기
편집인 우태영
기획편집 김화(출판1팀장), 김민정, 박영빈
판매 방경록(부장), 최종현, 박경민
교정 · 교열 김현지
지도 서상희
디자인 올디자인

편집문의 724-6726~9
구입문의 724-6796, 6797
등록 제301-2001-037호
등록일자 2001년 1월 9일
주소 서울특별시 마포구 상암산로 34 DMC 디지털큐브빌딩 13층 (주)조선뉴스프레스 (03909)

값 15,000원
ISBN 979-11-5578-402-0 14980

* 이 책은 (주)조선뉴스프레스가 저작권자와의 계약에 따라 발행하였습니다.
  저작권법에 의해 보호받는 저작물이므로 무단 전재와 복제, 전송을 금합니다.
* 저자와 협의하여 인지를 생략합니다.

삶을 아름답고 풍요롭게 만드는 도서를 출판하는 조선앤북에서는
예비 작가분들의 소중한 원고를 기다립니다.

블로그 blog.naver.com/chosunnbook
이메일 chosunnbook@naver.com

★ 100만 원 예산으로 갈 수 있는 베스트 해외 여행지 ★

100만원 해외여행

어스토리 지음

도시 편

조선앤북

Prologue

해외여행이 보편화되면서 큰맘 먹고 잔뜩 별러서 떠나는 여행보다 비교적 적은 금액으로 짧게 기분 전환을 위해 떠나는 여행이 늘어나고 있습니다. 특히 평균 100만 원 정도의 예산으로 주말 이틀에 연차 1~3일 정도를 이어 가볍게 다녀올 만한 여행지 정보를 찾는 사람들이 많은 것을 보고 그들에게 가장 필요한, 효율적인 여행 정보만을 골라 소개해보자는 취지로 이 책은 시작되었습니다.

어스토리는 바쁜 여행자들이 빠르게 여행지의 일정을 계획할 수 있도록 도움을 주는 서비스입니다. 『100만원 해외여행』속 추천 루트는 어스토리에 누적된 10만 개의 여행 일정을 분석하여 의미 있는 데이터를 생성할 수 있었기에 가능했습니다. 각 여행지의 추천 일정은 한두 사람의 리뷰가 아니라 집필진의 방문과 취재, 최근 다녀온 여행자들의 각종 데이터를 녹여 정리되었습니다.

우선 100만 원이라는 예산에 맞춰 항공료 포함 100만 원으로 비교적 여유 있게 다녀올 수 있는 일본, 중국, 동남아 지역의 유명 여행지들을 골랐고, 각 여행지의 유명한 랜드마크를 중심으로 하되 잘 알려지지 않은 장소라도 가 볼만 한 가치가 있다 판단되는 곳 위주로 스팟을 골랐습니다. 또 단순히 많이 알려진 곳을 나열하기 보다는 각 장소 간의 위치와 영업 시간, 거리를 고려하여 하루 단위로 둘러볼 수 있는 일정을 소개하려 애썼습니다.

각 여행지 마다 유명한 관광지와 맛집은 최대한 정리하려고 노력하였으나, 곳곳에 숨어 있는 보석 같은 장소들 모두를 담을 수는 없었습니다. 더 많은 정보를 소개하지 못하는 것이 안타깝기도 하지만 그로 인해 책이 더 두꺼워진다면 오히려 여행자들에게 짐이 될 것이라 생각합니다. 이 책이 제시하는 일정을 기본으로 하되, 마음을 열고 사람들을 만나고 정보를 공유하며 여기서 다루지 못한 다양한 곳에서도 즐거운 경험을 하길 바랍니다.

이 책을 정리하며 여러 번 가봤었던 여행지에 대해서도 몰랐던 면을 새롭게 알게 되었고, 여행자들이 매 휴가 때마다 여행지 선택에 있어 생각보다 더 많은 고민을 한다는 것 또한 새삼 느꼈습니다. 여행자들이 여행을 준비하고 선택하는 데에 조금이나마 도움이 되길 바라며, 바쁜 일상 속에서도 다음 여행을 상상하면서 생활의 활기를 찾으시길 기원합니다.

비행기도 차도 없던 2,000여 년 전부터 인간은 여행을 했다고 합니다. 지금 우리에겐 비행기, 기차, 자동차, 스마트폰, 와이파이가 있고 무비자 협정까지 있는데 떠나지 못할 이유가 없습니다. 은퇴 이후의 어르신들조차 자유 여행을 떠나는 시대인 지금, 두려움을 떨쳐내고 내가 하고 싶은 대로 하는 나만의 자유 해외 여행을 준비해보시길 바랍니다. 해외 자유 여행을 위해 가장 먼저 해야 할 일은 바로 떠나고자 하는 결심입니다. 온갖 근심 걱정을 내려놓고 일단은 나에게 작은 도전과 휴식을 선물하기로 마음먹는 것이 그 시작이고요. 이 책이 그 시작과 함께하기를 희망합니다.

Thanks to

이 책을 집필하는데 많은 노력과 열정을 쏟은 소희 씨와 지은 씨, 신선한 여행 일정을 항상 구상하며 힘쓴 성삼 군, 나의 정신적 지주인 사랑하는 구은정 님, 사랑하는 부모님, 우리의 발전을 위해 항상 조언하고 힘써주시는 김진영 대표님, 어스토리 서비스를 함께 만들어가는 우리 소중한 팀원들 정말 고맙습니다. 사랑합니다.

어스토리 대표 주원우

Contents

PART 1
100만 원으로 준비하는
해외 자유 여행

Prologue

1 100만 원으로 갈 만한 월별 추천 여행지 012
2 예산 계획하기 & 경비 줄이기 015
3 항공권 예약하기 018
4 여행 계획 세우기 022
5 해외 호텔 예약하기 024
6 해외여행 출발 전 준비해야 할 것들 029
7 짐 꾸리기 & 출발 후 주의사항 034
8 여행 영어 한마디 039

PART 2
100만 원으로 가기 딱 좋은
해외 도시 베스트

TRAVEL 1
TOKYO
도쿄
★ 2박 3일 ★

★도시 정보 046   ★통화&환전 048
★교통 048   ★항공 051   ★여행 예산 052
DAY 1 추천 일정 & 주변 추천 맛집 054
DAY 2 추천 일정 & 주변 추천 맛집 062
DAY 3 추천 일정 & 주변 추천 맛집 072
★추가 추천 스팟 077
★추가 추천 맛집 081
★추천 호텔 084
★추가 추천 루트 089

TRAVEL 2
FUKUOKA
후쿠오카
★ 2박 3일 ★

- ★도시 정보 094   ★통화&환전 096
- ★교통 096   ★항공 097   ★여행 예산 098
- DAY 1 추천 일정 & 주변 추천 맛집 100
- DAY 2 추천 일정 & 주변 추천 맛집 108
- DAY 3 추천 일정 & 주변 추천 맛집 114
- ★추가 추천 스팟 120
- ★추가 추천 맛집 125
- ★추천 호텔 129
- ★추가 추천 루트 132

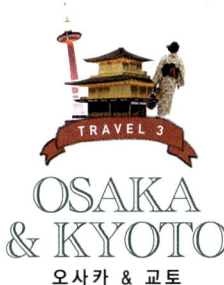

TRAVEL 3
OSAKA & KYOTO
오사카 & 교토
★ 3박 4일 ★

- ★도시 정보 136   ★통화&환전 138
- ★교통 138   ★항공 141   ★여행 예산 142
- DAY 1 추천 일정 & 주변 추천 맛집 144
- DAY 2 추천 일정 & 주변 추천 맛집 152
- DAY 3 추천 일정 & 주변 추천 맛집 158
- DAY 4 추천 일정 & 주변 추천 맛집 164
- ★추가 추천 스팟 170
- ★추가 추천 맛집 175
- ★추천 호텔 178
- ★추가 추천 루트 183

TRAVEL 4
SHANGHAI
상하이
★ 2박 3일 ★

- ★도시 정보 188   ★통화&환전 190
- ★교통 191   ★항공 193   ★여행 예산 194
- DAY 1 추천 일정 & 주변 추천 맛집 196
- DAY 2 추천 일정 & 주변 추천 맛집 202
- DAY 3 추천 일정 & 주변 추천 맛집 208
- ★추가 추천 스팟 213
- ★추가 추천 맛집 217
- ★추천 호텔 220

TRAVEL 5
TAIPEI
타 이 베 이
★ 3박 4일 ★

★도시 정보 228   ★통화&환전 230
★교통 231   ★항공 231   ★여행 예산 232
DAY 1 추천 일정 & 주변 추천 맛집 234
DAY 2 추천 일정 & 주변 추천 맛집 240
DAY 3 추천 일정 & 주변 추천 맛집 246
DAY 4 추천 일정 & 주변 추천 맛집 250
★추가 추천 스팟 254
★추가 추천 맛집 258
★추천 호텔 262
★추가 추천 루트 270

TRAVEL 6
HONGKONG & MACAU
홍콩 & 마카오
★ 3박 4일 ★

★도시 정보 274   ★통화&환전 276
★교통 277   ★항공 279   ★여행 예산 280
DAY 1 추천 일정 & 주변 추천 맛집 282
DAY 2 추천 일정 & 주변 추천 맛집 288
DAY 3 추천 일정 & 주변 추천 맛집 296
DAY 4 추천 일정 & 주변 추천 맛집 306
★추가 추천 스팟 310
★추가 추천 맛집 314
★추천 호텔 320
★추가 추천 루트 328

TRAVEL 7
SINGAPORE
싱 가 포 르
★ 4박 5일 ★

★도시 정보 334   ★통화&환전 336
★교통 337   ★항공 339   ★여행 예산 340
DAY 1 추천 일정 & 주변 추천 맛집 342
DAY 2 추천 일정 & 주변 추천 맛집 350
DAY 3 추천 일정 & 주변 추천 맛집 358
DAY 4 추천 일정 & 주변 추천 맛집 366
DAY 5 추천 일정 & 주변 추천 맛집 374
★추가 추천 스팟 382
★추가 추천 맛집 389
★추천 호텔 394
★추가 추천 루트 401

TRAVEL 9
HANOI
하노이
★ 3박 4일 ★

★ 도시 정보 456 ★ 통화&환전 458
★ 교통 458 ★ 항공 459 ★ 여행 예산 460
DAY 1 추천 일정 & 주변 추천 맛집 462
DAY 2 추천 일정 & 주변 추천 맛집 468
DAY 3 추천 일정 & 주변 추천 맛집 474
DAY 4 추천 일정 & 주변 추천 맛집 480
★ 추가 추천 스팟 483
★ 추가 추천 맛집 484
★ 추천 호텔 486

Index 492

TRAVEL 8
KUALA LUMPUR & MALACCA
쿠알라룸푸르 & 말라카
★ 4박 5일 ★

★ 도시 정보 406 ★ 통화&환전 408
★ 교통 409 ★ 항공 411 ★ 여행 예산 412
DAY 1 추천 일정 & 주변 추천 맛집 414
DAY 2 추천 일정 & 주변 추천 맛집 420
DAY 3 추천 일정 & 주변 추천 맛집 428
DAY 4 추천 일정 & 주변 추천 맛집 432
DAY 5 추천 일정 & 주변 추천 맛집 438
★ 추가 추천 스팟 442
★ 추가 추천 맛집 446
★ 추천 호텔 448

PART 1

100만 원으로 갈 만한
시즌별 추천 여행지

100만 원으로 갈 수 있는 해외 도시들이 상당수 동남아에 위치한 만큼 추천 시기도 '우기와 건기'에 초점을 두었다. 절대적인 것은 아니지만 아무래도 기본적으로 푸른 바다와 눈부신 햇살을 꿈꾸고 떠난 여행지에서 잿빛 하늘과 쏟아지는 빗줄기에 망연자실하지 않도록 우기 시즌이 아닌지 꼭 확인해보자. 또 다른 시기별 추천 여행지의 선발 기준은 바로 축제다. 좋은 날씨와 특별한 축제가 함께라면 과연 최고의 여행 시기일 것이다.

후쿠오카의 경우 우리나라보다 조금 더 높은 기온을 보인다. 가을이나 겨울에 조금 덜 추운 곳에서 따뜻한 온천을 즐기고자 한다면 딱 좋다. 오사카는 우리와 아주 유사한 날씨를 지녔기 때문에 봄이나 가을이 다니기 좋은데 특히 벚꽃이 만발하는 3월 말에서 4월 초순 정도가 가장 좋다. 사실 벚꽃이 피는 이 시기에는 일본 어디든 좋다. 단 벚꽃 개화 시기는 3월 중순경 남쪽의 규슈를 시작으로 북쪽으로 갈수록 조금씩 늦어진다. 매해 개화 시기가 조금씩 다르니 확인이 필요하다. 도쿄 역시 벚꽃 피는 봄이나 선선한 가을이 여행하기에 최적이다. 타이베이는 우리나라에 비하면 연중 매우 따뜻한 기후라 너무 덥고 습한 여름만 피한다면 언제라도 좋다. 단풍이 드는 가을이나 선선한 겨울, 따뜻한 봄 모두 적절하다. 2월 말에서 3월 초 핑시의 스펀에서는 천등 축제가 열려 수백 개의 천등이 날아오르는 모습을 볼 수 있다. 101타워에서 열리는 새해 카운트다운 불꽃 축제에 맞춰 방문하는 것도 좋다.

쇼핑으로 유명한 홍콩은 계절도 중요하지만 이왕이면 세일 기간에 맞춰 방문하는 것이 쇼퍼들에겐 더 유익하겠다. 여름과 겨울 두 번의 메가 세일 기간이 있다. 날씨로만 본다면 덥고 습하며 태풍의 영향이 있을 수 있는 여름을 제외한 계절에 방문하는 것이 좋다. 계절마다 축제가 끊이지 않는 홍콩을 갈 때는 이달의 축제를 확인해보자. 7월 1일 홍콩 반환일 불꽃 축제, 와인과 음식의 향연인 10월의 와인 앤 다인 축제Wine & Dine Festival, 설맞이 퍼레이드, 연말의 윈터페스트WinterFest와 화려한 불꽃 카운트다운까지 시기별로 다양한 볼거리가 있다.

<mark>상하이</mark>는 겨울에도 영하로 떨어지지 않는 비교적 온난한 기후를 보인다. 기온상으로는 봄과 가을 시즌이 가장 좋은데 봄에는 황사의 영향으로 대기 상태가 좋지 않은 경우가 종종 있다. 겨울에는 쌀쌀하기도 하지만 대기 오염이 심한 날이 많아 방문을 추천하지 않는다.

<mark>쿠알라룸푸르</mark>와 <mark>싱가포르</mark>는 같은 말레이 반도에 위치해 비슷한 기후를 보인다. 3~4월, 10~11월 두 번의 몬순 기간(우기)이 있어 이 시기에는 소나기가 자주 오는데 우리의 장마처럼 비가 하루 종일 내리기보단 짧고 강하게 내리는 경향이 있다. 덥지만 건기에 해당하는 여름이 대대적인 세일 기간이기도 해서 여행 가기에 좋다. 쿠알라룸푸르는 쇼핑 여행지답게 3~4월 그랑프리 세일, 6~8월 메가 세일, 11~1월 이어 엔드 세일의 연중 세 번의 큰 세일 시즌이 있다. 싱가포르는 두 번의 몬순이 비교적 약한 편인 데다 하루에도 비가 내렸다 화창해지는 변화무쌍한 날씨를 보이기 때문에 어느 시기에 방문해도 계절의 영향이 크지 않다. 2월의 설 축제, 4월의 미식 축제인 고메 서밋, 5~6월의 아트 페스티벌, 5~7월의 그레이트 세일, 7월의 푸드 페스티벌, 8월 9일 독립기념일 퍼레이드, 8월의 마리나 베이 불꽃 페스티벌 등 다양한 축제와 이벤트에 맞춰 여행 시기를 선택해보자.

<mark>하노이</mark>는 여름이 가장 덥고 습하며 많은 강수량을 보이고 겨울 시즌이 상대적으로 덜 습하고 시원한 날씨를 보인다. 겨울의 평균 기온이 17~19도 정도로 여행하기에 가장 적절하다.

이렇듯 도시마다 여행 적기가 다른데 생각보다 한여름에 방문하기 좋은 여행지가 많지 않다. 하지만 우리나라에서 휴가를 여유 있게 쓸 수 있는 경우는 대부분 여름이라 우기인 보라카이나 세부도 여름에 방문하는 사람들이 많은 것이 현실이다. 여름 휴가 날짜를 조금 당기거나 미룰 수 있다면, 북적이고 비싼 여름 성수기를 피해 훨씬 쾌적한 여행을 할 수 있을 것이다. 100만 원이라는 저렴한 여행 경비 안에서도 갈 수 있는 좋은 해외 여행지가 이렇게나 많다. 여행 최적기를 맞은 다양한 여행지로 신나는 여행을 떠나보자!

★ 도시별 여행 가기 좋은 시기

월 나라	1월	2월	3월	4월	5월	6월	7월	8월	9월	10월	11월	12월
도쿄				벚꽃								
후쿠오카			벚꽃				마츠리					
오사카			벚꽃	벚꽃								
상하이			황사									
타이베이		축제										새해
홍콩	세일	세일					세일	세일		축제		새해
싱가포르		설축제		축제		세일/축제	세일	축제				새해
쿠알라 룸푸르			세일	세일			세일	세일			세일	새해
하노이												

★ **노란색**: 대체로 날씨가 좋은 시기 (건기) / **주황색**: 여행 최적기
★ 코멘트가 있는 시기는 세일이나 축제, 새해맞이 이벤트 등 특별한 행사가 열리는 시기임

예산 계획하기 & 경비 줄이기

앞에서 100만 원으로 갈 수 있는 도시 여행지들을 살펴봤다. 이 외에도 여러 곳이 있겠지만 100만 원이라는 제한된 예산으로 갈 수 있는 여행지들은 대략 이 정도다. 물론 여행 시기에 따라 예산은 상당히 달라질 수 있다. 정확한 예산을 파악하기 위해서는 일단 가장 먼저 내가 여행하고자 하는 시기에 목적지로의 항공권 가격을 검색해봐야 한다. 스카이스캐너, 카약, 인터파크 등을 이용하면 목적지별 해당 기간의 다양한 항공권 가격을 검색할 수 있다. 설정된 기간의 도쿄행, 방콕행, 타이베이행 등의 항공권 가격을 검색해보면 목적지별 예산 비교에 도움이 된다. 전체 예산은 일정과 기간에 따라, 또 어떻게 쓰느냐에 따라 크게 다르지만 일반적으로 대부분의 여행지에서는 항공권 비용이 전체 예산의 약 40~50 프로 정도를 차지한다.(예산은 숙소에 따라서도 크게 달라질 수 있다. 이 예산은 비교적 저렴한 숙소에 머무르는 것을 전제로 한 것이다.) 하지만 일본의 경우 거리에 비해 물가가 비싸니 항공권이 전체의 20~30프로를 차지하는 것으로 계산하는 것이 적합하겠다. 이처럼 예산에서 가장 큰 두 부분은 항공과 호텔인 만큼 내 휴가 기간의 원하는 목적지로의 항공권 가격과 원하는 수준의 호텔 가격만 대략 찾아봐도 대강의 전체 예산을 설정할 수 있다. 나머지 부분은 식비, 현지 교통비, 각종 입장료, 기타 정도로 3~5일 이내의 여행 기간이라면 대체로 30~50만 원 정도면 된다. 여기서 쇼핑은 당연히 예외다. 쇼핑은 각자 예산에서 따로 설정할 필요가 있다.

★ 여행 경비 줄이는 팁

❶ 비수기 활용하기

역시 경비 줄이기의 정석은 가능한 한 빨리, 가능한 한 남들이 안 갈 때(비수기에) 떠나는 것이다. 모두가 휴가를 떠나는 설·추석 연휴나 여름 휴가철 등 성수기에는 언제나 항공료가 치솟기 마련이다. 사실상 여름 휴가철이 여행 가기에 가장 좋은 시기는 아닌데도 말이다. 하지만 긴 방학을 가진 대학생이 아닌 이상 대한민국의 보통 사람들에게 주어지는 휴가는 결국 남들이 가는 공휴일과 휴가철뿐이다. 그나마 여름 휴가 성수기를 피해 조금 일찍 또는 늦게 휴가를 얻고 가능한 한 빨리 예약하는 것이 그나마 저렴한 항공권과 호텔을 확보할 수 있는 방법일 것이다.

❷ 여럿이 여행 가기

혼자보다는 둘, 둘보다는 넷이서 여행을 간다면 택시비나 렌트비 등 각종 비용을 나눌 수 있다. 음식도 이것저것 시켜서 나눠 먹을 수 있으니 좋다. 혼자 여행하는 여행자라면 카페나 각종 여행 커뮤니티를 통해 동행인을 찾아보자. 모든 일정을 같이 하지 않더라도 렌트나 택시 투어 등의 큰 여행 경비가 필요한 일정만 동행해도 경비를 줄이는 데 큰 도움이 된다.

❸ 각종 쿠폰 활용하기

일단 기본은 방문할 국가의 관광청 사이트를 방문하는 것이다. 관광청에서 발행하는 공식 할인 쿠폰들도 있고 특별한 기간 동안 무료 개방을 한다거나 입장이 제한된다거나 하는 기본적인 정보들도 확인할 수 있다. 항공이나 호텔을 예약할 때 예약업체에서 주는 각종 할인 쿠폰도 있고 여행지의 관광 안내 센터나 공항 내에 비치된 관광 지도 등 책자에도 입장료 할인부터 무료 음료 쿠폰, 면세점 할인 쿠폰 등 다양한 쿠폰들이 붙어 있는 경우가 많다. 한국에서 사용 중인 신용카드사나 통신사에서도 해외 특정 가맹점의 할인 쿠폰을 제공하는 경우가 있으니 꼭 확인해보자.

❹ 필요한 물건 챙겨 가기

웬만한 생필품은 가지고 가자. 로션류는 작은 샘플 통에 덜어가고, 의외로 필요할 수도 있는 손톱깎이나 면봉, 건전지 등 각자에게 필요한 것들을 챙겨보자. 이런 소소한 공산품들이 해외에서는 생각보다 비싼 경우가 많다. 혹시 늘어날 짐에 대비해 접이식 에코백도 하나쯤 가져가자.

❺ 호스텔 & 무료 투어 이용하기

저렴한 자유여행을 꿈꾼다면 호스텔(게스트 하우스)을 적극 활용해보자. 혼자 여행하는 여행자들에게 더욱 추천한다. 착한 가격은 기본이고 전 세계 곳곳에서 온 여행자들을 만날 수 있는 만남의 장이자 다양한 여행 정보를 얻을 수 있는 창구이며 무료 투어나 액티비티를 즐길 수 있는 에이전시이기도 하다. 각 호스텔마다 다양한 프로그램을 운영하는데 대개는 무료이며 약간의 팁과 필요한 경우 입장료 정도만 지불하면 된다. 종종 비용을 지불하는 투어가 있더라도 가격이 그리 부담스럽지 않다. 시티 워킹 투어, 자전거 투어, 클럽 투어, 루프톱 파티(호스텔 주최 파티) 같은 데이 투어나 자전거 대여, 디너 파티 등 호스텔마다 특색 있는 활동들을 운영한다. 비싼 가이드 투어 대신 두어 시간 정도의 짧은 워킹 투어만으로도 그 도시의 간단한 역사와 특징, 지리를 파악하는 데는 충분하다. 대부분 영어로 진행되는데 여행자들을 대상으로 하기에 쉬운 영어로 설명해주니 크게 부담 갖지 않아도 된다.

❻ 무료 숙박 알아보기

여행지에서 현지인의 가정집 소파에서 신세를 진다는 취지의 '카우치 서핑'은 문화 교류 및 공간 공유 개념으로 이해하면 된다. 우리 집의 빈 방이나 소파를 등록해두고 여행자를 초대하는 사이트로 새로운 경험을 꿈꾼다면 도전해볼 만하다. 현지인들의 실생활과 가정의 모습을 직접 볼 수 있는 기회이기도 하다. 아래 사이트들 모두 비슷한 개념으로 원하는 호스트와 연락하여 현지인의 집에서 무료로 숙박을 해결할 수 있다. 단, 인기 도시는 호스트에 비해 여행자가 너무 많아서 경쟁이 치열하므로 최소 한두 달 전부터 연락을 취해봐야 한다. 스테이두의 경우 호스트에 따라 소정의 비용을 받거나 집안일을 도와줘야 한다거나 하는 약간의 '대가'가 필요할 수 있으니 참고할 것.

🛜 카우치 서핑 www.couchsurfing.com
🛜 스테이두 www.staydu.com

3 항공권 예약하기

여행 경비 절감에 있어 가장 중요한 항공권 예약! 여행자들의 항공 예약 패턴을 보면 단거리는 주로 한 달 전에 예약하는 경우가 많고 장거리의 경우 두세 달 전인 경우가 많다. 하지만 저렴한 장거리 항공권은 무려 약 300일 전에 이미 팔려 나간다고 한다. 기본적으로 항공료는 출발일에 가까워질수록 오른다. 간혹 남은 좌석을 출발 직전에 저렴하게 파는 경우도 있지만 좌석 확보를 장담할 수 없다. 가능한 한 휴가 날짜를 빨리 확보하고 항공권부터 서둘러 예약해두는 것이 경비를 줄이는 최선의 방법이다. 여행 날짜에 대한 확신이 없다면 취소 및 변경 가능한 항공권으로 예약하자. 혹시나 날짜를 변경한다고 해도 변경 수수료를 내는 것이 나중에 비싼 티켓을 사는 것보다 저렴한 경우가 많다.

★ **저렴한 비행기 티켓 찾기**

저렴한 항공권을 선점하기 위해서는 수시로 오픈되는 저가 항공사들의 프로모션에도 관심을 갖고 내가 가고자 하는 날짜의 항공권을 종종 검색해보면서 가격 추이를 살펴봐야 한다. 에어페어 와치독, 스카이 스캐너 같은 항공 예약 사이트에 미리 등록을 해두면 각종 항공 예약 사이트에서 내가 검색한 항공 노선에 대한 가격 변동 알림을 메일로 받아 볼 수도 있다.

저가 항공사의 특가를 노리는 것이 가장 저렴한 항공권을 얻을 수 있는 방법이겠지만 언제 어떤 곳으로의 항공권을 판매할지 알 수 없으니 관심을 갖되 이는 예외로 생각하는 것이 좋다. 기본적으로는 얼리 버드 특가가 우리에게 주어진 가장 좋은 기회이다. 보통은 2~3개월 이상 전에 구매하는 항공권을 얼리 버드 항공권이라고 말한다. 아시아나항공의 경우 매주 화요일마다 얼리 버드 항공권을 '오즈 드림 페어'라는 이름의 특가로 판매하고 있다. 이처럼 각 항공사마다 얼리 버드 특가를 따로 게시하기도 하지만 다른 예약 사이트에서도 수개월 후의 항공권을 검색하면 저렴한 가격으로 예약할 수 있다. 단, 저가 항공사들의 특가 항공권은 검색 사이트에서 누락되는 경우가 있어 직접 항공사 사이트에서 검색해보아야 한다.

🛜 **에어페어 와치독** www.airfarewatchdog.com
🛜 **스카이 스캐너** www.skyscanner.co.kr
🛜 **카약** www.kayak.co.kr

만일 사전에 항공권을 구하지 못했는데 급히 떠나려고 하는 상황이라면 각 항공사의 임박 특가 항공권을 찾아보거나 대형 여행사의 항공권 공동 구매 가격을 검색해보자. 패키지로 미리 확보해둔 좌석 중 팔지 못한 항공권들을 저렴한 가격에 판매하는 경우가 종종 있다. 물론 이런 티켓은 출발일이나 목적지 선택이 제한적이다.

항공권을 검색할 수 있는 사이트는 국내외를 막론하고 아주 다양하다. 그 수가 점점 늘고 있고 각각 비슷한 듯 다른 검색 서비스를 제공한다. 대표적인 사이트는 역시 스카이 스캐너일 것이다. 왕복이나 편도의 항공권을 검색할 수 있는데 출발지만 지정하고 목적지를 '모든 곳'으로 설정할 수 있는 것이 장점이다. 내가 여행하고자 하는 시기의 여러 목적지로의 항공권 가격을 비교 검색할 수 있다. 또는 목적지를 지정하고 여행 날짜를 달이나 주 단위로 지정하여 저렴한 날짜를 검색하는 것도 가능하다. 즉 가장 저렴한 목적지로 가장 저렴한 날짜를 찾을 수 있는 것이 장점이다. 반면에 '카약'은 '모든 곳'이나 '한 달' 단위로 검색할 수는 없지만 '다구간' 검색이 가능하다.

항공권 비용을 줄이고자 할 때 직항이 아닌 경유 티켓을 선택하게 되는데 이때 이왕이면 원하는 경유지를 직접 설정하여 검색해보는 것도 좋겠다. 항공권 예약 및 검색은 위에 언급한 사이트 외에도 오르비츠, 힙멍크, 익스피디아 등 다양한 해외 사이트가 있다. 또한 대형 여행사 사이트나 옥션, 인터파크 같은 여러 국내 사이트에서도 실시간 항공권 검색 서비스를 이용할 수 있다. 국내 사이트의 경우 신용카드사나 멤버십에 따른 할인 혜택을 제공하는 경우가 많으므로 해외 사이트 검색 후 국내 사이트에서도 가격을 비교해보자.

★ **경유 항공편 활용하기**

경유지를 잘 활용하면 더 저렴한 항공권을 얻으면서 두 도시를 한 번에 여행할 수 있는 좋은 방법이 되기도 한다. 예를 들어 싱가포르를 가려고 할 때 대한항공이나 아시아나항공을 타면 기본 60~70만 원 이상으로 가격이 상당히 비싸지만 싱가포르에서 비행기로 1시간 거리에 있는 쿠알라룸푸르는 에어아시아를 이용하면 30만 원대로 티켓을 구매할 수 있고 쿠알라룸푸르에서 싱가포르까지는 왕복 5만 원 정도면 비행기편을 구할 수 있다. 이렇게 쿠알라룸푸르처럼 각 지역마다 수많은 항공사가 집결하는 거점 도시가 있다. 메이저 항공사는 물론 국내선 항공사나 저가 항공사들도 모여드는 이러한 거점 도시를 경유지로 정하고 저가 항공사를 이용하여 주변 도시로 이동하면 항공권 비용을 상당히 아낄 수 있다. 동남아에서는 쿠알라룸푸르와 방콕이 가장 대표적인 거점 도시다.

★ 항공권 예약 시 주의 사항

❶ 공항 코드

각 공항마다 알파벳 세 글자로 이루어진 고유한 식별 코드가 있다. 한 도시에도 여러 공항이 있는 곳이 있어 헷갈리지 않도록 하기 위함인데 예를 들어 서울의 경우 인천 공항은 ICN, 김포 공항은 GMP로 표기한다. 서울이나 타이베이, 도쿄처럼 공항이 여러 개인 도시에서는 특히 어느 공항으로 도착하는 항공권인지 공항 코드를 꼭 확인해야 한다. 때에 따라서는 도착 공항과 귀국 시 출발 공항이 다른 경우도 있으니 헷갈리지 않도록 유의할 것. 또한 경유 시에 공항을 이동해야 하는 경우도 종종 발생한다. 도쿄를 경유해 다른 도시로 간다고 할 때 도착은 하네다 공항으로 했는데 갈아 탈 비행기는 나리타 공항에서 출발하는 경우가 그렇다. 이때는 하네다 공항에서 나리타 공항으로 이동하는 시간을 고려하여 대기 시간이 충분한지 잘 따져봐야 한다.

❷ 수하물 포함

저가 항공사는 수하물 운임이 항공권 가격에 포함되지 않은 경우가 대부분이다. 짧은 여행이라 기내용 가방만으로 충분하다면 상관없지만 수하물이 있다면 항공권 결제 시에 수하물 추가 옵션을 함께 구매해두는 것이 편리하다. 왕복 또는 편도 구간만 수하물을 추가할 수도 있다. 무게에 따라 가격이 다르니 무게와 가방 개수를 잘 확인하고 결제하자.

❸ 기타 옵션

저가 항공사는 가격이 저렴한 만큼 기내 좌석 외에는 아무것도 포함되어 있지 않다. 예약 과정에서 수하물부터 기내식, 좌석 지정 여부도 따로 추가해야 한다. 기타 여행자 보험이나 특수 수하물, 반려동물, 렌트카, 패키지 호텔 등 다양한 옵션 상품을 함께 판매하고 있으며 필요 없는 부분은 과감히 'No'를 선택하면 된다. 원하는 좌석을 미리 확보하고 싶다면 약간의 추가 비용을 내고 좌석을 지정할 수 있고 원하는 기내식 메뉴도 골라 항공권과 함께 구입할 수 있다. 기내식은 가격 대비 맛이 별로인 곳이 많아 그리 추천하진 않는다.

❹ 예약 클래스 확인

1년에 두세 번 정기적으로 여행을 하거나 특정 항공사의 마일리지를 모으고 있다면 항공권의 예약 클래스도 확인해볼 필요가 있다. 이코노미, 비즈니스, 퍼스트의 좌석 클래스와 별도로 항공권 티켓에도 클래스가 있다. 가격와 마일리지 적립률에 차이가 있는데 아시아나항공을 예로 살펴보면 T·G 클래스는 80프로, Y·B·M·H·E·Q·K·S 클래스는 100프로의 비율로 마일리지가 적립된다. T·G 클래스는 단체 할인 항공권에 해당하는 클래스로 가격이 저렴한 편이다. 항공사마다 예약 클래스별 마일리지 적립률이 다르므로 따로 확인이 필요하다. 대한항공에서 G 클래스는 아시아나항공과 같이 80프로 적립률을, T 클래스는 70프로의 적립률을 제공한다. 항공권 구매 단계에서 예약 클래스가 확인되는 사이트도 있고 그렇지 않은 경우도 있는데 가격이 아주 저렴한 특가 항공권은 마일리지가 전혀 적립되지 않거나 아주 적은 비율로 적립되는 것도 많다. 항공사 사이트에서 직접 예약한다면 마일리지 적립률을 바로 확인할 수 있다.

❺ 변경 및 환불 가능 여부

항공권을 구매할 때 반드시 확인해야 할 조건은 역시 변경 및 환불 조항이다. 어떤 곳에서 예약을 진행하든 변경과 환불에 관한 조항은 확인할 수 있다. 해외 사이트라면 'terms&conditions' 'policy' 같은 단어를 유심히 살펴보자. 특별 할인가의 경우 non-refundable로 애초에 환불이 불가능한 조건의 항공권도 있다. 일반적으로는 출발일까지 남은 기간에 따라 수수료를 지불하고 변경 또는 취소할 수 있다.

❻ 항공권 취소 방법

국내 사이트나 국내 항공사의 경우 고객 센터로 연락하여 쉽게 문의할 수 있지만 해외 예약 사이트나 해외 항공사 사이트에서 직접 예약한 경우 취소 과정이 어려울 수 있다. 어떤 사이트들은 예약 시 한국어 서비스를 지원하지만 고객 센터는 자국에서 영어로만 운영하고 있어 영어로 문의해야 하는 어려움이 있다. 항공사 사이트의 경우 온라인 상에서 취소나 변경 절차를 밟을 수 있는 곳도 많아 온라인으로 쉽게 해결할 수 있다. 또한 한국 지점이나 한국어 콜센터를 운영하여 한국어로 쉽게 문의할 수 있는 항공사나 해외 사이트들도 여럿 있다. 아무래도 변경이나 취소의 우려가 있다면 가격 검색만 해외 사이트에서 하고 실제 예약은 항공사 홈페이지나 국내 사이트를 통해 예약하는 것이 편리하겠다.

여행 계획 세우기

항공권을 구매했다면 다음은 호텔 예약이 아니라 '일정'을 먼저 짜야 한다. 대체로 우리나라 여행객들은 상대적으로 휴가가 짧기에 효율적으로 여행하는 것이 중요하다. 특별히 머물고자 하는 숙소가 있는 것이 아니라면 일단 내가 그 여행지에서 무엇을 보고 무엇을 하고 싶은지, 또 무엇을 먹고 싶은지 먼저 생각해보자. 어디에서 무엇을 하고 싶은지 알아야 일정도 짤 수 있는 것 아니겠는가? 요즘엔 인터넷만 있으면 뭐든지 다 검색해 볼 수 있다. 어딘가를 목적지로 결정했을 때는 그곳에서 하고 싶은, 또는 가보고 싶은 무언가가 있기 때문이었을 것이다. 그렇다면 이제 이 도시가 가진 다른 매력이 무엇인지, 어떤 것이 유명한지, 그곳 사람들은 무엇을 먹고 사는지 알아봐야 한다. 가장 먼저 할 일은 우선 그 나라의 관광청 사이트를 방문하는 것이다. 비자 문제부터 문화·역사·교통·축제 정보는 물론 스스로 자랑스럽게 여기는 관광 명소들이 무엇인지 파악하기 좋다. 베트남, 필리핀, 태국, 싱가포르, 홍콩, 일본, 대만과 같이 한국인이 많이 찾는 나라의 관광청은 모두 한국어 사이트가 있어 특히 편하다. 관광청에 따라 한국어 지도나 가이드북을 다운받거나 택배로 받을 수도 있다. 여행 정보와 함께 이 단계에서 꼭 확인해야 할 정보들이 있다. 바로 내가 가려는 국가의 기본 정보다. 날씨, 환율, 비자, 여행 시기의 날씨 등을 비롯하여 사용 언어는 무엇인지, 그 시기에 할 수 없는 것이 있는지, 종교적이나 문화적인 분위기는 어떤지, 무비자 협정국인지 관광 비자가 필요한지, 특별한 안전 사고(재난, 재해, 전쟁, 사건, 사고)는 없는지, 여행하기에 안전한지 확인이 필요하다. 목적지를 탐색할 때 날씨와 기본적인 내용은 확인했겠지만 항공권을 구매한 이후 한 번 더 체크해보고 특히 비자가 필요하다면 바로 비자를 신청하자. 환율 상황도 살펴보면서 환율이 오르는지 떨어지는지 추세를 보고 저렴하다 싶은 시기에 미리 환전해두는 것도 현명한 방법이다.

★ 여행 일정 세우기

인터넷상에서 다른 여행자들이 이미 다녀온 일정을 참고하는 것도 방법이지만 모두가 가는 곳이 꼭 내가 가고 싶은 곳은 아닌 만큼 각 명소에서 무엇을 볼 수 있는지, 내가 원하는 여행이 무엇인지 잘 생각해보고 일정을 짜자. 특히 이번 여행에서 내가 얻고자 하는 것이 무엇인지 한 번쯤 고민해보면서 여행의 '컨셉'을 정하면 일정을 짜는 데 도움이 된다.

여행이 길다면 상세한 일정은 필요 없겠지만, 3박 4일이나 4박 5일 정도의 짧은 일정일수록 좀 더 자세한 일정이 있어야 시간을 효율적으로 보낼 수 있다. 어디 갈까 고민하고 길 찾느라 헤맬 여유 시간이 없기 때문이다. 사전에 꼼꼼히 계획을 해두면 그 과정에서 여행지의 지리도 대략 미리 파악하게 되고 지하철이나 버스 교통편도 확인할 수 있어서 현지에서 일정이 약간씩 바뀌더라도 길 찾는 데 걸리는 시간이 줄어든다. 또한 머릿속에 일정이 정리되어 지도를 계속 들여다보지 않아도 수월하게 움직일 수 있다.

여행 일정 사이트 '어스토리' 활용법

어스토리(www.earthtory.com)에서는 다른 여행자들이 많이 방문한 인기 관광 명소와 맛집, 쇼핑 장소들을 한눈에 확인할 수 있다. 각 장소의 종류에 따라 분류되어 있어 내가 관심 있는 분야의 장소들만 쉽게 찾는 것이 가능하다. 각 장소마다 자동으로 검색된 네이버 블로그 링크가 포함되어 있어 일일이 블로그를 검색할 필요 없이 블로그 후기를 쉽게 살펴볼 수 있다. 기본적인 정보와 블로그, 사진, 리뷰, 별점과 지도 위치를 확인하고 가고 싶다는 생각이 들면 '클립' 버튼을 눌러 마치 장바구니에 물건을 담듯 내가 가고 싶은 장소들을 내 클립보드에 담아둘 수 있다. 이렇게 클립된 장소들은 나중에 지도에서 따로 확인할 수 있는데 내가 클립한 장소만 볼 수 있어 편리하게 동선을 그려볼 수 있다. 이렇게 각 장소의 지도 위치를 보면서 드래그 & 드롭으로 클립 장소들을 방문할 순서대로 배열하기만 하면 된다. 그러면 어스토리가 알아서 이동 동선과 가는 방법, 소요 시간을 보여준다.(추천 경로를 클릭하면 찾아가는 방법도 확인할 수 있다.)

만일 처음부터 일정을 짜는 것이 부담스럽다면 다른 여행자들은 어떤 일정으로 여행했는지 둘러보자. 비슷한 조건의 여행 일정, 계절이나 여행 테마, 여행 기간에 따라 검색할 수 있다. 살펴보고 마음에 드는 일정이 있다면 그대로 복사해와서 편집하면 된다. 또는 어스토리가 제시하는 기본 추천 일정에 내가 원하는 장소나 맛집들 몇 군데를 추가하여 일정을 정리하는 방법도 있다. 이렇게 하면 일정의 기본 틀이 갖춰져 있어 더 빨리 손쉽게 내 일정을 완성할 수 있다. 이렇게 만들어진 나만의 일정은 모바일이나 스마트 기기에서 실시간으로 확인할 수 있고 다음 목적지로의 길 찾기를 보며 헤매지 않고 이동할 수 있게 도와준다. 만일 로밍이나 와이파이가 여의치 않다면 미리 모바일에 내 일정을 저장해두면 된다. PDF나 엑셀 파일로 다운받아 활용할 수도 있다.

해외 호텔 예약하기

호텔을 예약하기에 앞서 일정을 먼저 짠 것은 내가 주로 어느 지역에서 활동할 것인지, 어디로 이동할 것인지를 먼저 파악해야 내 일정에 맞는 최적의 호텔 위치를 알 수 있기 때문이었다. 어떤 명소를 갈지에 대한 아무런 계획이 없이 그냥 좋아 보이는 호텔을 예약했다간 호텔로 왔다 갔다 하느라 아까운 시간을 길에서 다 버리게 될지도 모른다. 이제 내 일정에 가장 적합하고 효율적인 위치에 있는 호텔을 찾을 차례다. 주로 방문할 명소와 공항으로의 교통편이 편리한 위치에 있으면서 전망까지 갖췄다면 최고의 숙소일 것이다.

★ 호텔을 저렴하게 예약하는 법

호텔 예약은 항공권과 마찬가지로 비수기에 일찍 하는 것이 역시 정석이다. 모두가 최저가라며 자랑하는 수많은 호텔 예약 사이트 중에서 대체 어디를 골라 예약을 해야 할지 고민이 되지만 사실 호텔 예약 사이트들은 다 비슷비슷하기 때문에 내 성향에 맞는 편리한 검색 엔진을 하나 골라 활용하는 것이 답이다. 저렴하게 호텔 예약을 하기 위한 몇 가지 주의 사항을 알아보자.

❶ 성수기 피하기

최대한 성수기는 피해야 한다. 남들 다 갈 때 함께 가는 것은 비싸게 여행하는 최고의 방법이다. 가능하다면 조금이라도 성수기를 피해 조금 일찍 또는 늦게 여행할 것을 추천한다. 같은 5성급 호텔 룸을 성수기에는 40만 원, 비수기에는 17만 원에 예약한 사례도 있었다.

❷ 일찍 예약하기

대부분의 호텔에서는 한 달 전 20프로, 두 달 전 30프로 이런 식으로 사전 예약 할인(early booking discount)제도(할인율은 호텔마다 다름)를 운영하고 있다. 다만 6개월 이상 너무 일찍 예약할 경우 오히려 할인받지 못하고 정가로 예약해야 하는 경우도 있으니 2~3개월 전에 예약하는 것이 가장 좋다. 하지만 추석이나 설 연휴처럼 우리에겐 초성수기인 연휴가 해외에서는 공휴일이 아니기 때문에 '연휴 특가'가 반영되기 전에 아주 일찍 서둘러 예약해도 좋다. 호텔 측에서 이 기간을 연휴로 설정하기 전에 미리 예약하는 것이 정가로 예약하더라도 성수기 특가로 비싼 가격을 내는 것보다는 이익이기 때문이다.

❸ 금요일 피하기

호텔은 요일에 따라 가격 차이가 있다. 일반적으로 금요일, 토요일 가격이 가장 비싸다. 하지만 주말을 활용하지 않고 여행하기는 거의 불가능한 현실에서 그나마 저렴한 호텔을 예약하기 위해서는 '금토일' 보다는 '토일월'을 선택하는 것이 낫다. 일반적으로 일요일과 월요일 방값이 금요일, 토요일 방값보다는 저렴하기 때문이다. 4일짜리 여행을 계획한다면 '토일월화', 5일 연휴에서 4일짜리 여행을 가는 것이라면 '일월화수' 처럼 요일을 선택해야 비용을 아끼는 데 도움이 된다.

❹ 혼자보다는 둘이서 방 쓰기

혼자보다는 트윈 룸이나 트리플 룸에서 2~3인이 함께 투숙하며 숙박비를 나누는 것이 가장 확실하게 비용을 절감하는 방법이다. 혼자 여행할 때는 2인용에 해당하는 더블 룸이나 트윈 룸을 예약하지 말고 1인용 싱글 룸을 제공하는 호텔을 찾아보자. 또는 호스텔이나 민박을 이용하는 것이 더 저렴하고 즐길거리도 많아서 여러모로 좋다.

❺ 프로모션 쿠폰 찾기

각종 호텔 예약 사이트에서 제공하는 다양한 할인 쿠폰을 찾아보자. '리테일미낫(www.retailmenot.com)' 오퍼스(www.offers.com/travel)' 등에서 호텔 예약 사이트의 이름을 검색해보면 할인 쿠폰을 찾을 수 있다. 항상 적용되는 것은 아니고 쿠폰마다 다른 제한이 있어서 막상 활용할 수 없는 경우도 있다. 하지만 5프로 할인 쿠폰이라도 발견할지 모르니 한 번쯤 참고해볼 것.

❻ 최저가 보상제 활용

호텔 사이트나 호텔 예약 사이트에서는 최저가 보상 제도를 운영하는 곳이 많다. 'best

rate guarantee(BRG)'라고 쓰여 있다면 이곳의 가격이 최저 가격임을 보장한다는 뜻이다. 예약을 완료한 후 다른 곳에서 더 저렴한 가격 조건을 발견했을 때 이용할 수 있다. 같은 날짜, 같은 룸 타입, 같은 요금 조건의 동일 호텔이 더 저렴한 가격으로 판매되고 있다면 클레임을 걸어 최저가를 보상받을 수 있다. 이런 사이트 외에 호텔의 공식 홈페이지에서 예약한 경우도 마찬가지다. 호텔 검색 시 가격 위에 '최저가 보상'이라는 문구가 달려 있는 것을 확인할 수 있는데 이를 클릭해보면 클레임 방법을 확인할 수 있다.

★ **해외 호텔 예약 시 주의 사항**

❶ 무료 취소로 예약하기

호텔을 미리 예약할 때 일정에 확신이 없어 불안할 수 있다. 또는 확신했더라도 갑자기 일이 생길 수도 있는 법이다. 대부분의 해외 호텔 예약 사이트에서는 예약 금액을 표시할 때 '무료 취소(free cancellation)'나 '환불 불가(non-refundable)'라고 요금 정책을 표시해준다. 일반적으로 환불 불가 요금이 가장 저렴하지만, 무료 취소 요금과 큰 차이가 없다면 가급적 '무료 취소' 요금으로 예약하자. 특정한 날짜까지(예약 시 환불 정책에서 확인할 수 있음) 무료로 환불할 수 있는 요금 조건으로 일정이 바뀌거나 여행이 취소된 경우 수수료 없이 결제한 돈 전액을 받을 수 있다.

특히 할인 가격으로 예약할 때 환불 불가 조건인 경우가 많으니 휴가 일정이 확실한 경우에만 이용하도록 하자. 무료 취소인 경우 같은 룸 타입에도 불구하고 예약 가격이 조금 더 높은 경우가 많은데 미리 예약하는 만큼 이미 할인된 가격이라면 혹시 모를 뒷일을 대비하여 속 편하게 무료 취소를 이용하는 것도 방법이다.

❷ 변경 및 취소하기

기본적으로 해외 호텔 예약 사이트에서는 '예약 내역'이나 '예약 관리' 등 예약을 확인할 수 있는 메뉴에서 바로 예약을 변경하거나 취소할 수 있다. 온라인을 통해서 예약 변경이나 취소를 신청하거나 국내 고객 센터가 있는 경우 고객 센터를 통해 처리할 수도 있다. 변경 및 취소 정책은 호텔과 요금 조건에 따라 다르니 예약 시 꼼꼼히 확인해야 한다.

❸ 리뷰로 단점 확인하기

다른 고객들의 리뷰나 평점도 호텔 선택에 있어 중요한 기준이 된다. 호텔의 전반적인 평가도 중요하지만 사진을 보고 판단하기 힘든 청결도, 서비스, 시설의 낙후 정도 등의 내용에 초점을 맞추어 읽어보자. 특히 단점 위주로 리뷰를 파악하고 용납할 수 없는 내용이 있는지 살펴보자. 하지만 개개인의 경험과 기준이 달라 특정인의 리뷰 한마디보다는 여러 사람의 전체적인 의견을 파악하는 것이 객관적일 것이다. 모든 호텔의 리뷰를 다 읽는 것은 무리이니 위치, 가격, 시설 등 주요 기준으로 몇 개의 호텔을 선정한 후 최종 결정에서 누락시킬 이유가 있는 단점을 찾는 것이 효율적이다.

❹ 특별 요청 사항 활용

호텔 예약 시 결제 과정에서 'special request(특별 요청란)'를 발견할 수 있다. 특별 요청 사항은 선호 사항을 기입하는 공간으로 모든 요청 사항을 다 들어주는 것은 아니지만 가능하다면 맞춰주므로 특별한 사항이 있다면 적어보자. 해외 사이트에서 예약한다면 영어로 써야 한다. 대표적인 영문 표현은 아래에서 참고하여 활용해 보자.

- ★ **late check-in**: 비행기 도착 시간이 늦어 체크인 시간이 한밤중일 때

  "Late check-in. My flight will arrive at the airport at (도착 시간). So I'll be able to check-in around (예상 체크인 시간)."

  (체크인이 새벽이거나 너무 늦을 때는 '24시간 프런트'를 운영하는 호텔을 찾아보자. 호텔 상세 설명 '서비스' 부분에 24시간 프런트가 적혀 있는 곳을 찾으면 된다. 사이트에 따라 '24시간 프런트'로 검색 필터링이 되기도 한다.)

- ★ **high floor room**: 전망 좋은 높은 층에 머무르고 싶을 때

  "I prefer to stay in a high floor room with a good(ocean / river) view if it's possible."

- ★ **non-smoking room**: 금연실

- ★ **bed type**: 대부분은 룸 타입에 침대 타입도 결정되어 있지만, 침대 타입이 double bed or two single beds(더블 1개 또는 싱글 침대 2개)의 선택적 룸 타입인 경우 선호하는 침대 타입을 적어둔다.

  "Please make sure that my room is (a double bed / two single beds) room."

❺ 결제 금액과 청구 금액이 다른 경우

호텔 예약 사이트들은 국내 사이트인 듯 보여도 해외 기업인 경우가 많다. 원화로 가격을 표시해주는 것은 고객의 이해를 돕기 위해 환율을 계산하여 원화 금액을 보여주는 것으로 실제로 결제되는 금액은 달러인 경우가 있다. 결제 후 결제 승인 문자 내역도 원화 금액으로 왔는데(달러로 오는 곳도 있다) 나중에 카드 결제 내역서를 보면 금액이 다른 것을 발견할지도 모른다. 이런 차이는 예약 당시의 환율과 카드사 결제일의 환율이 다르기 때문인데, 여기에 카드사 수수료까지 추가된 액수가 청구되는 것이다. 일반

적으로 총 금액에 따라 몇천 원에서 몇만 원 정도 더 추가된 금액으로 결제된다. 따라서 결제 금액이 다르다고 황당해하지 말고 카드사 결제일의 적용 환율에 카드사 수수료가 더해진 금액이 실제 지불액이라는 사실을 기억해두자. 카드사에 따라 해외 결제 수수료가 다르니 내가 가진 카드 중 어느 회사의 수수료가 더 저렴한지도 알아보자.

❻ 예약 시 살펴볼 사항

룸 타입과 침대 타입

기본적으로 체크해야 하는 조건이다. 룸 타입에 따라 가격 차이가 나며 같은 룸 타입에도 침대 타입이 여러 개 있을 수 있다. 커플이라면 더블 베드(또는 퀸·킹 베드), 친구라면 침대가 두 개인 트윈 베드를 선택하면 된다.

포함 사항(included)

룸 가격에 포함된 내역을 의미하며 주로 무료 인터넷, 무료 조식, 무료 주차 등의 서비스가 포함된 경우가 많다. 표시 되지 않은 내역은 모두 불포함 사항이다.

방 사이즈

같은 룸 타입인데 가격이 비싸거나 비슷한 조건인데 무엇이 다른지 모르겠다면 방 사이즈를 확인해보자. 스탠더드 룸은 20제곱미터 전후의 사이즈가 일반적인데 6평짜리 작은 방 정도로 생각하면 된다. 조금 가격이 있는 딜럭스나 이그제커티브가 30제곱미터 전후로 좀 더 넓다. 일본의 작은 호텔들은 14~17제곱미터 정도로 방이 비좁은 곳이 많다. 30제곱미터 정도의 방이라면 두 사람이 사용하기에 꽤 넓고 쾌적한 사이즈다.

체크인·체크아웃 시간

일반적으로 2시 체크인, 12시 체크아웃인 호텔이 많다. 체크인 시간보다 일찍 도착한다면 짐만 맡겨두고 주변 여행지를 둘러보면 된다. 호텔에 따라 체크인 시간이 더 늦거나 체크아웃 시간이 10시나 11시 정도로 상당히 이른 곳들도 있으니 예약 시 확인하자.

해외여행 출발 전 준비해야 할 것들

이렇게 항공, 일정, 호텔이 준비되었다면 교통 패스나 입장권, 투어리스트 패스 등을 찾아보자. 일본이라면 철도 패스, 홍콩이라면 빅버스 투어, 보라카이라면 픽업&샌딩 서비스 등을 살펴보고 필요하다면 예약해두자. 각종 데이 투어 상품들도 미리 예약했다가 잘 활용하면 여행이 더욱 풍성해진다.

무비자 협정국(대부분 3개월/90일 이내 기간일 경우 적용)이라면 별다른 신청 과정 없이 바로 입국할 수 있다. 비자가 필요한 곳이라면 비자를 받는 데에 소요되는 시간이 있으니 미리 확인하여 비자를 먼저 받아두어야 일정이 꼬이지 않는다. 대체로 무비자여도 여권은 만료일까지 6개월 이상 여유가 남아 있어야 입국이 가능하니 여권 만료일 확인은 기본이다.

★ 출발 전 체크리스트

❶ 여권 및 신분증 사본

해외여행 중에 지갑이나 가방을 소매치기당해 여권과 신분증, 신용카드 한 장 없다면 참으로 난감할 것이다. 이를 대비해 여권과 신분증을 스캔하여 핸드폰이나 태블릿 등에 저장해두거나 복사한 사본을 다른 가방에 넣거나 동행인에게 한 부 맡겨두자. 한 사람의 가방을 분실해도 한 사람의 것은 남아 있을 테니 서로의 것을 나누어 가지고 있는 것도 좋다. 혼자라면 들고 다니는 가방과 캐리어에 분산하여 넣어두자.

❷ 외교부 해외 안전 정보 확인

해외에서 각종 사건·사고가 많은 요즘이다. 출발 전 여행지에 대한 안전 정보를 확인하자. 외교부 해외 안전 여행 사이트의 '해외 안전 정보'를 보면 국가별로 재난, 재해와 전염성 질병, 각종 사고 정보를 안내하고 있으며 이에 따라 여행 경보를 발령한다. 내가 방문할 여행지가 여행 경보가 발령된 지역은 아닌지, '여행 유의'의 낮은 등급의 경보라면 무엇을 유의해야 하는지 등을 살펴보자. '여행 자제'나 '철수 권고' 이상의 경보가 발령된 지역이라면 여행을 미루거나 취소하는 것이 좋다.

해외 안전 여행 '동행' 프로그램을 이용하는 것도 좋다. 나의 여행 일정과 연락처, 비상 연락처 등을 등록하여 방문할 여행지의 안전 정보를 이메일로 받아볼 수 있고 문제가 생겼을 때 영사관에서 효율적으로 연락을 취할 수 있도록 하는 제도다. 특히 '여행 유의' '여행 자제' 같은 경보가 발생한 지역에 반드시 가야 할 상황이라면 내 여행 정보를 꼭 등록하고 가자.

🛜 외교부 해외 안전 여행 사이트 www.0404.go.kr

❸ **행선지와 연락처 알리고 가기**

여행을 떠나기 전 적어도 가족들에게는 내가 정확히 어디를 가는지, 언제 돌아오는지 알리고 숙박 예정인 곳의 주소와 연락처 정도는 적어두고 가자. 나에게 문제가 생겼을 때 또는 핸드폰으로 연락이 되지 않을 때 연락할 수 있는 최소한의 조치다.

❹ **해외 여행자 보험**

해외여행 중에 갑자기 많이 아프거나 다쳐서 병원을 이용하게 되면 현지 보험이 없는 외국인이기 때문에 간단한 진료와 처방전만 받아도 비싼 진료비를 내야 한다. 응급 상황에 수술이라도 받게 되면 어마어마한 비용을 감당해야 한다. 이런 만약의 사태를 대비해 여행자 보험에 가입해두자. 보상 금액이 큰 비싼 보험 상품은 아니더라도 최소한의 보상은 받을 수 있는 저렴한 여행자 보험 상품도 많다. 하루 몇천 원에서 1만 원 정도의 저렴한 상품이 많으니 하나쯤 들어두면 응급 상황 때 유용할 수 있다. 또 지갑과 여행 경비를 잃어버렸을 때 현지 경찰에 신고하여 분실 신고서를 작성해 오면 추후에 어느 정도 보상받을 수 있다. 환전할 때 은행에서 보험을 무료로 들어주는 경우도 있고 항공권 발권 시 추가 금액을 지불하면 들 수 있는 보험도 있다. 보험을 든 후에는 반드시 보험사 연락처도 알아두자.

❺ **각종 상비약과 처방전**

평소에 복용하는 특정한 약이 있거나 알레르기, 천식, 기타 만성 질환이 있다면 여행 기간 동안 복용할 충분한 약을 챙기고 병원에서 미리 영문 처방전을 받아두자. 일반적으로는 평소 본인에게 잘 듣는 소화제, 지사제, 감기약, 진통제와 밴드 정도만 구비하면 되겠다. 멀미가 심하다면 멀미약도 함께! 모기나 벌레가 많은 지역으로 간다면 모기

퇴치약도 준비해 가자.

❻ 기후 및 날씨 확인

해외 여행지 선택에 앞서 여행 기간의 계절과 기후는 사전에 조사해야 하는 중요한 요소다. 계절별 기후를 보고 평균 온도나 강수량은 어느 정도인지, 동남아라면 우기는 아닌지 살펴보고 짐을 꾸리자. 상하이의 경우 공기가 나빠 공기 오염도를 매일 발표한다. 마스크를 준비하고 오염이 심한 경우 실내 활동 위주의 일정으로 바꾸자. 여행지가 어디든 출발 일주일 전쯤에는 일기예보를 확인해보고 날씨에 맞는 옷차림과 우산, 우비 등을 준비하자.

❼ 짐은 가볍게

가방이 무거우면 이동하기 힘들기도 하고 여행지에서 쇼핑으로 늘어난 짐을 넣을 공간이 부족할 수 있다. 캐리어의 70~80프로만 채우고 나머지는 비운다는 생각으로 필요한 물건만 알뜰하게 챙겨야 돌아올 때 추가된 짐을 넣어올 수 있다. 쇼핑은 별로 안 한다고 생각해도 면세점 한 번, 기념품 가게 한 번 들어가지 않는 사람은 없을 것이다. 추가로 접을 수 있는 에코백을 하나 준비하는 것도 좋겠다. 현지에서 장을 보거나 쇼핑 후 짐이 늘었을 때 유용하게 사용할 수 있다.

❽ 여행 필수 앱 다운받기

구글 맵 세계 지도가 내 손안에 들어온다. 어느 나라에서든 현 위치를 확인하고 길 찾기를 할 수 있는 어플이다.

어스토리 구글 맵을 기반으로 나만의 관광 지도와 여행 일정을 담아 갈 수 있다. 어스토리에서 만든 일정을 보며 추천 경로를 따라가면 되므로 힘들게 외국어 지명을 입력하여 길 찾기를 할 필요가 없다. 인터넷 연결이 안 될 때를 대비, 내 일정과 지도를 다운받거나 PDF로 저장해둘 수 있다. 또한 현 위치 기반으로 인근의 맛집과 명소도 확인할 수 있으니 일정이 꼬이더라도 가까운 주변의 명소로 바로 찾아갈 수 있다. 바로 환율 계산도 할 수 있다.

번역기 다양한 어플이 있는데 구글 번역기가 괜찮은 편이다. 필요한 현지어 한마디 정도는 미리 알아가면 되지만 택시 기사나 웨이터와 말이 통하지 않을 때 그럭저럭 소통할 수 있게 도와준다. '웨이고(Waygo)'같이 메뉴판 번역에 특화된 어플들은 특히 식당에서 유용하게 이용할 수 있다.

트라비포켓 여행에는 예산이 있다. 대부분 환전하여 현금으로 들고 가는 경우가 많은데 외국의 화폐로 지불하다 보면 대체 얼마를 썼는지 얼마나 남았는지 계산이 잘 안 된다. 결국 밤마다 호텔 방에서 남은 돈을 세어본다. 이 어플은 가진 총 예산을 입력하고 사용한 금액을 차감해가며 남은 예산을 볼 수 있는 여행용 가계부로 지출하는 예산을 한눈에 파악하기 좋다.

기타 여행지별 어플 여행지에 따라 각국의 관광청이나 각종 단체에서 만든 무료 시티 가이드, 도시별 지하철 노선도 등 현지에서 유용하게 쓸 수 있는 어플이 꽤 많다.

외교부 해외 안전 여행 외교부 해외 안전 여행 어플이 있어 모바일로도 안전 정보나 주의 사항 등을 바로 확인할 수 있다. 어플을 통해 영사관으로 바로 연락할 수 있다.

여행 회화 언어별로 다양한 여행 회화 어플이 출시되어 있다. 네이버 글로벌 회화는 다양한 언어의 상황별 회화 표현을 볼 수 있어 좋다. 소리도 지원되어 읽을 수 없다면 상대방에게 들려줄 수도 있다. 단, 언어별 표현은 미리 다운받아두어야 한다.

❾ 데이터 로밍

여행 기간과 여행지, 각자의 필요도에 따라 적절한 로밍 요금제를 선택해보자. 2~5일짜리 짧은 여행에서는 하루 1만 원 정도의 요금으로 무제한 사용할 수 있는 데이터 요금제가 편리할 수도 있다. 데이터가 많이 필요하지 않다면 정액 요금제로 정해진 만큼의 데이터를 이용할 수 있다. 1만 원짜리(20MB) 요금제도 있는데 모든 어플을 종료시켜 두고 최소한의 카톡만 가능한 수준이다. 지도 어플같이 데이터가 많이 필요한 어플을 켜는 순간 모두 소진될 수도 있다. 여럿이 여행한다면 에그를 이용하여 데이터를 공유하는 것이 더 저렴할 수 있다. 하나의 에그로 두세 명까지 동시에 이용할 수 있으며 상세 요금제 내용은 통신사마다 조금씩 다르다. 장기 여행이라면 현지 유심칩을 구입하여 현지의 충전식 요금을 활용하는 것이 로밍보다 더 유리하다.

❿ 신용카드 해외 결제 가능 확인

해외여행을 다녀온 지 꽤 되었다면 내 신용카드가 해외 결제가 되는지 카드사에 확인하고 해외여행 사실을 알려두자. 비자 카드나 마스터 카드임에도 불구하고 결제가 제한되는 불상사를 막을 수 있다. 또한 외국에서 결제할 경우 카드사에서 전화 연락이 갈 수도 있으니 특정 기간 동안 해외 결제가 진행될 것이라는 사실을 미리 고지해두는 것도 번거로움을 피하는 방법이다.

⓫ 환전

달러나 엔화, 위안화, 유로 같은 주요 화폐들은 시중 은행에서 대부분 환전이 가능하다. 100만 원 내외의 소액을 환전할 생각이라면 내 주거래 은행에서 환전하는 것이 환율이 가장 좋다. 주거래 은행의 인터넷 환전을 이용, 공항이나 가까운 지점에서 외환을 픽업하는 것이 편리한 방법이다. 서울역의 환전 센터가 환율이 좋다고 알려져 있지만 일부러 찾아가야 하는 상황이라면 차비가 더 든다. 아주 소액의 외환만 필요하다면 국제 체크카드로 현지 ATM을 이용하는 것도 괜찮다. 필요한 만큼 그때 그때 뽑아서 사용하는 것도 유용한 방법이다. 이때 해외 ATM을 이용할 수 있는 체크카드 발급이 필수인데 시티은행의 국제 체크카드가 수수료가 저렴한 편이다.

달러가 아닌 이상 외국환을 원화로 재환전 시 손해가 큰 경우가 많다. 특히 링깃이나 페소 같은 화폐는 국내 취급 지점도 많지 않고 원화로 환전하면 환율이 아주 나쁘다. 필요한 만큼 또는 약간 아쉬운 듯하게 환전하여 최대한 다 쓰고 오자. 애초에 경비를 달러로 준비하여 현지에서 달러를 현지화로 조금씩 환전하여 사용하고 달러를 남겨 오는 것이 이득일 수도 있다. 그렇게 사용한 다음 조금 부족한 부분은 신용카드나 체크카드를 이용하는 것이 낫다.

★ **현지에서 남은 외환 동전 활용하기** 마지막 날에는 가능한 한 동전을 모두 사용하고 남은 동전은 유니세프에 기부하자. 남은 동전은 환전도 안 되고 링깃이나 페소 등의 외환을 다시 쓸 일도 별로 없다. 인천공항 구석구석에 투명한 아크릴 박스 저금통이 놓여 있다. 이렇게 남은 외환 동전을 세계 아동을 위해 쓴다면 서랍 속에 모셔두는 것보다 보람되지 않을까?

⓬ 쇼핑 리스트 적기

현지에서 유명한 제품이나 특별히 사고 싶은 기념품 목록과 사야 할 선물을 줄 사람의 명단을 적어보자. 선물을 살 때 누구에게 줄 것인지 생각하며 빠뜨리지 않고 구매할 수 있고 쓸데없는 지름신 강림을 막을 수 있다.

⑦ 짐 꾸리기 & 출발 후 주의 사항

★ 여행 준비물 리스트

❶ 필수 준비물

항목	내용
여권, 비자	비자는 필요한 경우
예약 확인서	호텔, 교통 패스, 입장권 등 온갖 예약 바우처
결제 수단	현지 화폐, 원화, 신용카드
자외선 차단 세트	선글라스, 모자, 선크림
의류	여분 옷, 속옷, 양말, 잠옷
여행용 미니 가방	작은 가방(크로스백이 좋음)
각종 충전기	핸드폰, 카메라 등 충전기
멀티 어댑터	전 세계 겸용 멀티 어댑터
러기지 태그	수하물용 명찰
미니 우산	만일에 대비
빗, 손톱깎이	의외로 필요한 물품
셀카봉, 셀카 렌즈	이제는 필수품
보조 배터리	휴대용 보조 배터리
세면도구, 파우치	걸개 달린 뷰티 파우치
슬리퍼	해변이 아니어도 필수
자물쇠, 케이블	배낭여행 시 필요한 로커용 자물쇠와 멀티탭, 휴대폰 케이블
속옷 케이스	여성용으로 와이어 눌림 방지

❷ 선택 준비물

항목	내용
신발 주머니	더러운 신발을 넣을 주머니
롤업 압축 팩	겨울 여행 시 짐 부피가 클 때 옷 부피를 줄일 수 있음
모기약, 방향제	벌레가 많은 여행지를 갈 때
비치 사롱	해변에서 유용
카메라 방수 팩	물놀이 시 필수
기내용 목베개	장시간 비행 시
멀티탭	충전할 전자 제품이 많을 때
접히는 신발	여성용 단화나 예쁜 구두 대신
휴대용 화장품 용기	필요한 화장품 덜어가기
복대 대신 벨트	비밀 주머니가 달린 벨트로 비상금이나 카드를 보관
컵라면, 누룽지	비상용. 컵라면에 누룽지 말기
큰 손수건	수건, 스카프, 베개 커버로 활용
접는 가방	활용도 높은 에코백

★ **해외여행 면세 한도**

해외 여행자 1인당 면세 범위는 국내외 면세점 구입품과 외국에서 구입한 물품을 모두 합쳐 총 600달러까지이다. 600달러 이외에 **추가로 주류 한 병(1리터, 400달러 이하), 향수 60밀리리터, 담배 200개피**를 면세로 더 구입할 수 있다. 즉, 해외 여행자 한 명이 면세점에서 화장품과, 초콜릿, 가방 등 면세 한도인 600달러어치를 구입하고 이 외에 향수 60밀리리터 한 병과, 주류 한 병, 담배 한 보루를 구입했다면, 면세 범위에 적용되어 이에 대해서는 세금을 내지 않는다는 뜻이다. 예전에는 면세 한도가 400달러였는데 이제 600달러로 상향 조정되어 그나마 좀 더 여유로운 쇼핑을 즐길 수 있게 되었다. 하지만 면세 한도가 상향되면서 면세에 대한 단속이 강화되었다. 적발 건수가 증가하고 있는 만큼 해외 명품 쇼핑을 생각하고 있는 해외 여행자들은 600달러 면세 한도를 꼭 기억해야 하겠다.

면세 한도를 초과했을 경우 예상 세금

여행자가 면세 한도인 600달러를 초과한 물품을 반입할 경우, '여행자 휴대품 신고서'에 내용을 신고하면 15만 원 한도 내에서 관세의 30프로를 절감해준다고 한다. 하지만 신고하지 않고 몰래 들여오다 적발될 경우 납부할 세액의 40프로에 달하는 가산세가 부과되고, 2년 안에 미신고 가산세를 2회 징수받은 여행자는 적발 3회째부터 납부세 액의 60프로가 추가로 부과된다. 면세 한도 600달러를 초과한 경우 아래 관세청 사이트에서 예상 세액을 조회해볼 수 있다.

📶 면세 한도 초과 예상 세액 조회하기 www.customs.go.kr

> ★ 해외여행 사건·사고 대처하기

❶ 여권 분실

가장 흔하고 가장 많이 겪는, 또 가장 당혹스러울 수 있는 여권 분실! 여권을 잃어버린 것이 확실하다면 당황하지 말고 먼저 현지 경찰서에 들러 분실 신고를 하고 분실 증명서를 받는다. 그런 다음 분실 증명서, 여권용 사진 두 장, 여권 번호와 발행일이 적힌 서류(여권 복사본이 있으면 좋다)를 가지고 현지 공관을 방문하여 여권 재발급을 신청한다. 재발급까지 시간이 걸릴 수 있으며 중국의 경우에는 더 필요한 서류가 더 많고 여권용 사진도 세 장이 있어야 한다. (중국 필요 서류: 관할 파출소 분실 증명서, 여권용 사진 세 장, 분실 여권 말소 증명, 호텔 숙박 증명, 공안국 분실 증명서, 여행 증명서) 따라서 해외여행 시에는 여권 복사본과 현지 공관 연락처, 여권용 사진 등을 비상용으로 준비하는 것이 좋겠다.

❷ 교통사고

렌터카를 이용하다 교통사고가 났다면? 사람이 많이 다친 큰 사고라면 구급차부터 불러야겠지만, 자동차만 망가졌다면 첫째, 영사 콜센터에 연락하여 경찰서 전화번호 및 유의 사항을 안내받는다. 둘째, 통역이 필요하다면 영사 콜센터를 통해 통역 서비스도 요청한다. 셋째, 현지 경찰서에 연락하고 경찰이 오면 사고 운전자 간에 면허증과 보험증을 확인한다. 넷째, 렌터카 회사와 보험사에 연락한다.

이렇게 하면 교통사고 처리가 끝난다. 사고를 대비해 렌터카를 이용할 때는 반드시 보험도 함께 가입해두자. 자차 보험은 물론 탑승자까지 모두 커버되는 보험 상품이어야 운전자와 탑승자들의 부상 시에도 보험 적용을 받을 수 있다.

❸ 지갑이나 현금 분실

소매치기나 기타 도난 사건에 의해 소중한 나의 여행 경비를 모두 날렸을 때 경찰에 신고를 하더라도 이미 도난당한 현금을 여행 기간 안에 돌려받기란 거의 불가능하다. 이탈리아 로마에서 지갑 소매치기로 현금을 모두 날린 한 친구는 경찰서에 갔다가 도난 신고를 하기 위해 길게 줄을 선 수많은 여행객들로 아수라장이 된 경찰서를 보고 그냥 돌아왔다고 한다. 현금과 신용카드, 여권 등 기타 귀중품은 항상 내 시야 안에 두고 여러 곳에 조금씩 나누어 보관하는 것이 최선이다. 현금은 필요한 만큼만 들고 다니고 절대 한 곳에 몰아두지 않는다. 가방은 지퍼로 잠글 수 있으며 속 주머니가 있는 것이 좋고 절대 뒤로 메지 않는다. 불행하게도 가지고 있던 여행 경비를 모두 잃어버렸다면 외교부 신속 해외 송금 지원 제도를 이용해보자. 현금과 함께 신용카드, 체크카드도 모두 잃어버렸을 경우 당장 난감할 때 이용할 수 있는 방법이다. 이런 경우 국내 지인에게 연락하여 외교부 계좌로 필요한 금액을 입금하면 재외공관을 통해 현지화로 전달받을 수 있다. 최대 3,000달러까지 가능하며 영사 콜센터 또는 재외공관에 연락하여 문의할 수 있다. 이는 비상 시 최후의 수단이니 지갑을 잃어버리지 않도록 주의하는 것이 우선이다. 시장이나 지하철 등 사람이 많은 곳에서는 특히 소지품 관리에 신경 쓰고 바지 뒷주머니나 외투 주머니 등 보이는 곳에 지갑을 넣어두지 말자.

❹ 항공 수화물 분실

해외 여행지에 도착하여 수화물이 나오길 기다렸으나 아무리 기다려도 내 가방은 나오지 않는다면? 항공사의 실수로 내 수화물을 분실하였거나 수화물이 뒤늦게 도착한다면 어떻게 해야 할까? 항공 탑승 전, 체크인 카운터에서 보딩 패스와 함께 주는 작은 스티커가 수화물 확인표다. 수화물 확인표를 여권에 붙여 잘 보관해두어야 수화물 분실 시 이를 증명하고 확인받을 수 있다. 모든 수화물이 다 나왔는데도 내 수화물을 찾지 못했다면 출국장을 나가지 말고 수화물 분실 신고 센터(baggage claims)나 항공사 직원에게 바로 알려 수화물 사고 신고서를 작성하고 접수하자. 수화물을 당일에 전달받지 못한다면 수화물 지연 보상금을 항공사에 요구할 수 있다. 일반적으로 5~10만 원 정도를 받는다.

❺ 응급 상황

갑자기 몸이 아파서 병원을 가야 하는 상황인데 현지어로 말이 통하지 않아 증상을 설명할 수가 없을 때는 영사 콜센터의 통역 서비스를 이용할 수 있다. 필요한 경우 가능한 한 빨리 병원을 찾고 통역 서비스를 이용하여 증상을 설명하고 올바른 처방을 받자. 응급 상황이라면 주변에 도움을 요청하고 구급차를 불러야 하는데 우리나라의 119 같은 긴급 전화번호는 국가마다 다르다.(미국은 911, 일본은 119, 홍콩은 999, 태국은 911) 위급 시 주변에 도움을 요청하고 재외공관의 긴급 번호로 연락하여 도움을 요청하자. 평상시에 특정한 알레르기나 질환이 있다면 한국에서 영어 진단서를 준비해 가면 도움이 될 수 있다. 두통이나 해열제, 소화제 등 간단한 약들은 한국에서 본인에게 잘 맞는 약으로 준비해 가자. 병원을 찾게 된 경우 보험사에 알리고 병원 진단서와 병원비 영수증 등 필요한 서류를 다 받아 오자. 그래야 한국에 돌아온 뒤 보험사에 병원비를 청구할 수 있다. 환급 절차와 환급받을 수 있는 범위는 보험 상품마다 다르니 여행자 보험을 가입할 때 보험사 연락처와 함께 잘 정리해둬야 한다.

여행 영어 한마디

영어 왕초보를 위한 기본 영어 표현을 소개한다. 아주 기초적인 내용으로 꼭 필요한 표현만 정리했다. 여행지 장소와 상황에 따른 표현으로 가볍게 참고하자. 별표가 많을수록 중요한 표현이다.

★ 위치 관련

- Where is a toilet? ★★ (화장실이 어디죠?)
- Where am I? (여기가 어딘가요?)
- How can I get to the airport? (공항까지 어떻게 가나요?)
  → 'the airport' 대신에 가고자 하는 다른 장소의 이름을 넣으면 길 물을 때 쓸 수 있다.
- How can I get here? (지도를 보여주며) ★★ (여기로 어떻게 가나요?)
  → 지도를 보면서도 헤매고 있다면 물어보자.
- Turn right/left after two blocks. / Go straight. (두 블록 간 다음 우회전/좌회전 하세요. / 직진하세요.)
  → 길을 물어봤다면 대답을 알아들어야 방향을 찾을 수 있는 법! 우회전, 좌회전, 직진 정도는 알고 가자. 외국에서는 '블럭'으로 설명하는 경우가 많은데 '두, 세 블럭 지나서 우회전 해라' 하는 식의 설명을 종종 듣게 될 것이다.
- How long does it take? (얼마나 걸리나요?)
  → 목적지까지 가는 소요 시간이 궁금할 때.

★ 음식 주문

- Menu. / Order, please. (메뉴판 주세요. / 주문할게요.)
  → 테이블에 앉아서 서빙을 받는 레스토랑이라면 굳이 이런 말을 하지 않아도 알아서 메뉴를 가져다 줄 것이다. 준비가 되면 웨이터와 눈 마주치며 손만 살짝 들어도 대개는 주문 받으러 온다.

- What would you recommend? (이 집은 뭐가 맛있나요?)
→ 어떤 음식을 주문해야 할지 모르겠다면 추천 메뉴를 물어보자. 메뉴를 보며 짚어주는 걸로 그대로 주문하면 그래도 그 식당에서 나름 인기 있는 음식이 나온다.

- Two pancakes, please. (팬케이크 2개 주세요.)
→ 음식 주문은 간단하다. (수량) 음식 이름, 플리즈만 붙여도 되고 손가락으로 메뉴판의 음식 이름을 짚어주어도 된다.

- rare / medium rare / medium / medium well-done / well-done (스테이크 익힘 정도. 덜 익힌 것부터 바싹 익힌 순서로)
→ 스테이크 종류의 메뉴를 시켰다면 고기의 익힘 정도, 사이드 메뉴와 소스 선택 등 질문이 많을 것이다. 하나하나 천천히 대답해 보자.

- mashed potato / baked potato / French fries / hash brown (감자 요리 선택. 순서대로 으깬 감자 / 구운 감자 / 프렌치프라이 / 으깨서 튀긴 감자)
→ 스테이크 주문 시 감자가 나온다면 감자의 조리법을 물어오는 경우가 많다. 원하는 타입의 감자요리를 주문하면 된다.

- Bill, please. ★★ (계산서 주세요.)
→ 다 먹었으면 계산대 앞으로 가지 말고 자리에 앉아서 웨이터에게 계산서를 달라고 하자. 특히 고급 레스토랑에서는 자리에 앉아 있으면 웨이터가 계산서를 주고 거스름돈도 다시 가져다 주는 경우가 많다.

- Meal No.2, please. (2번 세트 주세요.)
→ 맥도날드, KFC 등 프랜차이즈에서 세트 메뉴를 주문할 때 '세트'라는 표현 대신 'Meal(밀)'을 사용한다. 대체로 메뉴에 번호가 매겨져 있으니 '밀 몇 번'을 달라고 하면 된다.

- For here or to go? ★ (드시고 가세요 아님 포장이세요?)
→ 패스트푸드점이나 커피 전문점에서 주문 때 주로 나오는 질문. 먹고 갈 생각이라면 'For here' 포장해서 가져갈 생각이라면 'To go' 라고 대답하면 된다. to go 대신에 take out 이나 take away를 사용하기도 한다.

★ 커피 주문

외국에서 커피를 주문하면 종류, 사이즈, 수량, 얼음, 설탕·크림 여부, 샷 수량 등 질문이 많다.

- A tall sized hot cafe mocha with double shots and light whip, please. (더

블샷, 톨 사이즈에 휘핑크림이 조금 올라간 따뜻한 카페모카 주세요.)
→ 처음엔 그냥 '카페모카, 플리즈'라고 해도 된다. 그러면 점원이 하나씩 질문을 해올 테니 차근차근 대답해 보자.

• Americano / black coffee / regular coffee (아메리카노)
→ 지역에 따라 아메리카노 대신에 블랙 커피나 롱 블랙, 숏 블랙이라고 부르는 경우가 있다. 레스토랑 등에서는 그냥 레귤러 커피라고 해도 무방하다. 다른 커피 종류 이름은 우리가 알고 있는 것과 동일한 편이다.

★ 공항/호텔 수속

공항에서 입국 심사 시, 별 질문 없이 여권과 얼굴만 빤히 보다 넘어가는 경우도 있지만 어디서 왔는지, 왜 왔는지, 얼마나 머물다 갈 것인지를 물어보는 경우도 적지 않다. 간단하게 아래 세 가지 표현만 알아두자.

• from Korea / to travel / for 5 days (체류 기간) ★★ (한국에서/여행하러/5일간)
• Check in, please. / Check out, please. (체크인/체크아웃 해주세요.)
→ 호텔 체크인, 체크 아웃 시에는 사실 별말이 필요 없다. 여권과 호텔 예약 확인서를 내밀며 그저 체크인 플리즈만 뒤에 붙이면 된다.

• high floor / non-smoking / ocean view / extra bed (호텔 추가 요청 사항. 순서대로 고층 / 금연 / 바다 전망 / 침대 추가)
→ 하는 방 컨디션이 있다면 체크인 할 때 요청해보자. 이런 선호 사항들은 예약 시에 미리 확인하고 요청해두는 것이 좋다.

★ 쇼핑하기

• How much is it? ★★ (얼마인가요?)
• Can I pay by credit card? ★★ (신용카드 결제 되나요?)
→ 식당이나 쇼핑몰 등에서는 대부분 신용카드 결제가 가능하지만 의외로 안 되는 곳들도 꽤 있다.

• Can I try on? (입어봐도 되나요?)
→ 의류를 구입할 때 국가마다 다른 사이즈표 때문에 내 사이즈를 찾아내기가 여간 어려운 게 아니다. 직접 입어보고 구입하는 것이 최선의 방법이다.

• Please, wrap it up as a gift. (선물 포장 해주세요.)

PART 2

100만 원으로 가기 딱 좋은
해외 도시 베스트

노쿄 스카이 트리

TRAVEL 1

TOKYO

도 쿄

★ 2박 3일 ★

계속해서 새로운 매력을 발견할 수 있는 양파 같은 도시, 도쿄. 오랜 역사, 문화와 디자인, 정치와 경제, 쇼핑과 관광, 고풍스러운 신사와 궁, 다양한 테마파크와 공원까지 너무나 많은 것들을 담고 있는 복잡한 대도시이자 옛것과 새것을 모두 담고 있는 일본의 중심으로 개인의 성향에 따라 다양한 테마 여행이 가능한 여행지다. 도쿄만 알차게 돌아보는 2박 3일간의 짧은 일정을 소개한다. 하루 연차를 붙여 가볍게 다녀올 수 있는 여정으로 혼자 또는 친구와 함께할 만한 코스다. 도쿄의 주요 관광지와 랜드마크를 돌아보며 쇼핑과 맛있는 먹거리들을 탐방하는 스케줄로, 도쿄를 처음 방문하는 여행자에게 추천. 도쿄 방문이 처음이 아니라면 이 일정을 바탕으로 각자의 취향에 따라 색다른 컨셉의 일정으로 바꿔보자.

도쿄 Tokyo

🏢 도시 정보

★ 시차
서울과 표준시가 같아 시차가 없다.

★ 비자
무비자 협정국으로 90일까지 무비자로 방문할 수 있다. 여권 유효기간이 6개월 이상 남아 있어야 한다.

★ 기후
우리나라와 같이 사계절이 뚜렷하며 서울보다 조금 더 따뜻한 편이다. 여름이 특히 좀 더 덥고 습하며 겨울에는 약간 더 따뜻하다. 대체로 우리나라와 비슷하다고 생각하면 된다.

★ 여행 최적기
계절상으로는 날씨가 선선하고 쾌청한 봄, 가을에 방문하는 것이 가장 좋다. 폭염이 찾아오는 한여름만 피한다면 어느 계절이든 여행하기에 큰 무리가 없다.

★ 옷차림
우리나라 계절별 옷차림 그대로 준비하면 된다.

★ 종교
신도, 불교, 기독교가 존재하나 일상 속에 신도(일본 고유의 토착 신앙)의 영향을 많이 받고 있다.

★ 언어
일본어를 공용어로 사용한다. 영어는 잘 통하지 않지만 공항이나 호텔 등지에서 한국어 안내를 종종 찾아볼 수 있다.

★ 전압

일본은 110볼트를 사용하며 콘센트 모양도 납작한 11자 형태로 우리나라와 다르다. 멀티어댑터를 준비해야 하는데, 인천 공항에 있는 각 통신사 로밍 센터에서 무료로 대여하거나 보증금을 내고 대여 가능하다. 호텔에 따라 220볼트가 있는 경우도 있다.

★ 인터넷

일본은 무료 와이파이 존을 찾기가 힘들다. 와이파이가 된다고 해도 해당 통신사가 아니면 이용이 불가하므로 로밍이나 포켓 와이파이, 와이파이 에그를 준비하는 것이 좋다. 편의점 세븐일레븐은 '7spot'이라는 표지판이 있는 경우에 무료 와이파이를 이용할 수 있다. 휴대전화 설정에서 와이파이를 찾은 후 7spot 접속을 하면 자동으로 세븐일레븐 홈페이지가 접속되는데 간단하게 회원 가입 후 와이파이를 이용하면 된다.

★ 치안 & 주의 사항

일본은 대체로 치안이 좋고 상당히 안전하다. 그래도 주요 관광지에서는 소지품에 주의하자. 일본 전역은 자연재해가 빈번하다. 지진이나 화산 폭발, 폭염과 쓰나미 등 다양한 재해와 날씨에 대한 정보를 확인하고 가자. 영문으로 제공되는 일본 기상청 사이트에서 상세히 확인할 수 있다.

★ **일본 기상청** www.jma.go.jp

★ 비상 연락처

❶ 한국 공관(주일본 한국 대사관)
- 영사과 +81-3-3455-2601~3 (긴급 전화 +81-90-1693-5773)
- 평일(월~금) 09:00~18:00 (영사과 접수 업무는 16:00까지)
- 1 Chome-7-32 Minamiazabu, Minato, Tokyo
- jpn-tokyo.mofa.go.kr

❷ 현지 경찰
- 110

★ 여행 팁

할거리, 볼거리, 먹을거리가 풍부한 도쿄는 여행자의 취향에 따라 다양한 일정으로 여행 가능한 도시다. 도시의 명소들과 맛집들을 위주로 여행하는 관광은 물론, 여자 친구들끼리 쇼핑과 예쁜 카페 투어에 나설 수도 있고, 애니메이션이나 디자인에 관심이 많다면 각종 전시와 디자인 제품을 만날 수 있는 미술관과 상점들 위주로 여행 일정을 짤 수도 있다. 아이와 함께하는 가족 여행자라면 일본의 역사와 문화를 탐방하고 테마

파크를 돌아볼 수도 있겠다. 대도시인 만큼 대중교통이 복잡한 편이라는 것은 염두에 둬야 한다.

통화 & 환전

★ 통화

일본의 엔화를 사용하며 JPY, 円(엔), ￥ 로 표기한다. ￥100 = 970원 정도(2015년 12월 기준)다. 최근 지속된 엔저 현상이 여행자 입장에서는 반갑다.

★ 환전 방법 3가지

❶ 시중 은행
주거래 은행에서 원화를 엔화로 환전할 수 있다. 거의 모든 은행이 엔화를 보유하고 있으므로 가까운 주거래 은행에서 환율 우대를 받아 환전하는 것이 가장 편리하다.

❷ 서울역·사설 환전소
명동이나 시내의 사설 환전소나 서울역의 환전 센터에서 엔화로 환전할 수 있다. 발품을 팔아야 하지만 대체로 은행보다 환율이 좋다. 하지만 금액이 크지 않다면 큰 메리트는 없다.

❸ 인터넷 환전
온라인으로 환전을 신청하고 공항 또는 가까운 지점에서 픽업하는 방법으로 편리하게 이용할 수 있다. 시중 은행과 비슷하거나 조금 더 저렴하다.

교통

★ 대중교통

도쿄에서는 지하철과 전철을 이용하여 도쿄 시내와 주변으로 대부분 이동 가능하다. 다만 비싼 요금과 복잡한 노선이 단점. 지상으로 다니는 JR 노선과 사철(국가가 아닌 별도의 사업자가 운영하는 전철), 지하로 다니는 도쿄 메트로와 도에이선 노선으로 구분할 수 있다. 노선별로 운영하는 회사가 달라 환승 시 요금을 다시 내야 하니 주의가 필요하다. 매번 티켓을 새로 발권하는 것이 조금 번거로울 수 있다. 스이카나 파스모 같은 교통카드를 구입하면 충전식으로 어느 노선에서든 편리하게 사용할 수 있다. JR 노선의 기본 요금은 140엔부터, 도쿄 메트로(지하철)는 170엔부터다.

❶ 도쿄 메트로 1일권

도쿄 메트로 아홉 개 노선을 하루 동안 무제한으로 이용할 수 있는 티켓으로 외국인 전용으로 구입해야 저렴하다. 공항에서 살 수 있으며 1일권 600엔, 2일권 980엔이다.

❷ 스이카 · 파스모

JR에서 발행하는 교통카드를 스이카, 도쿄 메트로에서 발행하는 교통카드를 파스모라고 부르며 사용 시 노선에 제한이 없다. 특별한 할인 혜택은 없지만 환승할 때 노선 제한 없이 전철, 지하철, 버스 모두에서 편리하게 사용할 수 있는 교통카드다. 스이카는 최소 2,000엔부터, 파스모는 1,000엔부터 구입할 수 있다. 보증금이 포함되어 있으며 잔액은 210엔 차감 후 돌려받을 수 있다. 역내에서 구입 가능하다.

★ 공항에서 시내로 이동

나리타 공항과 하네다 공항이 있는데 입국 공항에 따라 시내 이동 수단이 다르다.

❶ 나리타 공항 입국

우리나라 메이저 항공사들을 비롯한 주요 항공사들이 대부분 취항하고 있는 나리타 공항은 인천공항처럼 시내에서 상당히 먼 곳에 위치하고 있어 시내까지는 최소 40분에서 1시간 정도 걸린다. 여러 노선의 전철을 이용할 수 있으며 공항 리무진이나 게이세이 버스로도 이동할 수 있다. 숙소 위치에 따라 이용 노선이 달라진다. 거리가 있어 이용 요금이 상당히 비싼 편이다. 아래에 목적지별 노선을 소개한다.

도쿄 · 시부야 · 신주쿠 · 이케부쿠로 행

JR 특급 나리타 익스프레스(Narita Express-NEX)를 이용하면 도쿄 역까지 50여 분이면 도착한다. 전 좌석이 지정석인 특급 열차로 도쿄행은 편도 3,020엔, 나머지는 편도 3,190엔이다. 외국인은 왕복으로 구매 시 행선지에 상관없이 4,000엔(어린이는 2,000엔)에 발권할 수 있다. 승차권은 나리타 공항 터미널에서 구입하면 된다.

★ 자세한 정보는 JR 홈페이지 참조 www.jreast.co.jp/kr

우에노 · 닛포리 행

게이세이 스카이라이너(Keisei Skyliner)나 게이세이 본선(Keisei Line)을 이용하여 이동할 수 있다. 스카이라이너는 우에노나 닛포리까지 운행하는 특급 열차로 40분이면 도착한다. 편도 2,470엔으로 가격이 상당한데 도쿄 지하철 이용권과 결합된 패키지 상품을 구입하면 조금 더 저렴하게 이용할 수 있다. 게이세이 본선은 가격이 가장 저렴한 방법으로 일반 열차와 시에 특급 노선이 있다. 일반 열차의 경우 상당히 시간이 오래 걸리므로 우에노행 특급 노선을 이용하는 것이 좋다. 요금은 1,030엔이다.

아사쿠사 · 히가시긴자 · 신바시 행

스카이 액세스 특급(Access Express)이나 게이세이 본선을 타고 이동할 수 있다. 시간대에 따라 운행하는 종착역이 다르기 때문에 꼭 확인해야 한다. 스카이 액세스 특급의 경우 대부분 아사쿠사나 신바시 방면으로 운행한다. 배차 간격이 조금 긴 편으로 사전에 시간표를 확인해보자. 1시간 정도 소요되는 신바시까지는 1,330엔, 50분이 소요되는 아사쿠사까지는 1,290엔에 이용할 수 있다.

★ 자세한 정보는 게이세이 홈페이지 참조 www.keisei.co.jp/keisei/tetudou/skyliner/kr

❷ 하네다 공항 입국

우리의 김포 공항과 비교할 수 있는, 비교적 시내와 가까운 곳에 자리한 공항으로 저가 항공사 이용 시 주로 이용하게 된다. 가까운 만큼 교통도 편리하고 요금이 저렴하며 소요 시간도 짧아서 좋다. 도쿄 모노레일을 타고 하마마쓰초 역까지 15분이면 이동할 수 있으며 요금은 500엔 정도다. 하마마쓰초 역에서 JR 노선이나 지하철로 환승하면 시부야나 신주쿠 등 시내 주요 지역으로 쉽게 이동할 수 있다. 히가시긴자나 아사쿠사로 가야 한다면 아사쿠사 선과 직통으로 연결되는 게이큐 전철을 이용하자. 직통 이용 시 약 30여 분 만에 아사쿠사까지 갈 수 있다. 직통 요금은 620엔 정도.

★ **숙소 위치 잡을 때 참고할 점**

도쿄 시내의 대표적인 지역을 알아보고 주로 여행할 지역의 가까운 곳에 숙소를 잡아야 이동 시간을 줄일 수 있다. 도쿄 교통의 중심인 긴자는 도쿄 역, 긴자 역 등 여러 역이 가까이 있고 많은 호텔과 상점, 식당 등이 자리한 번화가다. 아키하바라는 오차노미즈와 아키하바라 역이 자리한 지역으로 전자제품이나 애니메이션 상품을 많이 만날 수 있다. 우에노 공원이 자리한 우에노는 공항과 가까워 이동이 편리한 지역이라 이 근처에 숙소를 잡는 것도 괜찮은 방법이다. 센소지와 스카이 트리, 아사히 드라이홀이 자리한 아사쿠사, 도쿄 도청 전망대와 마루이 시티가 있는 신주쿠, 다양한 디자인 상점과 트렌디한 갤러리 등을 만날 수 있는 하라주쿠와 오모테산도, 쇼핑의 중심 시부야, 도쿄 미드타운과 도쿄 타워, 국립 미술관, 롯폰기 힐스가 자리한 도쿄 여행의 성지 롯폰기, 그리고 여러 테마파크와 쇼핑타운, 온천이 자리한 오다이바까지 크게 아홉 개 지역으로 나눌 수 있겠다. 그 외 다이칸야마나 시오도메 등 여러 지역이 있지만 이 아홉 개 지역만 둘러보는 것 만으로도 2박 3일은 빡빡하다. 쇼핑과 맛집 투어가 주요 목적이라면 시부야나 하라주쿠나 신주쿠 근처에, 주변 지역으로 이동이 많다면 도쿄 역과 가까운 긴자 쪽에 숙소를 얻는 것이 편리하겠다.

항공

★ **비행 소요 시간**

직항으로 약 2시간 ~ 2시간 30분 소요.

★ **직항 항공사**

대한항공, 아시아나항공, 제주에어, 이스타항공, 유나이티드, 일본항공(JAL), 전일본공수(ANA)에서 서울발 직항을 운행한다.

★ **예상 항공료**

18~35만 원선. 저가 항공사를 이용하여 사전에 일찍 발권한다면 20만 원이 채 안 되는 비용으로 항공권을 구입할 수 있다. 도쿄에는 나리타와 하네다, 두 곳에 국제 공항이 있는데 하네다 공항이 나리타 공항에 비해 도심에 인접해 있고 항공료도 약간 더 비싸다. 나리타 공항을 이용하는 비행기의 경우 국내 메이저 항공사의 비행기들도 30만 원대로 대부분 발권이 가능하다.

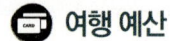
여행 예산

★ 도쿄 물가 한눈에 보기

항목	일본 엔화	원화	비고
나리타 익스프레스	¥4,000	39,000원	어른 왕복
스카이라이너 + 지하철 2일권	¥4,880	47,600원	어른 1명, 라이너 왕복
도쿄 메트로 1일권	¥600	5,850원	공항 카운터 구입 외국인 전용 가격
도쿄 타워 입장료	¥900	8,770원	대전망대 어른 1명
대관람차 입장료	¥920	8,970원	1명
길거리 타코야키	¥500	4,850원	1인분
라멘	¥800	7,800원	1그릇
음료수	¥150	1,460원	편의점 음료수 1캔
돈가스	¥1,300	12,800원	렌가테이 돈가스 1인분
함박스테이크	¥1,050	10,400원	골드러시 체다 함박 200g
도쿄 디즈니랜드 1일 입장료	¥6,900	68,000원	어른 1명
빅맥 지수	¥370 (USD 2.99)	3,500원	한국은 USD 3.7

★ 물가 변동에 따른 가격 차이가 있을 수 있음 (2015년 8월 환율 기준 대략적인 금액임)

★ 총예산

도쿄는 가까운 만큼 국적기를 이용해도 항공권이 저렴한 편이다. 일본 물가는 그리 저렴하진 않지만 엔화 환율이 좋은 요즘엔 비교적 적은 비용으로 여행할 수 있다. 나리타 공항을 이용한다면 상당한 교통비가 필요하다는 점을 참고할 것.

★ **총 예상 경비** ★

(1인 기준)

✈ **항공료** (왕복)	250,000원
🧳 **숙박비** (2인 1실, 1인 부담금 기준) 70,000원 × 2박	140,000원
🥥 **식비** 40,000원 × 3일	120,000원
🚇 **교통비** (나리타 익스프레스+지하철 3일)	60,000원
👓 **기타** (기념품, 입장료, 팁 등)	100,000원
총 계	**670,000원**

★ 기타는 소소한 기념품, 입장료 등 잡비를 의미한다. 쇼핑은 여행자에 따라 범위가 상이하므로 예산에 포함시키지 않았다. 각 항목의 정확한 금액은 여행 시기나 선택에 따라 달라질 수 있다.

첫째 날 일정 한눈에 보기

롯폰기 〉도쿄 타워 〉오다이바

이른 아침 비행기를 타고 오전 중에 나리타 공항에 도착한다. 하네다에 도착한다면 더 편리하겠지만 나리타에 도착하는 항공편이 많으므로 여기서는 나리타를 기준으로 했다. 이 일정에서는 신바시나 히가시긴자 또는 긴자 역 근처에 숙소를 잡는 것이 이동에 편리할 것이다. 호텔에 짐을 풀었으면 우선 롯폰기로 가자. 긴자 역에서 회색의 히비야 선 도쿄 메트로를 타고 네 정거장이면 도착한다. 롯폰기의 새로운 중심인 도쿄 미드타운에서 도쿄 여행을 본격적으로 시작해보자. 맛집이 많은 롯폰기에서 맛있는 점심도 먹고 도쿄 시

티 뷰에 올라 도쿄의 전망을 감상하다 보면 도쿄에 왔음을 실감할 수 있다. 롯폰기 힐스와 모리 타워, 모리 정원을 산책하듯 차례로 둘러보고 도쿄 전철 오에도 선을 타고 아카바네바시 역으로 간다. 목적지는 바로 도쿄 타워. 하지만 각자의 취향에 따라 두 개의 전망대 중 하나만 선택하여 올라봐도 무방하다. 다시 오에도 선을 타고 시오도메 역으로 이동, 돈키호테 본점과 시오도메 시티 센터 등 신바시 역 주변을 잠시 구경하고 저녁 시간을 보낼 오다이바로 간다. 먹을 것도, 즐길 것도 많은 오다이바에서 쇼핑도 하고 맛집 순례도 하고 온천을 즐기는 것으로 저녁 시간을 보내자. 추천 일정에는 오다이바의 여러 명소들이 들어 있는데 하루 저녁에 모두 보는 것은 사실 무리이다. 이 중 가고 싶은 곳 몇 군데를 골라 방문해보자. 오다이바 안에서는 대체로 도보로 이동이 가능하며 필요할 경우 유리카모메 선을 타고 이동하면 된다. 아쿠아 시티와 다이버 시티 그리고 오에도 온천을 가장 추천한다. 오다이바 투어를 마치고 다시 긴자 쪽으로 돌아올 때는 다시 유리카모메 선을 타고 신바시 역에서 환승하면 된다. 오다이바에서 긴자 역까지는 총 30분 정도 걸린다.

★ 첫째 날 추천 일정 ★

1. 나리타 국제 공항
2. 도쿄 미드타운
3. 도쿄 시티 뷰
4. 롯폰기 힐스
5. 모리 정원
6. 도쿄 타워
7. 돈키호테 긴자 본관
8. 오다이바 가이힌코엔
9. 덱스 도쿄 비치
10. 아쿠아 시티 오다이바
11. 후지 테레비
12. 다이버 시티
13. 대관람차
14. 오에도 온천

다이버 시티

DAY 1 첫째 날

SPOT 👓 추천 명소

롯폰기 › 도쿄 타워 › 오다이바

❶ 나리타 국제 공항 成田国際空港 / Narita International Airport

나리타 국제 공항은 일본을 대표하는 공항으로 도쿄에서 조금 떨어진 지바 현 나리타 시에 있다. 공항에서 도심까지 이동하는 데 꽤 오래 걸리는데 방법은 여러 가지다. JR 나리타 익스프레스, 스카이라이너, 게이세이 전철 같은 철도를 이용하는 게 빠르며 유명 호텔로 바로 이동 시에는 리무진 버스를 이용하면 편리하다.

📍 Narita International Airport (NRT), Narita Airport Terminal 2 (Bus), Furugome, Narita, Chiba
🌐 www.narita-airport.jp

❷ 도쿄 미드타운 東京ミッドタウン / Tokyo Midtown

롯폰기 역 7번 출구에 자리한 랜드마크로 예술적인 감각이 넘치는 멀티플렉스다. 공원과 뮤지엄, 쇼핑몰, 식당가, 미술관, 후지필름 스퀘어 등 다양한 문화시설과 상점들이 들어서 있다. 흥미로운 전시가 끊이지 않는 갤러리아와 디자인 뮤지엄이 있어 볼거리가 풍부하다. 카운터에서 '유비쿼터스 커뮤니케이터'라는 무료 오디오 가이드를 대여하여 아트 및 디자인 작품에 대한 설명을 들을 수 있다.

📍 9 Chome-7-3 Akasaka, Minato, Tokyo
🕐 상점 11:00~21:00, 식당 11:00~24:00 (점포마다 다름)
🌐 www.tokyo-midtown.com

❸ 도쿄 시티 뷰 東京シティビュー / Tokyo City View

롯폰기 힐스의 모리 타워, 도쿄 타워, 시내 전경을 조망할 수 있는 전망대로 52층에 있어 도쿄의 가장 아름다운 전망을 볼 수 있는 것으로 유명하다. 입장권은 3층에서 구입할 수 있는데 모리 미술관과 360도 전망을 볼 수 있는 루프톱 스카이덱 티켓도 함께 구입할 수 있다.

- 6 Chome-10-1 Roppongi, Minato, Tokyo
- 월-목 10:00~23:00(입장 마감 22:30), 금·토·휴일 전날 10:00~01:00(입장 마감 24:00)
- www.roppongihills.com
- 어른 ￥1,800, 학생 ￥1,200, 어린이 ￥600, 스카이덱 추가 ￥500

❹ 롯폰기 힐스 六本木ヒルズ / Roppongi Hills

미래형 복합 시설의 선두주자인 롯폰기 힐스는 지상 54층의 모리 타워를 비롯해 주택동과 각종 상업 시설 등으로 이루어져 있으며, 부지의 절반 정도는 녹지대이다. 쇼핑몰과 레스토랑, 푸드코트 등을 기본으로 24시간 상영하는 극장, 테레비 아사히 본사, 모리아트 뮤지엄, 모리 정원 등이 자리하고 있다.

- 6 Chome-10-1 Roppongi, Minato, Tokyo
- 식당 11:00~23:00(점포마다 다름), 연중무휴
- www.roppongihills.com

❺ 모리 정원 毛利庭園 / Mohri Garden

롯폰기 힐스는 상당 부분이 녹지대로 구성되어 있는데 모리 정원, 케야키자카, 롯폰기 사쿠라자카, 옥상 정원 등 여러 산책로와 정원이 자리하고 있다. 특히 모리 정원은 에도 시대의 분위기를 살린 일본식 정원으로 작은 연못 주변으로 아담한 산책로가 있어 도심 한복판에서 잠깐의 여유를 즐길 수 있다. 힐 사이드 동편에 위치한다.

- 6 Chome-10-1 Roppongi, Minato, Tokyo
- 07:00~23:00
- www.roppongihills.com

❻ 도쿄 타워 東京タワー / Tokyo Tower

도쿄 타워는 1958년 완공된 높이 333미터의 전파 탑이다. 지상파 아날로그, 디지털 텔레비전 방송 등 방송 전파를 송출을 하고 있으며, 외관에는 세계적인 조명 디자이너가 디자인한 조명이 설치되어 있다. 일몰 무렵부터 자정까지 타워 주변을 밝히는데 여름엔 하얀색, 봄·가을·겨울은 오렌지색으로 빛난다. 지상 150미터, 250미터 두 곳에 전망대가 있다.

- 4 Chome-2-8 Shibakoen, Minato, Tokyo
- 09:00~23:00, 연중무휴 | www.tokyotower.co.jp
- 대전망대+특별 전망대 어른 ¥1,600, 어린이 ¥1,000, 4세 이상 ¥800, 대전망대만 볼 경우 어른 ¥900, 어린이 ¥500, 4세 이상 ¥400

❼ 돈키호테 긴자 본관 ドン·キホーテ / Don Quixote Ginza Honkan

무엇이든 구할 수 있다고 하는 일본의 대표적인 잡화 할인 매장으로 일본 전역에 지점이 있다. 긴자에 본점이 있으며 24시간 운영하고 있어 언제든 일본의 주요 화장품, 전자제품, 식료품 등을 사러 방문할 수 있다. 면세 서비스를 제공하고 있으며 일정 금액 이상이면 바로 면세가로 계산할 수 있다. 신바시 역 긴자 방향 출구 3분 거리에 위치한다.

- Ginza Nine #3 8-10, Ginza, Chuo, Tokyo
- 24시간 연중무휴 | www.donki.com

❽ 오다이바 가이힌코엔 お台場海浜公園 / Odaiba Park

오다이바 가이힌코엔은 인공 백사장이 조성되어 있어 해수욕장 같은 분위기를 연출한다. 공원 전망대에서는 레인보우 브릿지와 도쿄 타워 등을 볼 수 있으며, 모래사장에 앉아서 보는 도쿄 만의 풍경이 꽤 근사하다.

- 1 Chome-5-1 Daiba, Minato, Tokyo

⑨ 덱스 도쿄 비치 デックス東京ビーチ/ Decks Tokyo Beach

오다이바의 오래된 쇼핑센터로 다양한 컨셉의 상점들이 들어서 있다. 특히 1960년대의 도쿄 시타마치를 그대로 재현한 다이바잇 초메 상점가가 유명하다. 일본의 옛 가정집, 골목길, 구멍가게 등을 느낄 수 있는 분위기 속에서 잡화와 불량식품, 장난감 등의 물건을 구경할 수 있다. 이외에도 마담 투소 박물관과 레고 랜드, 조이 폴리스 등 다양한 볼거리가 있어 아이들과 함께하기에 좋다.

- 1-6-1,Daiba, Minato, Tokyo
- 상점 11:00~21:00, 식당 11:00~23:00 (매장마다 다름) | www.odaiba-decks.com

⑩ 아쿠아 시티 오다이바 アクアシティお台場/ Aqua City Odaiba

오다이바를 대표하는 복합 쇼핑몰로 2000년 4월에 문을 열었다. 오다이바의 경치를 한눈에 볼 수 있는 전망 좋은 레스토랑과 150여 개의 상점이 입점해 있다. 수족관, 토이저러스, 디즈니 스토어, 영화관 등 여러 엔터테인먼트 시설과 자유의 여신상이 보이는 포토존, 전국의 맛있는 라멘을 모아놓은 라멘 국기관으로 유명하다.

- 1-7-1 Daiba, Minato, Tokyo
- 상점 11:00~21:00, 식당 11:00~23:00 (매장마다 다름) | www.aquacity.jp

⑪ 후지 테레비 フジテレビ本社ビル / Fuji Television

오다이바를 상징하는 랜드마크로 영화나 애니메이션의 주요 배경으로 자주 등장한다. 1997년 문을 연 이곳은 메탈 느낌의 독특한 외관과 우주선이 건물 사이에 들어 있는 듯한 모습이 인상적이다. 방송국의 주요 시설은 일반인의 출입이 금지되어 있지만 25층 전망대를 비롯한 일부 시설은 들어가볼 수 있다. 5층의 스튜디오 견학 코스에는 후지 테레비의 간판 프로그램들의 방송 소품과 캐릭터 등을 전시해놓고 있다. 아쿠아 시티 바로 맞은편에 위치한다.

- 2 Chome-4-8 Daiba, Minato, Tokyo | 전망대 10:00~18:00 (시설마다 다름)
- www.fujitv.co.jp | 어른 ¥500, 중학생 이하 ¥300

⑫ 다이버 시티 ダイバーシティ東京 プラザ / Diver City

거대한 건담으로 유명해진 쇼핑몰로 건담을 보려고 방문하는 사람들도 많다. 수많은 브랜드와 상점, 레스토랑, 편의 시설이 입점해 있으며 다양한 건담 마니아들의 놀이터인 건담 프런트 도쿄도 이곳에 있다.

- 1 Chome-1-10 Aomi, Koto, Tokyo
- 상점 10:00~21:00, 식당 11:00~23:00 (매장마다 다름)
- www.divercity-tokyo.com

⑬ 대관람차 パレットタウン大観覧車 / Daikanransha

오다이바 팔레트 타운의 대관람차는 오다이바의 상징과도 같은 존재다. 지름이 100미터에 달하고, 최고 높이는 무려 115미터이다. 64대의 곤돌라가 한 바퀴 도는 데 걸리는 시간은 16분 정도로 오다이바의 전경, 특히 야경을 만끽하기에 좋다.

- 1 Chome-3-3 Aomi, Koto, Tokyo
- 일~목 10:00~22:00, 금·토 10:00~23:00
- www.daikanransha.com
- 4세 이상 ¥900

⑭ 오에도 온천 大江戸温泉物語 / Ooedo Onsen Monogatari Hot Springs

도심 속에서 즐길 수 있는 온천으로 에도 시대의 먹거리촌과 온천 문화를 재현하여 일본의 옛 정취를 느낄 수 있다. 유카타를 착용해야 하며 아침 9시까지 영업하여 출국 전 피로를 풀고 떠나기에도 좋다. 오다이바 끝자락에 위치한다. 텔레포트 역에서 무료 셔틀을 타고 갈 수 있다.

- 2 Chome-6-3 Aomi, Koto, Tokyo
- 11:00~09:00
- www.ooedoonsen.jp
- 어른 09:00 이전 ¥1,580, 09:00~18:00 ¥2,480, 18:00 이후 ¥1,980 / 어린이 항상 ¥1,000

TASTE 　주변 추천 맛집

롯폰기 › 도쿄 타워 › 오다이바

곤파치 | 権八 / Gonpachi

영화 「킬빌」의 싸움터 배경의 모티브가 된 이색적인 분위기의 이자카야. 롯폰기, 긴자, 오다이바 등 여러 곳에 지점이 있다. 주로 맥주 한 잔에 안주로 곁들이기 좋은 메뉴를 선보이는데 오다이바점은 경치가 좋아 풍경을 감상하며 소바나 돈부리로 점심 식사를 하기에도 좋다.

1 Chome-1-13-11 Nishiazabu, Minato, Tokyo (롯폰기의 니시아자부점) 1 Chome-7 Daiba, Minato, Tokyo (오다이바점, 아쿠아 시티 4층)
11:30~03:30 (주문 마감 02:45), 런치 11:30~14:00
www.gonpachi.jp

쓰루하시 쓰게츠 | 鶴橋風月 / Tsuruhashi Fugetsu

오사카에서 시작된 오코노미야키 전문점으로 일본 내에서 1, 2위를 다툴 정도로 유명한 가게이다. 눈앞에서 즉석으로 오코노미야키를 만들어주는데 시원한 맥주와 함께 즐기는 맛이 일품이다. 아쿠아 시티 6층에 위치한다.

1 Chome-7 Daiba, Minato, Tokyo (오다이바점, 아쿠아 시티 6층)
11:00~23:00 (주문 마감 22:00)
www.ideaosaka.co.jp

둘째 날 일정 한눈에 보기

고쿄 › 하라주쿠 › 시부야 › 신주쿠

오늘은 일본의 천황이 살고 있는 고쿄에서 일정을 시작한다. JR 도쿄 역 마루노우치 중앙 출구에서 도보로 15분 정도 걸어가면 찾을 수 있다. 고쿄에 들어가지 않더라도 고쿄 주변의 공원을 산책하고 잔디에 앉아 도심 속 녹음을 감상해볼 것. 싱그러운 하루를 시작하기에 좋다. 특히 벚꽃이 만개하는 시즌이라면 더더욱 방문을 추천한다. 긴자 역으로 돌아와 맛있는 먹거리들로 배를 채우고 이제 오모테산도로 가자. 도쿄 메트로 긴자 선을 타고

일곱 정거장이면 갈 수 있다. 오모테산도 힐스와 캣 스트리트, 라포레 하라주쿠, 메이지도리를 차례로 둘러보자. 하라주쿠 역 방면으로 천천히 걸으며 구경하면 된다. 하라주쿠의 마지막 목적지는 메이지 신궁으로 하라주쿠 역 오모테산도 출구에서 2분 거리에 있다. 봄꽃이 피는 계절에 방문하면 좋은 곳으로 도쿄 도심에서 만날 수 있는 신사다. 다시 하라주쿠 역으로 돌아와 JR 라인을 타고 시부야 역으로 간다. 시부야 로프트, 시부야 109, 시부야 마크 시티 등 시부야의 대표적인 쇼핑몰들을 차례로 둘러보며 본격 쇼핑 타임을 가져보자. 주변에는 맛집도 많다. 저녁엔 시부야를 벗어나 JR 노선을 타고 신주쿠 역으로 간다. 지하 중앙도를 따라 10분 거리에 있는 도쿄 도청 전망대에서 신주쿠 탐방을 시작한다. 도쿄의 노을을 감상하고 신주쿠 아일랜드 타워의 LOVE 조각을 배경으로 인증샷도 찍었다면 신주쿠 쇼핑을 즐겨보자. 루미네와 이세탄 등 유명 백화점들을 돌아보고 근처에서 늦은 저녁을 먹는 것으로 일정을 마친다. 아직 체력이 허락한다면 신주쿠 골든 가이에서 맥주나 사케 한 잔으로 신나는 도쿄의 밤을 즐겨보자.

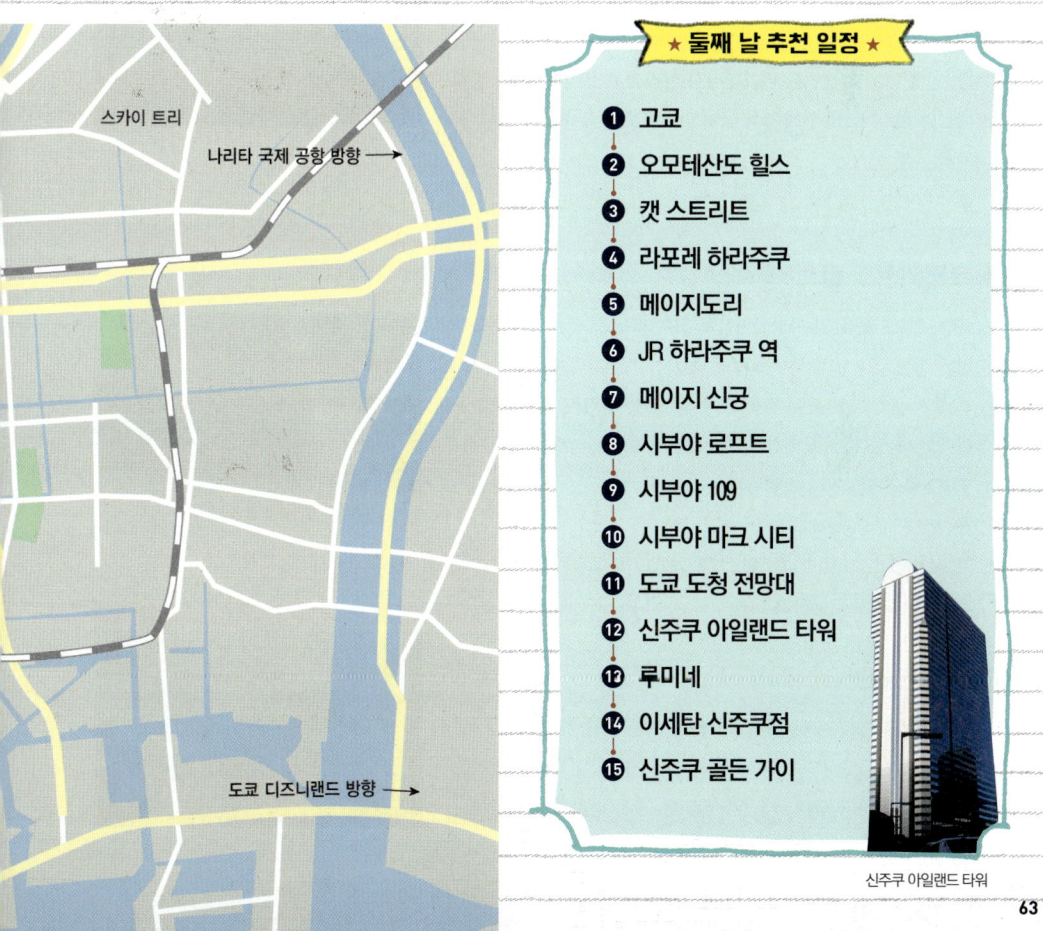

★ 둘째 날 추천 일정 ★

1. 고쿄
2. 오모테산도 힐스
3. 캣 스트리트
4. 라포레 하라주쿠
5. 메이지도리
6. JR 하라주쿠 역
7. 메이지 신궁
8. 시부야 로프트
9. 시부야 109
10. 시부야 마크 시티
11. 도쿄 도청 전망대
12. 신주쿠 아일랜드 타워
13. 루미네
14. 이세탄 신주쿠점
15. 신주쿠 골든 가이

신주쿠 아일랜드 타워

DAY 2 · 둘째 날

SPOT 👓 추천 명소

고쿄 › 하라주쿠 › 시부야 › 신주쿠

❶ 고쿄 皇居 / Tokyo Imperial Palace

일본의 일왕과 그 일가가 거주하고 있는 고쿄는 사전에 예약해야만 입장할 수 있다. 평일 하루 두 번의 투어가 있으며 75분 정도 소요된다. 온라인으로 예약할 수 있으며 신분증 확인 후 입장한다. 가이드를 따라 투어를 하게 되며 자유롭게 다닐 수는 없다. 안경 다리로 불리는 메가네바시 다리와 녹음이 진 푸른 정원이 고즈넉하다. 예약 과정이 번거롭다면 고쿄 주변의 공원만 산책해도 좋다.

🏛 1-1 Chiyoda, Tokyo | 📶 sankan.kunaicho.go.jp

❷ 오모테산도 힐스 表参道ヒルズ / Omotesando Hills

2006년 2월 문을 연 복합공간으로 일본이 낳은 세계적인 건축가 안도 다다오가 설계해 더욱 주목받았다. 지상 6층과 지하 6층으로 주거 공간을 비롯해 명품 숍과 멀티 숍, 갤러리, 레스토랑 등이 입점해 있다. 오모테산도의 대표적인 쇼핑센터로 오모테산도역 A2 출구 5분 거리에 위치한다.

🏛 4-12-10 Jingumae, Shibuya, Tokyo
🕐 상점 월-토 11:00~21:00, 일 11:00~20:00 / 식당 월-토 11:00~23:30, 일 11:00~22:30
📶 www.omotesandohills.com

❸ 캣 스트리트 Cat's Street

일본 힙스터들의 거리 캣 스트리트는 트렌디한 가게들과 카페, 디자이너 숍들로 가득하다. 쇼핑하지 않더라도 한적한 길거리를 걸으며 구경하기 좋다. 캣 스트리트를 계속 따라가면 시부야까

지 갈 수 있다.
- 6 Chome-6-2 Jingumae, Shibuya, Tokyo

❹ 라포레 하라주쿠 ラフォーレ原宿 / Laforet Harajuku

1978년에 개장한 라포레 하라주쿠는 하라주쿠의 패션 트렌드를 한눈에 볼 수 있는 복합 쇼핑몰로 하라주쿠의 랜드마크로 자리 잡고 있다. 매년 봄, 가을에 전면적인 리뉴얼을 해 끊임없이 진화하고 있는 라포레는 현재 140여 개의 상점이 입점해 있다. 라포레 입구의 벤치는 만남의 장소로도 유명해 주말이면 사람들로 발 디딜 틈이 없다.

- 1 Chome-11-6 Jingumae, Shibuya, Tokyo
- 11:00~21:00, 연중무휴
- www.laforet.ne.jp

❺ 메이지도리 明治通り / Meiji Street

하라주쿠의 중심 거리로 큰 길가를 따라 유명한 브랜드들이 줄지어 있다. 하라주쿠에 간다면 일부러 찾지 않아도 지나게 되는 곳이다. 늘 활기가 넘치는 번화가다.

- 4 Chome-31-11 Jingumae, Shibuya, Tokyo

❻ JR 하라주쿠 역 原宿駅 / Harajuku Station

1924년에 지어진 영국식 목조 건축물인 JR 하라주쿠 역은 도쿄도 내에 현존하는 가장 오래된 목조 역사이다. JR 하라주쿠 역에는 상시 이용하는 야마노테 선 플랫폼 외에 보통 때는 잘 사용하지 않는 플랫폼이 두 개가 더 있는데 메이지 진구 참배객이 많은 시기에만 사용되는 메이지 진구 플랫폼과 황족 전용의 궁정 플랫폼이 그것이다.

- 1 Chome-18-20 Jingumae, Shibuya, Tokyo
- www.jreast.co.jp

❼ 메이지 신궁 明治神宮 / Meiji Jingu

하라주쿠에 위치한 메이지 신궁(메이지진구)는 봄이면 아름다운 꽃들이 만발하는 정원을 구경하러 오는 사람들로 북적이며, 정월에는 전국에서 몰려든 참배객들로 문전성시를 이룬다. 천황 부부의 제사를 지내기 위해 1920년에 건립된 건물로 입구에서 본전으로 가는 길에는 보물 전시실이 있어 일본의 황실 문화를 엿볼 수 있다.

- 1-1 Yoyogikamizonocho, Shibuya, Tokyo
- 연중무휴 (시기에 따라 운영 시간이 다름) | www.meijijingu.or.jp/english

❽ 시부야 로프트 渋谷ロフト / Shibuya Loft

인테리어, 생활용품, 문구류, 잡화 등 다양한 제품들로 가득 차 있는 쇼핑몰로 일본 특유의 개성 있고 아이디어 넘치는 상품들을 볼 수 있고 기념품을 장만하기에도 좋다. 쇼핑이 목적인 여행자라면 한 번쯤은 꼭 방문해야 할 쇼핑몰. 시부야 역 하치코 출구 4분 거리에 있다.

- 21-1 Udagawacho, Shibuya, Tokyo
- 10:00~21:00 | www.loft.co.jp

❾ 시부야 109 Shibuya 109

도쿄의 최신 유행을 선도하는 시부야 패션의 발상지로 건물 외부에는 언제나 패셔너블한 대형 광고가 붙어 있는데, 여기에 걸린 포스터만 봐도 도쿄의 최신 이슈를 알 수 있다. 지하 2층에서 8층까지 대부분 10~20대 여성을 위한 패션 숍이 입점해 있으며, 7~8층에는 레스토랑과 카페가 자리하고 있다.

- 2-29-1 Dogenzaka, Shibuya, Tokyo
- 상점 10:00~21:00, 식당 11:00~22:30
- www.shibuya109.jp

⓾ 시부야 마크 시티 渋谷マークシティ / Shibuya Mark City

시부야에 있는 복합 상업 건물로 호텔인 이스트 동과 오피스인 웨스트 동으로 나뉘어 있는 트윈 타워이다. 돈가스 전문점인 와코, 긴자 라이온, 쓰바메 그릴, 스시노미도리 등 인기 레스토랑이 대거 입점해 있다.

- 1 Chome-12-1 Dogenzaka, Shibuya, Tokyo
- 상점 10:00~21:00, 식당 11:00~23:00
- www.s-markcity.co.jp

⓫ 도쿄 도청 전망대 東京都庁展望室 / Tokyo Metropolitan Government Building Observatories

도쿄에서 세 번째로 높은 빌딩인 도쿄 도청은 48층의 트윈 타워인 제1 본청사와 34층짜리 제2 본청사, 7층짜리 도의회의사당으로 구분된다. 도쿄 시내를 한눈에 내려다볼 수 있는 전망대는 제1 본청사에 위치하고 있으며, 북쪽 전망실과 남쪽 전망실로 나뉜다. 전용 엘리베이터를 이용해 55초 만에 전망대까지 올라갈 수 있다.

- 2 Chome-8-1 Nishishinjuku, Shinjuku, Tokyo
- 09:30~23:00 | www.metro.tokyo.jp | 무료

⓬ 신주쿠 아이랜드 타워 新宿アイランドタワー / Shinjuku i-Land tower

신주쿠 아이랜드의 선큰 가든인 아쿠아 랜드와 광장 곳곳에는 인간 사랑과 미래를 테마로 한 공공 미술품이 설치되어 있다. 이 외에도 볼 만한 전시품들이 많아 둘러보며 산책하기에 좋다.

- 6 Chome-5-1 Nishishinjuku, Shinjuku, Tokyo
- www.shinjuku-i-land.com

⓭ 루미네 Lumine

신주쿠 역과 연결된 쇼핑몰로 루미네 1, 2 두 곳으로 나누어져 있다. 유명 브런치 카페나 식표품점, 카페, 식당들이 많다. 신주쿠 역을 지날 때 한 번쯤 들러

보자.
- 3 Chome-38-2 Shinjuku, Tokyo
- 상점 10:00~21:00, 식당 11:00~22:00
- www.lumine.ne.jp

⓮ 이세탄 신주쿠점 伊勢丹 新宿店 / Isetan Shinjuku

일본의 대표적인 백화점 체인으로 18세기부터 지금까지 명성을 유지하고 있다. 명품 의류 브랜드를 비롯하여 가구, 아동용품, 전자제품 등 다양한 제품을 판매한다.

- 3 Chome-14-1 Shinjuku, Tokyo
- 10:30~20:00, 연중무휴
- isetan.mistore.jp

⓯ 신주쿠 골든 가이 新宿ゴールデン街 / Shinjuku Golden Gai

신주쿠 골든 가이는 신주쿠 구청과 히나조노 신사 사이에 있는 좁은 골목으로, 1950년대의 모습을 그대로 재현한 술집 200여 개가 밀집해 있다. 1950년대만 해도 매춘이 행해지던 사창가였으나 1958년 매춘방지법 시행을 계기로 술집 골목으로 변신했다.

- 1 Chome-1-6 Kabukicho, Shinjuku, Tokyo
- www.goldengai.net

TASTE
주변 추천 맛집

고쿄 > 하라주쿠 > 시부야 > 신주쿠

키르 훼 봉 긴자 キルフェボン / Quil Fait Bon Ginza

긴자 최고의 타르트 전문점으로 계절마다 가장 맛있는 과일과 달콤한 크림, 바삭한 파이로 25종 이상의 타르트를 판매하고 있다. 시즌별로 등장하는 시즌 메뉴 또한 최고의 맛을 자랑하며, 주말에는 1시간 이상 기다려야 할 정도로 인기가 많다. 1층은 테이크아웃, 2층은 카페로 운영된다.

- 2 Chome-5-2 Ginza, Chuo, Tokyo
- 포장 11:00~21:00, 지하 카페 11:00~20:00
- www.quil-fait-bon.com

렌가테이 煉瓦亭 / Rengatei

1895년 문을 연 이래 약 120년의 역사를 가진 경양식 전문점이다. 예스러운 돈가스와 오므라이스로 유명하며 다양한 양식 메뉴가 넘쳐나는 도쿄에서 기본에 충실한 100년 전 메뉴를 그대로 선보이고 있다. 우리 입맛엔 충분히 맛있지 않을 수 있으나 역사를 체험한다는 기분으로 한 번쯤 맛볼 만하다.

- 3-5-16, Ginza, Chuo, Tokyo
- 월-토 11:15~14:15 16:30~20:30 | ⓢ 기본 가쓰레쓰 ￥1,300

기무라야 총본점 木村屋總本店 / Kimuraya Sohonten

일본에서 팥빵을 처음으로 선보였던 유서 깊은 빵집이다. 1869년에 처음 문을 열었으며 주정을 이용한 발효법으로 만든 단팥빵이 유명하다. 다양한 종류의 팥빵이 있는데 짭조름한 벚꽃이 든 팥빵이나 고로케, 크림빵, 문어빵 등을 판매하고 있다.

📍 4 Chome-5-7 Ginza, Chuo, Tokyo
🕐 1~2층 10:00~21:00, 3~4층 11:00~21:00 | 🌐 www.kimuraya-sohonten.co.jp

돈가스 마이센まい泉 / Maisen

1965년 유라쿠초 마루이 빌딩에서 처음 문을 연 유명 돈가스 전문점인 마이센이 아오야마로 본점을 옮겨 왔다. 가고시마산 돼지고기에 직접 만든 빵가루를 묻혀 만든 돈가스의 육질이 일품이다.

📍 4 Chome-8-5 Jingumae, Shibuya, Tokyo
🕐 10:00~19:00
🌐 www.mai-sen.com

골드 러시 본점 ゴールドラッシュ / Gold Rush Headquarters

1980년에 오픈한 함박스테이크 전문점이다. 두 개의 함박스테이크와 통감자, 익힌 야채를 기본으로 치즈나 양파 등 함박스테이크 위에 올라가는 재료에 따라 다양한 메뉴가 있다. 음료수를 무제한 리필로 제공하며 고기 무게에 따른 양을 선택할 수 있다. 식사 시간에는 긴 대기 줄이 있을 수 있다.

📍 1 Chome-11-6 Jingumae, Shibuya, Tokyo
🕐 런치 11:30~16:00 디너 16:00~22:50, 연중무휴
🌐 www.gold-rush.jp
💰 기본 함박 200g ￥830, 체다치즈 함박 200g ￥1,050, 300g ￥1,250

이치란 一蘭 / Ichiran

규슈 하카타식 라멘 전문점으로 돼지고기 뼈로 국물을 내는 돈코쓰 라멘이 유명하다. 면의 굵기와 익히는 정도 등을 조절해서 주문할 수 있는 주문 방식의 원조라 불리는 곳이 바로 이치란이다. 입구의 자판기에서 원하는 메뉴를 구입한 후 자리에 앉아 앞에 있는 주문서에 세부 사항을 체크하고 점원에게 건네면 음식이 나온다. 한국어와 영어 메뉴판도 구비되어 있어 주문하기 쉽다.

📍 1 Chome-22-7 Jinnan, Shibuya, Tokyo (시부야점)
🕐 24시간, 연중무휴
🌐 www.ichiran.co.jp

멘야 무사시 麵屋武蔵 / Menya Musashi

도쿄에서 가장 인기 있는 라멘 가게 중 하나로 일본의 유명한 라멘 가게를 선정해 승부를 가르는 TV 프로그램에서 수차례 우승해 유명세를 탔다. 소스에 찍어 먹는 쓰케멘으로 유명하다. 메인 메뉴 외에도 계절마다 등장하는 기간 한정 메뉴의 맛도 일품이다. 인기가 많아 30분 이상 기다려야 하는 것은 기본이다.

📍 7 Chome-2-6 Nishishinjuku, Shinjuku, Tokyo
🕐 런치 11:30~15:30 디너 16:30~21:30

나카무라야 본점 新宿中村屋 / Shinjuku Nakamuraya

일본 최초의 카레 전문점으로 지하 1층부터 지상 5층까지 각 층별로 독립된 레스토랑과 카페, 제과점이 운영된다. 1927년 일본 최초로 선보인 정통 인도식 카레가 추천 메뉴다. 원조 일본 카레를 맛볼 수 있다.

📍 3 Chome-26-11 Shinjuku, Tokyo
🕐 11:00~22:00
🌐 www.nakamuraya.co.jp

셋째 날 일정 한눈에 보기

아키하바라 › 우에노 › 아사쿠사

벌써 도쿄의 마지막 날이다. 저녁 비행기로 귀국할 때 가능한 일정으로 오후에 출발하는 일정이라면 아사쿠사의 센소지 정도만 둘러본 후 공항으로 가는 것이 좋겠다. 일단은 아키하바라에서 전자제품 구경으로 일정을 시작한다. 전자제품에 별다른 관심이 없다면 우에노 공원에서 하루를 시작해도 좋다. 도쿄 벚꽃 명소로 유명한 우에노 공원까지는 JR 라

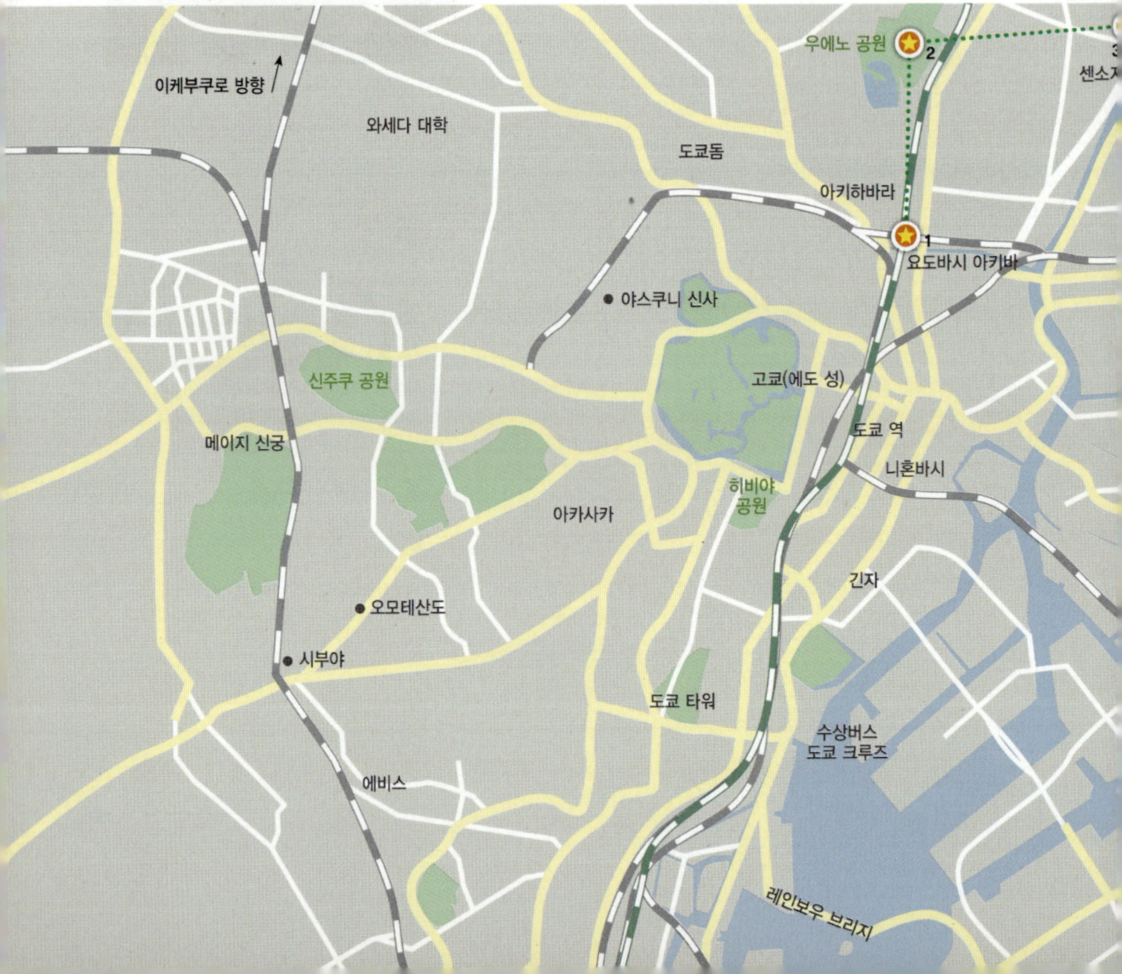

인이나 긴자 선, 히비야 선을 타고 이동할 수 있다. 우에노 공원에서 아침 산책을 마치고 점심을 먹으러 아사쿠사로 간다. 우에노에서 긴자 선을 타고 세 정거장이면 갈 수 있다. 소바나 덴푸라로 도쿄에서의 마지막 식사를 즐겨보자. 오후엔 센소지를 방문한다. 아사쿠사 역에서 나와 나카미세 상점가를 따라 호조몬과 센소지 본당을 차례로 둘러보면 된다. 가장 일본다운 곳에서 도쿄 여행을 마무리해본다. 2박 3일의 짧은 일정인 만큼 가능하다면 캐리어 없이 배낭에 짐을 싸서 움직이는 것도 나쁘지 않다. 몸도 마음도 더 가볍게 다닐 수 있고 마지막 날 같은 경우에는 호텔에 짐을 가지러 되돌아갈 필요도 없어진다. 이제 아사쿠사 역에서 스카이 액세스 특급을 타고 다시 나리타 공항으로 가면 모든 일정이 끝난다. 또 보자, 도쿄!

★ 셋째 날 추천 일정 ★

1. 요도바시 아키바
2. 우에노 공원
3. 호조몬
4. 센소지

호조몬

73

DAY 3 셋째 날

SPOT 👓 추천 명소

아키하바라 › 우에노 › 아사쿠사

❶ 요도바시 아키바 ヨドバシAkiba / Yodobashi Akiba

아키하바라 역에서 2분 거리에 있는 전자제품 전문 상가다. 요도바시의 일본 최대 매장으로 카메라, 휴대폰, 컴퓨터 등 다양한 전자제품은 물론, 액세서리와 초대형 장난감 매장까지 구경거리도 많다. 전자제품 마니아에게는 필수 코스. 서점과 식당 등 여러 부대 시설이 함께 입점해 있다.

🏠 1 Chome-26 Kanda Sakumacho, Chiyoda, Tokyo | ⏰ 09:30~22:00 | 📶 www.yodobashi.com

❷ 우에노 공원 上野公園 / Ueno Park

도쿄를 대표하는 공원이자 도쿄 시민들의 휴식처로 사랑받는 우에노 공원! 넓은 공원 내에 우에노 동물원, 도쿄 국립 박물관, 국립 과학 박물관, 우에노 모리 미술관 등 문화 시설이 자리잡고 있다. 벚꽃이 피는 봄철에는 약 1,100그루의 벚나무가 만개해 꽃구경을 즐기는 인파로 붐빈다.

🏠 Uenokoen, Taito, Tokyo

⏰ 05:00~23:00 | 📶 www.tokyo-park.or.jp

❸ 호조몬 宝蔵門 / Hozomon-the Niomon Gate

'보장문'이라고도 부르는 센소지의 본당으로 향하는 산문이다. 사찰의 정문에 해당하는 가미나리몬부터 호조몬까지 이어지는 약 300미터의 참배 길은 '나카미세'라 불리며 에도 시대부터 내려온 상점가가 형성되어 있어 구경거리가 많다. 호조몬까지 걸어가며 기념품을 구입하거나 군것질을 하기에 좋다.

🏠 2 Chome-3-1 Asakusa, Taito, Tokyo

❹ 센소지 浅草寺 / Senso-ji Temple

도쿄 도에서 가장 큰 사찰이다. 628년 스미다가와에서 어부 형제가 던져놓은 그물에 걸린 관음상을 모시기 위해 사당을 지었고, 이후 645년에 승려 쇼카이가 절을 세운 것이 센소지의 유래로 알려져 있다. 관동대지진과 제2차 세계대전 당시 미군의 공습으로 대부분의 건물이 소실되었으며, 지금의 센소지는 대부분 1960년 이후에 재건한 것이다. 밤에는 조명에 빛나는 센소지를 볼 수 있어 야간 산책을 즐기기에도 좋다.

- 2 Chome-3-61 Asakusa, Taito, Tokyo
- 06:30~17:00(4~9월은 06:00부터) | www.senso-ji.jp | 무료

TASTE 주변 추천 맛집

아키하바라 › 우에노 › 아사쿠사

호라이야 蓬莱屋 / Horai-ya

100년이 넘는 시간 동안 3대째 원조 히레가스를 선보이고 있는 돈가스 전문점이다. 두툼한 두께가 인상적인데 속은 부드럽고 겉은 바삭한 식감이 좋다. 심플한 메뉴치고는 상당히 비싼 편이지만 한 번쯤은 맛볼 만하다. 오카치마치 역 북쪽 출구에서 1분 거리, 또는 우에노 역 시노바즈 출구에서 7분 거리에 있다.

- 3 Chome-28-5 Ueno, Taito, Tokyo
- 월-금 런치 11:30~14:00 디너 17:00~20:00, 토·일 런치 11:30~14:30 디너 17:00~20:30
- www.ueno-horaiya.com
- 히레가스 ¥2,980, 쿠시가스 ¥1,950

소메타로 본점 お好み焼き / Sometaro

1938년에 문을 연 오코노미야키 맛집으로 양배추와 특제 야키소바, 달걀이 들어간 오리지널 메뉴인 오소메야키와 떡, 고기, 양파, 당근이 들어간 슈마이텐이 추천 메뉴다. 다와라마치 역 3번 출구에서 도보로 5분 정도 걸린다.

   2 Chome-2-2 Nishiasakusa, Taito, Tokyo

나미키 야부소바 並木藪蕎麦 / Namiki Yabusoba

신선한 소바분을 사용하는 소바 맛집이다. 인기 메뉴는 모리소바와 참마즙과 달걀노른자를 얹은 야마카게소바. 우리 입맛에는 간이 센 편이니 쓰유는 조금만 찍어 먹어야 한다. 긴자 선 아사쿠사 역 2번 출구에서 3분 거리에 있다.

   2 Chome-11-9 Kaminarimon, Taito, Tokyo

다이코쿠야 덴푸라 大黒屋天麩羅 / Daikokuya Tempura

1887년 문을 연 덴동의 명가로 변함없는 맛을 고수해온 아사쿠사의 맛집이다. 새우와 다른 튀김이 올라간 믹스텐동 두 가지와 에비텐동, 기타 사이드 메뉴가 전부다. 긴자 선 아사쿠사 역 1번 출구에서 나와 덴보인도리 방향으로 도보 5분 거리에 위치한다.

   1-38-10 Asakusa, Taito, Tokyo
   일-금 11:00~20:30, 토 · 공휴일 11:30~21:00
   www.tempura.co.jp

PLUS SPOT
추가 추천 스팟

일정에는 넣지 못했지만 여유가 있다면 더 돌아볼 만한 도쿄의 명소들을 소개한다. 특별히 가보고 싶은 곳이 있다면 이 추천 스팟 일정을 참고하여 나만의 일정으로 편집해 보자.

도쿄 디즈니랜드 東京ディズニーランド / Tokyo Disneyland

아이와 함께한다면 꼭 들러볼 만한 도쿄의 대표적인 테마파크. 도쿄 디즈니랜드와 도쿄 디즈니시 Disney Sea 두 개의 파크가 있다. 디즈니 만화를 좋아하는 아이들에겐 천국 같은 곳으로 아찔한 놀이기구보단 아기자기한 볼거리와 어린이용 놀이 시설이 많다. JR 선을 타고 마이하마 역으로 가거나 신주쿠 역, 도쿄 역, 요코하마 역 등지에서 직행 버스를 이용하여 갈 수 있다.

- 1-1 Maihama, Urayasu, Chiba
- 09:00~22:00 (시기와 요일, 시설에 따라 운영 시간이 다름. 홈페이지 참조)
- www.tokyodisneyresort.jp
- 1일 어른 ¥6,900, 청소년 ¥6,000, 어린이 ¥4,500 / 2일 어른 ¥12,400, 청소년 ¥10,800, 어린이 ¥8,000

우에노 동물원 上野動物園 / Ueno Zoo

우에노 공원에 위치한 일본 최초의 동물원이다. 19세기 후반 개장한 곳으로 팬더, 고릴라, 호랑이, 코끼리, 바다표범, 기린 등 다양한 동물들을 한자리에서 만날 수 있다. 아이들과 함께하기 좋은 곳으로 어린이 동물원과 모노레일, 연못, 5층 탑과 정원 등 다양한 시설이 갖춰져 있다.

- Ueno Zoo, 9-83, Ueno Park, Taito, Tokyo
- 화~일 09:30~17:00
- www.tokyo-zoo.net
- 어른 ¥600, 청소년 ¥200, 어린이 무료

스카이 트리 スカイツリー / Sky Tree

2011년 11월 17일 '세계 최고 높이 타워'로 기네스북에 오른 도쿄 스카이 트리는 높이 643미터의 전파 탑이다. 제1 전망대는 지상 350미터 지점에 전면 유리로 설치되어 있으며, 제2 전망대는 지상 450미터 지점에 유리로 된 복도를 만들어 공중을 산책하고 있는 느낌을 받을 수 있게 설계되었다. 도쿄 스카이 트리 역이나 오시아게 역에서 갈 수 있다. 사전에 온라인으로 예매할 수 있고 당일에 현장에서 구매하는 것이 더 저렴하나 대체로 사람이 많아서 대기 시간이 길거나 표를 구할 수 없는 경우가 있다. 현장 구매 시 대기 줄이 길다면 외국인 전용 'Fast' 티켓을 이용해보자. 800엔 더 비싸지만 기다리지 않고 바로 올라갈 수 있다.

- 1 Chome-1-2 Oshiage, Sumida, Tokyo
- 08:00~22:00 | www.tokyo-skytree.jp/kr
- 350m 전망대 - 사전 예약(시간 지정) 어른 ¥2,570, 청소년 ¥2,060, 어린이 ¥1,440, 현장 구매 어른 ¥2,060, 청소년 ¥1,540, 어린이 ¥930 / 450m 전망대(별도 구매) - 현장 구매만 가능 어른 ¥1,030, 청소년 ¥820, 어린이 ¥510

비너스 포트 Venus Fort

팔레트 타운의 핵심 쇼핑 시설인 비너스 포트는 유럽의 오래된 거리를 컨셉으로 만든 여성을 위한 테마파크이다. 가족과 애완견을 위한 쇼핑 공간이 마련되어 있어 가족 단위의 쇼핑객이 많으며, 약 160개의 숍과 레스토랑이 입점해 있다. 유리카모메 아오미 역에서 바로 찾을 수 있다.

- 1 Chome-3-15 Aomi, Koto, Tokyo
- 상점 11:00~21:00, 식당 11:00~23:00, 연중무휴 | www.venusfort.co.jp

에비스 가든 플레이스 타워 恵比寿ガーデンプレイス / Yebisu Garden Place Tower

에비스 가든 플레이스의 랜드마크로 지하 5층, 지상 40층의 초고층 빌딩이다. 레스토랑과 카페, 은행 등의 편의 시설과 다양한 쇼핑몰들이 입점해 있으며, 작은 무료 전망대가 있어 야경을 즐기기에 좋다. 에비스 맥주 기념관에서 테이스팅을 즐기면서 함께 둘러보자. 에비스 역 동쪽 출구에서 도보 5분 거리에 있다.

- 4 Chome-20-3 Ebisu, Shibuya, Tokyo
- gardenplace.jp

미타카노모리 지브리 미술관 三鷹の森ジブリ美術館 / Ghibli Museum Mitaka

일본 애니메이션을 대표하는 지브리 스튜디오에서 운영하는 미술관으로 지브리의 대표작들을 만나볼 수 있다. 「이웃집 토토로」「센과 치히로의 행방불명」「하울의 움직이는 성」등 지브리의 작품들에 추억을 가지고 있다면 방문을 추천한다. 애니메이션 속 캐릭터와 배경들을 직접 보고, 만지고 느낄 수 있는 체험형 미술관으로 방문하려면 사전에 예약해야 한다. 현장에서 티켓을 판매하지 않으며 국내 여행사를 통해 미리 예약하거나 일본 전역에 있는 로손 편의점에서 'Loppi' 자판기를 통해 미리 구입할 수 있다. 하루 네 번 정해진 시간에 입장해야 한다. JR 미타카 역 남쪽 출구에서 주오도리를 따라 약 15분 걸리며 남쪽 출구 앞에서 미술관행 커뮤니티 버스를 이용하면 약 5분 소요된다.

- 1 Chome-1-83 Shimorenjaku, Mitaka, Tokyo
- 10:00~18:00, 화요일 휴무
- www.ghibli-museum.jp
- 어른 ¥1,000, 청소년 ¥700, 어린이 ¥400, 유아 ¥100

스페인 자카 Spain Slope-Supeinzaka

10대 소녀들이 좋아할 만한 의류, 신발, 잡화 등을 취급하는 전문점이 늘어서 있는 언덕길이다. 이곳에 있던 카페 '아라비가'의 주인이 사진으로 본 스페인 풍경에 이끌려 가게 인테리어를 스페인풍으로 꾸민 데서 스페인 자카라는 이름이 유래되었다. JR 시부야 역 하치코 출구에서 이노카시라도리 방향으로 도보 5분 거리에 있다.

- 16-16 Udagawacho, Shibuya, Tokyo

애니메이트 이케부쿠로 본점 アニメイト池袋本店 / Animate Ikebukuro

다양한 만화책, CD, DVD 등 애니메이션 전문 상품을 판매하는 곳이다. 본점이니 만큼 다양하고 방대한 애니메이션 제품들을 만날 수 있다. 외국인도 회원 카드 발급이 가능해 여행자들이 기념품으로 만들기도 한다. JR 이케부쿠로 역 동쪽 출구에서 선샤인 60도리를 따라가면 된다. 도보로 약 10분 정도 소요된다.

- 1 Chome-20-7 Higashiikebukuro, Toshima, Tokyo | 10:00~20:00 | www.animate.co.jp

수상 버스 도쿄 크루즈 東京クルーズ(東京都観光汽船) / Tokyo Cruise

아사쿠사와 히노데, 오다이바를 오가는 수상 버스로 도쿄의 풍경을 감상하며 편리하게 이동할 수 있다. 특히 아사쿠사에서 오다이바로 이동하는 일이 생긴다면 이용해보자. 아사히 홀과, 스카이 트리, 레인보우 브리지 등 주변 랜드마크들을 바라보며 시원한 바람을 즐길 수 있다. 약 1시간 정도 소요된다. 선착장은 긴자 선 아사쿠사 역 5번 출구에서 도보로 1분 거리 다리 아래에 위치한다.

- 1 Chome-1-1 Hanakawado, Taito, Tokyo
- 기상 상황에 따라 운항 시간, 편수 다름
- www.suijobus.co.jp
- 오다이바 행 히노데 경유 ￥1,260, 직행 ￥1,560

PLUS TASTE
추가 추천 맛집

몽 상 클레르 モンサンクレール / Mont St. Clair

프랑스 과자 콩쿠르에서 우승, 일본 맛집 프로그램 1위 등 화려한 경력을 보유한 일본 대표 파티셰가 운영하는 제과 전문점이다. 질 좋은 재료와 제철 과일로 만든 제과를 맛보려는 사람들로 매장은 언제나 북적인다. 차와 케이크를 즐길 수 있는 살롱도 있다. 도쿄 메트로 도큐도요코 선 지유가오카 역 정면 출구에서 도보로 10분 거리다.

- 1 Chome-23-2 Jiyugaoka, Meguro, Tokyo
- 제과점 11:00~19:00, 살롱 11:00~17:30
- www.ms-clair.co.jp

지유가오카 롤야 自由が丘ロール屋 / Jiyugaoka Roll-Ya

몽 상 클레르의 파티셰가 론칭한 창작 롤 케이크 전문점으로 지유가오카에 등장하자마자 핫 플레이스가 되었다. 인기 품목은 매진되는 경우가 많으므로 롤 케이크를 맛보고 싶다면 일찍 찾아가는 것이 좋다. 지유가오카 역 정면 출구에서 도보로 8분 걸린다.

- 1 Chome-23-2 Jiyugaoka, Meguro, Tokyo
- 11:00~19:00
- www.jiyugaoka-rollya.jp

라멘 국기관 ラーメン 国技館 / Ramen Kokugikan

6개월 단위로 일본 전국의 유명한 라멘 가게 여섯 곳이 입점해 서로의 실력과 맛을 겨루는, 아쿠아 시티에 있는 유명한 라멘 각축장이다. 아쿠아 시티에 간다면 한 번쯤 들러보자. 유리카모메 다이바 역에서 도보로 1분 거리,

아쿠아 시티 5층에 있다.
- 1 Chome-7-1 Daiba, Minato, Tokyo
- 11:00~23:00

기무가쓰 에비스 본점 キムカツ恵比寿本店 / Kimukatsu Ebisu Head Office

얇게 썬 로스 25장을 겹쳐 만든 새로운 스타일의 돈가스로 유명해진 곳이다. 취향에 따라 검은깨, 치즈, 마늘, 파를 곁들일 수 있는데 가격은 모두 동일하다. 두툼하고 부드러운 돈가스를 맛보고 싶다면 들러보자. JR 야마노테 선 에비스 역 동쪽 출구에서 도보로 3분 거리다.

- 4 Chome-9-5 Ebisu, Shibuya, Tokyo
- 월-목 런치 11:00~15:30 디너 17:30~23:00, 금·토 11:00~23:30, 일·공휴일 11:00~23:00
- www.kimukatsu.com

지유가오카 스위트 포레스트 自由が丘スイーツフォレスト / Jiyugaoka Sweets Forest

모던한 콘크리트 건물 2층에 있는 케이크 전문점으로 실내가 숲처럼 꾸며져 있어 마치 숲 속에서 달콤한 디저트를 맛보는 기분을 느낄 수 있다. 도큐 도요코 선 지유가오카 역 남쪽 출구에서 도보로 5분 소요된다.

- 2 Chome-25-7 Midorigaoka, Meguro, Tokyo
- 10:00~20:00 | www.sweets-forest.com

마담 토키 マダムトキ / Madame Toki

도쿄에서 만날 수 있는 정통 프렌치 레스토랑이다. 꽤 오래된 곳으로 프랑스에서 경력을 쌓은 다카시 히사시 셰프가 이끌고 있다. 디저트 웨건으로 특히 유명한데 후식으로 나오는 다양한 디저트들을 직접 보며 설명을 들은 후에 원하는 메뉴를 고를 수 있다. 런치 코스 메뉴를 이용하면 조금 더 저렴하게 맛볼 수 있다. 도쿄 선 다이칸야마 역에서 규야마테도리를 따라 도보로 약 10분 거리에 있다.

- 14-7 Hachiyamacho, Shibuya, Tokyo

- 화-일 런치 12:00~14:00 디너 18:00~21:30
- www.madame-toki.com
- 런치 코스 ¥3,800, ¥5,800, ¥10,000

브라세리 폴 보퀴즈 르 뮤제 ブラッスリー ポールボキューズ ミュゼ/
Brasserie Paul Bocuse le Musee

프랑스의 유명 요리사인 폴 보퀴즈가 도쿄에 오픈한 레스토랑으로 국립 신미술관 내에 있다. 캐주얼한 분위기의 프렌치 레스토랑으로 폴 보퀴즈의 메뉴들을 비교적 저렴한 가격에 맛볼 수 있다. 그래도 역시 비싼 편이지만 기본에 충실한 프렌치 요리를 맛보고 싶다면 런치 스페셜 메뉴가 있는 점심시간에 방문해보자.

- 7 Chome-22-2 Roppongi, Minato, Tokyo
- 평일 런치 11:00~15:30 디너 17:30~23:00, 주말·공휴일 11:00~23:00
- www.paulbocuse.jp
- 런치 세트 ¥1,800, 3코스 런치 ¥3,500, 4코스 디너 ¥4,400

HOTEL 호텔

다양한 호텔들이 도쿄 전역에 자리하고 있어 선택의 폭이 넓다. 주로 여행하고자 하는 지역에 있는 호텔을 예약하면 되겠다. 추천 일정을 따르려면 긴자나 히가시긴자 역 주변이 이동하기에 가장 효율적이

지만 교통이 편리한 신주쿠나 도쿄 역, 우에노 역 주변도 좋다. 쇼핑에 좀 더 많은 시간을 보내고 싶다면 신주쿠나 시부야 주변에 숙소를 잡자. 여기서는 긴자 부근이나 우에노, 신주쿠에 위치한 접근성과 가성비가 뛰어난 호텔들 위주로 소개한다.

★ 추천 도쿄 숙소 ★

1. **JR 규슈 호텔 블러섬 신주쿠**
JR Kyushu Hotel Blossom Shinjuku

2. **도큐 스테이 신주쿠**
Tokyu Stay Shinjuku

3. **호텔 유니조 긴자-잇초메**
Hotel Unizo Ginza-itchome

4. **소테추 프레사 인 신바시 히비야구치**
Sotetsu Fresa Inn Shinbashi Hibiyaguchi

5. **몬테레이 라 쇠르 긴자 호텔**
Hotel Monterey la Soeur Ginza

6. **도미 인 우에노 오카치마치**
Dormy Inn Ueno Okachimachi

7. **슈퍼 호텔 우에노 오카치마치**
Super Hotel Ueno-Okachimachi

8. **우에노 토우가네야 호텔**
Ueno Touganeya Hotel

① JR 규슈 호텔 블러섬 신주쿠 JR Kyushu Hotel Blossom Shinjuku

JR에서 운영하는 깔끔한 호텔로 신주쿠 역에서 2분 거리라 역까지 매우 가깝고 일본 호텔치고 상당히 넓고 쾌적한 시설을 자랑한다. 현대적인 인테리어의 모던한 호텔이면서 주변에 먹거리도 많아 여행자들에게 더할 나위 없이 좋은 곳이다. 사전 예약을 하면 기본 트윈 룸을 14만 원대부터 예약할 수 있다. 싱글 룸, 더블 룸, 트윈 룸, 슈피리어 트윈 룸, 딜럭스 트윈 룸이 마련되어 있다.

🌐 www.jrhotelgroup.com | 📞 +81-3-5333-8487 | 📍 2-6-2 Yoyogi, Shibuya, Tokyo

② 도큐 스테이 신주쿠 Tokyu Stay Shinjuku

2015년 5월에 오픈한 호텔로 화이트 톤의 현대적이고 감성적인 인테리어로 다른 일본 호텔들과 차별성을 두었다. 새 호텔인 만큼 깨끗하며 기본적인 시설도 잘 갖추고 있다. 최대 장점은 역시 위치인데, 신주쿠 중심가 산초메 역 1분 거리, 신주쿠 역 8분 거리에 자리하고 있다. 정상가로 캐주얼 싱글이 14만 원대부터, 스몰 더블이 21만 원대부터. 사전에 예약한다면 캐주얼 싱글 룸을 8만 원대, 스몰 더블 룸을 11만 원대부터 이용할 수 있다.

🌐 www.tokyustay.co.jp | 📞 +81-3-3353-0109 | 📍 3-7-1 Shinjuku, Shinjuku, Tokyo

③ 호텔 유니조 긴자-잇초메 Hotel Unizo Ginza-itchome

2015년 1월에 오픈하여 시설이 깨끗하고 현대적이며 긴자에 위치해 교통이 편리한 호텔이다. 긴자잇초메 역 1분 거리, 긴자 역 5분 거리, 도쿄 역 5분 거리 등 주요 지하철 노선들이 많이 지나는 편리한 위치에 있어 이동이 용이하다. 작은 호텔이지만 1층 레스토랑과 여성 전용 라운지 등 편의 시설도 잘 갖추고 있다. 라운지에서는 무료 커피와 차를 제공한다. 싱글 룸이나 더블 룸은 방이 상당히 좁은 편인 데 반해 트윈 룸은 26제곱미터로 꽤 넓은 편이다. 싱글 룸은 9만 원대, 더블 룸은 10만 원대, 트윈 룸은 15만 원선이다.

🌐 www.hotelunizo.com | 📞 +81-3-3562-8212 | 📍 Hotel Unizo Ginza-itchome, 1-9-5 Ginza, Chuo, Tokyo

④ 소테쓰 프레사 인 신바시 히비야구치 Sotetsu Fresa Inn Shinbashi Hibiyaguchi

신바시 역에서 2분 거리의 긴자 끝자락에 위치한 비즈니스 호텔로 긴자 중심까지 걸어갈 수 있고 세 개 노선이 만나는 신바시 역 바로 앞에 있어 접근성이 좋다. 전형적인 일본식 호텔로 방이 작고 아담하지만 깔끔하게 잘 정돈되어 있다. 호텔 레스토랑에서 전통 일본 가정식 아침 메뉴를 선보인다. 더블 룸이 10만 원대, 조식을 포함할 경우 11만 원대, 슈피리어는 11만 원대부터 이용할 수 있다.

🌐 fresa-inn.jp/eng/shinbashi | 📞 +81-3-5157-2031 | 🏨 1-14-3 Shimbashi, Minato, Tokyo

⑤ 호텔 몬테레이 라 쇠르 긴자 Hotel Monterey La Soeur Ginza

합리적인 가격으로 이용할 수 있는, 긴자 한복판에 위치한 부티크 호텔이다. 부티크 호텔이라고 하기엔 조금 아쉬운 인테리어와 부족한 시설이 단점이지만 깔끔하고 비교적 저렴한 가격으로 이용할 수 있어 편안한 잠자리면 충분한 여행자들에게 추천할 만하다. 가까운 거리에 호텔 몬테레이 긴자와 호텔 몬테레이 라 쇠르 긴자 두 개 지점이 있다. 더블 룸은 11만 원대, 트윈 룸은 13만 원대부터 이용할 수 있다.

🌐 www.hotelmonterey.co.jp | 📞 +81-3-3562-7111 | 🏨 1-10-18 Ginza, Chuo, Tokyo

⑥ 도미 인 우에노 오카치마치 Dormy Inn Ueno Okachimachi

2015년 5월에 지어진 온천 호텔로 온천탕과 사우나, 스파 시설을 완비하고 있다. 작은 호텔이지만 온천과 식당, 라운지 등 부대 시설도 잘 갖춰져 있고 무료 와이파이도 제공된다. 나리타 공항에서 한 번에 갈 수 있는 JR 우에노 역 도보 5분, 긴자 선 우에노 히로코지 역 도보 7분, 히비야 선 나카오치마치 도보 1분 거리라 이동이 편리하다. 우에노 공원과 서양 미술관까지 걸어갈 수 있을 정도로 가깝다. 주변에 먹거리나 상점도 많다. 스몰 더블 베드가 13만 원대, 더블은 14만 원대로 예약 가능하다.

🌐 www.hotespa.net/hotels/ueno
📞 +81-3-5807-5489 | 🏨 6-7-22 Ueno, Taito, Ueno, Tokyo

❼ 슈퍼 호텔 우에노 오카치마치 Super Hotel Ueno-Okachimachi

우에노 나카오카치마치 역에 위치한 심플한 호텔로 위치와 가성비가 뛰어나다. 방은 작은 편이지만 무료로 조식을 제공하며 우에노 역 도보 8분 거리, 오카치마치 역 1분 거리, 히로코지 역 3분 거리에 자리 잡고 있어 이동이 편리하다. 무료 조식도 단순하지만 알차다. 깨끗하고 편리한 시설을 갖추고 있어 편안히 쉬었다 가기에는 충분하다. 싱글 룸이 8만 원대부터, 더블 룸이 13만 원대부터, 커넥팅 룸(연결된 2개의 룸)이 23만 원대부터다.

🌐 www.superhoteljapan.com | 📞 +81-3-5818-9000
📍 5-23-12 Ueno, Taito, Ueno, Tokyo

❽ 우에노 토우가네야 호텔 Ueno Touganeya Hotel

JR 우에노 역 2분 거리에 위치한 편리한 호텔로 작지만 필요한 어메니티나 기본 시설은 다 갖추고 있다. 24시간 프런트 데스크와 마사지 서비스를 운영하며 우에노 역과 가까워 편리하다. 깨끗한 시설에 주변 환경도 좋고 무엇보다 가성비가 뛰어나다. 싱글 룸과 더블 룸을 비롯해 2층 침대로 이루어진 이코노미 트윈 룸과 일반적인 트윈 룸, 가족 여행자를 위한 4인용 패밀리 룸 등 여러 룸 타입이 있다. 인기가 좋아 사전에 일찍 예약해야 한다. 싱글 룸이 6만 원대, 더블 룸이 7만 원대부터다.

🌐 www.tougane-h.com | 📞 +81-3-3834-1601
📍 3-17-5 Higashi-Ueno, Taito, Tokyo

여자 혼자 떠나는 도쿄 디저트 순례 3일

베이커리와 달콤한 디저트에 특별히 관심 많은 여행자에게 추천하는 일정이다. 제과제빵으로 유명한 일본의 지역별 다양한 제과를 맛보고 싶다면 도쿄로 떠나보자. 짧은 2박 3일 간의 일정으로 일단은 긴자에서 출발한다. 긴자 역과 긴자잇초메 역 사이, 디저트는 물론 맛집도 많은 이곳에 짐을 푸는 것이 좋겠다. 도쿄 미드타운과 국립 신미술관을 거쳐 롯폰기까지 두루두루 맛보고 즐기다 도쿄 타워의 야경으로 하루를 마무리한다. 이튿날엔 디저트 하면 빠뜨릴 수 없는 지유가오카로 간다. 가능한 많은 것들을 맛보려면 아침식사는 건너뛰는 것이 좋겠다. 오후엔 시부야와 하라주쿠에서 쇼핑도 하고 분위기 좋은 카페도 찾아가 보자. 하라주쿠에서 일정을 끝내도 좋고 신주쿠로 이동해 도쿄도청사에서 무료 야경을 즐겨도 좋다. 마지막 날은 귀국일인만큼 숙소 주변 긴자의 디저트들을 마저 섭렵하고 우에노 공원과 센소지에 들렀다가 공항으로 가자.

DAY1 »

나리타 국제 공항 → 키르훼봉 긴자 → 도쿄 미드타운 → 브라세리 폴 보퀴즈 르 뮤제 → 도쿄 시티뷰 → 롯폰기 힐스 → 모리 정원 → 도쿄 타워

DAY2 »

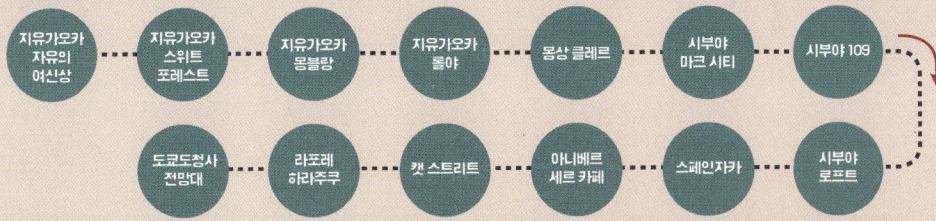

DAY3 »

라뒤레 → 긴자와코 → 피에르 마르코리니 긴자 → 소니 빌딩 → 우에노 공원 → 호조몬 → 센소지 → 나리타 국제 공항

아이와 함께 가는 도쿄 어드벤처 투어(디즈니랜드, 지브리 미술관) 4일

기본 추천 일정에 디즈니랜드에서의 하루가 추가된 일정으로 이튿날의 시부야, 신주쿠, 하라주쿠에서의 쇼핑 대신에 고쿄에서 지브리 미술관, 에도도쿄 다테모노엔으로 이어지는 지브리 애니메이션 투어 일정이 들어가 있다. 다만 저녁 시간에 신주쿠로 돌아와 도쿄 도청사의 야경을 감상하고 잠시 쇼핑을 즐길 수는 있다. 셋째 날엔 하루 종일 디즈니랜드에서 시간을 보내고 마지막 날인 4일째에 우에노 동물원과 우에노 공원을 위주로 돌아보는 여정이다. 여유가 된다면 오래된 놀이공원 하나야시키에서 놀이기구도 타고 센소지까지 방문했다가 공항으로 가자. 지브리 애니메이션에 추억이 있다면 어른끼리 함께하기도 좋을 일정이다.

DAY1 >>

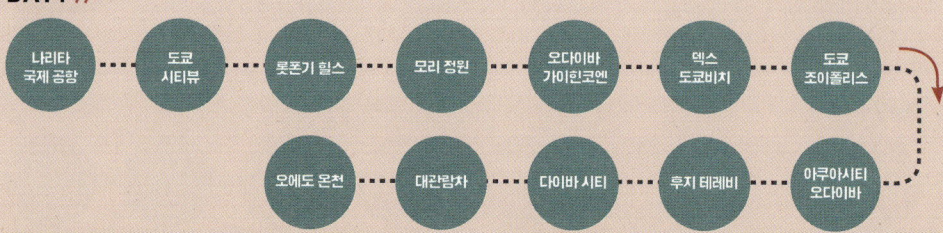

나리타 국제 공항 → 도쿄 시티뷰 → 롯폰기 힐스 → 모리 정원 → 오다이바 가이힌코엔 → 덱스 도쿄비치 → 도쿄 조이폴리스 → 아쿠아시티 오다이바 → 후지 테레비 → 다이바 시티 → 대관람차 → 오에도 온천

DAY2 >>

고쿄 → 미타카노모리 지브리 미술관 → 에도도쿄 다테모노엔 → 브라세리 폴 보퀴즈 르 뮤제 → 도쿄 도청사 전망대 → 신주쿠 아일랜드 타워

DAY3 >>

도쿄 디즈니랜드

DAY4 >>

우에노 동물원 → 우에노 공원 → 하나야시키 → 호조몬 → 센소지 → 나리타 국제 공항

신주쿠 가부키초

도쿄 타워

다자이후 덴만구

TRAVEL 2

FUKUOKA

후 쿠 오 카

★ 2박 3일 ★

일본 규슈의 북쪽 끝에 위치한 후쿠오카는 규슈를 대표하는 도시이자 규슈의 관문이다. 서울에서 도쿄보다 더 가까우며 부산에서는 고속선으로 3시간 정도면 갈 수 있다. 규슈 최고의 상업 도시로 다양한 쇼핑센터가 있으며 하카타라멘(돈코쓰)을 비롯한 각종 먹거리가 많다.

후쿠오카는 한여름을 제외하고는 언제든 편하게 다녀올 만한 여행지로 한국인들이 많이 찾는 만큼 정보도 많고 안내도 잘되어 있어 자유여행 초보자에게도 추천할 만하다. 지하철 노선도 단순하고 편리하다. 주로 식도락 여행이나 온천 여행으로 많이 방문하는데, 후쿠오카를 시작으로 주변의 다른 도시들을 함께 돌아보는 것이 좋다. 후쿠오카 자체는 쇼핑과 먹거리를 제외하면 볼거리가 많지 않고 규모가 그리 크지 않아서 2~3일 정도면 충분히 돌아볼 수 있다. 후쿠오카 방문이 처음이 아니거나 하루 정도 더 여유가 있다면 유후인이나 하우스텐보스를 당일 여행으로 다녀와도 좋다. 시간이 더 있다면 후쿠오카를 시작으로 사가, 야나가와, 기타큐슈, 모지코, 구마모토, 오이타 같은 규슈의 주변 도시로 여행하는 것도 좋다. 여기서는 후쿠오카 시내 위주로 덴진, 하카타, 모모치 해변, 다자이후를 돌아보고 온천을 즐기며 맛있는 먹거리들을 탐방하는 온천·식도락 여행 코스를 소개한다.

후쿠오카 Fukuoka

 도시 정보

★ 시차	표준시가 서울과 같아 시차가 없다.
★ 비자	일본은 무비자 협정국이라 90일까지 무비자로 방문할 수 있다. 여권 유효기간이 6개월 이상 남아 있어야 한다.
★ 기후	전반적으로 우리나라와 비슷하지만 조금 더 온화하다. 연평균 기온이 17도로 한겨울에도 그리 춥지 않다. 단, 여름에는 굉장히 습하고 더운 데다 자외선 지수도 높아 여행하기에 적합하지 않다.
★ 여행 최적기	선선한 가을이나 겨울 또는 봄이 좋다. 특히 겨울에는 추위를 피해 따뜻한 온천 여행을 가기 좋다.
★ 옷차림	우리나라 계절과 비슷하게 준비하면 된다. 늘 약간 더 따뜻한 편이니 얇은 옷을 여러 겹 입고 더울 땐 벗을 수 있는 옷차림이 좋다. 한겨울은 우리보다 덜 춥지만 그래도 바닷바람이 불어 상당히 쌀쌀하다. 충분히 따뜻한 외투를 준비하자.
★ 종교	신도(일본 고유의 자연 종교), 불교, 기독교가 존재하나 일상 속에 신도의 영향을 많이 받고 있다.

★ **언어**

일본어를 공용어로 사용한다. 영어는 잘 통하지 않지만 공항이나 호텔 등지에서 한국어 안내를 종종 찾아볼 수 있다.

★ **전압**

일본은 110볼트를 사용하며 콘센트 모양도 납작한 11자 형태로 우리나라와 다르다. 멀티 어댑터를 준비해야 한다. 인천 공항 내 각 통신사 로밍 센터에서 무료로 또는 보증금을 내고 대여가 가능하며 호텔에 따라 220볼트가 있는 경우도 있다.

★ **인터넷**

일본은 무료 와이파이 존을 찾기가 힘들다. 와이파이가 된다고 해도 해당 통신사가 아니면 이용이 불가하므로 로밍이나 포켓 와이파이, 와이파이 에그를 준비하는 것이 좋다. 편의점 세븐일레븐은 '7spot'이라는 표지판이 있는 곳에서 무료 와이파이를 이용할 수 있다. 휴대전화 설정에 와이파이를 찾은 후 7spot 접속을 한 후 자동으로 세븐일레븐 홈페이지가 접속되는데 간단하게 회원 가입 후 와이파이를 이용하면 된다. 숙소에서는 무료 인터넷을 제공하는 곳도 많고 후쿠오카 지하철과 지하상가 등에서 무료 와이파이를 이용할 수 있다.

★ **치안&주의 사항**

일본은 대체로 치안이 좋고 상당히 안전하다. 그래도 주요 관광지에서는 소지품에 주의하는 것이 좋다. 후쿠오카를 포함하여 일본 전역은 자연재해가 빈번하므로 지진이나 화산 폭발, 폭염과 쓰나미 등 다양한 재해와 날씨에 대한 정보를 확인하고 가자. 일본 기상청 사이트에서 상세히 확인할 수 있는데 영문으로도 제공되니 특별한 경고나 주의 경보 등은 없는지 확인해보자.

★ **일본 기상청** www.jma.go.jp

★ **비상 연락처**

❶ **한국 공관 (주후쿠오카 한국 영사관)**
📞 +81 92-771-0461~2
🏛 1-1-3 Jigyohama, Chuo, Fukuoka
📶 jpn-fukuoka.mofa.go.kr

❷ **현지 경찰**
📞 110

 **통화&환전**

★ **통화**

일본의 엔화를 사용하며 JPY, 円(엔), ￥으로 표기한다. ￥100=970원 정도(2015년 12월 기준)다. 지속된 엔저 현상이 여행자 입장에서는 반갑다.

★ **환전**

❶ **시중 은행**
주거래 은행에서 원화를 엔화로 환전할 수 있다. 거의 모든 은행이 엔화를 보유하고 있으니 가까운 주거래 은행에서 환율 우대를 받아 환전하는 것이 가장 편리하다.

❷ **서울역·사설 환전소**
명동이나 시내의 사설 환전소나 서울역의 환전 센터에서 엔화로 환전할 수 있다. 발품을 팔아야 하지만 대체로 은행보다 환율이 좋다.

❸ **인터넷 환전**
온라인으로 환전을 신청하고 공항 또는 가까운 지점에서 픽업하는 방법으로 편리하게 이용할 수 있다. 시중 은행과 비슷하거나 조금 더 저렴하다.

 교통

★ **대중교통**

❶ **시내 교통**
대중교통이 잘되어 있어 지하철과 버스를 이용하면 된다. 시내버스를 주로 많이 이용하게 되는데, 100엔짜리 순환 버스나 시티 루프 버스인 그린 버스를 많이 탄다. 그린 버스는 후쿠오카 주요 관광지를 지나기 때문에 1일 프리 패스를 구매하여 투어를 해도 좋다. 1일 패스는 750엔이며 100엔 순환 버스 1일 패스, 지하철 무제한 1일 패스도 있다. 다양한 교통 패스가 있어 도심이나 주변을 하루 종일 돌아보려고 할 때 유용하게 사용할 수 있다. 하지만 시내 중심가는 도보로 이동이 가능한 규모여서 굳이 패스를 사지 않아도 좋다. 도쿄에서처럼 스이카와 파스모 교통 카드도 후쿠오카 버스와 지하철에서 사용할 수 있다.

❷ **스이카**Suica**와 파스모**Passmo

JR, 사철, 지하철 등 모두 사용할 수 있는 카드이며 충전은 1,000엔 단위로 가능하고 최초 구매 시 보증금 500엔이 포함된다. 구입 시 최초 가격은 스이카가 2,000엔이며 파스모가 1,000엔이다. 스이카는 JR 라인의 역에서, 파스모는 메트로 역에서 구입할 수 있다. 할인이 되는 것은 아니며 매번 티켓을 사야 하는 번거로움을 덜어주는 역할이다.

공항에서 시내 이동

지하철 구코센과 시내 노선 버스로 시내까지 갈 수 있어 이동의 어려움은 없다. 지하철로 하카타 역까지 두 정거장이면 도착한다.

★ 부산에서 고속선으로 하카타 항을 통해 후쿠오카로 갈 때도 역시 시내버스를 이용하여 이동하면 된다.

항공

★ 비행 소요 시간

약 1시간 20분 정도 소요된다.

★ 직항 항공사

대한항공, 아시아나항공, 일본항공, 진에어, 티웨이에어, 제주에어, 에어부산(부산발)을 이용할 수 있다.

★ 추천 항공 루트

후쿠오카는 제주도만큼 가깝고 직항도 많은 여행지인 만큼 짧은 휴가로 다녀오기 좋다. 주말에 하루 연차를 붙여 3일 만에 다녀오는 일정으로 여행할 수 있다. 출국일 아침 출발, 귀국일 늦은 오후에 출발하는 꽉 찬 스케줄을 선택하는 것이 좋겠다.

★ 예상 항공료

15~20만 원 초반 대

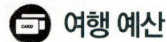 **여행 예산**

★ **후쿠오카 물가 한눈에 보기**

항목	엔화	원화	비고
편의점 음료수	¥150	1,500원	1캔
함박스테이크	¥1,166	11,660원	키와미야 함박
도지마 롤	¥780	7,400원	기본 하프 사이즈 1개
지하철 편도	¥260	2,600원	공항에서 덴진 편도 1회
시내 버스	¥100	1,000원	100버스 이용 시
모찌	¥240	2,400원	1개
라멘	¥600	6,000원	저렴한 라멘집 1그릇
후쿠오카 타워	¥800	800원	어른 1명
세이류 온천	¥3,600	36,000원	가족탕 주말 요금
북규슈 큐 패스 3일권	¥6,000	60,000원	후쿠오카·사가·오이타 등 북규슈 버스
북규슈 레일 패스 3일권	¥8,500	85,000원	후쿠오카·사가·오이타 등 북규슈 JR 열차
빅맥 지수	¥370 (USD2.99)	3,700원	한국은 USD3.7

★ 물가 변동에 따른 가격 차이가 있을 수 있음 (2015년 8월 환율 기준 대략적인 금액)

★ **총예산**

후쿠오카는 일본 내에서는 물가가 비싼 편은 아니지만 그래도 일본인 만큼 결코 싸지도 않다. 하지만 엔화가 약세인 요즘엔 상대적으로 저렴하게 느껴질 수 있다. 주변 도시로 이동하지 않는 짧은 일정으로 방문한다면 교통비가 크게 들지 않아 항공과 호텔, 식비, 기타 잡비 정도로 예산을 생각하면 된다.

★ 총 예상 경비
(1인 기준)

✈ 항공료 (왕복)	180,000원
🧳 숙박비 (2인 1실, 1인 부담금 기준) 50,000원×2박	100,000원
🥤 식비 50,000원×3일	150,000원
🚇 교통비 (지하철+시내버스)	20,000원
👓 기타 (온천, 기념품 등)	150,000원
총 계	**600,000원**

★ 기타는 소소한 기념품, 입장료 등 잡비를 의미한다. 쇼핑은 여행자에 따라 범위가 상이함으로 예산에 포함하지 않았다. 각 항목의 정확한 금액은 여행 시기나 선택에 따라 달라질 수 있다.

첫째 날 일정 한눈에 보기

하카타 시티 › 캐널 시티 › 나카스 야타이

공항에서 지하철로 이동하며 호텔에 체크인하고 본격적인 후쿠오카 여행을 시작해보자. 호텔은 하카타 역 주변이나 덴진 역 주변에 잡는 것이 일정상 편리하다. 먹는 것이 후쿠오카 여행의 중요한 포인트 중 하나인 만큼 일단은 주변 맛집에서 맛있는 점심을 먹자. 하카타 역이든 캐널 시티든 맛있는 곳이 많으니 도착해서 둘러보다 먹고 싶은 것으로 결정하면 되겠다. 하카타 역에서 캐널 시티까지는 슬슬 걸어서 가면 10~15분 정도 걸린다. 후쿠

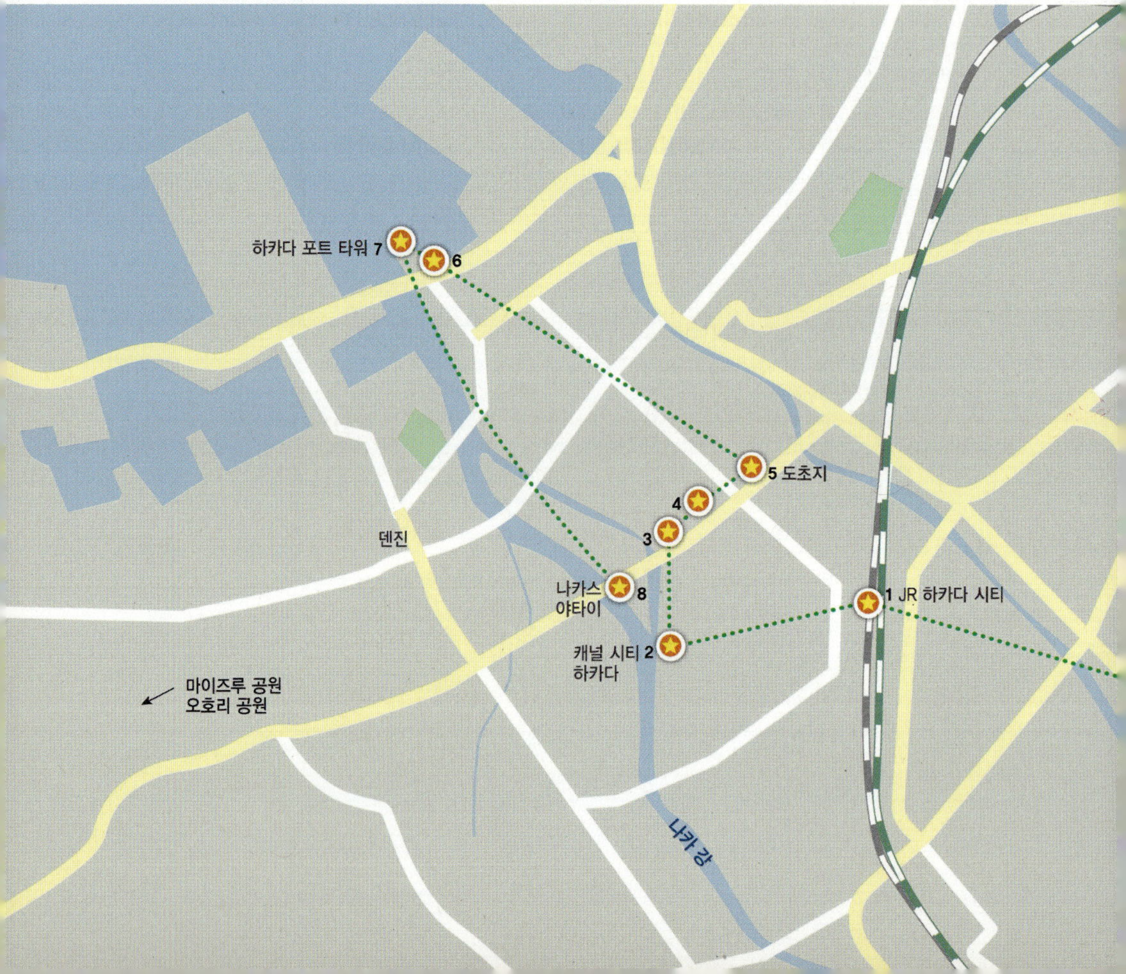

오카 제일의 쇼핑몰을 둘러보다 오랜 역사를 지닌 전형적인 일본 신사인 구시다 신사로 가자. 신사를 잠시 산책 삼아 둘러보고 맞은편에 있는 작은 향토관 하카타 마치야 후루사토칸에 들러 후쿠오카의 옛 생활상도 구경해보자. 가다 보면 붉은색이 인상적인 거대한 5층 목탑이 눈에 띄는데 도초지라는 오래된 절로 한적하고 고즈넉한 분위기가 좋다. 이제 베이사이드 플레이스 하카타로 간다. 도초지 맞은편에서 버스로 여섯 정거장 정도 이동하면 된다. 하카타 여객선 터미널이 있는 곳으로 작은 포트 타워의 전망과 온천, 하카타 만 크루징을 즐길 수 있다. 그리 높진 않지만 하카타 항구와 시내를 조망할 수 있는 포트 타워의 무료 전망대에 올라 노을을 감상하고 주변도 어슬렁대며 구경하자. 밤에는 다시 시내로 돌아와 나카스 야타이로 가자. 직장인들의 애환을 달래주는 포장마차 거리로 맥주 한잔에 라멘이나 꼬치 요리 같은 안주를 곁들이기 좋다. 워낙 붐비는 곳이라 어느 포장마차를 가든 조금은 기다려야 할 수도 있다. 나카스 야타이에서의 야식을 마지막으로 오늘의 일정을 마친다.

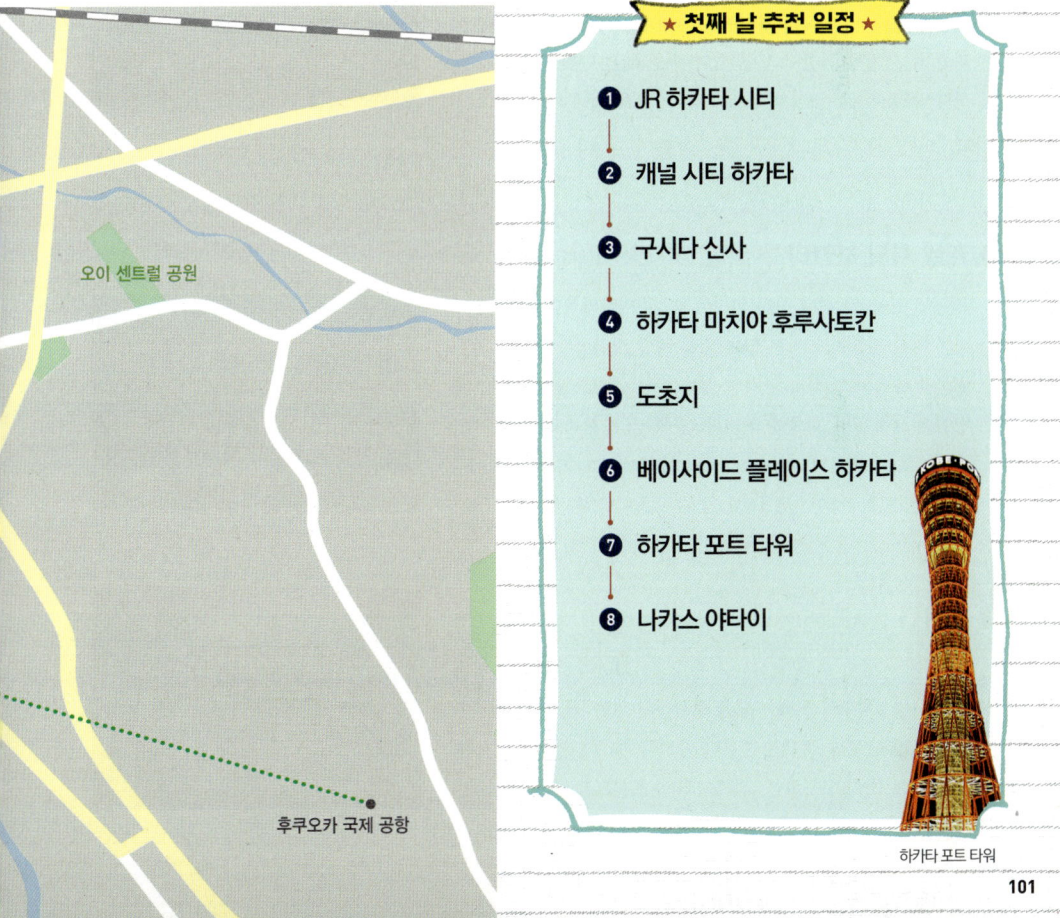

★ 첫째 날 추천 일정 ★

1. JR 하카타 시티
2. 캐널 시티 하카타
3. 구시다 신사
4. 하카타 마치야 후루사토칸
5. 도초지
6. 베이사이드 플레이스 하카타
7. 하카타 포트 타워
8. 나카스 야타이

하카타 포트 타워

DAY 1 첫째 날

SPOT 👀 추천 명소

하카타 시티 › 캐널 시티 › 나카스 야타이

❶ JR 하카타 시티 JRハカタシティ / JR Hakata City

후쿠오카의 메인 터미널로 우리나라의 서울역과 비교할 수 있다. 지하철, 버스, 기차가 모이는 교통의 중심이자 쇼핑의 메카로 복합 쇼핑몰이 들어서 있다. 한큐 백화점, 도큐 핸즈, 시티 다이닝 쿠텐, 다이소 등이 입점해 있고 식품 매장과 식당, 카페, 영화관 등 다양한 시설이 모여 있어 후쿠오카 여행의 중심이기도 하다. 공항에서 지하철로 두 정거장이면 도착한다.

- 1 Hakataekichuogai, Hakata, Fukuoka
- 매장 10:00~21:00 (매장이나 식당에 따라 다름) | www.jrhakatacity.com

❷ 캐널 시티 하카타 キャナルシティ博多 / Canal City Hakata

1999년 문을 연 캐널 시티 하카타는 180미터의 인공 운하를 따라 다양한 건물이 늘어서 있는 대형 복합 시설이다. 170여 개의 점포가 들어서 있으며, 뮤지컬 전용 극장, 호텔, 영화관, 레스토랑이 입점해 있다. 쇼핑뿐 아니라 식사하러 가기에도 좋다.

- 1 Chome-2-74 Sumiyoshi, Hakata, Fukuoka
- 매장 10:00~21:00, 식당 11:00~23:00 (매장이나 식당에 따라 다름)
- canalcity.co.jp.k.jx.hp.transer.com

❸ 구시다 신사 櫛田神社 / Kushida Shrine

757년에 세워진 오래된 신사로 수령 1,000년의 은행나무가 유명하고 명성황후를 시해한 칼을 보관하고 있는 곳으로도 알려져 있다. 유명한 민속 축제인 하카타 마쓰리(하카타 기온 야마가사)가 열리는 곳이기도 하다. 하카타의 수호신으로 '오쿠시다상'이라는 애칭으로 불리는 신사로 도요토미 히데요시가 하카타 부흥을 위해 현재의 신전을 건립했다고 한다. 50엔에 운수를 점치는 오미쿠지도 뽑아볼 수 있는데 한글판이 있으니 재미 삼아 길흉을 점쳐보자. 캐널 시티에서 도보로 약 10분 거리에 있다. 지하철로는 기온 역에서 도보 5분 거리.

1-41 Kamikawabatamachi, Hakata, Fukuoka
04:00~22:00 | yokanavi.com/kr

④ 하카타 마치야 후루사토칸 博多町家ふるさと館 / Hakata Machiya Furusato Kan

후쿠오카의 옛 문화와 생활상을 볼 수 있는 작은 향토관으로 하카타 시민들의 옛 삶의 모습을 볼 수 있는 전시실과 전통 건축 양식을 재현한 마치야 홀, 기념품 가게 등이 있다. 잠시 들러 구경해볼 만한 정도이다. 구시다 신사 맞은편에 위치해 있으며 기온 역에서 캐널 시티 방향으로 5분 거리다.

6-10 Reisenmachi, Hakata, Fukuoka | 10:00~18:00
www.hakatamachiya.com | ￥200

⑤ 도초지 東長寺 / 福岡大仏 / Tochoji Temple

일본 최대의 목조 좌불상과 천수관음보살이 있는 사찰이다. 규모는 작지만 붉은 5층 탑이 인상적인 곳으로 도심의 골목을 걷다 문득 만나게 되는 의외의 장소다. 후쿠오카의 사적으로 지정되어 있으며 천수관음보살은 국보로 지정되어 있다. 지하철 기온 역 1번 출구에 위치.

2-4 Gokushomachi, Hakata, Fukuoka | 09:00~17:00

⑥ 베이사이드 플레이스 하카타 ベイサイドプレイス博多 / Bayside Place Hakata

해상 무역이 발달했던 하카타의 관문 역할을 했던 항구로 여객선 터미널과 레스토랑, 쇼핑센터, 면세점, 식료품 마트, 아쿠아리움, 온천 등이 있다. 부산에서 후쿠오카행 고속선을 타면 이곳에 도착한다. 규모가 크진 않아서 일정에 여유가 없다면 굳이 들르지 않아도 된다. 하카타 역이나 덴진 역에서 버스로 약 15분

거리에 있다.
- 13-8 Chikkohonmachi, Hakata, Fukuoka
- 쇼핑센터 10:00~20:00
- www.baysideplace.jp

❼ 하카타 포트 타워 博多ポートタワー / Hakata Port Tower

하카타 항에 들어서면 가장 먼저 보이는, 103미터에 달하는 붉은 타워. 360도 전망을 볼 수 있는 70미터 높이의 전망대에서 하카타 항의 전경을 내려다볼 수 있다. 무료 입장이며 내부 전시실에는 포트 타워의 역사도 설명되어 있다.

- 13-14 Chikkohonmachi, Hakata, Fukuoka
- 10:00~22:00
- www.baysideplace.jp

❽ 나카스 야타이 中洲屋台 / Nakasu Yatai

포장마차들이 늘어서 있는 명물 거리인 나카스는 비즈니스 및 유흥 지역으로 퇴근길에 술 한잔 기울이는 회사원들을 많이 볼 수 있다. 운치 있는 포장마차에서 하카타라멘이나 간단한 안주에 술 한잔 마시기 좋은 이곳에서 맥주에 야식을 즐겨보자. 캐널 시티에서 3분 정도 걸어가면 나카가와 강변 북쪽으로 포장마차가 줄지어 있다. 나카스 외에도 덴진 역 주변, 나가하마 지역에도 비슷한 포장마차 거리가 있다. 일요일이나 비가 많이 내리는 날에는 열지 않는 곳이 많다. 현금 지참 필수.

- 13-14 Chikkohonmachi, Hakata, Fukuoka
- 17:00~02:00 (포장마차에 따라 다름)

TASTE 🍦 주변 추천 맛집

하카타 시티 › 캐널 시티 › 나카스 야타이

스시 우오베이 魚べい / Sushi Uobei

예전 '스시 온도'가 이름이 바뀌었다. 비교적 저렴한 가격으로 만족스러운 스시를 맛볼 수 있는 프랜차이즈 회전 초밥집으로 주머니가 가벼운 여행자들 사이에서 인기가 좋다. 기본 한 접시가 약 108엔이며 스시 종류에 따라 가격이 달라진다. 레일에 없는 초밥은 모니터로 주문하면 되는데 한국어가 지원되어 쉽게 할 수 있다. 요도바시 카메라 4층 식당가에 위치한다.

🏠 6-12, Hakataeki Chuogai, Hakata, Fukuoka
🕐 11:00~23:00 (마지막 주문 10:30) | 📶 www.genkisushi.co.jp

덴진 호르몬 天神ホルモン 鉄板焼 / Tenjin Hormone

일본식 곱창과 스테이크를 맛보고 싶다면 이곳으로 가보자. 커다란 철판에서 구워주는 탱글탱글한 대창과 부드러운 스테이크를 세 가지 소스에 찍어 먹으면 된다. 숙주나물볶음과 함께 나오는데 맥주 한잔 곁들이면 최고다. 하카타 역 1번가 지하 1층에 위치한다.

🏠 JR Hakata B1F, 1 Hakataekichuogai, Hakata, Fukuoka
🕐 10:00~23:00

우동 타이라 うどん平 / Udon Taira

맛집 거리가 아닌 조금 애매한 위치에 있어 찾는 게 쉽지는 않다. 기온 역에서 7분여 정도 거리에 있는데 지도를 잘 보고 찾아야 한다. 쫀득한 수제 우동 면에 바삭한 우엉튀김과 새우튀김이 올라간 진한 국물의 우동이 이곳의 인기 메뉴. 원하는 고명을 골라 주문할 수 있다. 일부러 찾아가 볼 만한 우동 맛집이다.

📍 3 Chome-17-10 Hakata Ekimae, Hakata, Fukuoka
🕐 월-금 11:30~16:30, 토 11:30~15:00 (재료 소진 시 영업 종료)

구텐 くうてん / Kuten

JR 하카타 시티 9~10층에 위치한 고급 식당가로 후쿠오카와 일본 전역의 맛집들이 모여 있다. 어디서 무엇을 먹어야 할지 고민될 때 들르면 좋다. 가격은 조금 비싼 편이지만 다양한 메뉴가 있으며 어느 식당을 가도 기본 수준 이상의 음식을 맛볼 수 있다.

📍 JR Hakata 9~10F, 1 Hakataekichuogai, Hakata, Fukuoka
🕐 11:00~23:00 (점포마다 다름)

라멘 스타디움 ラーメンスタジアム / Ramen Stadium

캐널 시티 5층에 있는 라멘 스타디움은 전국에서 유명한 여덟 개의 라멘집을 모아놓은 곳으로, 가장 인기 없는 라멘집은 퇴출되고 새로운 라멘집이 추가되는 방식으로 운영된다. 자판기로 주문하면 되는데 한국어가 지원되니 걱정 없다. 라면 두 개에 교자를 곁들인 세트 메뉴도 있고 토핑도 원하는 만큼 추가로 주문할 수 있다. 여러 가지 라멘 맛을 골라 먹기 좋다.

📍 1 Chome-2-82 Sumiyoshi, Hakata, Fukuoka 🕐 10:00~23:00

요시즈카 우나기야 吉塚うなぎ屋本店 / Yoshizuka Unagiya

장어를 좋아한다면 꼭 한 번은 찾아가 봐야 할 곳이다. 캐널 시티에서 멀지 않고 관광객이 즐겨 찾아 한국어 메뉴도 있지만 현지인들이 더 많다. 긴 대기 시간이 싫다면 피크 타임을 피하자. 주로 장어구이를 많이 시키는데 함께 나오는 장어 국도 담백하고 맛이 좋다. 나카스가와바타 역 1번 또는 4번 출구에서 캐널 시티 방향으로 7분 거리로 워싱턴 플라자 호텔 옆 강변에 있다.

📍 2 Chome-8-27 Nakasu, Hakata, Fukuoka
🕐 11:00~21:00, 수요일 휴무 📶 www.yoshizukaunagi.com

카로노우롱 かろのうろん / Karonouron

130여 년이 넘는 역사를 자랑하는 우동집으로 납작하고 두꺼운 면에 다양한 토핑을 올려 먹는 전통적인 규슈식 우동(우롱은 우동의 규슈 방언)을 맛볼 수 있다. 명란젓이 올라간 우동도 있고 오니기리와 소바도 판매한다. 음식 모형을 보고 주문할 수 있다. 구시다 신사 가까이 큰 대로변에 있다.

- 2-1 Kamikawabatamachi, Hakata, Fukuoka
- 11:00~19:00, 화요일 휴무

메이게쓰도 明月堂 / Meigetsudo

70여 년 동안 자리를 지켜온 가게로, 명월당이라고도 불린다. 하카타 명물인 병아리 만주 전문점인데 선물용이나 기념품으로 사 가기 좋다. 만주 외에도 카스텔라나 단팥빵 등 여러 디저트를 판매하며 시식도 가능하다. 구시다 신사 입구 근처에 있다.

- 5-104 Kamikawabatamachi, Hakata, Fukuoka
- 09:30~20:00
- www.meigetsudo.co.jp

신슈소바 무라타 信州そばむらた / Shinshusoba Murata

작지만 운치 있는 식당으로 소바로 유명한 집이라 국내 여행객들이 많이 찾는다. 어설프긴 하지만 한글 메뉴도 있다. 메밀의 정제 정도에 따라 세 가지 면 종류가 있는데 일반적으로는 흰쌀처럼 정제된 메밀로 만든 니하치소바를 많이 먹는다. 메밀 본연의 고소한 맛을 더 느끼고 싶다면 껍질을 깎지 않은 이나카소바나 100프로 메밀로 된 주와리소바를 쓰유에 찍어 먹어보자. 구시다 신사 뒤편, 기온 역에서 3분 거리에 위치한다.

- 2-9-1 Reisenmachi, Hakata, Fukuoka | 11:30~20:30

둘째 날 일정 한눈에 보기

세이류 온천 › 덴진 › 모모치 해변

둘째 날은 후쿠오카 시내에서 조금 떨어진 세이류 온천과 덴진 역 주변, 그리고 마리죤과 모모치 해변이 주요 코스다. 세이류 온천은 자연 속에서 노천 온천을 즐길 수 있는 곳으로 덴진이나 하카타 역에서 무료 셔틀을 타고 40여 분 정도면 갈 수 있다. 후쿠오카 일정 중에서 유일한 온천 일정인데 온천을 좀 더 즐기고 싶다면 후쿠오카 시내에 있는 덴진유노하나, 하카타 베이사이드에 있는 미나토 온센, 공항에서 가까운 만요노유 중 하나를 일

정에 추가해도 좋겠다. 세이류에서는 이왕이면 가족탕을 이용하여 일행과 함께 오붓한 시간을 만끽해보자. 온천을 즐긴 후 다시 셔틀버스를 타고 덴진으로 돌아온다. 셔틀 시간을 미리 확인하고 움직이는 것이 좋다. 점심 메뉴는 맛집이 많은 덴진에서 골라보자. 일본은 베이커리가 유명하니 맛있는 디저트도 한 접시 먹어주고 덴진의 지하상가와 백화점들을 돌아보며 쇼핑 타임을 갖는 것도 좋다. 언제나 사람이 많아 북적거리긴 하지만 그것이 덴진의 매력. 백화점 주변으로 맛집과 카페, 상점들도 많다. 이렇게 덴진에서 오후 시간을 보내고 이제 마리존으로 이동하자. 덴진 역에서 버스로 15분 정도면 갈 수 있다. 바닷가에 아기자기하게 꾸며진 마리존과 모모치 해변을 산책하며 지는 노을을 감상해보자. 레스토랑과 카페, 상점이 늘어선 마리존은 아담하지만 운치가 있어 걷기 좋다. 모모치 해변의 야경을 감상하고 싶다면 후쿠오카 타워의 전망대에 올라도 좋다. 이곳에서 바닷바람을 맞으며 저녁 식사도 하고 도란도란 이야기를 나누며 하루를 마친다.

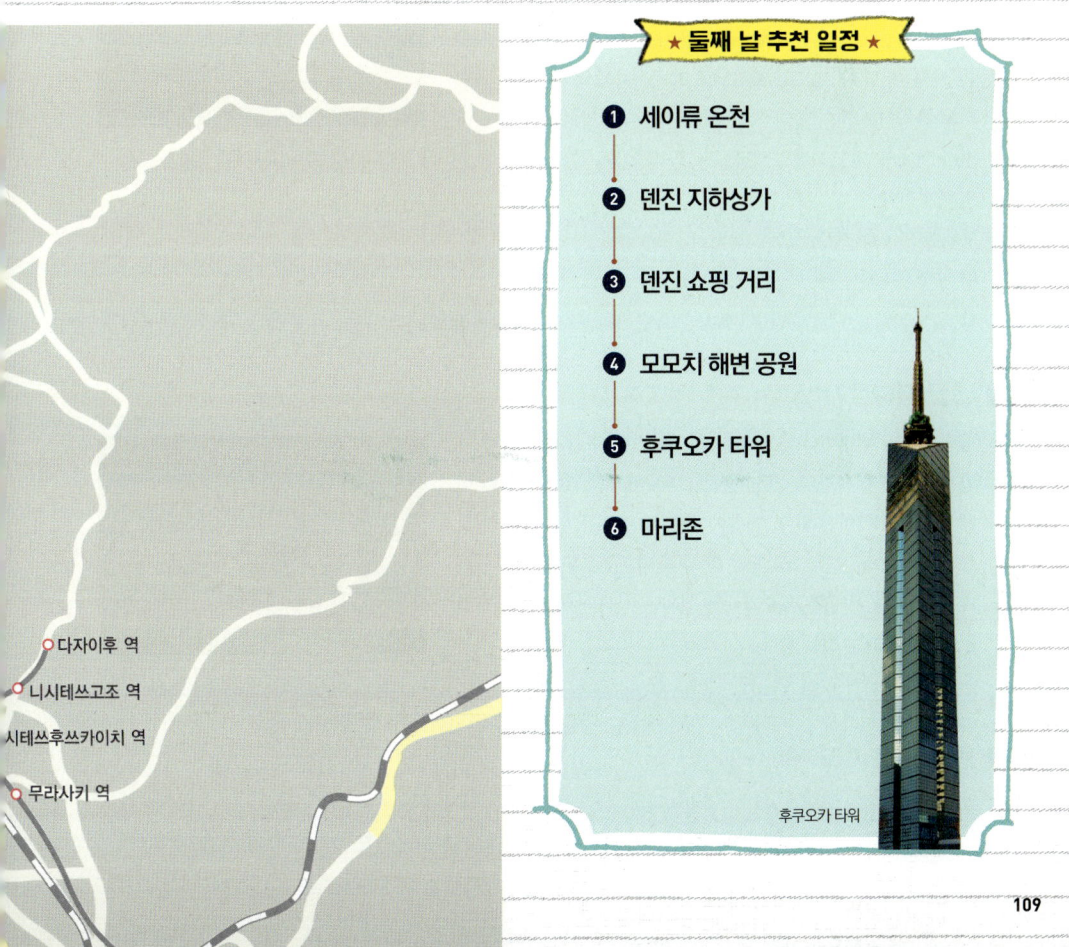

★ 둘째 날 추천 일정 ★

1. 세이류 온천
2. 덴진 지하상가
3. 덴진 쇼핑 거리
4. 모모치 해변 공원
5. 후쿠오카 타워
6. 마리존

후쿠오카 타워

DAY 2 둘째 날

SPOT 👀 추천 명소

세이류 온천 › 덴진 › 모모치 해변

① 세이류 온천 清流公園 / Seiryu Onsen

하카타 지역을 대표하는 넓고 깨끗한 온천으로 덴진의 일본 은행 앞과 하카타 역 A 버스 정류장에서 무료 셔틀버스를 운영하고 있다. 시골 마을에 있어 편안하고 아늑한 분위기를 느낄 수 있으며 노천탕은 이 온천에서 빼놓을 수 없는 인기 장소다. 셔틀은 1시간에 한 대 정도 운영하는데 홈페이지에서 시간표를 확인하고 움직이는 것이 좋다. 덴진에서 셔틀이 출발하기 때문에 하카타 역에서 기다릴 경우 주말에는 자리가 없을 수도 있다. 로션이나 드라이어는 구비되어 있지만 수건은 구입해야 한다.

- 326 Nameri, Nakagawa, Chikushi, Fukuoka
- 10:00~24:00 | www.nakagawaseiryu.jp
- 일반 평일 ¥1,200, 주말 ¥1,400 / 가족탕 평일 ¥3,000, 주말 ¥3,600

② 덴진 지하상가 加辺屋 天神地下街支店 / Tenjin Chikagai

덴진 역에서 덴진미나미 역까지 도보로 약 20여 분 거리의 이 구간은 후쿠오카 제일의 쇼핑타운으로 400미터의 길이에 1,000여 개의 매장이 들어서 있다. 패션에 관심 많은 젊은이들이 주로 찾는 곳으로 솔라리아, 이와타야 등 주변 백화점으로 연결되어 있다. 디저트나 커피를 파는 카페는 있지만 식사를 하려면 백화점 푸드코트로 가는 것이 좋다.

- 덴진 역~덴진미나미 역 사이 지하 | 10:00~20:00 (매장마다 다름) | www.tenchika.com

③ 덴진 쇼핑 거리 天神 / Tenjin

후쿠오카 제일의 쇼핑 1번지인 덴진에서의 쇼핑도 후쿠오카 여행의 중요한 묘미. 지하상가와 함께 열 개의 백화점과 쇼핑센터가 몰려 있는 덴진은 그야말로 쇼핑의 메카다. 덴진 로프트 같은 인테리어 및 잡화 전문점부터, 타워 레코드가 있는 솔라리아, 푸드코트가 좋은 파르코, 명품과 식품관으로 유명한 다이마루, 저렴하면서 개성 넘치는 제품이 많은 덴진 코어 외에도 미쓰코시, 이와타야, 이무즈 등 여러 백화점들이 포진해 있다. 주변에는 아케이드와 드럭 스토어, 리락쿠마 스토어, 내추럴 키친 등 다양한 상점과 식당들도 많아 이 근처에 숙소를 잡는 것도 좋다.

🚇 덴진 역~덴진미나미 역 주변 | ⏰ 파르코 10:00~20:30 (백화점마다 다름)

❹ 모모치 해변 공원 シーサイドももち海浜公園 / Momochi Seaside Park

후쿠오카의 데이트 명소다. 바다를 메워서 만든 인공 해변 공원으로 중앙에 있는 마리존에는 다양한 시설이 마련되어 있고 해변에서는 각종 레저 스포츠를 즐길 수 있다. 해변가를 따라 산책하기에도 좋고 밤에는 야경을 즐기기에도 좋다. 시립 박물관과 시립 도서관, 리조트, 후쿠오카 타워 등이 주변에 있으며 여름에는 해수욕을 즐기는 사람들도 많다. 덴진에서 302번 버스로 15분 정도면 갈 수 있고 지하철을 이용한다면 니시진 역 1번 출구에서 도보로 20분 거리다. 버스를 이용하여 미나미구치 정류장에서 내리는 것이 더 편리하다.

🚇 2 Chome-4-27 Momochihama, Sawara, Fukuoka

❺ 후쿠오카 타워 福岡タワー / Fukuoka Tower

234미터에 달하는 후쿠오카 타워는 아시아 태평양 박람회 100주년을 맞아 1989년에 건설된 통유리 빌딩으로 모모치 해변의 중심에 있다. 123미터 높이에 있는 전망대에서는 360도 파노라마로 해변과 도시를 조망할 수 있어 후쿠오카 최고의 전망을 자랑한다. 전망대로 올라가는 엘리베이터도 유리로 되어 있어 타워 내부와 외부 전망을 감상할 수 있다.

🚇 2 Chome-3-26 Momochihama, Sawara, Fukuoka
⏰ 09:30~22:00

📶 www.fukuokatower.co.jp
🔽 💲 전망대 어른 ￥800, 학생 ￥500

❻ 마리존 マリゾン / Marizon

모모치 해변 공원의 상징인 마리존은 작은 규모의 해양 리조트로 인공 지대 위에 세워졌다. 아기자기하고 예쁜 건물들로 분위기가 좋아서 구경하며 산책하기에 좋다. 결혼식 장소로 쓰이는 교회를 비롯하여 상점들, 레스토랑, 카페 등이 들어서 있으며 레포츠를 즐길 수도 있다.

📍 2 Chome-902 Momochihama, Sawara, Fukuoka
⏰ 다목적 홀 평일 11:00~21:00, 주말 10:00~21:00 (상점, 음식점마다 다름)
📶 www.marizon.co.jp

세이류 온천 › 덴진 › 모모치 해변

TASTE 주변 추천 맛집

기와미야 極味や 天神 / Kiwamiya

후쿠오카 함박스테이크로 유명한 맛집. 덴진 지하상가에서 파르코 연결 통로 위쪽으로 가다 분수 계단을 오르면 사람들이 줄지어 있는 식당이 기와미야다. 피크 타임에는 1시간 정도 기다릴 수도 있다. 겉만 살짝 구운 함박스테이크를 각자 원하는 정도로 작은 돌판에 구워 먹는 독특한 함박스테이크로 소스가 특히 맛있다. 돌판이 식으면 다시 달라고 하면 된다.

📍 2 Chome 602, Tenjin, Chuo, Fukuoka (파르코 B1F 식당가)
⏰ 11:00~23:00 | 📶 www.kiwamiya.com

이치란 라멘 一蘭 天神西通り店 / Ichiran

잇푸도와 함께 돈코쓰라멘의 양대 산맥이라 할 만한 이치란. 독서실 같은 테이블 형태로 혼자서도 편안히 식사할 수 있는 것이 특징이다. 자판기로 주문하고 테이블에 앉아 영수증같이 생긴 티켓을 건네면 된다. 라멘을 주문하면 주문서를 주는데 면의 익힘 정도, 국물 맛의 세기, 마늘이나 파, 차슈를 넣을지를 체크하는데 잘 모른다면 다 보통으로 하면 된다. 국물은 원래 진하고 짠 편이므로 참고해서 주문하자. 나카스카와바타 역 2번 출구에 본점이 있으며 덴진 역 6번 출구 2분 거리에도 지점이 있다.

1-10-15 Tenjin, Chuo, Fukuoka (덴진점) | 10:00~24:00 | www.ichiran.co.jp

효탄 스시 ひょうたん寿司 / Hyotan Sushi

후쿠오카에서 손꼽히는 스시 맛집으로 솔라리아 백화점 지하에도 있고 비오로와 솔라리아 스테이지 사이 지상에도 있는데, 지하는 회전초밥 형식이며 지상은 본점으로 레스토랑 형식이다. 그리 저렴하지는 않지만 맛있는 스시 한 접시를 먹고 싶다면 추천한다. 지상에 있는 본점에서 런치 메뉴로 먹으면 좀 더 저렴하다. 피크 타임에는 대기 시간이 길어질 수 있다. 런치는 870엔 정식부터 1,950엔 정식까지 몇 가지 세트 메뉴가 있다.

Solaria Stage B2F, 2-11-3 Tenjin, Chuo, Fukuoka (솔라리아 지하)
11:00~22:00 | www.solariastage.com

키르 훼 봉 キルフェボン / Quil Fait Bon

과일 타르트로 유명한 베이커리로 계절마다 올라가는 과일이 조금씩 다르다. 그 계절의 추천 타르트나 한정 메뉴를 먹어볼 것. 결코 저렴하진 않지만 맛만큼은 후회하지 않을 만한 곳이다. 덴진 역 미쓰코시 뒤쪽 방향으로 도보 5분 거리에 있다. 빅 카메라 옆 골목으로 들어가면 찾을 수 있다.

2 Chome-4-11 Tenjin, Chuo, Fukuoka | 11:00~20:00
www.quil-fait-bon.com

셋째 날 일정 한눈에 보기
다자이후 > 하카타 시티

셋째 날은 다자이후와 하카타 시티가 주요한 일정이다. 다자이후의 다자이후 덴만구는 후쿠오카에서 지하철로 30~40분 정도면 갈 수 있는 신사로 학문의 신을 모시는 것으로 유명하다. 신사로 가는 길인 다자이후 거리의 아기자기한 소품과 구운 모찌(우메가에 모찌)가 특히 유명하다. 구운 모찌 외에 딸기 모찌, 달달한 당고, 만두, 가라아케, 어묵 등 다양한 군것질 거리가 있는 다자이후 거리는 거리 음식과 기념품 쇼핑으로 시간을 보내기 좋은 곳

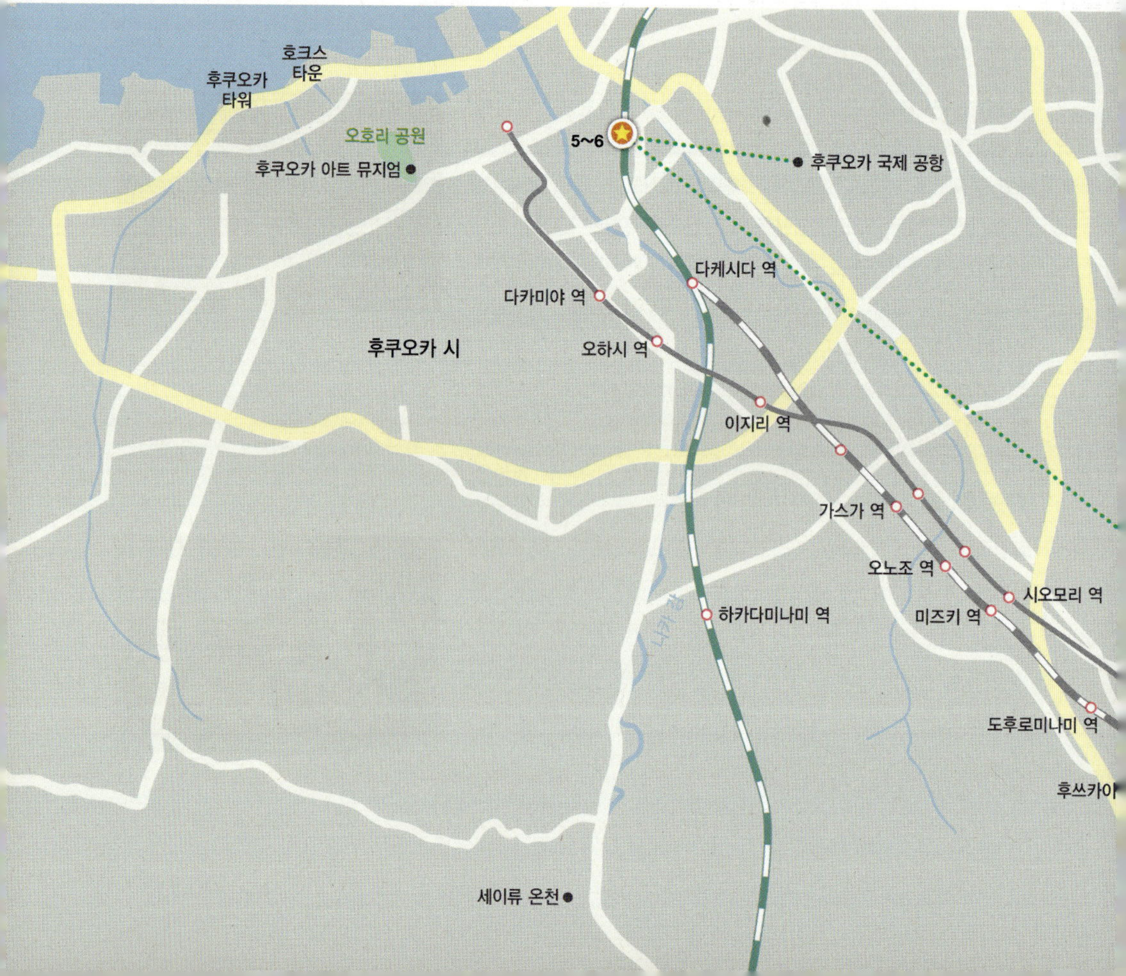

이다. 다자이후 거리를 지나 신사 입구에서 우측으로 빠져 고묘젠지를 먼저 보러 간다. 고즈넉한 일본식 정원을 조용한 분위기에서 감상할 수 있는 정원으로 특히 가을 단풍이 예쁘다. 북적이는 다자이후 거리와 달리 고요하고 아늑하다. 천천히 정원을 산책해도 좋고 툇마루에 앉아 물끄러미 바라보며 잠시 여유를 부려도 좋다. 이제 오늘의 하이라이트인 다자이후 덴만구를 보러 가자. 황소의 머리도 쓰다듬어 보고 오미구지로 운세도 점쳐보며 여유롭게 신사를 둘러본 뒤엔 다자이후에서 맛있는 점심을 먹자. 스시나 라멘, 두부 요리 등 여러 맛집이 있다. 다시 지하철을 타고 하카타 역으로 복귀하여 하카타 시티를 둘러보는 것이 오후의 일정. 하카타 시티 역시 백화점과 각종 상점들이 몰려 있는 쇼핑센터로 도큐 핸즈, 한큐 백화점 등이 있으며 다양한 맛집이 많다. 한국으로 돌아가기 전 마지막 쇼핑과 맛집 투어를 즐길 시간이니 맛있는 디저트나 과자 쇼핑에 나서도 좋고 아직 먹어보지 못한 메뉴를 골라 마지막으로 거한 식사를 즐겨도 좋겠다. 하카타 시티 안에 여러 메뉴의 맛집들이 있으니 취향대로 즐겨보자. 이렇게 하카타 시티에서 오후 시간을 보낸 뒤 호텔에서 짐을 픽업하여 지하철을 타고 공항으로 가면 된다.

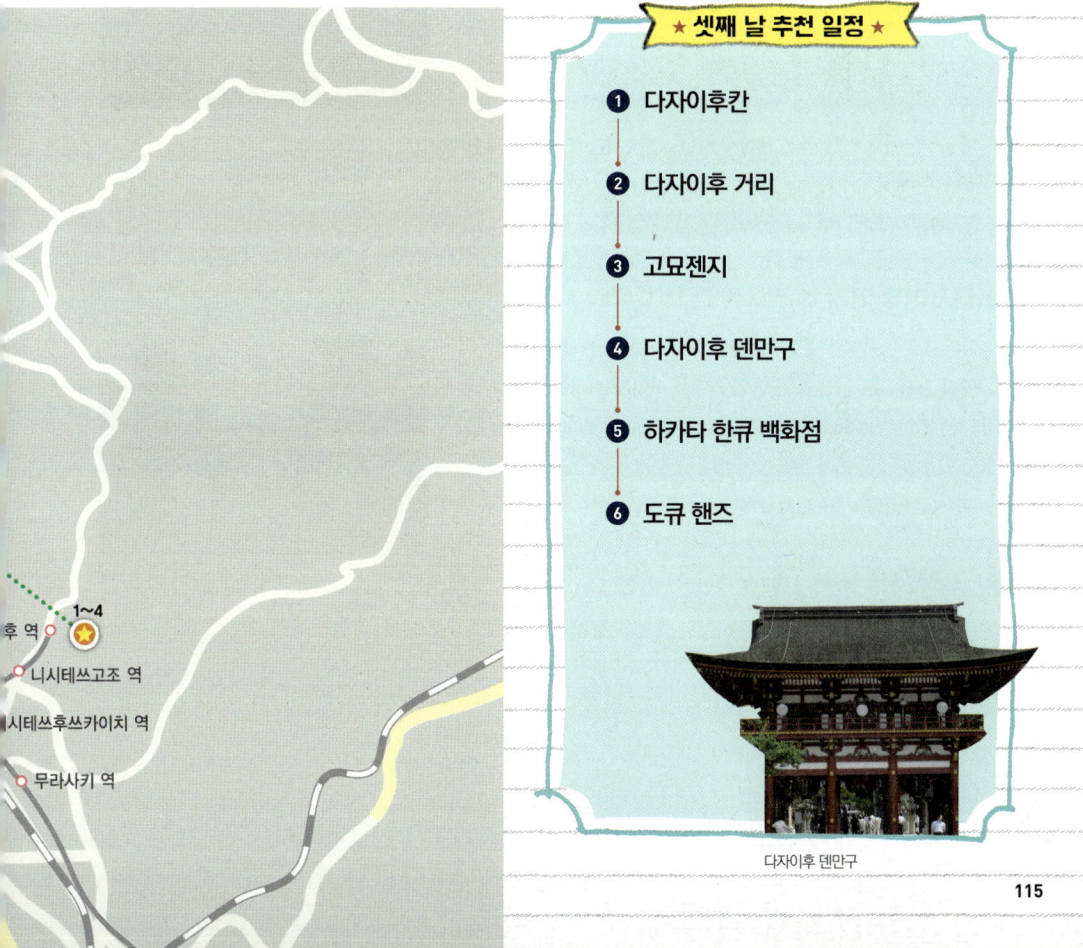

★ 셋째 날 추천 일정 ★

1. 다자이후칸
2. 다자이후 거리
3. 고묘젠지
4. 다자이후 덴만구
5. 하카타 한큐 백화점
6. 도큐 핸즈

다자이후 덴만구

SPOT 추천 명소

다자이후 > 하카타 시티

❶ 다자이후칸 太宰府館 / Dazaifukan

다자이후의 관광 안내소로 카페이자 휴식 공간이기도 하다. 다자이후 거리 초입의 좌측 첫 번째 골목에 있다. 한글 안내 지도를 제공하고 있으며 무료로 개방되어 있어 화장실이 필요할 때나 앉을 곳이 필요할 때 잠시 들르기 좋다. 위층은 체험 공방으로 우메가에모찌 굽기를 직접 해볼 수 있다. 이메일로 미리 예약하면 참여할 수 있는데 오전 10시부터 오후 4시 사이에 진행하며 1시간 정도 소요된다. 체험실 사용료는 1시간에 530엔, 체험비는 1인당 240엔이다.

- 3 Chome-2-3 Saifu, Dazaifu, Fukuoka
- 10:00~18:00 | www.city.dazaifu.lg.jp

❷ 다자이후 거리 太宰府ストリート / Dazaifu Street

다자이후의 번화가이자 중심가인 짧은 쇼핑 거리로 다자이후 역에서 다자이후 덴만구 신사 입구까지 이어지는 길을 말한다. 다양한 주전부리와 소소한 기념품들을 판매하는 상점들이 줄지어 있으며 늘 많은 인파로 북적거린다.

- Dazaifu, Fukuoka (다자이후 역 입구 우측부터)

❸ 고묘젠지 光明禅寺 / Komyozen-ji Temple

다자이후에 있는 작고 조용한 사찰로 일본식 정원의 매력을 느낄 수 있다. 바위와 이끼, 하얀 모래가 만들어 내는 일본 정원의 정갈한 정취를 즐기기에 충분한 곳이다. 다자이후 거리를 따라가다 덴만구 입구에서 우측으로 규슈 국립 박물관 가는 길에 발견할 수 있다.

- 2 Chome-16-1 Saifu, Dazaifu, Fukuoka
- 08:00~17:00 | ￥200

❹ 다자이후 덴만구 太宰府天満宮 / Dazaifu Tenmangu

학문의 신을 모시는 신사로 신사 정문을 지키는 황소의 머리를 쓰다듬으면 머리가 좋아진다는 속설 때문에 학업 성취나 합격을 기원하는 이들이 많이 찾는다. 고즈넉한 분위기와 함께 일본의 정취를 느낄 수 있어 여행객들도 많다. 또한 신사 입구 근처에서 판매하는 우메가에모찌(매화나무 가지 떡)라는 구운 떡이 병마를 물리친다 하여 유명하다. 새해 첫날에는 많은 참배객들로 인산인해를 이룬다. 오미구지(운세가 적힌 종이를 뽑아 길흉을 점치는 것)로 운세를 점칠 수도 있다.

4-7-1 Saifu, Dazaifu, Fukuoka | 봄~가을 06:00, 가을~겨울 06:30 오픈 / 6월 1일~8월 31일 20:00, 9월 1일~5월 31일 19:00 폐장 | www.dazaifutenmangu.or.jp

❺ 하카타 한큐 백화점 博多阪急 / Hakata Hankyu Department Store

하카타 시티에 있는 한큐 백화점은 명품 브랜드가 주로 입점해 있으며 지하 식품관이 특히 유명하다. 한 번씩은 꼭 먹고 온다는 오사카의 파티스리 몽 셰르가 이곳 지하 식품관에 있다. 여권을 가지고 1층, 7층 서비스 카운터를 방문하면 외국인용 5프로 할인 쿠폰을 발급받을 수 있다.

6-12 Hakataekichuogai, Hakata, Fukuoka
10:00~21:00 (5~8층은 20:00까지) | www.hankyu-dept.co.jp

❻ 도큐 핸즈 東急ハンズ / Tokyu Hands

하카타 시티에 있는 종합 쇼핑몰로 건강, 뷰티, 인테리어 용품, 사무용품 매장이 입점 중이다. 특히 주방용품과 건강용품 쪽으로 기발한 아이디어 상품이 많아 생활 잡화에 관심이 많은 사람이라면 바로 옆 교통 센터에 있는 다이소와 함께 방문할 만하다.

1 Hakataekichuogai, Hakata, Fukuoka, Japan
10:00~21:00
hakata.tokyu-hands.co.jp

TASTE 🍦 주변 추천 맛집

다자이후 > 하카타시티

스시에이 寿し栄 / Sushiei

합리적인 가격으로 신선한 스시를 즐길 수 있는 초밥집이다. 오후 2시 이전에 가면 1,300엔에 13점의 초밥과 달걀찜, 커피로 구성된 런치 세트를 맛볼 수 있다. 다자이후 거리에서 유명한 닭튀김 전문점인 치쿠시안 골목길로 쭉 들어가면 찾을 수 있다. 　3 Chome-3-6 Saifu, Dazaifu, Fukuoka　|　11:00~21:30　|　sushiei.net

치쿠시안 筑紫庵 / Chikushiann

다자이후 거리의 유명한 닭튀김(가라아게) 전문점이다. 바삭한 순살 가라아게를 500엔에 맛볼 수 있으며, 소스에 따라 여섯 종류가 있다. 간장 소스가 가장 인기 있고 매실과 가라아게를 넣은 다자이후 버거도 유명하다.
　3 Chome-2-2 Saifu, Dazaifu, Fukuoka　|　11:00~23:00　|　tikusiann.at.webry.info

단보 ラーメン暖暮 / Danbo

규슈 라멘 대회에서 전체 1등을 차지한 화려한 경력의 라멘 전문점이다. 본점은 후쿠오카의 후쓰카이치에 있으며 다자이후 역 대각선 맞은편에도 지점이 있다. 진한 육수의 돈코쓰라멘에 부드러운 차슈가 얹어져 나온다. 매운맛의 강도와 면의 익힘 정도를 선택할 수 있다. 한국어 안내판이 있어 주문하기 어렵지 않다.

　1 Chome-14-24 Saifu, Dazaifu, Fukuoka　|　10:00~22:00
　www.danbo.jp

스타벅스 컨셉 스토어 Starbucks Concept Store

일본의 건축가 구마켄고가 설계한 자연 소재의 독특한 컨셉 스토어다. 다른 스타벅스와 메뉴는 같지만 특이한 컨셉의 인테리어가 눈길을 사로잡는다. 목재 구조물이 자아내는 이곳만의 분위기가 있다.

　3 Chome-2-43 Saifu, Dazaifu, Fukuoka　|　08:00~20:00
　www.starbucks.co.jp

우메노하나 梅の花 / Umenohana

두부 요리 체인점으로 다자이후 덴만구 옆에 지점이 있는데 정갈하게 꾸며진 인테리어와 일본식 정원 느낌의 건물로 분위기가 특히 좋다. 일본식 두부 요리를 필두로 정갈한 정식 코스 요리를 주로 선보이며 종류에 따라 신선한 사시미나 생선 요리, 나베 요리 등이 함께 나온다. 코스 요리다 보니 가격은 조금 비싼 편이다. 1,400엔부터 2,600엔까지의 코스 요리가 무난하며 더 비싼 코스 메뉴도 있다. 모모치와 덴진 등에도 지점이 있다.

4 Chome-4-41 Saifu, Dazaifu, Fukuoka (신사 입구 우측 주택가 깊숙한 곳에 위치)
런치 11:00~16:00 디너 16:30~22:00 | www.umenohana.co.jp

후키야 ふきや博多店 / Fukiya

오랜 역사를 자랑하는 후쿠오카의 맛집으로 역시 식사 시간대에는 대기 시간이 좀 있다. 카운터에 앉으면 눈앞에서 오코노미야키를 만드는 모습을 직접 볼 수 있다. 두툼하고 양이 꽤 푸짐하며 특제 소스를 얹어 먹으면 별미. 탄 것 같은 진한 색깔은 바로 이 특제 소스 때문. 하카타 시티 옆 교통 센터(버스 터미널) 8층에 있다.

8F, 2-1 Hakataekichuogai, Hakata, Fukuoka
11:00~22:00

이소라기 磯らぎ / Isoragi

오차즈케와 카이센동으로 유명한 식당으로 하카타 시티 9층 쿠텐 내에 있다. 차에 밥을 말아 먹는 음식인 오차즈케를 전문으로 하는 곳으로 신선한 해산물을 밥에 얹어 나오는 카이센동도 인기다. 정갈한 음식과 고급스런 분위기가 좋은데 가격은 조금 비싼 편. 하카타 가이센동 또는 하카타 오차즈케가 1,590엔, 북해 가이센동이 1,890엔, 카이센동과 가키아게동 세트가 1,790엔 정도다.

Hakata City 9F, 1 Hakataekichuogai, Hakata, Fukuoka
11:00~23:00 | www.isoragi.co.jp

PLUS SPOT
추가 추천 스팟

여유가 있다면 더 돌아볼 만한 후쿠오카의 명소들을 소개한다. 추천 일정 외에 가보고 싶은 곳이 있다면 다음의 장소들을 참고하여 나만의 일정을 편집해보자.

마리노아 시티 후쿠오카 マリノアシティ福岡 / Marinoa City Fukuoka

규슈 최대의 아웃렛으로 모모치 해변에서 좀 더 떨어진 해변가에 있다. 하카타 역의 하카타에키마에 A 버스 정류장이나 덴진 버스 터미널에서 303번 버스를 타면 되는데 30~40여 분 정도 소요된다. 170여 개의 점포와 노천 카페, 관람차, 보드 워크, 어린이를 위한 키즈 파크 등 여러 시설을 갖추고 있다. 의류, 주방용품, 인테리어 소품, 어린이용품 등 다양한 브랜드가 입점해 있고 세일과 이벤트도 잦으니 득템을 꿈꾼다면 찾아가보자.

- Marinoa City Fukuoka, 2 Chome-10 Odo, Nishi, Fukuoka
- 10:00~21:00 (식당은 23:00까지. 매장에 따라 다름)
- www.marinoacity.com

호크스 타운 몰 ホークスタウンモール / Hawks Town Mall

쇼핑몰과 호텔, 야후 돔으로 이루어진 테마형 쇼핑 타운으로 유명 브랜드뿐 아니라 레스토랑과 카페도 입점해 있다. 야후 돔으로 가는 버스를 이용하여 갈 수 있다. 지하철 도진마치 역에서도 갈 수 있는데 3번 출구로 나와 도보로 10분 정도 걸린다.

- 2 Chome-2-1 Jigyohama, Chuo, Fukuoka
- 11:00~21:00 (식당은 23:00까지. 매장에 따라 다름)
- www.hawkstown.com

후쿠오카 야후오쿠 돔 福岡ヤフオク!ドーム / Fukuoka Yafuoku Dome

2015년 8월 현재 이대호 선수가 뛰고 있는 일본의 프로야구 팀인 소프트뱅크 호크스의 홈 구장이다. 야구를 좋아한다면 구단 홈페이지에서 경기 일정을 확인하여 경기를 관람하는 것도 좋겠다. 경기 일정이 맞지 않더라도 야구장 투어로 선수들이 사용하는 실내외 시설을 돌아보고 야구 박물관을 관람할 수 있다. 텐진 버스 센터 마에 1A 정류장과 하카타에키마에 A 정류장에서 300·301·303번 버스로 10~15분 정도면 도착한다.

- 2 Chome-2-1 Jigyohama, Chuo, Fukuoka
- 박물관 10:00~17:00 | www.softbankhawks.co.jp
- 야구장 투어 어른 ¥1,500, 어린이 ¥800

아사히 맥주 공장 アサヒビール博多工場 / Asahi Brewery Hakata

공장 견학과 시음을 할 수 있으며 견학과 시음까지 총 90여 분 정도 소요된다. 방문 시 사전 전화 예약이 필요하다. 예약 시 별도의 안내 메일은 없으며 예약한 시간에 그냥 방문하면 된다. 원료와 제조 공정을 견학하면서 갓 생산된 시원한 생맥주를 1인당 세 잔까지 맛볼 수 있다. 다케시타 역에서 도보 3분 거리에 있다.

- 2 Chome-2-1 Jigyohama, Chuo, Fukuoka
- +81-92-431-2701 | 09:00~15:00, 연말연시 휴무 | www.asahibeer.co.jp

오호리 공원 大濠公園 / Ohori Koen

규모가 상당히 큰 후쿠오카 시의 대표적인 공원으로 약 40만 평에 이른다. 드넓은 호수와 일본식 정원, 호수 위 다리들, 산책로 등으로 구성되어 있는 곳으로 도심에서 벗어나 한가롭고 조용한 시간을 보내고 싶다면 추천. 공원 안에 있는 카페에서 바라보는 풍경이 특히 좋다. 지하철 오호리 공원 역에서 내리면 된다.

- Marinoa City Fukuoka, 2 Chome-10 Odo, Nishi, Fukuoka
- 일본 정원 화-일 09:00~17:00 (여름엔 18:00까지)
- www.ohorikouen.jp | 일본 정원 어른 ¥240, 어린이 ¥120

미나토 나미하노유 온천 みなと温泉 波葉の湯 / Namiha No Yu

하카타 항 베이사이드에 있는 천연 온천이다. 저렴한 가격에 이용할 수 있는 대중 온천으로 하카타 항을 방문할 때 잠시 들러 피로를 풀기 적당하다. 고급스럽진 않지만 찜질방과 사우나, 노천탕, 가족탕 등 필요한 시설을 잘 갖추고 있으며 한산해서 여유를 즐기기에 좋다.

📍 13-1 Chikkohonmachi, Hakata, Fukuoka
🕘 09:00~01:00 | 📶 www.namiha.jp | 💲 어른 평일 ￥800, 주말 ￥850 / 어린이 ￥450

덴진 유노하나 온천 天神ゆの華 / Yu no Hana

덴진 역에서 도보 20분 정도의 가까운 위치에 있는 온천으로 현지인들이 즐겨 찾는다. 음과 양의 조화를 위해 남탕과 여탕의 위치를 번갈아가며 운영한다. 대중탕 같지만 깨끗한 시설의 천연 온천을 저렴한 가격에 가까운 곳에서 이용할 수 있다는 것이 큰 장점.

📍 1 Chome-4-55 Nagahama, Chuo, Fukuoka
🕘 평일 10:00~03:00, 주말 08:00~03:00 | 📶 www.tenjin-yunohana.jp | 💲 어른 ￥720, 어린이 ￥360

만요노유 온천 博多 由布院 · 武雄温泉 万葉の湯 / Manyo no Yu

훌륭한 수질의 초대형 온천으로 목욕용품이 모두 기본으로 준비되어 있어 아무것도 준비할 필요가 없다. 가격은 비싼 편이지만 그만큼 깔끔하고 다양한 시설과 서비스를 고루 갖춘 곳으로 쉬면서 놀다 가기 좋다. 온천 시설 외에도 오락실, 수면실, 만화방, 세탁실, 마사지 숍, 식당까지 있어 여러 시설을 풀 코스로 즐길 수 있다. 공항 가까이 있어 여독을 풀기 위해 마지막 날 방문하면 좋다. 1시간에 한 대씩 캐널시티, 덴진, 나카스, 하카타 역에서 셔틀버스를 운행하고 있다. 하카타 역 쓰쿠시 출구에서 스타벅스 방향 로손 편의점 앞에서 정차한다.

📍 2 Chome-3-66 Yutaka, Hakata, Fukuoka
🕘 24시간 | 📶 www.manyo.co.jp/hakata | 💲 어른(중학생 이상) ￥1,890, 초등학생 ￥940

규슈 국립 박물관 九州国立博物館 / Kyushu National Museum

일본 규슈 지역의 역사와 유물을 관람할 수 있는 상당한 규모의 박물관이다. 산속에 있는 듯한 주변 풍경과 조용한

분위기에 산책 삼아 다녀올 만하다. 다자이후 덴만구 뒤쪽 깊숙한 곳에 있는데 신사 내 보물관 뒤로 가면 박물관으로 연결되어 있다. 에스컬레이터와 무빙 워크를 타고 꽤 긴 통로를 지나야 도착할 수 있다. 주로 아시아 지역 교류에 대한 자료가 많고 아이와 함께 즐길 수 있는 시설도 마련되어 있다. 4층 안내 데스크에서 한국어 설명서와 무료 오디오 가이드를 받을 수 있다.

4 Chome-7-2 Ishizaka, Dazaifu, Fukuoka
화-일 09:30~17:00 | www.kyuhaku.com
어른 ¥430, 학생 ¥130

우미노나카미치 해변 공원 海の中道海浜公園 / Uminonakamichi Seaside Park
후쿠오카 시내에서 차로 40여 분 떨어진 곳에 있는 해변 공원으로 관람차, 화원, 동물원, 놀이공원, 수영장, 캠핑장, 잔디 광장 등 다양한 시설과 해변을 한꺼번에 즐길 수 있는 테마파크다. 대부분 어린이를 위한 시설로 아이가 있는 가족 여행객들에게 특히 추천한다. 넓고 광활한 규모 때문에 시설 내 파크 트레인이라는 셔틀 기차를 운행하며 자전거를 빌려 돌아볼 수도 있다. 장미, 코스모스, 갈대가 만발하는 10월이나 수선화와 벚꽃을 볼 수 있는 3월 말쯤에 방문하면 아름다운 풍경을 만날 수 있다. JR 우미노나카미치 역에 있으며 역 근처에는 돌고래 쇼와 물개 쇼로 유명한 수족관인 마린 월드도 있다.

18 Saitozaki, Higashi, Fukuoka
3~10월 09:30~17:30, 11~2월 09:30~17:00
www.uminaka.go.jp | 어른 ¥410, 학생 ¥80, 경로 우대(65세 이상) ¥210

유후인 湯布院町 / Yufuin
규슈의 오이타 현에 있는 작은 온천 마을이다. 아기자기한 상점 거리와 뜨거운 온천수와 찬물이 만나 생기는 물안개가 아름다운 긴린코 호수로 유명하다. 유후인 역에서 긴린코 호수까지 이어지는 거리엔 잼 공방, 잡화점, 캐릭터 상점, 고양이 소품점, 롤 케이크 전문점 비스피크B-Speak, 아이스크림 가게, 고로케 가게, 어묵 꼬치 가게 등 구경거리와 먹거리가 가득하다. 사진도 찍고 맛있는 군것질도 하며 데이트하기 좋은 예쁜 동네다. 가을 단풍이 들 때 가장 아름답다. JR 패스 이용자는 JR 하카타 역에서 유후인노모리나 유후 등 유후인 역까지 가는 열차를 타고 2시간 10분 남짓이면 갈 수 있다. 산큐 패스 이용자는 하카타 교통

센터 3층에서 유후인으로 가는 고속버스를 타고 2시간 20분 정도면 도착한다. 후쿠오카에서 왕복 5시간 정도 소요되는 곳으로 당일 여행으로 다녀올 수도 있고 여유가 된다면 이곳 료칸에서 하루 머물며 온천을 즐겨도 좋다.
8 Yufuincho Kawakita, Yufu, Oita (유후인 역)

벳푸 別府市 / Beppu

규슈 오이타 현의 대표적인 온천 지역이다. 온천수 용출량이 일본 최고이며, 벳푸 시내 곳곳에 온천탕이 있어 모락모락 피어나는 하얀 증기가 도시의 풍경을 만든다. 특히 간나와 지역의 온천 순례가 유명한데 온도와 함유성분에 따라 붉은색, 하얀색, 옥색 등 다른 색깔을 띠는 여덟 개의 특징 있는 온천 자원을 관람하는 코스로 지옥 순례(지고쿠메구리)라 부른다. 유서 깊은 온천을 즐기고 싶을 때는 찾기 좋은 곳이지만 온천과 지옥 순례 외에는 별다른 관광 명소나 즐길 거리가 없어 오래 머물 필요는 없다. 벳푸까지는 하카타 역에서 소닉 열차를 타고 이동할 수 있는데 2시간 정도 소요된다.
12-13 Ekimaecho, Beppu, Oita (벳푸 역)

하우스텐보스 ハウステンボス / Huis Ten Bosch

후쿠오카를 찾는 여행객들이 종종 당일 여행으로 방문하는 나가사키의 테마파크. 17세기 네덜란드를 재현한 리조트형 테마파크로 '숲 속의 집'이라는 뜻이다. 운하와 함께 40만 그루의 나무들, 30만 주의 꽃이 있어 사시사철 아름다운 자연을 볼 수 있다. 각종 볼거리와 즐길 거리, 먹을거리, 쇼핑 거리가 풍부하고 보기만 해도 아름다운 건축물과 풍경을 보며 오붓하게 놀다 가기 좋다. 하카타 역에서 버스나 기차로 이동할 수 있으며 2시간 정도 소요된다.

Huis Ten Bosch Machi, Sasebo, Nagasaki

korean.huistenbosch.co.jp

1일권 어른 ￥6,400, 청소년 ￥5,400, 어린이 ￥4,000

PLUS TASTE
추가 추천 맛집

노부히데 信秀本店 / Nobuhide

약 50년 동안 야키도리(꼬치구이)를 전문으로 해온 유명한 맛집으로 유명세에도 불구하고 저렴한 가격을 유지하고 있다. 한국에도 꽤 알려져 있어 유명인들도 많이 다녀갔다고 한다. 한국어 메뉴판도 있고 테이블 앞에 수많은 꼬치들이 나열되어 있으므로 눈으로 보고 직접 골라 주문해도 된다. 저녁에 맥주 한잔과 가볍게 즐기기 좋다.

📍 8-8 Shimokawabatamachi, Hakata, Fukuoka | ⏰ 17:00~01:00

가와바타 젠자이 川端ぜんざい広場 / Kawabata Zenzai

가와바타도리 상점가 중간에 위치한 오래된 단팥죽 전문점이다. 일본식 전통 단팥죽인 젠자이에 구운 떡을 올려주는데 달콤하고 뜨끈한 맛에 쫀득하게 늘어나는 찰떡이 잘 어울린다. 일부러 찾아가 볼 만큼 대단한 맛은 아니지만 가와바타도리에 간다면 쇼핑 중간에 잠시 쉬어가기 좋다.

📍 10-253 Kamikawabatamachi, Hakata, Fukuoka
⏰ 금~일 · 연휴 · 7월 1~14일(야마카사 기간) 11:00~18:00 (월~목 · 공휴일은 휴무)

초콜릿 숍 Chocolate Shop

오랜 역사를 자랑하는 후쿠오카의 초콜릿 전문점으로 시원하게 사르르 녹는 부드러운 식감의 이시다다미라는 초콜릿 케이크가 유명하다. '돌 다다미'라는 뜻으로 여러 층으로 이루어져 있는 독특한 케이크다. 수제 초콜릿과 바움쿠헨 등 여러 종류의 디저트를 판매하고 있다. 후쿠오카에 네 개 지점이 있으며 본점은 나카스카와바타 역에서

고후쿠마치 역 방향으로 3분 거리에 있다. JR 하카타 시티의 아뮤 플라자 1층에도 지점이 있다.

- 3-17 Tsunabamachi, Hakata, Fukuoka (본점)
- 월~토 10:00~20:00, 일·공휴일 10:00~19:00 (본점)
- www.chocolateshop.jp

친야 ちんや / Chinya

소고기 정육점과 식당을 겸하는 곳으로 1층에서는 소고기 판매와 야키니쿠 요리를, 2층에서는 스키야키 요리를 선보이고 있다. 최상급 소고기를 사용한 야키니쿠 정식이나 스키야키돈을 맛보고 싶다면 들러보자. 런치 정식으로 이용하는 것이 가성비가 좋다.

- 3 Chome-7-4 Nakasu, Hakata, Fukuoka
- 1층 런치 11:30~14:00 디너 17:00~22:00, 2층 11:00~23:00

야마나카 博多もつ鍋 やま中 赤坂店 / Yamanaka

후쿠오카에 왔다면 한 번쯤 먹어봐야 할 음식 중 하나인 모쓰나베(곱창전골) 전문점으로 담백하고 깔끔한 맛의 곱창을 맛볼 수 있다. 1인당 최소 1,600엔 이상 예상해야 하는 격식 있는 레스토랑으로 가격은 조금 비싸지만 그만큼 분위기가 고급스럽다. 간장 맛과 된장 맛, 샤부샤부 중 선택할 수 있으며 밥과 파 등을 추가해서 먹으면 된다. 양은 넉넉한 편이며 술과 함께 즐기기 좋다. 본점은 조금 떨어진 오하시 역 주변에 있으며 덴진에서 가까운 아카사카 역에도 지점이 있다.

- 1-9-1 Akasaka, Chuo, Fukuoka (아카사카점)
- 17:00~23:30 (아카사카점) | motsunabe-yamanaka.com

카페 델 솔 Cafe del Sol

긴 줄이 인기를 증명하는 팬케이크 카페다. 꽤 두툼한 두께에 부드럽고 달콤한 팬케이크를 맛보고 싶다면 들러보자. 대기 시간이 상당한 편이니 시간 여유를 갖고 찾아야 한다. 덴진 역 2번 출구에서 5분 거리에 있다. 스타벅스 골목의 키즈 덴진 건물을 찾으면 된다.

1 Chome-14-45 Daimyo, Chuo, Fukuoka

12:00~22:00

잇푸도 라멘 一風堂 大名店 / Ippudo

국내까지 들어와 있는 유명 라멘 브랜드. 돈코쓰라멘으로 유명하다. 니시도리 골목에 두 곳의 매장이 있는데 골목 안쪽에 있는 가게가 본점으로 규모가 작고 골목에 있어 그냥 지나치기 쉽다. 진한 국물에 짠맛이 조금 강한 편, 처음에는 그냥 먹어보고 마늘을 으깨어 넣거나 고춧가루를 넣어서 먹으면 또 다른 맛을 느낄 수 있다. 스탠더드 돈코쓰라멘이 720엔이며 100엔을 추가하면 교자와 밥이 함께 나온다.

1 Chome-13-14 Daimyo, Chuo, Fukuoka

월-목 11:00~23:00, 금 11:00~24:00, 토 10:30~24:00, 일 10:30~23:00

www.ippudo.com

아지사와 あじさわ / Ajisawa

모모치 해변으로 가는 니시진 역 4번 출구 근처에 있는 오코노미야키 맛집이다. 와인과 오코노미야키를 비롯한 철판 요리를 메인으로 하는 주점으로 와인과 함께 먹어보자. 바삭한 겉과 부드럽고 촉촉한 속에 아삭한 숙주 맛이 일품이다. 안타깝게도 한국어 메뉴판이나 메뉴 사진이 없다. 친절한 사장님에게 추천 메뉴를 물어보자.

1 Chome-11-20 Nishijin, Sawara, Fukuoka

11:30~23:00

HOTEL
★ 호텔 ★

후쿠오카에는 중급의 비즈니스 호텔들이 많은데 하카타나 덴진 근처에서 선택하면 무난하다. 두 곳 어디든 지하철역 가까운 곳이면 편하게 추천 일정을 소화할 수 있다. 일본의 호텔은 대체로 방이 작지만

기초적인 편의 시설은 잘 갖춰진 것이 특징인데 방 크기에 민감하다면 예약 시 꼭 확인해보자.

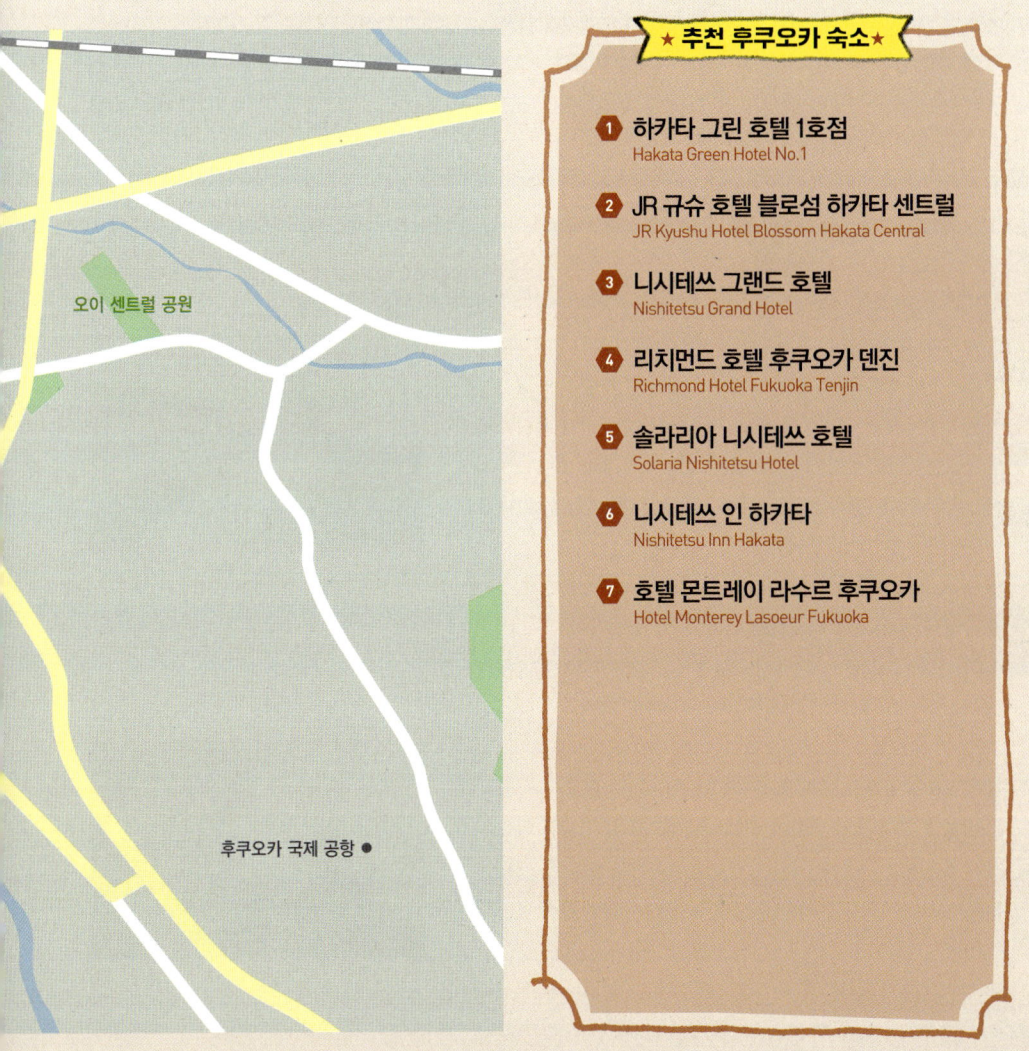

★ 추천 후쿠오카 숙소 ★

1. 하카타 그린 호텔 1호점
   Hakata Green Hotel No.1

2. JR 규슈 호텔 블로섬 하카타 센트럴
   JR Kyushu Hotel Blossom Hakata Central

3. 니시테쓰 그랜드 호텔
   Nishitetsu Grand Hotel

4. 리치먼드 호텔 후쿠오카 덴진
   Richmond Hotel Fukuoka Tenjin

5. 솔라리아 니시테쓰 호텔
   Solaria Nishitetsu Hotel

6. 니시테쓰 인 하카타
   Nishitetsu Inn Hakata

7. 호텔 몬트레이 라수르 후쿠오카
   Hotel Monterey Lasoeur Fukuoka

1 하카타 그린 호텔 1호점 Hakata Green Hotel No.1

JR 하카타 역의 버스 터미널 뒤쪽 방향으로 1분 거리에 위치한 체인 호텔로 1호점과 2호점, 아넥스Annex점까지 총 세 곳이 모여 있다. 모두 하카타 역 바로 근처에 있어 지하철이나 기차, 버스를 이용할 여행객들에게는 최고의 위치에 있다. 1호점은 최근 리뉴얼을 진행해서 새 호텔과 다름없이 깨끗하고 모던한 시설을 갖추고 있으며 2호점보다 방 크기도 약간 더 넓다. 2호점은 조금 더 오래되긴 했지만 깨끗하고 단정한 시설로 잘 관리되고 있으며 방이 꽤 좁은 편이지만 필요한 어메니티는 다 갖추고 있다. 1호점과 2호점은 싱글 룸이 5만 원대, 더블 룸이 7만 원대부터로 가격도 저렴한 편이다. 아넥스점이 조금 더 비싼 편으로 더 넓고 현대적인 분위기의 인테리어를 자랑한다. 싱글 룸이 7만 원대, 더블 룸이 12만 원대부터다.

www.hakata-green.co.jp/hakata1 | +81-92-451-4110
Yubinbango 4-4, Hakata-eki, Chuo, Hakata, Fukuoka

2 JR 규슈 호텔 블로섬 하카타 센트럴 JR Kyushu Hotel Blossom Hakata Central

JR 하카타 역 2분 거리에 위치한 단정한 호텔로 2011년에 리뉴얼했다. JR 규슈 호텔 그룹 체인 중 하나로 하카타 역 근처에 있는 만큼 이동 동선이 좋아 편리하다. 바로 앞 편의점과 하카타 시티와도 가까워 쇼핑하기도 좋다. 저렴할 때는 기본 트윈 룸을 7~9만 원대로 예약할 수 있다. 성가로는 싱글 룸이 13만 원대, 트윈 룸이 16만 원대지만 대개 할인가로 판매한다.

www.jrk-hotels.jp/Fukuoka | +81-92-413-8787
2-2-4, Hakataeki Higashi, Hakata, Fukuoka

3 니시테쓰 그랜드 호텔 Nishitetsu Grand Hotel

4성급의 격조 높은 호텔로 오래되었지만 깨끗하고 번듯하다. 덴진 역 상점가에 있어 쇼핑과 식도락이 중요한 여행자들에게 더 없이 좋은 위치다. 호텔 조식이 평이 좋고 상대적으로 방이 넓은 편이나 가격이 조금 있는 편이다. 저렴한 시기의 가격이 스탠더드 싱글은 6만 원대, 이코노미 더블 룸이 11만 원대, 스탠더드 트윈 룸이 11만 원대부터다.

www.grand-h.jp | +81-92-781-0711 | 2-6-60 Daimyo, Chuo, Fukuoka

❹ 리치먼드 호텔 후쿠오카 덴진 Richmond Hotel Fukuoka Tenjin

덴진 역 로프트 쇼핑센터 옆에 있는 호텔로 위치, 가격, 시설, 서비스 등 모든 면에서 적절하다. 로프트 바로 옆에 있어 찾기도 쉽고 와이파이도 빠른 편이다. 비수기에는 싱글 룸이나 더블 룸이 9만 원대, 코너 룸이 10만 원대부터이며, 성수기에는 13~14만 원대로 오른다.

🌐 fukuoka-tenjin.richmondhotel.jp | 📞 +81-92-739-2055 | 📍 4-8-25, Watanabe, Chuo, Fukuoka

❺ 솔라리아 니시테쓰 호텔 Solaria Nishitetsu Hotel

덴진 역 솔라리아 플라자에 있는 호텔로 규모는 작지만 세련된 시설에 넓고 쾌적하다. 대체로 방이 비좁은 일본 호텔들 중에서 꽤 넓은 편이다. 인테리어도 단정하고 어메니티도 잘 갖춰져 있다. 무엇보다 솔라리아 플라자에 있어 덴진 역과 니시테쓰 버스 터미널과 아주 가깝고 쇼핑하기엔 최고의 위치인 것이 장점. 더블 룸이 10만 원대, 트윈 룸이 11만 원대부터로 가격도 합리적이다.

🌐 www.solaria-h.jp | 📞 +81-92-752-5555 | 📍 2-2-43, Tenjin, Chuo, Fukuoka

❻ 니시테쓰 인 하카타 Nishitetsu Inn Hakata

체인형 호텔로 후쿠오카에는 니시테쓰 인 후쿠오카, 덴진, 하카타 세 곳의 지점이 있다. 그중 하카타는 하카타 역 서쪽 4번 출구에서 도보 3분 거리에 있어 위치가 특히 좋다. 후쿠오카나 덴진 점은 모두 덴진 역 근처에 있어 역시 위치가 좋은 편이다. 특별한 인테리어는 없지만 깔끔하고 위치 좋은 호텔을 저렴한 가격으로 이용할 수 있다는 점이 장점이며 조식도 무난하다. 단, 체크아웃 시간이 아침 10시로 조금 이른 편이다. 싱글 룸은 6만 원대, 더블 룸은 8만원대, 트윈은 10만 원 정도로 예약할 수 있다.

🌐 www.n-inn.jp | 📞 +81-92-413-5454 | 📍 1 Chome-17-6 Hakata Ekimae, Hakata, Fukuoka

❼ 호텔 몬테레이 라수르 후쿠오카 Hotel Monterey Lasoeur Fukuoka

덴진 역에 위치한 벨기에 아트 컨셉의 유럽형 호텔이다. 인테리어가 고급스럽고 나무 마루로 된 바닥이 청결하면서 따뜻한 분위기를 준다. 지하철역에서 2분 거리에 있고 쇼핑센터와 맛집이나 카페가 많아 주변 환경이 좋다. 방은 일본의 여느 호텔들과 마찬가지로 좁은 편이다. 딜럭스 싱글이 10만 원대, 더블이 13만 원대부터로 분위기 있는 인테리어만큼 가격이 조금 비싼 편이다.

🌐 www.hotelmonterey.co.jp | 📞 +81-92-726-7111 | 📍 2-8-27 Daimyo, Chuo, Fukuoka

커플끼리 가는 유후인 식도락 여행 4일

후쿠오카와 오이타의 유후인을 함께 둘러보는 3박 4일간의 일정으로 맛있는 음식과 온천을 즐기고 싶은 커플에게 추천한다. 후쿠오카에서 2박, 유후인의 료칸에서 1박 하는 일정이다. 첫째 날과 둘째 날엔 기본 일정과 동일하게 후쿠오카의 주요 명소를 돌아보고 3일째에 하카타 역에서 유후인노모리를 타고 유후인으로 간다. 유후인의 아기자기한 상점 거리에서 다양한 주전부리도 먹고 달콤한 디저트도 맛보며 한가로운 오후를 보내고 온천으로 하루를 마무리한다. 다음날에는 아침 일찍 유후인노모리를 타고 후쓰카이치에서 내려 다자이후로 가자. 도보 15분 거리에 있는 니시테츠후쓰카이치 역에서 환승하거나 버스를 타고 다자이후로 갈 수 있다. 다자이후를 둘러보고 하카타 시티를 거쳐 공항으로 이동하면 모든 일정이 끝난다. 후쿠오카와 유후인에서 각각 한 번의 온천이 포함되어 있어 쌀쌀한 초봄이나 가을 또는 겨울에 좋은 일정이다.

DAY1 »
후쿠오카 국제 공항 — JR 하카타 시티 — 캐널 시티 하카타 — 구시다 신사 — 하카타마치야 후루사토칸 — 도초지 — 베이 사이드 플레이스 하카타 — 하카타 포트 타워 — 나카스 야타이

DAY2 »
일본 은행 — 세이류 온천 — 텐진 지하상가 — 파르코 — 모모치 해변 공원 — 후쿠오카 타워 — 마리존

DAY3 »
유후인 역 — 유후인 상점 거리 — 유후인 민예촌 — 큐슈 자동차 역사관 — 긴린코 호수 — 마르크 샤갈 유후인 긴린코 미술관 — 공상의 숲 아르테지오 — 산소 무라타

DAY4 »
산소 무라타 — 유후인 쇼와칸 — 비-스피크 — 유후인 역 — 다자이후칸 — 다자이후 텐만구 — 하카타 한큐 백화점 — JR 하카타 시티

부모님 모시고 가는 규슈 온천 여행 4일

규슈의 후쿠오카를 시작으로 유후인, 아소산, 구로카와 온천을 여행하는 일정이다. 온천 지역을 위주로 둘러보는 일정인 만큼 조금 쌀쌀한 날씨에 적합하며 특히 부모님과 함께 떠나기 좋은 일정이다. 첫째 날엔 후쿠오카 공항에 도착해서 바로 다자이후로 간다. 다자이후의 신사와 상점 거리를 돌아보고 텐진으로 돌아와 주변 쇼핑과 맛집 투어로 저녁 시간을 보낸다. 이튿날 아침 하카타를 출발하여 유후인 역으로 간다. 유후인에 숙소를 잡고 긴린코 호수 주변 산책과 상점 거리의 먹거리 투어를 즐긴 후 온천으로 여유로운 하루를 보내면 된다. 다음날엔 차를 렌트하여 아소산으로 가자. 아소산을 거쳐 구마모토로 가는 버스나 멀리 구루메를 거쳐 구마모토로 가는 기차를 이용할 수도 있지만 아소산을 둘러보기엔 렌트카가 가장 편리하다. 다이칸보와 구사센리, 아소산 로프웨이 등 아소산 일대를 돌아보고 구로카와로 간다. 아담한 온천 마을에 숙소를 잡고 온천으로 피로를 풀며 마지막 밤을 보낸다. 나흘째엔 유후인으로 돌아와 자동차를 반납하고 다시 기차에 오르자. 하카타로 돌아와 하카타 시티에서 막간의 쇼핑을 즐긴 후 일정을 마치면 된다.

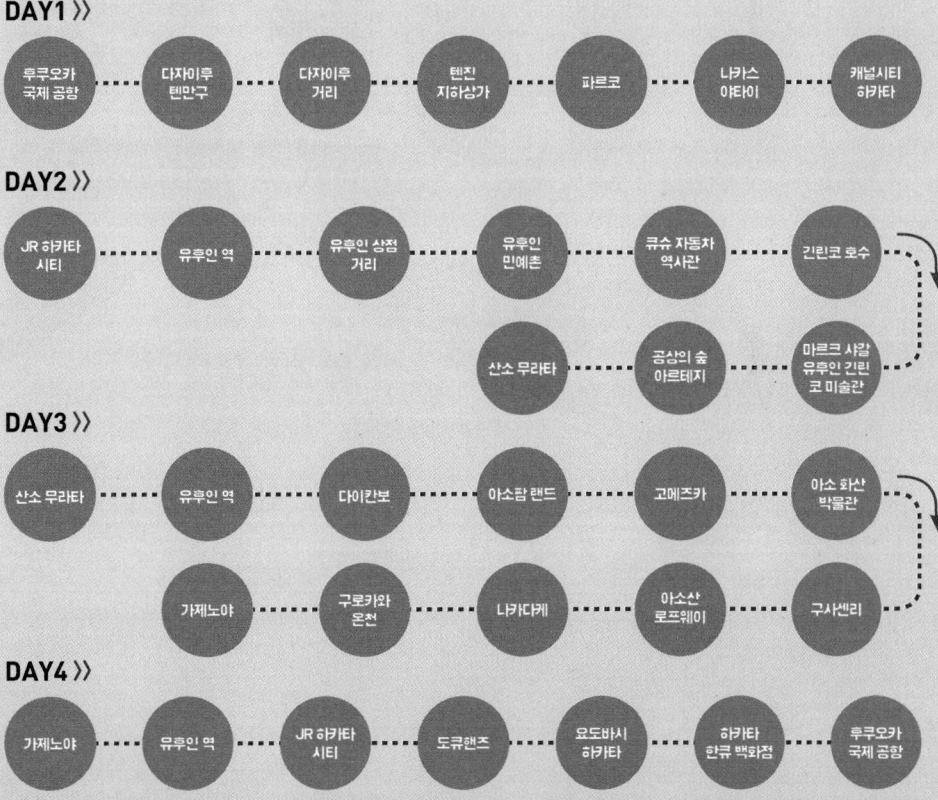

후쿠오카 133

오사카 성

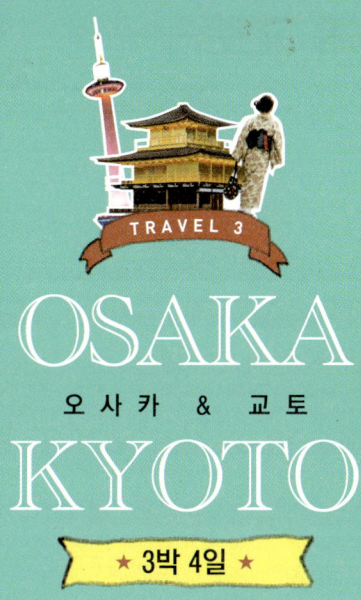

TRAVEL 3

OSAKA
오사카 & 교토
KYOTO

★ 3박 4일 ★

미식의 도시 오사카는 한국에서 2시간 정도면 갈 수 있는 가까운 도시로 일본 다른 지역과 차별되는 오사카만의 억양과 전통, 분위기가 있다. 오사카를 비롯하여 근처의 교토, 나라는 과거 일본의 수도였던 만큼 일본의 옛 모습을 잘 보여주는 간사이 지방의 유서 깊은 도시들이다. 먹거리가 풍부해서 짧은 주말 여행으로 먹고 맛보고 즐기다 오기 딱 좋은 여행지이기도 하다. 3~4월에는 벚꽃을 감상하러 가기에도 좋다.

오사카 자유 여행 시 교토나 나라, 고베, 고야 산 등 주변 지역도 함께 여행하는 경우가 많은데, 이번 일정은 3박 4일인 만큼 오사카와 교토만 돌아보는 코스로 소개한다. 커플이나 친구끼리 여행하는 여행자들에게 특히 추천할 만한 이 일정에서는 간사이 스루 패스 3일권을 구매하여 첫날과 마지막 이틀간 사용하면 공항 이동, 교토 이동이 편리하다. 둘째 날 일정에서는 편도로 지하철 티켓을 구입하여 사용하거나 엔소이 에코 카드, 오사카 비지터스 티켓 같은 원 데이 패스를 이용할 수 있다.

오사카 & 교토 Osaka & Kyoto

도시 정보

★ 시차
표준시가 서울과 같아 시차가 없다.

★ 비자
일본은 무비자 협정국이라 90일까지 무비자로 방문할 수 있다. 여권 유효기간이 6개월 이상 남아 있어야 한다.

★ 기후
우리나라와 상당히 비슷한 기후로, 여름은 무덥고 겨울은 상당히 춥다. 평균 기온은 여름 24도, 겨울 5도 정도이다.

★ 여행 최적기
벚꽃이 만발하는 3월 말~4월 초의 봄 시즌이 가장 좋고 선선하며 단풍이 지는 가을 시즌도 여행하기 좋다.

★ 옷차림
우리와 같은 계절별 옷차림을 준비하면 된다. 가을의 교토는 상당히 쌀쌀하니 스카프나 걸칠 옷을 준비해 가자.

★ 종교
신도, 불교, 기독교가 존재하나 일상 속에 신도의 영향을 많이 받고 있다.

★ 언어
일본어를 공용어로 사용한다. 영어는 잘 통하지 않지만 공항이나 호텔 등지에서 한국어 안내를 종종 찾아볼 수 있다.

★ 전압

일본은 110볼트를 사용하며 콘센트 모양도 납작한 11자 형태로 우리나라와 다르다. 멀티 어댑터를 준비해야 한다. 인천 공항 내 각 통신사 로밍 센터에서 무료로 또는 보증금을 내고 대여가 가능하며 호텔에 따라 220볼트가 있는 경우도 있다.

★ 인터넷

일본은 무료 와이파이 존을 찾기가 힘들다. 와이파이가 된다고 해도 해당 통신사가 아니면 이용이 불가하므로 로밍이나 포켓 와이파이, 와이파이 에그를 준비하는 것이 좋다. 편의점 세븐일레븐은 '7spot'이라는 표지판이 있는 곳에서 무료 와이파이를 이용할 수 있다. 휴대전화 설정에 와이파이를 찾은 후 7spot 접속을 한 후 자동으로 세븐일레븐 홈페이지가 접속되는데 간단하게 회원 가입 후 와이파이를 이용하면 된다. 숙소에서는 무료 인터넷을 제공하는 곳도 많고 후쿠오카 지하철과 지하상가 등에서 무료 와이파이를 이용할 수 있다.

★ 치안&주의 사항

일본은 대체로 치안이 좋고 상당히 안전하지만 그래도 주요 관광지에서는 소지품에 주의하자. 특히 오사카는 일본 국내에서 날치기나 소매치기 범죄가 가장 많이 발생하는 지역으로 소지품을 잘 관리해야 한다. 밤늦은 시간 인적이 드문 골목이나 집창촌, 유흥가 등은 방문을 자제하는 것이 안전하다. 오사카를 포함하여 일본 전역은 자연재해가 빈번하다. 지진이나 화산 폭발, 폭염과 쓰나미 등 다양한 재해와 날씨에 대한 정보를 확인하고 가자. 일본 기상청 사이트(영문 제공)에서 자세히 확인할 수 있다.

★ **일본 기상청** www.jma.go.jp

★ 비상 연락처

❶ 한국 공관 (주오사카 한국 총영사관)
- 📞 +81-6-6213-1401~5 (시간 외 당직 090-3050-0746)
- 🕘 평일(월-금) 09:00~17:00
- 🏢 2-3-4, Nishi-sinsaibashi, Chuo, Osaka
- 🌐 jpn-osaka.mofa.go.kr

❷ 현지 경찰
- 📞 110

★ 여행 팁

오사카는 쇼핑과 미식, 벚꽃의 도시다. 2박 3일의 짧은 일정이라면 오사카를 위주로 도톤보리, 우메다, 덴포잔 지역을 돌아보며 맛있는 먹거리 탐방을 하는 것이 무난하다. 3박 4일 이상의 일정이라면 교토나 고베, 나라 중 한 곳을 더 다녀오는 것이 좋겠다. 시간 여유가 더 있다면 교토나 나라, 오사카, 고베를 모두 돌아보는 간사이 투어도 추천.

 **통화&환전**

★ **통화**

일본의 엔화를 사용하며 JPY, 円(엔), ¥으로 표기한다. ¥100=970원 정도(2015년 12월 기준)다.

★ **환전**

❶ **시중 은행**
주거래 은행에서 원화를 엔화로 환전할 수 있다. 거의 모든 은행이 엔화를 보유하고 있으니 가까운 주거래 은행에서 환율 우대를 받아 환전하는 것이 가장 편리하다.

❷ **서울역 · 사설 환전소**
명동이나 시내의 사설 환전소나 서울역의 환전 센터에서 엔화로 환전할 수 있다. 발품을 팔아야 하지만 대체로 은행보다 환율이 좋다.

❸ **인터넷 환전**
온라인으로 환전을 신청하고 공항 또는 가까운 지점에서 픽업하는 방법으로 편리하게 이용할 수 있다. 시중 은행과 비슷하거나 조금 더 저렴하다.

 교통

★ **대중교통**

오사카에는 일본 전역을 연결하는 기차인 JR 노선, 민간 사철, 지하철, 시내버스가 있다. 오사카 시내에서는 지하철을 주로 이용하게 되는데 노선에 따라 가격과 표가 달라 매번 새로 구입해야 하는 번거로움이 있다. 게다가 간사이 공항에서 오사카 시내까지는 사철을 이용해야 한다. 다양한 패스가 있으니 여행 기간과 일정에 따라 적당한 패스를 선택하는 것이 중요하다.

❶ 간사이 스루 패스

JR 라인을 제외한 대부분의 사철과 지하철, 버스 탑승이 가능한 패스로 오사카, 교토, 나라, 고베, 고야 산, 와카야마 지역에서 사용할 수 있다. 유효 기간 내 비연속 사용이 가능하여 필요한 날짜에만 사용할 수 있어 편리하다. 요금은 어른 2일권 4,000엔, 3일권 5,200엔이며 아동 2일권 2,000엔, 3일권 2,600엔이다. 간사이 공항에서 난카이 선을 탈 때도 이용할 수 있다. 단 난카이 선의 특급 라피도를 이용하려면 추가 요금이 있다. 이 외에 관광지 360곳의 우대 할인도 받을 수 있다.

❷ 오사카 주유 패스

오사카 시내에서 지하철과 사철, 버스를 무제한 탑승할 수 있는 패스로 오사카를 위주로 여행할 때 유용하다. 요금은 1일권 2,400엔, 2일권 3,000엔으로 2일권의 경우 난카이 선(사철)은 이용할 수 없다. 간사이 공항에서 시내로 오는 난카이 선을 이용하려면 난카이 확장판을 2,900엔에 구매해야 한다.

❸ 오사카 비지터스 티켓

700엔이라는 저렴한 가격으로 하루 동안 지하철, 트램, 버스를 무제한으로 이용할 수 있는 오사카 시내 전용 티켓이다. 단, 오사카 비지터스 티켓은 한국에서만 판매하고 있어 국내에서 미리 구입해 가야 이용할 수 있다. 비슷한 종류인 엔조이 에코 카드는 오사카에서 구입할 수 있으며 주말이나 공휴일의 경우 600엔으로 더 저렴하다.

❹ 요코소 패스

난카이 선과 지하철 무제한 탑승이 포함된 심플한 타입의 오사카 전용 패스권이다. 가격은 1,500엔으로 가격적으로 큰 메리트는 없지만 특급 라피도를 타고 빠르게 시내로 이동할 수 있어 편리하다.

❺ 기타

JR 간사이 와이드 패스, JR 간사이 에어리어 패스, 한큐 투어리스트 패스, 한신 투어리스트 원 데이 패스 등 고베나 교토, 나라 등 방문할 여행지에 따라 다양한 패스를 이용할 수 있다.

★ 모두 간사이 국제 공항이나 시내 지하철역의 비지터스 인포메이션 센터에서 구입할 수 있다. 국내 여행사에서 미리 구입노 가능하다.

★ 공항에서 오사카 시내로 이동

❶ 난바 역 가는 법

난카이 선(사철)을 이용하여 급행열차로 공항에서 난바 역까지 35분이면 갈 수 있다. 요금은 편도 920엔이다. 일반 열차로는 45분 정도가 소요된다.

❷ 우메다 · 오사카 역 가는 법

난카이 선을 타고 난바 역에서 지하철로 환승하는 방법과 공항 리무진 버스를 이용하여 오사카 역 앞, 하비스 호텔이나 신한큐 호텔 앞에서 하차하는 방법이 있다. 버스를 이용하면 1시간~1시간 30분 정도 걸리며 편도 요금은 1,550엔이다. 유니버설 스튜디오, 덴포잔 등 오사카 시내나 나라, 교토로 가는 버스도 있다.

★ 자세한 내용은 간사이 국제 공항 홈페이지(www.kansai-airport.or.jp) 참조

★ 오사카에서 교토로 이동

대표적으로 세 가지 방법이 있는데, 오사카 우메다 역에서 한큐 선 열차를 타고 교토 가와라마치 역까지 가는 방법(약 45분 소요)과 오사카 요도야바시 역에서 게이한 선 열차를 이용하여 교토 산조 역까지 가는 방법(약 40분 소요)이 있으며, 이 두 가지의 경우 간사이 스루 패스로 이동이 가능하다. 마지막으로 JR 오사카 역에서 JR 열차로 JR 교토 역까지 약 30분 만에 이동하는 방법이 있는데 이 경우 간사이 에어리어 패스가 필요하다. 편도로 티켓을 구입할 수 있으나 패스가 더 저렴하다.

★ 교토 대중교통

전철과 버스를 이용할 수 있는데 주요 관광지로 가려면 주로 버스를 이용하면 된다. 기본 요금은 220엔부터인데, 1일 무제한 승차권을 500엔에 버스 기사에게 바로 구입할 수도 있다. 간사이 스루 패스가 있다면 이용할 수 있다.

 항공

★ 비행 소요 시간

직항으로 약 1시간 40분~2시간 정도 소요된다.

★ 직항 항공사

아시아나항공, 대한항공, 피치항공, 이스타젯, 티웨이항공, 진에어, 제주에어 등에 직항편이 있다.

★ 추천 항공편

오전에 출발하여 늦은 오후에 돌아오는 스케줄을 선택하자. 피치항공이나 이스타젯의 스케줄이 좋은 편이다.

★ 예상 항공료

10만 원 후반에서 25만 원 선. 저가 항공사 프로모션을 이용할 경우 15만 원대 정도의 저렴한 항공료로 예약이 가능한 때도 있다. 대한항공이나 아시아나항공을 이용해도 대체로 30만 원대 정도면 구매 가능하다.

 여행 예산

★ 오사카 물가 한눈에 보기

항목	엔화	원화	비고
간사이 스루 패스	¥2,600	25,000원	3일권 1명
오사카 비지터스	¥700	6,700원	원데이 패스 1명
톰보리 리버 크루즈	¥900	8,600원	어른 1명
슈크림 빵	¥150	1,400원	홉 슈크림 기본 커스터드 1개
라멘	¥600	5,700원	킨류 라멘 일반 맛 1그릇
오사카 성 입장료	¥600	5,700원	천수각 입장료 어른 1명
도지마 롤	¥780	7,400원	기본 하프 사이즈 1개
기요미즈데라 입장료	¥300	2,800원	어른 1명
킨카쿠지 입장료	¥400	3,800원	어른 1명
긴카쿠지 입장료	¥500	4,700원	어른 1명
빅맥 지수	¥370 (USD 2.99)	3,500원	한국은 USD3.7

★ 물가 변동에 따른 가격 차이가 있을 수 있음 (2015년 8월 환율 기준 대략적인 금액)

★ 총예산

항공료 다음으로 필요한 경비는 호텔과 식비일 것이다. 일본의 물가는 결코 저렴하지 않지만 오사카에는 저렴한 음식도 많이 있다.

★ 기타는 소소한 기념품, 입장료, 호텔 팁 등 잡비를 의미한다. 초콜릿이나 특산 과자 등의 작은 선물 정도는 기타 비용 안에서 살 수 있지만 큰 쇼핑은 여행자에 따라 범위가 상이하므로 예산에 포함하지 않았다.

첫째 날 일정 한눈에 보기

오사카 난바 > 도톤보리

첫날의 일정은 공항에서 난바 – 도톤보리 – 신사이바시로 이어지는 비교적 단순한 코스로 오전에 출발하는 비행기로 오사카에 도착할 때 가능한 일정이다. 오후에 출발한다면 난바와 도톤보리만 둘러보는 것으로 일정을 줄이면 된다. 난바 역 주변에 호텔을 잡으면 공항에서 난카이 선을 타고 난바 역으로 바로 이동할 수 있어 편리하다. 호텔에 짐을 맡기고 먼저 고픈 배를 달래자. 에비스바시스지를 구경하며 요기를 한 후 난바 파크스로

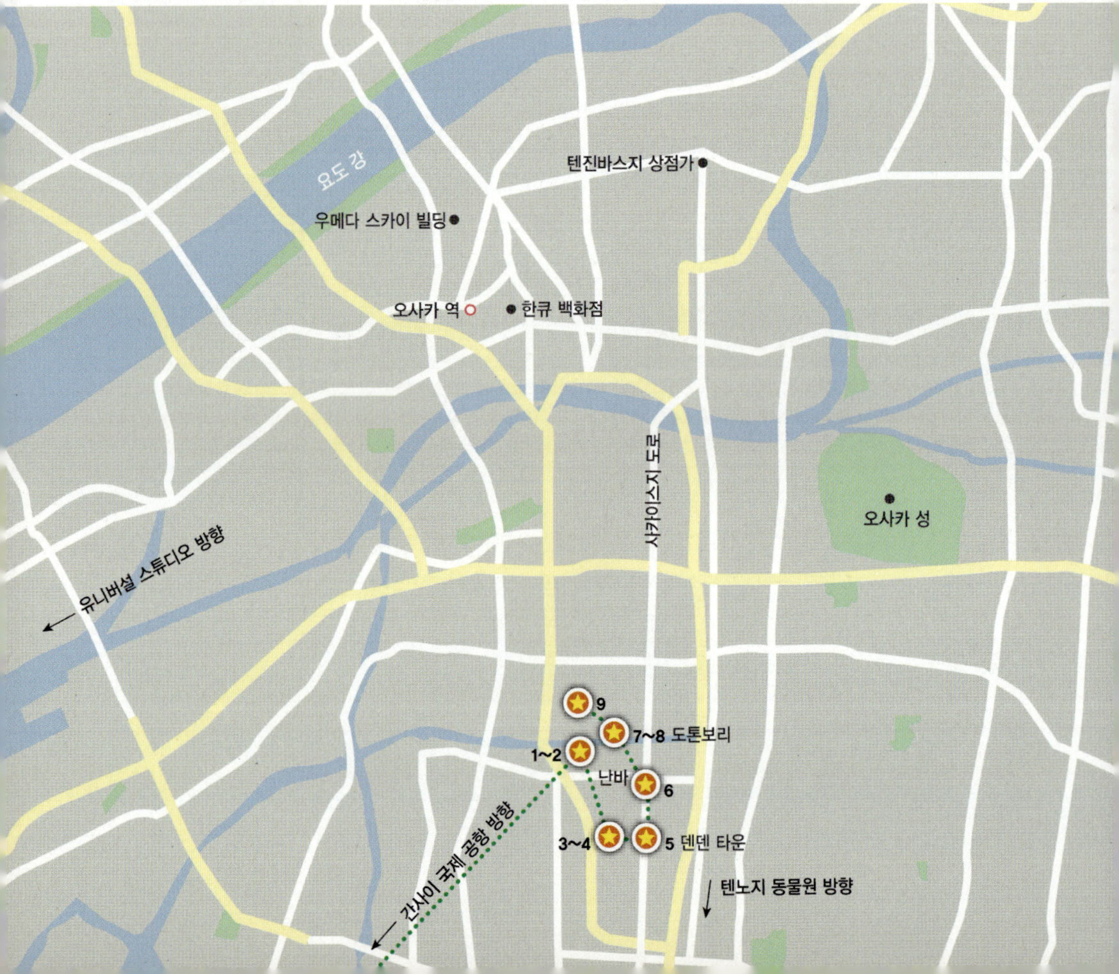

가 파크스가든을 산책하고, 난바 시티 쇼핑몰을 슬쩍 둘러본 후 구로몬 시장으로 간다. 시장을 구경하며 어둠이 내린 도톤보리로 슬슬 걸어가 보자. 밤에 더 활기가 도는 도톤보리는 강가 주변을 따라 걸으며 구경하면 된다. 저녁은 오사카의 명물인 오코노미야키나 라멘, 타코야키 등으로 해결하자. 부른 배를 부여잡고 도톤보리 리버 크루즈를 타며 도톤보리의 야경을 감상하는 것도 좋겠다. 신사이바시스지와 다이마루, 도큐 핸즈 등 신사이바시 주변에서 저녁 쇼핑을 즐기는 것으로 첫날 일정을 마무리한다.

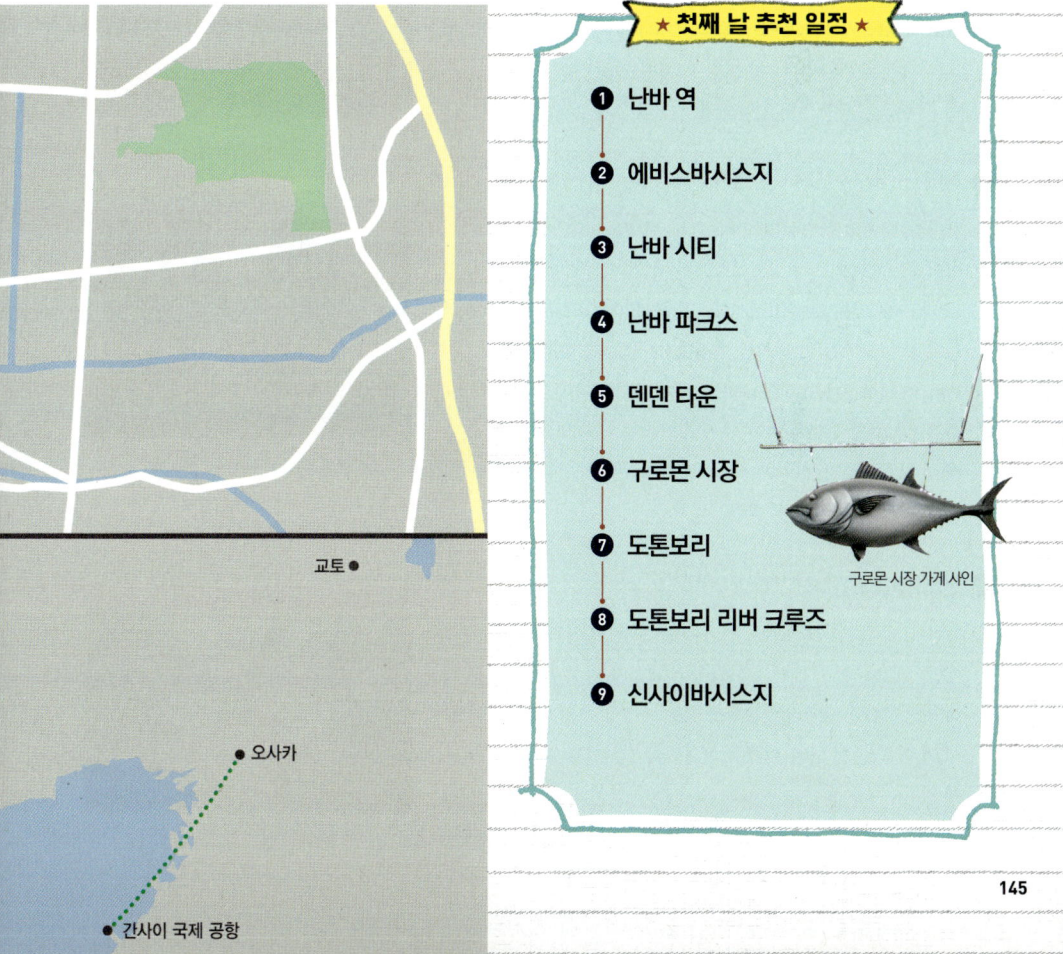

★ 첫째 날 추천 일정 ★

1. 난바 역
2. 에비스바시스지
3. 난바 시티
4. 난바 파크스
5. 덴덴 타운
6. 구로몬 시장
7. 도톤보리
8. 도톤보리 리버 크루즈
9. 신사이바시스지

구로몬 시장 가게 사인

DAY 1 첫째 날

SPOT 👓 추천 명소

오사카 난바 › 도톤보리

① 난바 역 難波駅 / Namba Station

오사카의 번화가인 난바 역은 지하철과 전철 다섯 개 노선이 만나는, 남부 오사카 교통의 중심지이자 간사이 공항으로 가는 난카이 선의 종점이다. 대형 상업 시설, 유흥가, 쇼핑가, 교육 시설이 밀집해 있으며 우메다, 덴노지, 교바시와 함께 오사카 시의 주요 지역 중 하나이다.

🚇 Nanba Station, Chuo, Osaka

② 에비스바시스지 戎橋筋商店街 / Ebisubashi Shopping Street

오사카 남쪽의 현관문인 난바 역에서부터 신사이바시스지까지 이어지는 아케이드형 상점가로 지붕이 있어 날씨에 구애받지 않고 다닐 수 있는 것이 장점이다. 오사카를 대표하는 명물 음식점들이 한데 모여 있어 먹거리 여행을 하기에 제격이다. 난카이 선 난바 역 북쪽 1번 출구로 나와 뒤돌아 길 건너편, 12번이나 13번 출구 1분 거리에 위치한다.

🚇 3 Chome-5-17 Nanba, Chuo, Osaka
⏰ 11:00~21:00 (상점마다 다름) | 🌐 www.ebisubashi.or.jp

③ 난바 시티 なんばCITY / Namba City

난바 역에 위치한 쇼핑몰로 카페, 레스토랑, 중저가 패션 브랜드 매장이 많다. 본관 지하 1층에 있는 내추럴 키친과 애프터눈 티 리빙은 저렴한 인테리어 잡화를 파는 곳으로 우리나라 여행객들이 자주 찾는다. 난바 역에서 연결되며 1층 인포메이션 센터 뒤에 있다.

🏠 5 Chome-1-60 Nanba, Chuo, Osaka
⏰ 10:00~21:00 (음식점은 22:00까지) | 🛜 www.nambacity.com

❹ 난바 파크스 なんばパークス / Namba Parks

사람, 도시, 자연을 테마로 한 세련된 외관의 초대형 복합 쇼핑몰로 내부에는 약 200여 개의 의류, 레스토랑, 카페, 영화관 등이 입점해 있다. 고급 브랜드보다는 세련되고 감각적인 캐주얼 브랜드들이 중심이다. 난바에서 쇼핑을 하고 싶은데 시간이 별로 없다면, 난바 파크스만 둘러봐도 충분하다. 난바 시티 남관이 난카이 선 난바 역 중앙 출구에서 바로 연결된다.

🏠 2 Chome-10-70 Nanbanaka, Naniwa, Osaka
⏰ 쇼핑센터 11:00~21:00, 식당가 11:00~23:00 | 🛜 www.nambaparks.com

❺ 덴덴 타운 でんでんタウン / Nipponbashi Denden Town

도쿄에 아키하바라가 있다면 오사카에는 덴덴 타운이 있다. 예전에는 중고 서적과 보세 옷을 팔던 거리였지만 전자제품 상점이 들어서기 시작하면서 컴퓨터, 카메라, 가전제품, 만화, 비디오게임, 장난감 등을 구경하기 좋은 곳이 되었다. 난바에서 닛폰바시로 가는 대로변을 따라 형성되어 있다.

🏠 Sakai-suji, 2 Chome Nipponbashi, Chuo, Osaka

❻ 구로몬 시장 黒門市場 / Kuromon Market

닛폰바시 역에서 시작하는 아케이드로 연결된 재래시장이다. 생선, 육류, 과일, 야채, 꽃 등 약 180여 개 점포에서 질 좋은 고급 먹거리와 생활용품을 판매하는데 소량 구입도 가능하다. 저렴한 가격으로 스시를 즐기기에도 좋은 곳이다. 닛폰바시 역에서 하차한 뒤 10번 출구로 나가면 바로 찾을 수 있다.

🏠 Kuromon Market, Nanba, Chuo, Osaka
⏰ 09:00~18:00 (상점마다 다름), 일요일 휴무 | 🛜 www.kuromon.com

❼ 도톤보리 道頓堀 / Dotonbori

오사카 남쪽에 흐르는 도톤보리 강 주변에 형성된 유흥가로 오사카를 상징하는 장소이다. 맛집들이 즐비한 먹자 골목이자, 오락실과 극장이 밀집되어 있는 유흥가이다. 볼거리, 먹을거리, 즐길거리를 모두 아우르는 오사카의 대표적인 랜드마크. 난바 역이나 닛폰바시 역에서 가깝다.

🏠 Dotonbori, Chuo, Osaka

❽ 도톤보리 리버 크루즈 とんぼりリバークルーズ / Tombori River Cruise

도톤보리 강을 따라 강변을 관람할 수 있는 유람선 투어로 도톤보리의 야경을 감상하기에 좋다. 매시 정각과 30분마다 운행하며 소요 시간은 약 20분 정도로 가볍게 즐길 수 있다. 잡화점 돈키호테 1층의 커다란 타원형 관람차 앞에 승선장이 있어 찾기 쉽다.

🏠 7-13 Souemoncho, Chuo, Osaka
🕐 월-금 13:00~21:00, 토 · 일 · 공휴일 11:00~21:00
💰 어른 ￥900, 어린이 ￥400

❾ 신사이바시스지 心斎橋筋商店街 / Shinsaibashi-suji Shopping Arcade

지하철 신사이바시 역에서 난바 역 방향으로 약 600m 정도 이어져 있는 아케이드 상점가로 젊은이들이 많이 찾는 곳이다. 최근에는 현대적인 쇼핑몰이 주변에 들어서며 기세가 약해지긴 했지만, 상점가를 따라서 걷다 보면 도톤보리와 난바 지역으로 자연스럽게 연결되는 곳으로 여행 중에 꼭 들르게 되는 코스다. 상점가는 대부분 밤 10시 전후로 문을 닫는다. 신사이바시 역 6번 출구로 나오면 바로 연결된다.

🏠 2-2-22 Shinsaibashi, Chuo, Osaka
🌐 www.shinsaibashi.or.jp

TASTE 🍦 주변 추천 맛집

오사카 난바 > 도톤보리

홉 슈크림 ほっぷしゅーくりーむ / Hop Chou a la Cream

에비스바시스지 입구에서 도보 3분 거리에 위치한 유명 슈크림 전문점이다. 독특한 질감의 슈는 독자적으로 개발한 기법으로 모두 수작업으로 생산하고 있으며, 주문을 하면 그 자리에서 바로 필링을 넣어주어 더욱 맛이 좋다. 커스터드, 쇼콜라, 스위트 포테이토의 세 가지 크림이 기본 메뉴이며 모든 제품에는 화학 첨가물을 일절 사용하지 않는다고 한다.

- 3 Chome-2-4 Nanba, Chuo, Osaka
- 11:00~22:00, 토·일·공휴일 11:00~21:30까지
- www.hop-shu-kuri-mu.com

겐로쿠 스시 げんろくずし / Genroku Sushi

일본 최초로 회전 스시를 만든 원조 회전 스시 가게로 1958년 맥주 공장에서 사용되던 컨베이어 벨트에서 힌트를 얻어 기획한 최초의 회전 스시 집이다. 고급 음식의 대명사였던 스시를 대중화시키는 데 한몫했다. 한 접시당 130엔이라는 저렴한 가격으로 더욱 유명하다. 난바 역 2번 출구에서 도보로 3분 거리에 위치한다.

- 2 Chome-11-4 Sennichimae, Chuo, Osaka | 11:00~22:30

리쿠로 오지상 치즈 케이크 りくろーおじさんの店 / Rikuro Ojisan no Mise

1960년대부터 오사카 일대에서 인기를 끌기 시작한 유명 제과점으로 지금은 오사카에서 반드시 들러야 할 맛집 중 하나가 되었다. 뛰어난 품질의 덴마크산 치즈, 신선한 우유와 달걀로 만드는 부드러운 치즈 케이크는 당일에 구워 바로 판매한다. 에비스바시스지 내 홉 슈크림 옆에 나란히 매장이 있다.

- 3 Chome-2-15 Nanba, Chuo, Osaka | 09:30~21:00

킨류 라멘 金龍ラーメン / Kinryu Ramen

도톤보리의 명물 라멘집으로 커다란 용 간판으로 유명하며 우리나라 관광객에게는 '금룡 라면'이라는 이름으로 친숙한 곳이다. 무료 반찬 서비스의 개념이 없는 일본에서 김치, 부추김치, 밥을 무제한으로 제공한다는 점이 매력적이다. 일본 라멘과 차슈라멘 단 두 가지의 메뉴만 선보이고 있으며 자동판매기에서 식권을 구입한 후 카운터에 제시하면 음식이 나온다. 도톤보리 메인 거리 중간 지점 오른편에 자리잡고 있다.

- 1 Chome-7-26 Dotonbori, Chuo, Osaka
- 24시간, 연중무휴

치보 千房 / Chibo

오사카에서 오코노미야키로 가장 유명한 곳 중 하나로 철판에서 바로 구워주는 오코노미야키와 야키소바 등이 인기 있다. 건물 하나를 통째로 사용하고 있으며 1층부터 줄을 서서 입장한다. 오사카와 일본 전역에 여러 지점이 있다. 가격은 오코노미야키 하나에 1,400엔 정도이다. 도톤보리 중심가, 킨류 라멘에서 직진 2분 거리에 위치해 있다.

- 1 Chome-5-5 Dotonbori, Chuo, Osaka (도톤보리점)
- 월-토 11:00~01:00, 일 11:00~24:00 | www.chibo.com

가니도라쿠 かに道 / Kanidoraku Honten

1962년 창업한 후 도톤보리에서 가장 좋은 자리를 차지하고 있는 인기 맛집이다. 지금은 주변에 독특한 간판들이 많이 생겨 튀지는 않지만 예전에는 가니도라쿠의 '게 간판'이 오사카의 상징적인 의미였다. 추천 메뉴는 전골 요리인 가니스키와 일본식 코스 요리. 점심 특선은 저녁 메뉴의 절반 정도 가격으로 맛볼 수 있다.

- 1 Chome-6-18 Dotonbori, Chuo, Osaka
- 11:00~23:00 (주문 마감 22:00), 연중무휴
- 게 숯불구이 ¥500, 점심 코스 ¥2,000~, 정식 ¥4,800~

혼케오타코 本家大たこ / Honkeohtako

도톤보리의 명물 다코야키 전문점인 혼케오타코는 큼직한 문어가 통으로 들어가 있어 쫄깃한 맛이 일품이다. 직원들의 유쾌한 한국어 호객 행위도 이 가게를 찾는 또 하나의 재미다.

- 1 Chome-5-10 Dotonbori, Chuo, Osaka
- 09:00~23:00 | ￥360~

551 호라이 551 蓬莱 / 551 Horai

간사이 지역의 대표적인 고기 만두 전문점으로 1945년 시작되어 오랜 역사를 갖고 있으며, 하루 15만 개 이상 팔릴 정도로 엄청난 인기를 끌고 있다. 숫자 5는 일본어로 '고'라 발음하고, '여기'는 일본어로 '고코'라 발음해서, 551은 일본어로 '여기가 최고'라는 의미를 담고 있다. 주로 열차역을 중심으로 테이크아웃 매장을 운영하고 있으며 난카이 난바 역, 간사이 공항에도 매장이 있다.

- 3 Chome-6-3 Nanba, Chuo, Osaka
- 11:00~22:00, 셋째 주 화요일 휴무 | www.551horai.co.jp

구시카쓰지로 串かつじろ / Yakitorijiroh

구시카쓰는 돼지고기와 채소 등을 꼬치에 꽂아 튀긴 음식으로 겉은 바삭하고 속은 부드럽다. 오사카에서 처음 개발되었는데, 일본 전역에서 먹을 수 있긴 해도 원조인 오사카에서 꼭 먹어봐야 할 음식이다.

- 12-33 Nanbasennichimae, Chuo, Osaka
- 16:00~01:00

둘째 날 일정 한눈에 보기
오사카 오사카 성 › 우메다 쇼핑

오사카 성과 성 공원 관광, 오사카 역과 우메다 역 주변 쇼핑이 오늘의 핵심 일정이다. 우선 오사카 성 공원을 산책하는 것으로 하루를 시작하자. 벚꽃 필 때라면 더욱 좋다. 오사카 성도 찬찬히 둘러보면서 오붓한 오전 시간을 보낸 뒤 점심때쯤엔 오사카 역 주변으로 가자. 쇼핑센터와 백화점, 맛집이 몰려 있으므로 거기서 쇼핑을 즐기고 점심 식사도 해결

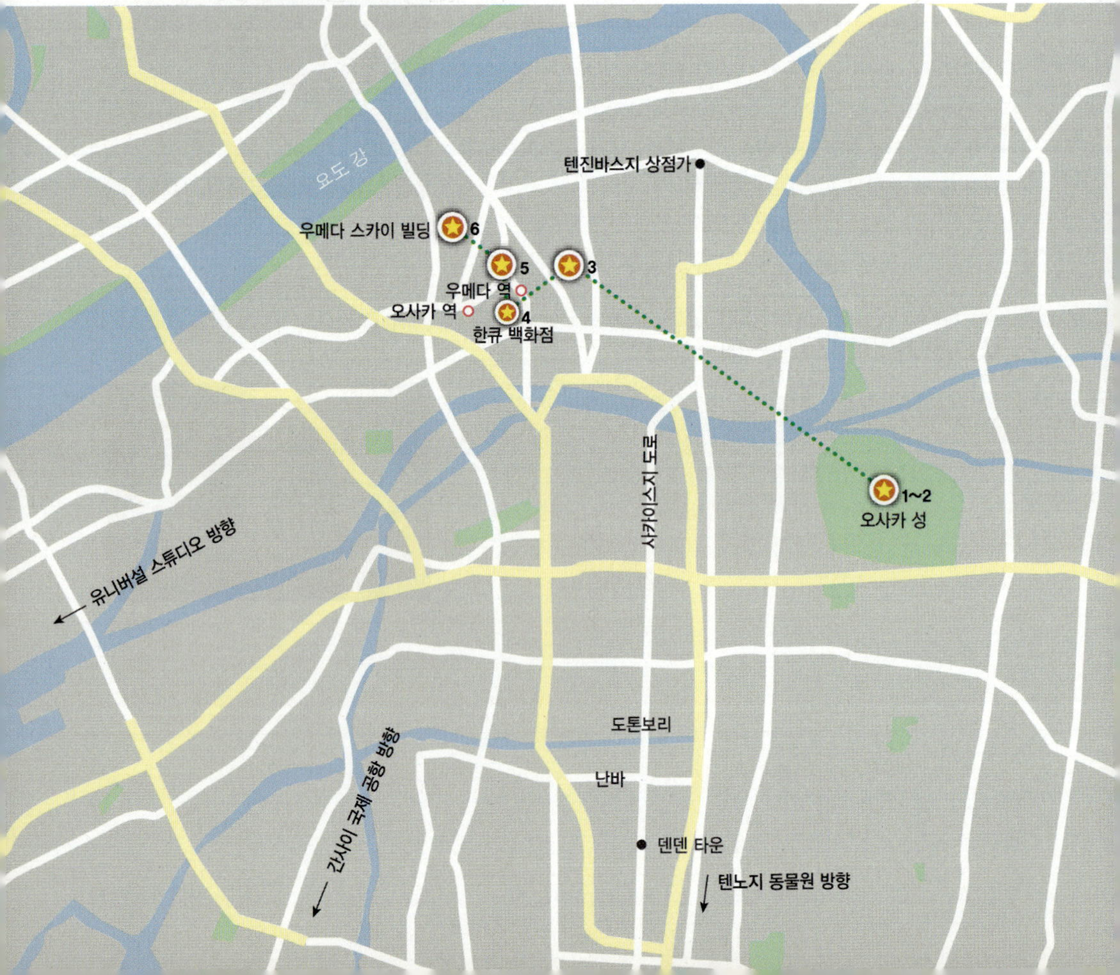

하면 된다. 헵 파이브와 한큐 백화점에서 쇼핑을 하다 출출해지면 한큐 백화점 1층에서 오사카의 대표적 디저트인 도지마 몽슈슈도 맛보자. 달달하고 부드러운 생크림 롤 케이크의 유명세를 확인하고 한큐 백화점에서의 쇼핑을 마쳤으면 한큐 3번가를 둘러보고 중간에 파블로 치즈 케이크도 하나 산다. 배가 부르다면 가져가서 야식이나 다음날 아침으로 먹어도 좋다. 요도바시 우메다 백화점을 들러 오늘의 하이라이트인 우메다 스카이 빌딩의 공중 정원을 찾아가자. 스카이 빌딩의 꼭대기에 위치한 정원 같은 전망대에서 오사카의 전경을 내려다볼 수 있다. 멋진 오사카의 야경을 바라보며 하루를 정리한다. 내일은 교토로 가야 하니 일찍 잠자리에 들자.

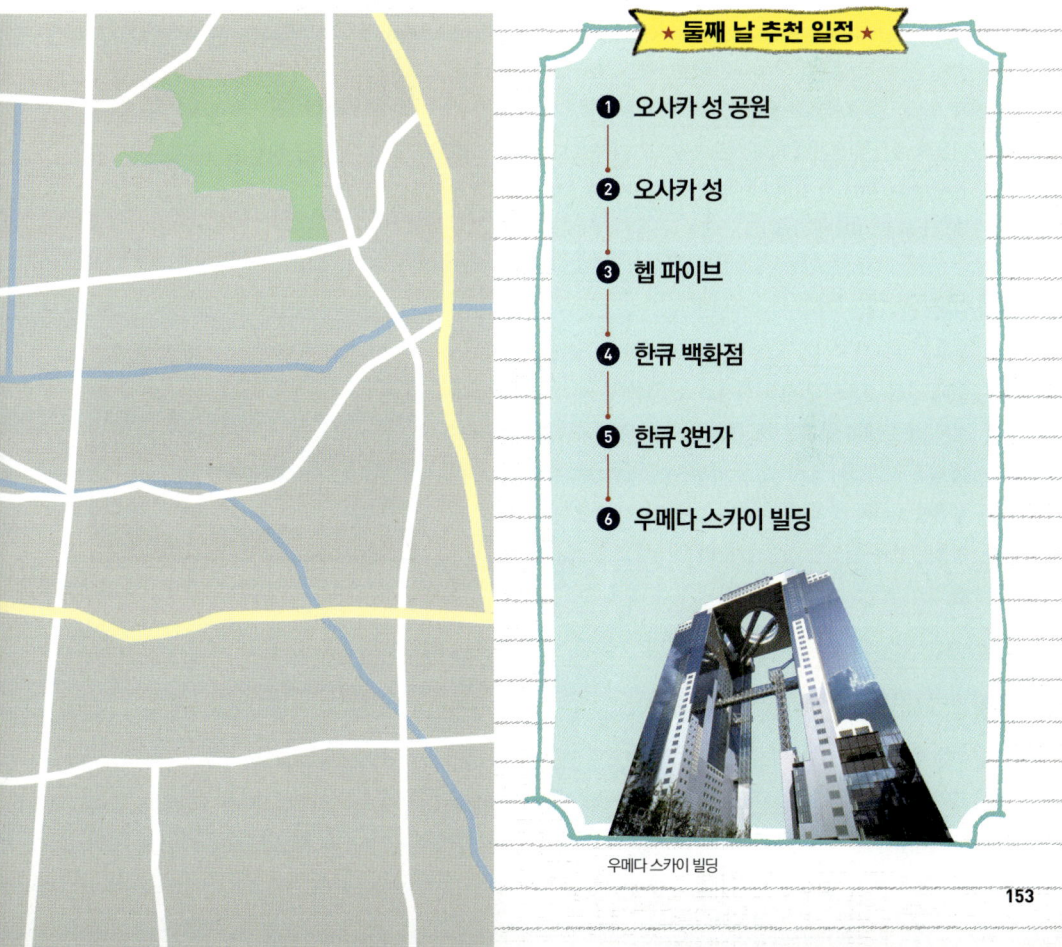

★ 둘째 날 추천 일정 ★

1. 오사카 성 공원
2. 오사카 성
3. 헵 파이브
4. 한큐 백화점
5. 한큐 3번가
6. 우메다 스카이 빌딩

우메다 스카이 빌딩

DAY 2 둘째 날

SPOT 추천 명소

오사카 오사카 성 > 우메다 쇼핑

① 오사카 성 공원 大阪城公園 / Osaka Castle Park

오사카 중심부에 위치한 공원으로 오사카 성, 덴슈카쿠를 비롯한 역사적 건축물이 자리 잡고 있다. 600여 그루의 벚나무가 아름다운 니시노마루 정원과 100종, 1270그루의 매화나무가 장관을 이루는 매화나무 숲 등 사시사철 꽃을 즐길 수 있는 관광 명소다. 특히 봄 벚꽃을 감상하기에 좋으며 오사카 성 야외 음악당과 오사카 성 홀에서는 음악 콘서트도 자주 개최된다. 오사카 시민들의 좋은 휴식처가 되어주는 공원으로 지하철 다니마치 선 텐마바시 역 3번 출구 또는 다니마치욘초메 역 1-B 출구, 주오 선 모리노미야 역 1번 출구, JR 오사카조코엔 역에서 갈 수 있다.

Osakajo, Chuo, Osaka

② 오사카 성 大阪城 / Osaka Castle

도요토미 히데요시가 일본 통일을 달성한 후 권력을 과시하기 위해 지은 성으로 지진과 화재로 소실되었던 것을 재건하였다. 성과 성 주변의 공원은 계절별로 아름다운 꽃과 나무로 둘러싸여 많은 사람들이 찾고 있다. 외부 5층, 내부 9층 천수각으로 이루어진 오사카 성의 최상층인 8층에는 오사카 공원과 주변의 경치를 감상할 수 있는 전망대가 있다.

1-1 Osakajo, Chuo, Osaka

천수각 09:00~17:00　www.osakacastle.net　천수각 입장 어른 ￥600, 중학생 이하 무료

③ 헵 파이브 HEP FIVE 観覧車 / Hep Five

건물 옥상에 빨간색 관람차가 있어 우메다 지역 어디에서나 쉽게 찾을 수 있는 쇼핑몰이다. 엔터테인먼트 성격의 쇼핑몰로 연간 1,000만 명의 방문객이 찾는다. 대부분이 20~30대 초반의 젊은 층이며 상점들도 이들

의 취향을 반영하고 있다. 지하철 우메다 역 1번 출구, 나카쓰 역 4번 출구에서 도보로 약 5분 거리에 있다.

- 5-15 Kakudacho, Kita, Osaka
- 쇼핑 11:00~21:00, 레스토랑 11:00 ~ 22:30
- www.hepfive.jp

❹ 한큐 백화점 阪急うめだ本店 / Hankyu Department Store

1929년부터 운영되어 온 전통 있는 오사카의 대표 백화점으로 최고급 브랜드가 많이 입점해 있다. 명품 손수건을 싸게 파는 것으로 유명해서 많은 여행자들이 한큐 백화점에 들러 손수건을 기념품으로 사 오기도 한다. JR 오사카 역에서 도보 1분 소요. 미도스지 선 우메다 역 6번 출구 앞에 위치한다.

- Hankyu Department Store 8-7 Kakuda, Kita, Osaka
- 일-목 10:00~20:00, 금·토 10:00~21:00 | www.hankyu-dept.co.jp/fl/english/honten

❺ 한큐 3번가 阪急三番街 / Hankyu Sanbangai

이름처럼 한큐 우메다 역에 위치한 쇼핑센터로 지하 2층~지상 2층으로 구성되어 있다. 한큐 전철과 고속버스 터미널 등과 연결되며 프랑프랑, 리락쿠마 스토어 등 다양한 종류의 상점들이 들어서 있다. 여러 식당과 카페 등 맛집도 많아 시간을 보내기에 좋다.

- 1 Chome-1-3 Shibata, Kita, Osaka
- 10:00~21:00 (레스토랑은 23:00까지) | www.h-sanbangai.com

❻ 우메다 스카이 빌딩 空中庭園展望台 / Umeda Sky Building

우메다 스카이 빌딩은 일본 오사카 시에서 일곱 번째로 높은 건물이자 가장 현대적인 건축물로 오사카의 랜드마크이다. 40층짜리 건물 두 동으로 이루어져 있으며 꼭대기는 서로 연결되어 있다. 꼭대기에 위치한 야외 전망대인 공중 정원 전망대에서 감상하는 오사카의 스카이라인이 인상적이다. 한 번쯤은 지상 170미터 높이에 위치한 공중 정원에서 오사카의 야경을 감상해보자. 한큐 선 우메다 역 자야마치 출구에서 신한큐 호텔을 지나 직진 후 지하보도를 지나면 바로 찾을 수 있다.
- 1 Chome-1-88 Oyodonaka, Kita, Osaka
- 10:00~22:30, 연중무휴
- www.kuchu-teien.com
- 공중 정원 전망대 어른 ¥800, 청소년 ¥500, 초등학생 ¥300

TASTE 주변 추천 맛집

오사카 오사카 성 > 우메다 쇼핑

스위트 파라다이스 スイーツパラダイス / Sweets Paradise

일본 전역에 지점을 가진 체인형 디저트 뷔페다. 다양한 케이크를 위주로 아이스크림과 여러 디저트를 맛볼 수 있으며 간단한 식사 메뉴도 있다. 일본의 달콤하고 부드러운 케이크를 마음껏 맛보고 싶을 때 들러보자. 헵 파이브에 우메다 지점이 있다.

- Kakuda-cho 5-1 Umeda Rakuten Land Building 2F, Kita, Osaka
- 월-금 10:30~21:30, 토 · 일 · 공휴일 10:00~21:30
- 어른 ¥2,100, 어린이 ¥1,430

우메다 하가쿠레 梅田はがくれ 本店 / Umeda Hagakure

오사카 역 제3 빌딩 지하 2층에 위치한 우동 전문점으로 쫄깃한 수타면을 간장에 찍어 먹는 사누키 우동으로 유명하다. 국내 언론에도 소개된 적이 있어 한국인 여행객들도 많이 찾는다. 대기 시간이 길어질 수 있으니 타이밍을 잘 잡을 것.

- 1 Chome-1-3 Umeda, Kita, Osaka
- 월-금 11:00~14:45 17:00~19:45, 토 · 일 · 공휴일 11:00~14:30 | www.hagakure.cc

오사카 도지마 몽 슈슈 パティスリー モンシェール / Patisserie Mon Cher

최근 우리나라 백화점에도 입점한 도지마 롤은 일본 오사카의 도지마라는 곳에 첫 매장을 연 이후 '도지마 롤'이라고 불리고 있다. 본래의 이름은 '파티스리 몽 셰르'다. 기존의 롤 케이크와 달리 생크림을 풍성하게 넣고 시트로 한 번만 감싼 것이 특징이다. 달콤하고 부드러운 맛으로 오사카에 오면 한 번은 꼭 먹는다는 오사카의 명물 디저트. 지하철 요쓰바시 선 히고바시 역이나 게이한 선 와타나베바시 역 5번 출구에서 우메다 방향으로 다리 건너 바로 왼편에 위치한다.

- 2 Chome-1-2 Dojimahama, Kita, Osaka
- 월-금 09:00~21:00, 토 · 일 · 공휴일 09:00~20:00, 연중무휴
- www.mon-cher.com

파블로 Pablo

오사카에서 꼭 먹어봐야 하는 디저트 중 하나로 파블로 치즈 케이크를 꼽을 수 있는데, 겉은 바삭하고 속은 부드럽다. 레어와 미디엄 중에 선택할 수 있으며, 미디엄은 일반적으로 많이 먹어본 치즈 케이크이고, 부드럽게 녹아내리는 진한 치즈 케이크를 먹고 싶다면 레어를 선택하면 된다. 도톤보리, 난바시티, JR 오사카 역, 우메다, 신사이바시 등 여러 곳에 지점이 있다. 우메다점은 화이티 우메다 내부에 있어 지하철 다니마치 선 히가시우메다 역 북동 · 북서 개찰구 51번 출구에서 바로 연결된다.

- North Mall 1, 2-7, Whity Umeda, Kakudacho, Kita, Osaka
- 10:00~21:00, 홀수 달 세 번째 목요일 휴무 | www.pablo3.com

키지 お好み焼きじ / Okonomiyaki Kiji

스카이 빌딩 지하 식당가에 위치한 오코노미야키 전문점으로 한국 여행자들 사이에도 잘 알려진 맛집이다. 유명세만큼 어느 정도의 기다림은 예상해야 하는 곳이다. 차라리 늦은 시간에 간다면 줄이 짧을 수 있다. JR 오사카 역에서 도보로 약 10분 거리 우메다 스카이 빌딩 식당가에 있다.

- 1 Chome-1-88 Oyodonaka, Kita, Osaka
- 11:30~21:30

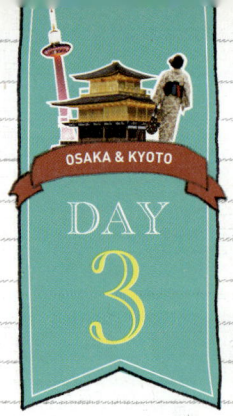

DAY 3

셋째 날 일정 한눈에 보기

교토 후시미 이나리 신사 〉 기요미즈데라 〉 기온 〉 폰토초

셋째 날은 드디어 교토로 간다. 여기서는 교토로 갈 때는 JR을 타고 교토 역으로 가고 오사카로 돌아올 때는 한큐 선 열차를 타고 가와라마치 역에서 우메다 역으로 돌아오는 일정을 소개한다. JR이나 한큐 선을 이용하는 두 가지 방법을 모두 소개하기 위함이며 실제로는 왕복으로 하나의 노선을 이용하는 것이 저렴하다. 간사이 스루 패스를 이용한다면 한큐 선으로 가와라마치 역으로 가야 한다. 한큐 선을 이용할 경우 교토 가와라마치 역에서 가까

운 곳에 숙소를 잡는 것이 편리하다. 교토의 첫 일정은 강렬한 붉은 색감의 도리이 터널로 유명한 후시미이나리 신사다. 1,000개나 되는 도리이를 지나며 교토 분위기 물씬한 사진도 남기고 교토에 왔음을 온몸으로 느껴보자. 후시미이나리 신사까지는 교토 시내 전철로 기요미즈고조 역으로 이동 후 걸어가면 된다. 신사에서 나와 '청수사'로 알려진 기요미즈데라로 간다. 교토의 랜드마크이자 대표적인 신사로 교토 여행에서 빼 놓을 수 없는 곳이다. 청수사를 둘러본 후에는 교토의 옛 정취를 물씬 느낄 수 있는 니넨자카와 네네노미치라는 작은 골목길로 가보자. 조용하고 고즈넉한 언덕진 골목이 교토의 정취를 뿜어내는 곳으로 천천히 산책하며 사진 찍고 놀기 좋다. 그 다음엔 교토의 하이라이트인 기온으로 간다. 역사적 보존 지구로 교토에서 가장 많은 관광객이 찾는 명소 중의 명소이다. 기온을 둘러보며 슬슬 다시 가와라마치 방면으로 걸어가다 저녁을 먹고 가모가와 강변의 폰토초로 간다. 밤에 활기를 띠는 거리로 게이샤가 있는 가게가 많다. 폰토초의 이자카야에서 사케 한잔으로 오늘의 일정을 마친다.

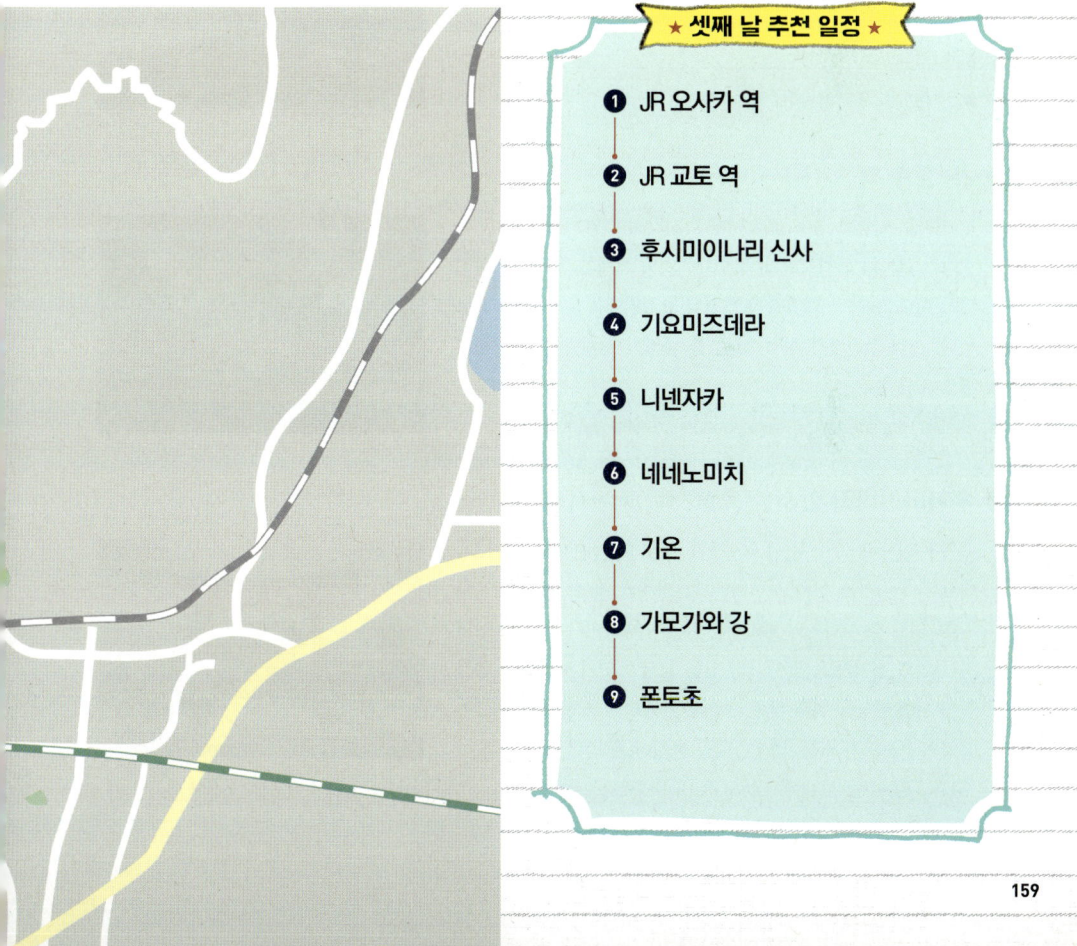

★ 셋째 날 추천 일정 ★

① JR 오사카 역
② JR 교토 역
③ 후시미이나리 신사
④ 기요미즈데라
⑤ 니넨자카
⑥ 네네노미치
⑦ 기온
⑧ 가모가와 강
⑨ 폰토초

DAY 3 셋째 날

SPOT 👓 추천 명소

교토 후시미 이나리 신사 > 기요미즈데라 > 기온 > 폰토초

① JR 오사카 역 大阪ステーション / Osaka Station

교토나 고베 등을 잇는 JR 노선의 열차와 오사카 시영 지하철, 한큐 전철 등 여러 노선이 만나는 오사카 교통의 요충지로 간사이의 다른 지방으로 이동할 때 반드시 지나게 되는 곳이다. 주변에 쇼핑센터와 상가, 백화점, 식당들이 즐비한 쇼핑의 메카이기도 하다.

📍 3 Chome-1-1 Umeda, Kita, Osaka

② JR 교토 역 JR京都駅 / JR Kyoto Station

JR 열차로 이동할 경우 교토 여행의 시작점이 되는 교토 역은 고전적인 교토의 분위기와 달리 현대적이며 거대한 규모가 인상적인 곳이다. 이세탄 백화점과 연결되며 정면에는 교토 타워가 보인다. 여러 상점가와 식당, 호텔 등 다양한 편의 시설이 주변에 밀집해 있다.

📍 901 Higashishiokoji Kamadonocho, Shimogyo, Kyoto

③ 후시미이나리 신사 伏見稲荷大社 / Fushimi Inari Shrine

후시미 이나리 신사에는 1,000개의 도리이 터널이 이어져 있다. 빨간색 도리이는 신의 세계와 인간 세계를 이어주는 매개체를 '새'로 여긴 옛 사람들이 만들어둔 새들의 쉼터이다. 농업의 신이자 상업의 신이기도 한 이나리 신을 모시고 있기 때문에 기업가들이 사업 번창을 위해 많은 후원금을 내고 있다고 한다. 과거에는 농업의 신으로의 역할이 커서 벼를 몰래 훔쳐 먹던 쥐를 쫓는 여우를 수호신으로 모셨기에 여우 석상이 세워져 있다. 게이한 선 후시미이나리 역 도보 7분 거리에 위치한다.

🏠 57 Fukakusa Yabunouchicho, Fushimi, Kyoto
⏰ 08:30~16:00, 연중무휴 | 📶 inari.jp

④ 기요미즈데라 清水寺 / Kiyomizu Temple

'순수하고 깨끗한 물'이라는 뜻의 '청수사'라는 이름으로 알려진 정갈한 사원으로 교토 여행객에게 가장 인기 있는 방문지다. 사찰 안에는 사랑을 이루어준다는 지슈 신사와 건강, 학업, 연애에 효험이 있다는 오토와 폭포가 있다. 벚꽃 시즌에 방문하면 흐드러진 벚꽃과 함께 더 아름다운 풍경을 만날 수 있다. 입구에서 신사까지 도보로 15분 정도 걸어 올라가야 한다. JR 교토 역에서 100·206번 버스를 이용, 고조자카 정류장 하차 또는 게이한 선 기온시조 역에서 83·85·87·88·207번 버스를 탄 뒤 기요미즈미치에서 하차하면 된다.

🏠 294 Kiyomizu 1-chome, Higashiyama, Kyoto
⏰ 06:00~17:30 (봄이나 여름에 특별 야간 개장을 하는 경우도 있음)
📶 www.kiyomizudera.or.jp | 💲 일반 ￥300, 중학생 이하 ￥200

⑤ 니넨자카 二年坂 / Ninenzaka

교토의 분위기가 물씬 풍기는 언덕길로 고풍스럽고 걷기 좋아 철학의 길과 함께 교토의 유명한 포토 존 중 하나이다. 기온시조 역 네네노미치 길을 따라 내려와 좌회전하여 오르막길을 조금 오르면 바로 오른편에 나오는 골목이 니넨자카다. 야사카 신사 남쪽 출구에서 도보 5분 거리에 있다.

🏠 363-10 Masuyacho, Higashiyama, Kyoto

⑥ 네네노미치 ねねの道 / Nene no Michi

네네노미치는 야시카진자에서 기요미즈데라까지 이어진 길로서 산넨자카, 니넨자카와 더불어 옛 교토의 고즈넉한 모습을 잘 보여주는 길이다. 도요토미 히데요시의 정실부인인 '네네'의 이름을 가져와 네네노미치라는 이름이 붙었으며 길가로 수십 년 된

가게들이 즐비하다. 야사카 신사의 남쪽 출입구로 나와 직진하다 첫 왼쪽 골목으로 들어간 후 오른쪽 골목이 이어지는 삼거리에서 우회전하면 네네노미치 거리를 만날 수 있다.

463-5 Shimokawaracho, Higashiyama, Kyoto

❼ 기온 祇園 / Gion

에도 시대에서 시간이 멈춘 듯 교토의 옛 모습을 간직한 기온 거리는 역사적 보존 지구로 관리되고 있어 일본 내에서도 가장 관광객이 많이 찾는 명소 중 하나이다. 교토를 배경으로 하는 일본 드라마에 항상 등장하며, 교토의 전통 가옥을 개조해 만든 과자 전문점이나 찻집이 많아 오붓한 시간을 보내기에 좋다. 일본의 3대 축제 중 하나인 기온 마쓰리가 열리는 장소이기도 하며, 곳곳에서 일본의 전통적인 모습을 만날 수 있다. 게이한 선 기온시조 역 6번이나 7번 출구로 나와 야사카 신사 방면으로 가면 기온이다.

Shijo Dori, Gionmachi Kitagawa, Higashiyama, Kyoto

❽ 가모가와 강 鴨川 / Kamo River

교토 시내를 남북으로 흐르고 있는 가모가와 강은 교토 시민들에게 휴식처가 되어주는 곳이다. 한큐 선 가와라마치 역에서 기온, 야사카 신사 방향으로 가는 시오오하시는 여행객들이 가장 많이 건너는 다리로 제방을 겸하고 있다. 산책로를 따라 걷거나 잠시 앉아 시원한 강바람을 맞는 시민들도 많다.

❾ 폰토초 先斗町 / Pontocho

한큐 선 가와라마치 역 1번 출구 왼쪽 방향으로 가모가와 강변을 따라 난 작은 골목길이다. 낮에는 별로 볼거리가 없지만 밤이 되면 달라진다. 게이샤를 만날 수 있는 고급 클럽들과 작고 아담한 사케 바, 이자카야 등 많은 술집과 식당들이 자리 잡고 있다. 교토에서 특별한 밤을 보내고 싶다면 폰토초로 사케 한잔하러 가보자. 주말 해 질 녘 이후 찾아가야 활기찬 모습을 확인할 수 있다.

- Pontocho dori, Nakagyo, Kyoto
- www.ponto-chou.com

TASTE 주변 추천 맛집

교토 후시미이나리 신사 > 기요미즈데라 > 기온 > 폰토초

잇센 요쇼쿠 壹錢洋食 / Issen Yosyoku

1910년대 초반 간사이 지역에서 유행했던 길거리 음식으로 오코노미야키의 원조로 알려져 있다. 몇 개의 테이블에는 기모노를 입은 마네킹이 앉아 있는데, 이는 혼자 식사하러 온 사람들이 허전하지 않게 하려는 배려라고 한다. 교토식 오코노미야키를 맛보고 싶다면 들러보자. 기온시조 역 7번 출구에서 도보 1분 거리에 위치한다.

- 238 Gionmachi Kitagawa, Higashiyama, Kyoto
- 월-토 11:00~03:00, 일·공휴일 10:30~22:00
- www.issen-yosyoku.co.jp

사료 쓰지리 茶寮都路里 / Saryo Tsujiri

말차(녹차 종류 중 하나)의 맛을 제대로 느낄 수 있는 디저트 가게로 말차 아이스크림과 셔벗, 빙수, 파르페 등을 판매한다. 맛보려는 사람들이 많아 기본 20분 이상 기다려야 한다. 기온시조 역 6번 출구에서 야사카 신사 방향으로 도보 3분 거리에 있다.

- 573-3 Gionmachi Minamigawa, Higashiyama, Kyoto
- 10:00~22:00 (주문 마감 20:30)
- www.giontsujiri.co.jp/saryo

넷째 날 일정 한눈에 보기

교토 킨카쿠지 › 긴카쿠지 › 철학의 길

마지막 날로 교토의 금각사, 은각사, 철학의 길 등 주요 명소들을 돌아보고 오사카 우메다 역(JR 이용자는 오사카 역)으로 이동 후 한국으로 귀국하는 일정이다. 이 일정을 소화하려면 늦은 오후나 저녁에 출발하는 항공편을 이용해야 한다. 하루의 시작은 고즈넉한 일본식 정원인 료안지에서 출발해보자. 전형적인 일본식 정원의 아름다움을 조용히 감상

하고 가장 중요한 일정인 금각사, 즉 **킨카쿠지**로 이동한다. 킨카쿠지미치로 가는 버스를 타면 금각사로 갈 수 있다. 황금빛의 화려한 신사를 둘러본 뒤 다시 입구 맞은편 정류장에서 102번, 204번 버스를 타고 10분 정도 가면 **긴카쿠지**(은각사)까지 이동할 수 있다. 은각사의 단정하고 아름다운 정원을 둘러봤으면 이제 철학의 길로 간다. 은각사에서 냐쿠오지 신사까지 이어지는 산책로로, 철학자 니시다 기타로가 이곳에서 산책을 즐겼다 하여 그런 이름이 붙었다 한다. 벚꽃이 피거나 단풍이 질 때 특히 빛을 발하는 경치 좋은 산책로다. 산책로에서 나와 근처에서 점심을 먹고 헤이안진구(헤이안 신궁)으로 가보자. 마지막 천황을 모셨던 궁궐로 헤이안 시대의 왕궁 특징을 그대로 간직하고 있다. 평온한 모습의 궁궐과 정원을 돌아보며 교토에서의 마지막 일정을 마치고 이제 다시 가와라마치 역으로 간다. 간사이 스루 패스로 우메다 역까지 이동 후 그대로 다시 지하철과 난카이 선을 이용해 간사이 국제 공항으로 가면 모든 일정이 끝난다.

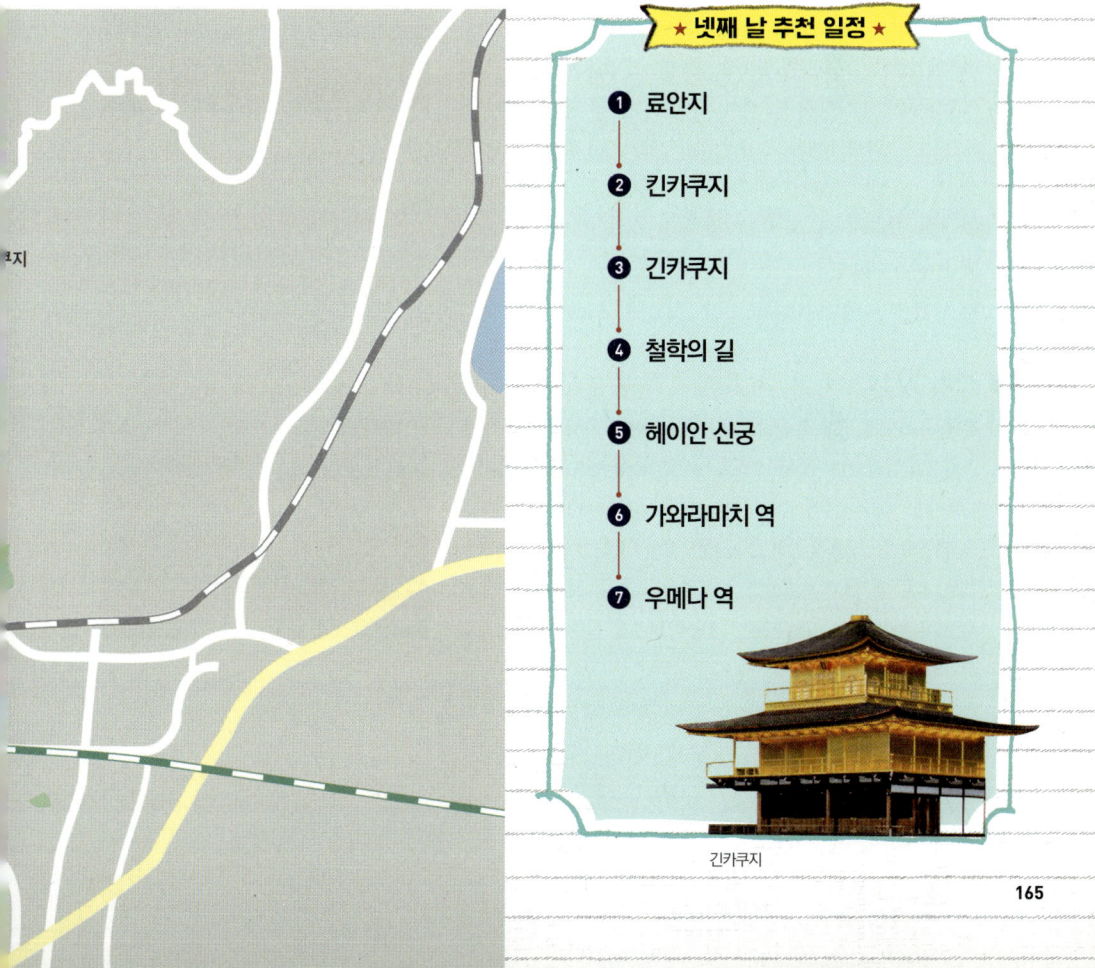

긴카쿠지

DAY 4 셋째 날

SPOT 추천 명소

교토 킨카쿠지 › 긴카쿠지 › 철학의 길

① 료안지 龍安寺 / Ryoanji Temple

영국의 엘리자베스 여왕이 1975년 료안지의 정원을 극찬한 것이 해외 언론에 보도되면서 서양 관광객들에게는 필수 코스가 되었다. 중국의 산수를 일본식으로 재해석한 정원으로 단풍나무가 많아 특히 가을 단풍이 아름답다. 교토 역에서는 59번 버스로 리츠메이칸다이가쿠마에 정류장, 게이한 선 산조 역에서는 59번 버스로 료안지마에 정류장에서 하차하고, 기차로는 기타노 선 료안지미치 역에서 하차. 정류장이나 역에서 7분 정도만 걸어가면 된다.

- 13, Ryoanji Goryonoshitacho, Ukyo, Kyoto
- 3월~11월 08:00~17:00, 12월~2월 08:30~16:30
- www.ryoanji.jp
- 어른 ¥500, 어린이 ¥300

② 킨카쿠지 金閣寺 / Golden Pavilion, Kinkaku-ji

유네스코 세계 문화 유산에 등록된, 교토에서 가장 화려한 절인 킨카쿠지(금각사)의 정식 명칭은 '로쿠온지(鹿苑寺)'이다. 하지만 금빛으로 빛나는 3층짜리 누각 때문에 킨카쿠지라는 이름으로 더 유명하다. 가장 유명하고 화려한 절인 만큼 언제나 관광객들로 발 디딜 틈 없이 북적인다. 12·59번 버스로 킨카쿠지마에에서 하차 또는 101·102·204·205번 버스로 킨카쿠지미치에서 하차하면 된다.

- 1 Kinkakujicho, Kita, Kyoto | 09:00~17:00, 연중무휴
- www.shokoku-ji.jp | 어른 ¥400, 어린이 ¥300

③ 긴카쿠지 銀閣寺 / Silver Pavilion, Ginkaku-ji

1994년 세계 문화 유산에 등록된 긴카쿠지(은각사)는 킨카쿠지(금각사)와 대비되는 명칭 때문에 화려한 은박 사원을 기대할 수도 있지만 검은 옻칠을 한 소박한 외관을 가진 아름다운 정원이 돋보이는 고즈넉한 사원이다. 일본의 전통미가 살아 있는 자연스러운 정원과 연못이 아름답다. 32 · 100 · 102 · 203 · 204번 긴카쿠지미치 하차 후 10분 정도 걸어가야 한다.

- 2 Ginkakujicho, Sakyo, Kyoto | 3월 1일~11월 30일 08:30~17:00, 12월 1일~2월 말일 09:00~16:30
- www.shokoku-ji.jp | 어른 ¥500, 어린이 ¥300

④ 철학의 길 哲学の道 / Philosopher's Walk

냐쿠오지 신사에서 긴카쿠지까지 이어지는 좁은 산책로로 일본의 유명 철학자 니시다 기타로가 이곳에서 사색을 즐겼다 해서 '철학의 길'이라는 이름이 붙었다. 그러나 관광객들이 많아 사실상 사색을 즐기기는 어렵다. 4월 초 만개한 벚꽃 시즌이 가장 아름답다. 긴카쿠지 가는 길에 들러보자.

- Tetsugaku-no-michi, Jodoji Ishibashicho, Sakyo, Kyoto

⑤ 헤이안 신궁 平安神宮 / Heian Jingu

헤이안(1,000년간 일본의 수도였던 교토의 옛 이름) 천도 1,100년을 맞아 헤이안쿄 궁궐을 본따 만든 신사다. 헤이안쿄를 창건 천황과 마지막 천황을 모시고 있어 신궁이라고 부른다. 헤이안 시대의 궁궐 모습과 특징을 볼 수 있고 녹음이 우거진 정원이 아름답다. 버스로는 비주쓰칸마에 정류장에서 도보 3분, 지하철 토자이 선 히가시야마 역에서 도보 10분 거리에 있다.

- Okazaki Nishitennocho, Sakyo, Kyoto
- 06:00~18:00 (3월 1~14일과 10월은 17:30까지, 11~2월은 17:00까지 운영)
- www.heianjingu.or.jp
- 입장료 ¥600

❻ 가와라마치 역 琴電瓦町 / Kawaramachi Station

한큐 노선의 가와라마치 역은 간사이 스루 패스로 오사카와 교토를 오가는 여행객들이 주로 이용하게 되는 역이다. 강 건너 기온시조 역과 바로 마주하고 있으며 기온을 지나 야사카 신사까지 직선으로 연결된다. 번화한 곳으로 주변에 먹거리나 상점도 많이 있으며 투어리스트 센터도 근처에 있다. 가모가와 강변에 인접해 있는데 벚꽃 시즌에는 이 부근에서도 벚꽃을 즐길 수 있다.

Shijo Dori, Shincho, Shimogyo, Kyoto

❼ 우메다 역 うめだえき / Umeda Station

오사카 역과 나란히 위치한 우메다 역은 한큐, 한신, 미도스지 선이 지나는 역으로 지하상가를 비롯 여러 백화점과 주변 쇼핑센터로 연결된다. 한큐 노선을 이용하여 교토로 간다면 우메다 역에서 출발하면 된다.

Umeda Station, 1 Chome-2 Shibata, Kita, Osaka

TASTE 주변 추천 맛집

교토 킨카쿠지 > 긴카쿠지 > 철학의 길

히노데 우동 日の出うどん / Hinode Udon

철학의 길에서 조금 떨어진 곳에 위치한 명물 카레 우동집이다. 영업 시간은 하루에 5시간으로 대기 시간이 항상 길다. 카레 양이 많으니 적은 양의 밥을 함께 주문해서 먹어도 좋다. 그러나 우동의 양이 꽤 많으니 처음부터 주문할 필요는 없다.

36 Nanzenji Kitanobocho, Sakyo, Kyoto

월-토 11:00~16:00

요지야 카페 よーじやカフエ / Yojiya Café

교토의 화장품 브랜드인 '요지야'에서 운영하는 일본식 카페이다. 전통 가옥의 다다미로 된 방에 앉아 차를 마시며 일본식 정원을 바라볼 수 있어 인기가 많다. 인기 메뉴는 요지야 캐릭터를 그려주는 말차 카푸치노이다. 은각사 근처에 있으니 은각사 방문 시 잠시 들러보자.

15 Shishigatani Honenincho, Sakyo, Kyoto (긴카쿠지점)
09:45~18:00 | www.yojiya.co.jp

이노다 커피 본점 イノダコーヒ 四条支店 / Inoda Coffee

1940년 커피 원두 도매상으로 시작해 1947년에 이노다 커피숍을 오픈했다. 이노다 커피의 인기 메뉴는 '아라비아노 신주'라는 오리지널 블렌드 커피로 진한 향이 특징이다. 커피 외에 케이크, 토스트, 샌드위치 등의 메뉴도 판매한다. 브런치나 아침 식사를 하기에도 좋다. 교토 시내에 여러 지점이 있는데 일본식 정원을 볼 수 있는 산넨자카 지점이 특히 인기가 있다.

140 Doyucho, Nakagyo, Kyoto
07:00~20:00, 연중무휴 | www.inoda-coffee.co.jp

동양정 東洋亭 / Touyoutei

동양정은 교토에서 시작되어 1897년부터 현재까지 계속되고 있는, 역사와 전통을 간직한 함박스테이크 맛집이다. 웨이팅은 기본이지만 기다려서 먹을 만큼 맛있는 곳으로 토마토 샐러드와 함박스테이크, 오므라이스가 유명하다. 우메다의 한큐 백화점 12층에 있다. 가격대가 조금 비싼 편으로 토마토 샐러드와 함박스테이크 세트가 2,300엔 정도. 오사카의 우메다와 난바, 교토의 기타야마 역과 교토 역 등 여러 곳에 지점이 있다.

Hankyu Department Store 8-7 Kakuda, Kita, Osaka
www.touyoutei.co.jp

PLUS SPOT
추가 추천 스팟

시간상 일정에는 넣지 못했지만 여유가 있다면 더 돌아볼 만한 오사카와 교토의 명소들을 소개한다. 특별히 가보고 싶은 곳이 있다면 다음의 장소들을 참고하여 나만의 일정으로 편집해보자.

› 오사카

덴포잔 天保山 / Tempozan

오사카 항 근처에 위치한 인공 언덕 덴포잔은 드넓은 바다를 조망하기에 좋다. 세계에서 가장 큰 수족관인 가이유칸, 덴포잔 마켓 플레이스, 산타마리아호, 대관람차, 덴포잔 공원까지 모여 있는 대형 엔터테인먼트 단지로 많은 여행객들이 찾는 곳이다.

🗺 4 Chome-4-15 Chikko, Minato, Osaka

산타마리아호 大阪港帆船型観光船 サンタマリア / Santa Maria Cruise

산타마리아호는 콜럼버스가 신대륙을 발견할 당시 탑승했던 배를 모형으로 만들어놓은 것이다. 이 배를 탑승하고 덴포잔 근처를 둘러볼 수 있으며 유니버 스튜디오부터 가이유칸, 코스모 스퀘어 역 주변까지 오사카 앞 바다를 둘러보는 코스로 낮에는 45분, 밤에는 90분 정도 소요된다.

🗺 1 Chome-1-10 Kaigandori, Minato, Osaka
🕐 데이 크루즈 11:00~17:00 1시간 간격으로 운행, 나이트 크루즈 19:00 1회
(4월 25일~7월 18일, 9월~11월 3일 금 · 토 · 일 · 공휴일 운행 / 7월 19일~8월 31일 매일 운행)
💰 데이 크루즈 성인 ¥1,600, 어린이 ¥800 / 나이트 크루즈 성인 ¥2,650, 어린이 ¥1,300

유니버설 스튜디오 ユニバーサルスタジオジャパン / Universal Studios Japan

아시아 최초로 지어진 유니버설 계열의 테마파크로 할리우드 영화를 테마로 조성되었다. 영화를 몸으로 체험할 수 있는 아홉 개 테마 지역으로 구성되며 스릴 넘치는 놀이기구와 화려한 쇼로 가득하다. 영화 속 장면을 재현해보는 'ET 어드벤처'와 경이로운 4D 체험을 해볼 수 있는 '슈렉 4D 어드벤처', 세계적인 아동 프로그램을 재현한 '세서미 스트리트 4D 무비 매직' 등이 인기가 높다.

- 2 Chome-1-33 Sakurajima, Konohana, Osaka
- 동절기 10:00~18:00, 하절기 09:00~20:00 (계절에 따라 수시로 변동되므로 홈페이지 확인 필수) | www.usj.co.jp
- 1일 스튜디오 패스 성인 ¥6,980, 아동 ¥4,880, 65세 이상 ¥6,270 / 2일 스튜디오 패스 성인 ¥11,740, 아동 ¥8,250

게마사쿠라노미야 毛馬桜之宮公園 / Park Palace Sakurano

봄에는 벚꽃, 가을에는 단풍나무가 아름다운 공원이다. 덴마바시 다리에서 오가와 강 상류인 게마아라이제키까지 4킬로미터에 달하는 강변에 4,800여 그루의 벚나무가 심어져 있어 봄이면 벚꽃놀이를 나온 관광객들로 붐빈다. 공원 내에 위치한 물의 광장은 밤에 더욱 아름답다.

- 1 Chome-10-29 Nakanocho, Miyakojima, Osaka

텐진바시스지 상점가 天神橋筋商店街 / Tenjinbashisuji Shopping Street

일본에서 가장 긴 상점가로 1초메부터 7초메까지 남북으로 약 600여 개의 상점이 입점해 있으며, 무려 2.6킬로미터에 달하는 길이를 자랑한다. 1초메의 오사카 덴만구에서 신청서를 받아 7초메에 제출하면 걸어서 완주했다는 완보증을 받을 수 있다.

- Tenjin-bashi-suji, 6 Chome Tenjinbashi, Kita, Osaka
- www.tenjin123.com

신세카이 新世界 / Shinsekai

오사카 개방 당시 남쪽 지역은 뉴욕의 코니아일랜드를, 북쪽의 절반은 파리를 모델로 삼아 만들어진 유흥가이다. 골목 끝에는 쓰텐카쿠라 불리는 전망대가 있다.

- 2 Chome-4-16 Ebisuhigashi, Naniwa, Osaka

쓰텐카쿠 通天閣/ Tsutenkaku

1912년에 세워진 전망대로 일본 최초로 엘리베이터가 설치된 전망대다. 롯코 산과 이코마 산까지 볼 수 있으며 동양 최고의 높이를 자랑한다. 오사카 주유 패스가 있다면 무료로 입장 가능하다.

- 1 Chome-18-17 Ebisuhigashi, Naniwa, Osaka
- 09:00~21:00, 연중무휴 | www.tsutenkaku.co.jp
- 성인 ￥700, 대학생 ￥500, 중고생 ￥400, 초등학생 ￥300

텐노지 동물원 天王寺動物園/ Tennoji Zoo

100년 전통을 자랑하는 텐노지 공원 안에 위치한 텐노지 동물원에서는 원숭이, 하마, 각종 새 종류 등 다양한 동물들을 만나볼 수 있다. 여름이면 공원의 수상 무대에서 야외 음악회가 열리기도 해 쉬어가기에 좋다.

- Hanshin Expressway No. 14 Matsubara Route, Osaka
- 화-일 09:30~17:00(입장 마감 16:00) | 동물원 ￥450, 공원 ￥135
- www.jazga.or.jp/tennoji

린쿠 프리미엄 아웃렛 りんくうプレミアムアウトレット/ Rinku Premium Outlets

미국의 역사 깊은 항구 도시인 찰스턴을 모방하여 만든 린쿠 프리미엄 아웃렛은 간사이 공항 건너편인 린쿠 타운에 위치해 교통이 편리하다. 저렴한 명품을 구입하기에 좋으며 여권을 제시하면 인포메이션 센터에서 할인 쿠폰을 받을 수 있다. 레스토랑도 다양하게 입점해 있어 식사를 즐기며 쇼핑하기에도 좋다.

- 3-28, Rinku Ourai Minami, Izumisano, Osaka
- 1-7월 10:00~20:00, 8월 10:00~21:00, 9-12월 10:00~20:00
- www.premiumoutlets.co.jp/kor/rinku

교토

니조조 二条城 / Nijo Castle

가장 일본다운 정취를 느낄 수 있는 성인 니조조는 1994년 유네스코 세계 문화 유산에 등록되었으며, 넓은 부지에 볼거리가 잘 갖춰져 있어 많은 관광객들에게 높은 평가를 받고 있다. 특히 자객의 침입에 대비해 발을 디딜 때마다 삐걱거리는 소리가 나는 것으로 유명한 니노마루고텐을 직접 신발을 벗고 내부에 들어가 돌아다니며 경험해볼 수 있다. 성이 넓은 만큼 최소 1시간 이상은 시간 여유를 두고 봐야 한다. 내부 사진 촬영은 금지되어 있다.

- Bifuku Dori, Nijojocho, Nakagyo, Kyoto
- 08:45~17:00 (마지막 입장 16:00), 12월 26일~1월 4일 휴무, 1월 · 7월 · 8월 · 12월 매주 화요일 휴무
- 성인 ￥600, 중고생 ￥350, 초등학생 ￥200

교토 타워 京都タワー / Kyoto Tower

JR 교토 역 중앙 출구 정면에 있는, 교토에서 제일 높은 131미터의 전망 탑으로 쿄토의 상징이라 할 만하다. 높은 건물이 없는 교토에서 최고의 높이를 자랑하는 곳으로 교토 시내의 아름다운 모습을 감상할 수 있다. 호텔과 상점, 레스토랑, 대중 목욕탕까지 들어가 있다.

- 721 Higashishiokojicho, Shimogyo, Kyoto
- 전망대 9:00~21:00(입장 마감 20:40), 대중목욕탕 07:00~20:00, 연중무휴
- www.kyoto-tower.co.jp
- 성인 ￥770, 고등학생 ￥620, 중학생 · 초등학생 ￥520, 유아 ￥150, 전망대 망원경은 무료 이용

가와라마치도리 河原町 / Kawaramachi Dori

가와라마치도리는 교토를 남북으로 관통하는 번화가이다. 의류 브랜드숍, 음식점, 카페들이 길 양쪽으로 쭉 들어서 있는 번화가로 교토의 중심 거리이다.

- Kawaramachi Dori, Shimogyo, Kyoto

야사카 신사 八坂神社 / Yasaka Shrine

일본의 3대 축제 중 하나인 기온 마쓰리(매년 7월)가 시작되는 곳으로 가와라마치 역에서 이어지는 기온 번화가의 끝 삼거리에 있다. 기온 마쓰리는 오래전부터 역병을 퇴치하기 위해 열려왔다.

625 Gionmachi Kitagawa, Higashiyama, Kyoto

www.yasaka-jinja.or.jp | 무료

덴류지 天龍寺 / Tenryu-ji Temple

유네스코 세계문화유산으로 등록되어 있는 덴류지는 1339년 세워진 유서 깊은 절이다. 연못을 중심으로 조성된 고즈넉한 사찰로 특히 단풍과 어우러진 아름다운 가을 정원을 추천한다.

68 Sagatenryuji Susukinobabacho, Ukyo, Kyoto

08:30~17:30, 11월 토·일·공휴일 07:30~17:30, 10월 21일-3월 20일 08:30~17:00

www.tenryuji.com | 정원 ￥500, 법당 ￥500

치쿠린노미치 竹林の道 / Chikurin no Michi

덴류지에서 노노미야 신사를 거쳐 도롯코 아라시야마 역 쪽으로 걷다 보면 만나게 되는 약 300미터 정도의 대나무 숲 터널이다. 대낮에는 관광객이 많으므로 오전에 방문해서 천천히 산책을 즐길 것을 권한다.

6 Sagakamenoocho, Ukyo, Kyoto

PLUS TASTE
추가 추천 맛집

> 오사카

고가류다코야키 甲賀流 / Kougaryu Takoyaki

젊음의 거리 아메리카무라의 한가운데 있는 30년 전통의 고가류 다코야키는 마요네즈를 처음 사용한 다코야키 전문점으로 유명하며, 저렴한 가격에 양도 푸짐하다. 삼각공원 바로 옆에 있기 때문에 공원에서 다코야키를 먹고 있는 사람들의 모습을 심심찮게 볼 수 있다.

2 Chome-18-4 Nishishinsaibashi, Chuo, Osaka
일-목 11:00~20:00, 금·토 11:00~22:00 | www.kougaryu.jp

가무쿠라 神座 / Kamukura

일본인들이 인정한 라멘 맛집으로 오사카 TV에서 주최한 대회에서 랭킹 1위를 3회 연속 차지했다. 닭 육수를 기본으로 만들어 기름지지 않고 시원하다. 오이시라멘이 기본이며 추가 재료에 따라 이름이 달라진다.

1 Chome-5-13 Shinsaibashisuji, Chuo, Osaka
일-목 11:00~22:00, 금·토 24시간 | www.kamukura.co.jp

메이지켄 明治軒 / Meijiken

오사카의 유명한 오므라이스 맛집으로 80년 전통을 자랑하는 곳이다. 특제 소스가 얹어진 오므라이스와 함께 새우튀김을 비롯한 다양한 튀김을 곁들여 먹을 수 있어 든든하다.

1 Chome-5-32 Shinsaibashisuji, Chuo, Osaka
월-금 11:00~15:50 17:00~22:00, 토·일 11:00~22:00 (주문 마감 21:45) | www.meijiken.com

이치미젠 一味禅 / Ichimizen
우리나라 맛집 프로그램에도 소개된 이치미젠의 덮밥은 오사카 여행 시 꼭 먹어봐야 할 음식으로 새우튀김, 장어튀김, 호박튀김, 떡튀김 등의 메뉴도 함께 판다. 착한 가격에 양과 맛까지 모두 챙길 수 있는 곳.

3 Chome-6-8 Nipponbashi, Naniwa, Osaka

화-일 11:00~14:00 17:15~22:30

카스텔라 긴소 カステラ 銀装 / Ginso
1952년부터 카스텔라를 만들기 시작한 곳이다. 전용 밀가루를 직접 제분하고 천연 벌꿀과 물엿 등을 사용하는데 방부제를 일체 사용하지 않는다. 이곳의 카스텔라는 달지 않고 부드러워 선물용으로도 좋다.

1 Chome-4-24 Shinsaibashisuji, Chuo, Osaka

월-토 09:00~17:00 | www.ginso.co.jp

홋쿄쿠세이 北極星 / Hokkyokusei
홋쿄쿠세이는 20세기 초반 일본 최초로 오므라이스를 선보인 곳으로 잘 알려져 있다. 버섯, 닭고기 등 들어가는 재료에 따라 다양한 오므라이스를 선보인다. 닭고기튀김 세 개가 포함된 오므라이스 런치 세트 가격이 850엔.

2 Chome-7-27 Nishishinsaibashi, Chuo, Osaka

월-토 11:00~22:00, 일 11:00~21:30 | www.hokkyokusei.jp

> 교토

곤나몬자 こんなもんじゃ / Konna-monja
교토의 유명 두부 전문점에서 직접 운영하는 곤나몬자는 니시키 시장 안에 있다. 두유로 만든 소프트 아이스크림, 치즈 케이크, 쿠키 등이 있지만 가장 인기있는 메뉴는 갓 튀겨낸 두유 도넛이다. 달콤한 맛을 좋아한다면 생크림과 캐러멜 또는 초콜릿 드리즐을 올린 두유 휩도 맛있을 것이다.

494 Nakauoyacho, Nakagyo, Kyoto | 10:00~18:00

스타벅스 산조오하시점 スターバックスコーヒー京都三条大橋店 / Starbucks

가모가와 강변에 위치한 스타벅스는 교토 최고의 전망을 자랑한다. 산조 대교 앞에 있어 밤이면 야경으로 더욱 여행지의 분위기를 느낄 수 있다. 테라스 좌석은 대기 순번에 따라 기다렸다가 앉을 수 있지만 기다려서 전경을 감상해볼 만하다.

113 Nakajimacho, Nakagyo, Kyoto | 08:00~23:00

기온요로즈야 祇をん 萬屋 / Gion Yorozuya

기온요로즈야의 인기 메뉴는 면과 국물이 보이지 않을 정도로 파로 덮여 있는 네기(파)우동이다. 교토 지역의 전통적인 방식으로 재배하여 단맛이 강하고 부드러운 구조 네기 품종을 이용하고 있으며, 네기우동 외에 가케우동, 낫토우동 등 다양한 우동 메뉴를 판매하고 있다.

586 Komatsucho, Higashiyama, Kyoto | 12:00~23:00

히사고 ひさご / Hisago

히사고는 단촐한 식단이지만 맛도 좋고 양이 꽤 넉넉한 편이라 언제나 줄을 서서 기다려야 음식을 맛볼 수 있는 맛집이다. 돼지고기로 만든 돈부리보다 닭고기로 만든 오야코돈이 더 인기가 좋다.

484 Shimokawaracho, Higashiyama, Kyoto

야마모토멘조 山元麺蔵 / Yamamoto Menzo

교토의 명물 우동 가게로 쫄깃한 면발이 일품이다. 호주산 밀가루를 선택하여 100프로 수작업으로 만들기 때문에 면발이 쫄깃하다. 식사 때뿐 아니라 평소에도 줄을 서지 않고는 맛보기 어려울 정도로 인기가 많은 집이지만 기다려서라도 먹어볼 만한 곳이다.

Okazaki Dori, Sakyo, Kyoto | 11:00~19:45, 수 11:00~14:30, 넷째 주 수요일 휴무

가쓰쿠라 勝鞍 / Katsukura

교토 산조에 본점을 둔 돈가스 전문점으로 오사카, 도쿄, 요코하마 등 전국에 매장이 있다. 직접 제작한 유자 소스, 돈가스 소스, 진한 돈가스 소스의 세 가지 특제 소스가 함께 제공된다. 추천 메뉴는 미쓰모토 히레카쓰젠과 히레카쓰, 가쓰쿠라젠이다.

13 Ishibashicho(Sanjodori), Nakagyo, Kyoto | 11:00~21:30, 토 11:00~22:00

HOTEL 호텔

오사카와 교토는 대체로 숙박료가 조금 비싼 편이지만 10만 원대의 작고 심플한 호텔들도 찾을 수 있다. 특히 교토에는 일본의 정취가 물씬 느껴지는 료칸도 많이 있으니 여행 경비에 여유가 있다면 료칸

을 이용해보는 것도 여행의 즐거움을 더해주는 방법이 될 것이다. 오사카에서는 추천 숙소는 교통이 편리한 난바 역 부근이나 오사카 역 부근의 깨끗하고 합리적인 가격의 호텔들을 위주로 소개한다.

★ 추천 오사카&교토 숙소 ★

오사카

1. **퍼스트 캐빈 미도스지 난바**
   First Cabin Midosuji-Namba

2. **도톤보리 호텔**
   Dotonbori Hotel

3. **호텔 뉴 한큐 오사카**
   Hotel New Hankyu Osaka

4. **하톤 호텔 니시 우메다**
   Hearton Hotel Nishi Umeda

5. **일 쿠오레 난바**
   Hotel Il Cuore Namba

6. **호텔 몬테레이 그라스미어**
   Hotel Monterey Grasmere Osaka

교토

1. **호텔 게이한 교토**
   Hotel Keihan Kyoto

2. **로얄 파크 호텔 더 교토**
   Royal Park Hotel The Kyoto

> 오사카

① 퍼스트 캐빈 미도스지난바 First Cabin Midosuji-Namba

최신식 캡슐형 호텔로 저렴한 가격과 편리한 교통, 깔끔한 시설이 장점이다. 남녀 사용 층이 구분되어 있으며 공용 욕실이지만 화장실 칸이 많아 불편하지 않다. 난바 역 13번 출구 바로 근처에 있어 교통편이 편리하고 도톤보리와도 가깝다. 캡슐 하나당 요일에 따라 5~6만 원대로 이용할 수 있다.

🛜 www.first-cabin.jp.e.jr.hp.transer.com | 📞 +81-6-6631-8090
📍 4F Namba Midosuji Building, 4-2-1, Nanmba, Chuo, Osaka

② 도톤보리 호텔 Dotonbori Hotel

난바 역 25번 출구에서 3분 거리에 위치한 호텔로 여성들에게 인기가 높다. 한국어를 구사하는 직원이 있으며 여성들을 위한 어메니티(폼클렌저, 로션 등) 레이디 세트와 자전거, 노트북, 생수 한 병, 국제전화를 무료로 제공하고 있다. 도톤보리에 위치해 주변 환경도 좋고 먹을거리도 많다. 방이 좁은 편이지만 편히 쉬었다 가기에는 충분하다. 싱글 룸이 9만 원대, 세미 더블 룸이 11만 원대, 스탠더드 트윈이 16만 원대며 날짜에 따라 더 할인하는 경우도 많다.

🛜 dotonbori-h.co.jp/kr | 📞 +81-6-6213-9040
📍 2-3-25 Dotonbori, Chuo, Osaka

③ 호텔 뉴 한큐 오사카 Hotel New Hankyu Osaka

우메다 역과 연결되는 편리한 위치에 있는 대형 호텔로 규모에 맞는 다양한 시설과 서비스를 제공하고 있다. 공항 리무진을 이용하면 편안하게 이동할 수 있다. 조식은 뷔페식, 일식, 양식 중에 선택할 수 있어 좋다. 방은 좁은 편이다. 최소한의 인테리어로 별다른 분위기는 없지만 시설이 깔끔하며 적당한 가격으로 편리하게 이용할 수 있다. 조식을 포함하지 않을 경우 싱글 룸을 10만 원대, 이코노미 더블

룸 또는 트윈 룸을 13만 원대, 스탠더드 더블 룸 또는 트윈 룸을 16만 원대부터 이용할 수 있다.

osaka.hankyu-hotel.com | +81-6-6372-5101

1-1-35 Shibata, Kita, Osaka

④ 하톤 호텔 니시 우메다 Hearton Hotel Nishi Umeda

오사카 역 바로 앞에 위치한, 접근성이 좋은 비즈니스 호텔이다. 조금 오래되었지만 깔끔하고 단정한 편이며 별다른 편의 시설은 없지만 가격 대비 좋은 위치에서 편히 쉬었다 갈 수 있다는 것이 장점이다. 무료 와이파이가 제공된다. 오사카 지역에 네 개 지점, 교토와 도쿄에도 지점이 있는 체인형 호텔이다. 싱글 룸이 11만 원대, 세미 더블 룸이 13만 원대다.

heartonhotel.com | +81-6-6342-1111

3-3-55 Umeda Kita, Osaka

⑤ 호텔 일 쿠오레 난바 Hotel Il Cuore Namba

난바 역 2분 거리에 있는 호텔로 일본 호텔치고는 비교적 방 넓이가 커서 편안하게 이용할 수 있다. 위치도 좋고 청결해 여행자들 사이에서 평이 좋다. 난바나 도톤보리와 가까우며 조용하면서도 쾌적해 인기가 좋기 때문에 방이 없는 날이 많다. 이코노미 더블 룸이 13만 원대다.

www.ilcuore-namba.com | +81-6-6647-1900

1-15-15 Namba-Naka, Naniwa, Osaka

⑥ 호텔 몬테레이 그래스미어 오사카 Hotel Monterey Grasmere Osaka

난바역 도보 1분 거리에 자리 잡은 고풍스럽고 고전적인 분위기의 호텔이다. 호텔에서 내려다보이는 오사카의 전망은 덤. 영국풍의 인테리어가 고급스럽고 상대적으로 방도 널찍한 편이다. 분위기와 전망, 지리적 편의성을 갖춘 호텔인 만큼 가격은 조금 높은 편인데 싱글 룸이 24만 원대부터, 세미 더블 룸은 32만 원대다. 그 외에 다양한 룸 타입이 있다.

www.hotelmonterey.co.jp/en/htl/grasmere_osaka | +81-6-6645-7111

 1-2-3 Minatomachi, Naniwa, Osaka

교토

1 호텔 게이한 교토 Hotel Keihan Kyoto

JR 교토 역 바로 맞은편에 위치해 접근성이 좋은 호텔로 오사카에서 JR 열차를 타고 교토로 이동하는 여행자에게 추천한다. 일본의 전형적인 비즈니스 호텔로 심플하지만 필요한 어메니티는 잘 갖추고 있다. 시기에 따라 가격 차이가 많이 나는 편인데 저렴할 때는 기본 더블 룸이 8만 원대, 트윈 룸이 9만 원대부터이고 일반적으로는 10만 원대 후반~20만 원대에 예약할 수 있다.

 www.hotelkeihan.co.jp.e.gm.hp.transer.com/kyoto/
 +81-75-661-0321
 31 Higashikujo Nishisannocho, Minami, Kyoto

2 로얄 파크 호텔 더 교토 Royal Park Hotel The Kyoto

세련되고 모던한 느낌의 호텔로 깨끗하며 감각적이다. 산조 역에서 3분 거리인 시내 중심에 있어 주변에 레스토랑과 상점이 많아 편리하다. 가와라마치 역에서도 도보로 10여 분이면 갈 수 있다. 방도 비교적 넓은 편이며 기본 어메니티도 잘 갖추고 있다. 스탠더드 트윈 또는 더블 룸이 11만 원대, 싱글 룸이 9만 원대 정도다.

 www.rph-the.co.jp/kyoto/ | +81-75-241-1111
 Kawaramachi Higash, Sanjo, Nakagyo, Kyoto

BONUS!

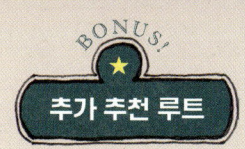

추가 추천 루트

커플끼리 떠나는 오사카 벚꽃 여행 3일

벚꽃이 만발하는 3월말~4월초에 오사카를 간다면 이 일정을 추천한다. 2박 3일간 오사카만 돌아보는 일정으로 첫째 날의 일정은 기본 추천 일정과 동일하다. 이튿날에 본격 오사카 벚꽃 여행이 시작되는데 오사카성 공원에서 게마사쿠라노미야, 조폐국으로 이어지는 코스다. 모두 벚꽃으로 유명한 곳으로 특히 조폐국은 국내에선 흔치 않은 '겹벚꽃'을 볼 수 있는 명소다. 벚꽃 시즌이 아니라면 오사카 성에서 바로 우메다 역 주변으로 이동하면 되겠다. 대신 쇼핑에 더 많은 시간을 할애하거나 신세카이 주변에서 온천을 하면서 좀 더 여유로운 일정으로 움직이면 된다. 마지막 날에는 덴포잔과 산타마리아호가 주요한 일정으로 비행기 출발까지 시간적 여유가 있다면 스파 스미노에에 들러 온천까지 즐기고 돌아오면 알찬 마무리가 되겠다.

DAY1 »

1. 간사이 국제 공항
2. 난바 역
3. 에비스바시 스지
4. 난바 시티
5. 난바 파크스
6. 덴덴 타운
7. 구로몬 시장
8. 도톤보리
9. 도톤보리 크루즈

DAY2 »

1. 오사카 성 공원
2. 오사카 성
3. 게마사쿠라노미야
4. 조폐국
5. 헵 파이브
6. 한큐 백화점
7. 한큐 3번가
8. 우메다 스카이 빌딩
9. 츠텐카쿠
10. 신세카이

DAY3 »

1. 덴포잔
2. 나니와 구이 신보 요코초
3. 덴포잔 마켓 플레이스
4. 산타 마리아호
5. 스파 스미노에
6. 간사이 국제 공항

아이와 함께 가는 오사카 테마 파크 여행 4일

3박 4일간 오사카의 유니버설 스튜디오와 텐노지 동물원 그리고 난바와 우메다, 신세카이 주변의 주요 관광지를 여행하는 일정이다. 첫째 날의 일정은 앞의 추천 일정과 동일하고 이튿날에는 유니버설 스튜디오와 위저딩 월드 오브 해리포터에서 하루를 보낸다. 셋째 날엔 오사카 성을 돌아보고 아쿠아 라이너를 타고 요도야바시로 가서 오사카 시립 과학관으로 간다. 저녁엔 우메다에서 헵 파이브 관람차도 타고 쇼핑을 즐기면 된다. 아이도 엄마도 함께 즐길 수 있을 만한 일정이다. 마지막 날엔 동물원에 갔다가 스파 월드에서 온천으로 피로를 풀고 시간이 된다면 츠텐카쿠에 들렀다 공항으로 가면 된다. 저녁 비행기로 돌아올 때 가능한 일정으로 오후에 바로 귀국하는 스케줄이라면 동물원이나 온천 중 하나만 골라 일정을 조절하면 된다.

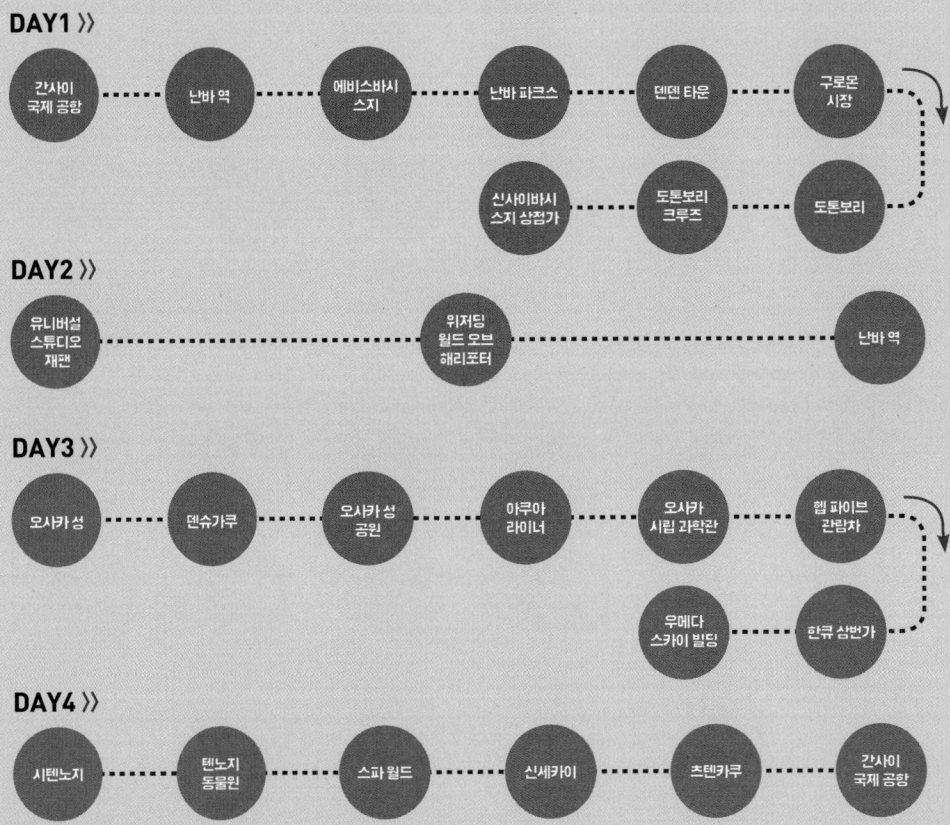

유니버설 스튜디오 재팬

도톤보리

푸둥 지역 풍경

TRAVEL 4

SHANGHAI

상 하 이

★ 2박 3일 ★

중국 동부 해안에 자리한 문화, 상업, 금융, 통신의 중심지로 경제나 관광 측면에서는 수도 베이징보다 더 발전한 도시, 상하이! 화려한 볼거리로 무장하고 대도시로서 갖춰야 할 기반 시설과 대중교통이 잘 갖춰져 있어 첫 중국 여행지로 좋다. 중국의 옛 모습과 서구 열강이 모여들던 근대의 모습 그리고 미래적 도시로 발전한 현재의 모습을 모두 만날 수 있는 흥미로운 도시다. 프랑스 조계지에서는 과거 유럽의 풍경을, 신텐디에서는 트렌디한 카페와 갤러리를, 동팡밍주가 우뚝 서 있는 푸둥에서는 도시적인 면모를, 난징동루에서는 쇼핑몰과 백화점이 즐비한 쇼핑 거리를 마주하게 된다.

주말에 하루 연차를 더해 다녀올 수 있는 2박 3일짜리 코스로 상하이를 처음 방문하는 여행자에게 추천한다. 주로 와이탄과 난징동루, 신티엔디, 옛 프랑스 조계지 그리고 푸둥의 유명한 관광지들을 위주로 알차게 돌아볼 수 있도록 구성했다. 하루 정도 더 여유가 있다면 루쉰 공원과 다륜로, 또는 타이캉루 예술인 단지를 일정에 추가하면 좋다. 여기서는 시내와 가까운 훙차오 공항을 이용하는 것을 기준으로 이동 경로를 소개한다. 숙소는 지하철 노선과 가까운 난징동루나 인민 광장 등 와이탄에서 멀지 않은 황푸 구에 자리한 호텔을 이용하는 것이 가장 편리하지만 2호선과 만나는 지하철역 근처의 숙소라면 어느 지역이든 편리하게 이동할 수 있다.

상하이 Shanghai

도시 정보

★ 시차

서울보다 1시간 느리다.

★ 비자

중국은 방문 시 비자가 필요하다. 일회성 여행의 경우 관광 단수(L형) 비자를 취득하면 된다. 비자는 입국 차수나 체류 기간에 따라 여러 종류가 있다. 중국 비자 신청 센터 홈페이지(www.visaforchina.org)에 방문하여 직접 신청하거나 우편으로 신청 또는 대행사를 통해 신청할 수 있다. 비자 신청 후 업무일 4~5일 정도 소요되며 보통은 1개월 전에 비자를 신청하는 것이 좋다. 비자 발급일 이후 3개월 이내에 입국해야 하며 총 30일 동안 체류할 수 있다. 비자 신청료는 일반 단수 비자가 5만 5,000원, 급행이 8만 9,000원, 특급이 11만 원이다.

★ 비자 신청 시 필요한 준비물
- 여권 원본(유효 기간 6개월 이내, 빈 공간이 있는 여권), 신분증 복사본
- 여권용 사진 1매
- 비자 신청서(비자 신청 센터 홈페이지에서 출력)
- 중국 측 호텔의 예약 확인서, 왕복 항공권 또는 연결 항공권, 여행 일정표(센터에 양식 있음)

★ 기후

우리나라와 같이 뚜렷한 사계절을 나타내며 해안가에 인접한 만큼 습윤한 기후를 보인다. 대체로 서울보다 조금 더 덥고 습하다. 특히 여름에는 강수량이 많고 습기가 높아 방문 시에 감안할 필요가 있다. 겨울에는 영하로 떨어지지 않는 정도의 쌀쌀한 날씨로 우리나라보다는 따뜻하다.

★ 여행 최적기

계절상으로는 봄이나 가을에 방문하는 것이 좋지만 상하이는 대기 오염이 심한 만큼 주의가 필요하다. 특히 3월에는 황사가 발생하는 경우가 많고 12월에서 1월 사이 겨울에는 대기 오염이 심해지는 날이 많다. 겨울에는 방문을 자제하고 대기오염 지수인 AQI(air quality index)를 확인하자. AQI 200 이상이면 실내에 머무르는 것이 바람직하다. 황사가 지나간 4월의 봄이나 가을에 여행하는 것이 가장 좋다. 5월 노동절 기간에는 엄청난 인파가 모여들어 복잡할 수 있다.

★ 상하이 대기오염 지수 실시간 확인하기 aqicn.org/city/shanghai/kr

★ 옷차림

우리나라에서와 동일한 계절별 옷차림을 준비하면 된다. 대기오염도에 따라 필요하다면 마스크를 준비하자.

★ 종교

도교, 불교를 기본으로 기독교, 이슬람교 등 다양한 종교가 혼재한다.

★ 언어

중국 표준어인 북경어를 공용어로 사용한다. 하지만 상하이 방언이 있어 중국어를 알아도 상하이 사람들의 대화는 이해하기 어려울 수 있다. 외국인이 많이 찾는 관광지에서는 영어도 조금 통하는 편이다.

★ 전압

220볼트 50헤르츠를 주로 사용해서 요즘 나온 전자제품들은 대부분 문제없이 사용할 수 있다. 헤르츠의 차이가 있어(국내는 220볼트 60헤르츠) 제품의 수명 단축이 우려된다면 변환 어댑터를 사용해도 좋다. 인천 공항에 있는 각 통신사 로밍 센터에서 무료로 또는 보증금을 내고 대여가 가능하다.

★ 치안&주의 사항

상하이의 치안은 안정된 편으로 여행하는 데 특별히 위험하지는 않다. 하지만 소매치기와 여권을 노리는 절도 등 소지품 분실에 주의해야 한다. 불법 택시는 절대 타서는 안 되며 중국인들은 남의 일에 무관심한 경향이 있으므로 혹시라도 위험한 일에 말려들지 않도록 스스로 조심하는 것이 좋다. 밤늦은 시간에는 특히 유의하자. 또한 자동차 운전자들의 안전 의식이 미비해 신호를 지키지 않는 경우가 많으니 무엇보다 차 조심에 신경 쓰자.

★ 인터넷

대부분의 숙소에서 무료 와이파이를 지원하고 있으며 레스토랑이나 바에서도 무선 인터넷을 제공하는 곳이 상당히 많다. 스타벅스나 맥도날드 같은 프랜차이즈 매장에서는 무료로 와이파이를 사용할 수 있다. 카페나 레스토랑에서도 비밀번호만 넣으면 무료로 이용할 수 있는 경우가 많다.

★ 비상 연락처

❶ 한국 공관 (주 상하이 한국 총영사관)
- ☎ +86-21-6295-5000 (당직 사고 1368-199-6952, 민원 1381-650-9504)
- 🕘 평일 09:00~17:00
- 📍 Wanshan-Rd.No.60, Changning-district, Shanghai (2호선 로우산관루娄山关路 역 2번 출구, 10호선 이리루伊犁路 역 4번 출구)
- 🌐 chn-shanghai.mofa.go.kr

❷ 현지 경찰
- ☎ 110

★ 여행 팁

상하이는 대표적인 도시형 여행지로 화려한 나이트 라이프와 야경, 쇼핑을 좋아하는 여행자들에게 특히 적합한 곳이다. 조계지와 신텐디에서 느낄 수 있는 유럽의 풍경, 분위기 좋은 카페들과 맛있는 먹거리들이 상하이 여행의 중요한 포인트다. 예술과 역사가 흐르는 도시이니 미술관과 갤러리, 박물관을 돌아보고 감각적인 예술인 단지를 위주로 여행하거나 상하이 임시 정부, 윤봉길 의사가 도시락 폭탄을 투척했던 루쉰 공원, 영화 속 배경이 된 역사적인 장소들을 탐방할 수도 있다. 여행 기간이 길다면 하루쯤 상하이를 벗어나 강남 수향 마을이나 쑤저우를 다녀와도 좋다. 특히 강남 수향은 호수와 수로로 가득한 곳으로 주가각, 주장, 동리 등이 잘 알려져 있다. 수향 마을까지는 상하이 시에서 운행하는 데이 투어 버스를 이용하면 편리하게 돌아볼 수 있다.

💰 통화&환전

★ 통화

중국의 위안화, 즉 인민폐(Yuan, Renmibi)는 元(위안), CNY, RMB, ¥로 표기하며 10위안=1,800원 정도(2015년 12월 기준)다. 지폐는 1위안부터 100위안까지 있으며 1원보다 작은 단위인 1·5자오(角) 동전이 있다.

★ 환전

❶ 시중 은행

대부분의 시중 은행에서 원화를 위안화로 환전할 수 있다. 환율 우대가 되는 주거래 은행에서 환전하면 된다.

❷ 사설 환전소

명동이나 시내 사설 환전소에서도 위안화 환전이 가능하다. 대체로 은행보다 환율이 더 좋은 편이다. 환전 금액이 크거나 환전소가 많은 명동에 갈 일이 있다면 이용해보자.

❸ 국제 현금카드, 은련 카드 이용

중국 내 씨티은행 ATM에서 위안화로 현금을 인출할 수 있는 국제 현금카드를 이용하는 방법이 있다. 약간의 수수료가 발생하지만 환전 없이 필요한 만큼 인출할 수 있어 편리하다. 은련 카드(union pay)는 중국계 글로벌 신용카드사로 마스터나 비자 카드보다 해외 가맹점에서 더 저렴한 수수료로 이용할 수 있다. 신용카드 이용자라면 활용해 볼 만하다. 국내 여러 은행이나 신용카드사에서 은련 카드를 발급받을 수 있다. 다른 지역보다는 중국이나 일본 여행 시 활용도가 높다.

 교통

★ 대중교통

❶ 지하철 이용

상하이는 지하철이 매우 발달해 있어 지하철만 이용해도 대부분 여행이 가능하다. 아시아 최대 규모로 알려진 상하이의 지하철은 총 13개 노선으로 기본요금 3위안에 거리에 따라 추가 비용이 붙는 방식으로 운영된다. 사람이 많은 상하이에서 매번 티켓을 발권하는 일은 상당히 번거로울 수 있으므로 1일권·3일권 같은 지하철 전용 티켓이나 충전식 교통 카드인 자오통카(交通卡)를 이용하자. 지하철 1일권은 18위안, 3일권은 45위안이며 자오통카는 보증금 20위안에 원하는 금액을 충전하여 사용할 수 있고 버스나 택시 등에서도 사용 가능하다. 지하철역에서 살 수 있으며 남은 금액은 공항에서 환불받으면 된다.

❷ 버스 이용

지하철 외에 시내버스나 투어 버스도 이용할 수 있다. 시내버스는 노선이 아주 촘촘히 연결되나 중국어 사용자가 아니라면 사실상 이용하기 어렵다. 2위안 정도로 요금은 매우 저렴하다. 투어 버스는 유명 관광지마다 찾을 수 있는 관광객용 2층 버스로 내렸다 탔다 하며 주요 관광지를 돌아볼 수 있는데, 빅 버스와 상하이 도시 관광버스가 있으며 각각 세 개 노선을 운행 중이다. 세 가지 노선을 모두 이용할 수 있고 일부 입장 요금이 포함된 빅 버스 티켓은 300위안, 노선별로 티켓을 구입할 수 있는 관광버스는 1개 노선당 30위안 정도이다. 빅 버스는 온라인에서 미리 예약하는 것이 더 저렴하다.

★ 빅 투어 버스 홈페이지: www.bigbustours.com
★ 상하이 도시 관광버스 홈페이지: www.chinaspringtour.com

❸ 택시 이용

상하이에서는 수만 대의 택시가 성업 중이며 요금은 한국과 비슷한 수준이다. 자동차 색깔에 따라 택시 회사를 구분할 수 있는데 하늘색, 주황색, 초록색 택시가 평이 좋다. 택시 기사에게는 목적지의 영문 이름보다 한자로 된 이름이나 주소를 보여주어야 한다. 기본 요금은 14위안부터이다.

❹ 페리 이용

상하이를 가로지르는 황푸 강을 따라 페리를 이용할 수 있다. 강을 건너는 수단으로 활용할 수 있는데 사실상 교통수단으로서의 활용도는 낮다. 다만 저렴한 요금으로 황푸 강의 야경을 감상할 수 있어 이용해볼 만하다. 와이탄 진릉둥루(金陵東路) 페리 선착장에서 탑승할 수 있으며 편도 요금은 2위안이다.

★ 공항에서 시내로 이동

서울의 인천 공항과 김포 공항처럼 상하이에는 푸둥 공항과 훙차오 공항이 있다. 푸둥 공항은 시내에서 30킬로미터 정도 떨어져 있는 대규모 국제 공항으로 인천에서 출발한다면 푸둥 공항으로 입국하게 된다. 김포 공항에서 출발할 때는 상하이 시내와 가까운 훙차오 공항을 이용하게 된다.

❶ 푸둥 공항 입국

자기부상열차나 지하철, 공항버스를 이용하여 시내로 이동할 수 있다. 가장 대중적이고 빠른 방법은 자기부상열차를 타고 룽양루(龙阳路) 역으로 이동하여 지하철로 환승하는 것으로 요금은 편도 50위안이다. 왕복은 80위안으로 항공권을 제시하면 할인해 준다. 자기부상열차로 룽양루 역까지는 10분이 채 걸리지 않으며 난징둥루 역까지 총 30~40분 정도 소요된다. 자기부상열차보다 많이 느리지만 지하철 2호선을 이용해서도 시내로 들어갈 수 있다. 거리에 따라 약 7위안 정도로 저렴하게 이용할 수 있고 숙소가 지하철 2호선에 위치한다면 환승 없이 이동할 수 있다. 2호선 이용 시 난징둥루 역까지 약 1시간 정도 걸린다.

공항버스는 늦은 시간에 입국 시 야간 노선을 활용하기 좋다. 여덟 개의 노선과 야간 버스가 있으며 목적지에 따라 10~30위안 정도로 이용할 수 있다. 1층 공항버스 승강장에서 탑승할 수 있다.

❷ 훙차오 공항 입국

시내에서 13킬로미터 정도 떨어진, 비교적 가까운 거리에 있다. 중국 내 국내선이나 김포 공항에서 출발하는 항공편을 이용한다면 훙차오 공항으로 들어가게 된다. 지하철 2호선이나 10호선을 타고 시내로 이동할 수 있으며 목적지에 따라 약 4~5위안 정도의 저렴한 요금으로 이동할 수 있다.

항공

★ 비행 소요 시간

직항으로 약 2시간 소요된다.

★ 직항 항공사

중국남방항공, 중국동방항공, 상하이항공, 아시아나항공, 대한항공에서 직항을 운행하며 중국남방항공을 제외한 항공사들은 훙차오 공항과 푸둥 공항에 모두 취항하고 있다. 중국남방항공은 푸둥 공항에만 취항한다.

★ 추천 항공 루트

가능하다면 김포에서 출발하여 훙차오 공항으로 도착하는 노선을 이용하자. 서울과 상하이 모두에서 공항으로 오가는 시간과 비용을 줄일 수 있어 편리하다.

★ 예상 항공료

18~30만 원대 후반. 중국 항공사의 항공료가 20만 원대 정도로 대체로 저렴하다. 국내 메이저 항공사의 티켓은 대개 30만 원 이상 예상해야 한다. 코드 셰어 항공편을 이용한다면 중국 항공사의 요금으로 국적기를 타고 이동할 수도 있다.

 여행 예산

★ 상하이 물가 한눈에 보기

항목	중국 위안화	원화	비고
훙차오 공항에서 시내 이동	5元	920원	난징시루까지 편도 1명
중국 비자 신청비	–	55,000원	일반 단수 비자 1명
길거리 음식	5~10元	920~1,800원	메뉴에 따라 다름
체인점·푸드코트 음식	25~50元	4,600~9,200원	메뉴에 따라 다름
만두 1접시	20元	3,600원	저렴한 만둣집 기준
레스토랑 식사 1인	120~170元	20,000~30,000원	제이드 가든·딘타이펑 수준
음료수 1개	5元	920원	편의점 음료
에그 타르트 1개	4元	730원	가게마다 다름
위위안 입장료	40元	7,200원	성수기 가격(성수기는 30元)
칵테일 1잔	80元	14,700원	메뉴에 따라 다름
빅맥 지수	17元 (USD2.74)	3,900원	한국은 USD3.7

★ 물가 변동에 따른 가격 차이가 있을 수 있음 (2015년 8월 환율 기준 대략적인 금액)

★ 총예산

상하이는 고급 호텔이 많아 숙박료가 상당히 비싸다. 경비를 절감하고 싶다면 호텔보다는 호스텔의 트윈 룸이나 더블 룸을 이용하는 것도 좋은 방법이다. 호스텔 트윈의 경우 대체로 하루에 3만 원 정도이며 도미토리는 1만 5,000원 전후로도 이용할 수 있다.

★ 총 예상 경비 ★
(1인 기준)

✈ **항공료** (왕복)	250,000원
🧳 **숙박비** (2인 1실, 1인 부담금 기준) 70,000원 × 2박	140,000원
🥥 **식비** 40,000원 × 3일	120,000원
🚇 **교통비** (지하철 위주)	20,000원
👓 **기타** (입장료, 비자 신청료 등)	100,000원
총 계	**630,000원**

★ 기타는 비자 신청료를 포함하여 기념품, 입장료 등 잡비를 의미한다. 쇼핑은 여행자에 따라 범위가 상이하므로 예산에 포함하지 않았다. 각 항목의 정확한 금액은 여행 시기나 선택에 따라 달라질 수 있다.

첫째 날 일정 한눈에 보기

난징시루 > 인민 공원 > 난징둥루 > 와이탄

오전 비행기로 상하이 훙차오 공항에 도착했으면 우선 지하철 2호선을 타고 난징둥루 방면으로 향한다. 숙소에 짐을 내려놓고 난징시루에서 일정을 시작해보자. 오늘 일정은 가장 서쪽에 자리한 난징시루에서 황푸 강이 있는 동쪽으로 2호선을 따라 이동하는 동선이다. 고급스런 난징시루의 쇼핑 거리를 걷다 보면 상하이 미술관과 인민 공원이 있는 푸른 잔디에 다다를 수 있다. 미술관과 인민 공원, 인민 광장을 차례로 둘러보고 잠시 공원에

앉아 쉬었다 가자. 숨을 돌리고 이제 상하이 최고의 번화가인 난징동루로 간다. 인민 공원에서 난징동루 역까지 이어지는 보행자 도로로 그냥 쭉 걷기만 한다면 약 15분 정도 걸린다. 주변의 시장과 상점, 식당, 카페 등 상하이의 중심가를 구경하다 푸조우루를 향해 우측으로 방향을 돌린다. 고서점들이 밀집한 지역으로 고서적과 고미술품을 구경하며 오늘의 하이라이트인 와이탄으로 발길을 돌리자. 황푸 강변에서 동팡밍주를 비롯한 푸둥의 야경을 감상하며 상하이의 매력을 충분히 만끽해보자. 와이탄 강변에는 전망 좋은 카페나 바가 많으니 둘러보고 높이가 있는 전망 좋은 곳에 자리 잡고 앉아 달콤한 칵테일이나 맥주 한잔을 하며 상하이의 첫 밤을 보낸다.

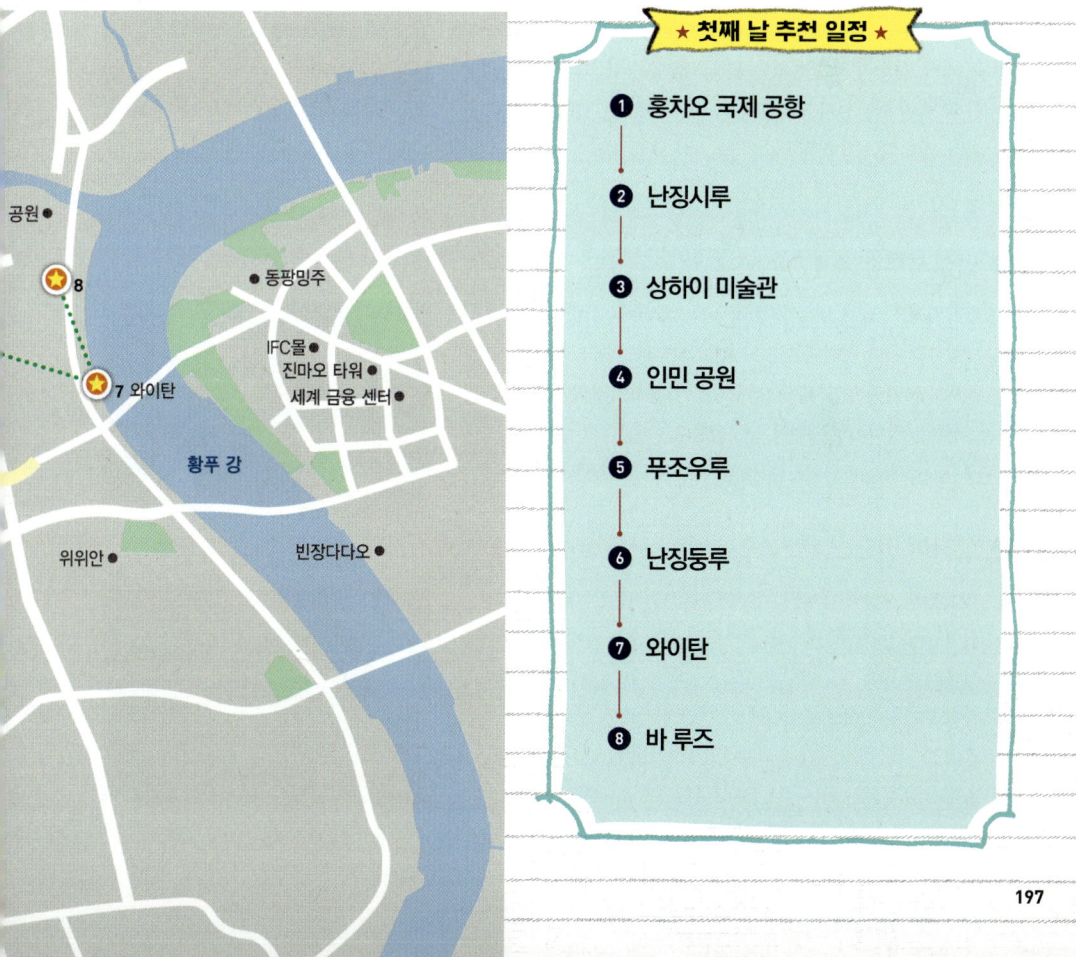

DAY 1 첫째 날

SPOT 👓 추천 명소

난징시루 > 인민 공원 > 난징둥루 > 와이탄

❶ 훙차오 국제 공항 Hongqiao International Airport

상하이에는 두 개의 국제 공항이 있다. 푸둥은 인천 공항, 훙차오는 김포 공항으로 생각하면 쉽다. 푸둥 국제 공항은 새로 지어서 훌륭하고 깨끗하지만 시내와 30킬로미터나 떨어져 있어 접근성이 좋지 않으며, 훙차오 공항은 시설은 낙후되었지만 접근성이 좋다. 상하이 서쪽에 있는 훙차오 공항은 한·중·일을 연결하는 국제 공항 노선이 되었으며, 우리나라에서는 김포-훙차오 구간 노선이 있다.

🏠 Shenda 1st Road, Shanghai Hongqiao International Airport, Minhang, Shanghai

❷ 난징시루 南京西路 / West Nanjing Road

고가의 명품 숍과 대형 백화점이 즐비한 쇼핑 거리이다. 명품을 쇼핑하기 위한 관광객들은 다 이곳으로 모이며, 주변에 각종 레스토랑과 카페 등도 많다. 난징둥루가 상하이의 명동이라면, 난징시루는 상하이의 청담동으로 불린다.

🏠 West Nanjing Road, Nanjing West Road, Jing'an, China

❸ 상하이 미술관 上海美术馆 / Shanghai Art Museum

1933년에 개관한 영국식 고전주의 양식의 건물로 내부에 다양한 전시 공간이 있다. 처음엔 경마장의 클럽 하우스였지만 현재는 상하이 최고의 미술 박물관으로 사용되고 있다. 8,000여 점의 작품이 보관되어 있으며, 2년에 한 번씩 전시회를 개최한다.

🏠 325, Nanjing West Road, People's Square, Huangpu, Shanghai | 🕘 09:00~17:00 (매표 마감 16:00), 월요일 휴관

🛜 www.sh-artmuseum.org.cn
💲 무료 입장, 유료 프로젝트 전시에 한해 20元

❹ 인민 공원 人民公園 / People's Park

원래는 경마장이었는데, 1949년 상하이가 해방되며 이듬해 공원으로 조성되었다. 상하이 시민들의 행사나 국가 행사가 열리는 곳인 동시에 시민들의 휴식 공간으로 사랑받고 있다. 주변에는 다양한 박물관, 미술관, 백화점, 쇼핑센터가 있어 도심 속에서 휴식을 즐기기에 좋은 곳이다.

📍 931, Jiujiang Road, People's Square, Huangpu, Shanghai
🕒 4-6월 05:00~18:00, 7-9월 05:00~19:00, 10-3월 06:00~18:00

❺ 푸조우루 福州路 / Fu Zhou Lu

상하이 최대 서점인 상하이슈청上海书城을 비롯해 와이원슈디엔外文書店, 상하이원화샹上海文化商 등 300여 개의 서점을 만날 수 있는 출판 문화의 중심지이다. 최초의 신문사와 서점, 인쇄소가 있었으며 화방, 문방구 등도 많아 대학생들이나 고서 애호가들이 즐겨 찾는다. 고서적과 미술 도구를 좋아하는 사람이라면 빼놓을 수 없는 거리이다.

📍 353 Fuzhou Road, Huangpu, Shanghai

❻ 난징둥루 南京东路 / East Nanjing Road

상하이 최대의 번화가인 난징둥루는 서울의 명동이나 베이징의 왕푸징으로 불리며 가장 화려한 볼거리가 많은 곳이다. 난징둥루의 보행로는 1킬로미터의 거리로 걸어서 20분 정도 걸리는데 걸어 다니기가 지친다면 관광 열차인 미니 코끼리를 탑승해도 또 다른 재미를 느낄 수 있다. 이 관광 열차는 와이탄까지 이동한다. 관광 열차는 편도 2위안, 왕복 4위안이다.

📍 443 -489 Henan Middle Road, Huangpu, Shanghai

❼ 와이탄 外滩 / Waitan

유명한 건축물이 밀집해 있는 지역으로 상하이 근대 역사의 상징이라고 할 수 있다. 강변을 따라 독특하고 화려한 건물들을 많이 볼 수 있으며, 밤이 되면 더욱 화려해져 관광객들이 많이 찾는다. 푸둥을 가장 아름답게 감상할 수 있는 명소로 낮과 밤 모두 사람들이 많다.

76 Zhongshan East 1st Road, Waitan, Huangpu, Shanghai

❽ 바 루즈 Bar Rouge

난징둥루에서 가까운 황푸 강변에 자리한 라운지 바로 탁 트인 루프 톱 테라스에서 보는 야경으로 유명하다. 천장이 없이 오픈되어 있어 푸둥의 아름다운 야경을 제대로 감상할 수 있다. 단, 10시가 넘어가면 푸둥 지역 건물에 불이 꺼지니 야경을 즐기려면 조금 일찍 가는 것이 좋고 붐비는 라운지 바의 분위기를 즐기려면 11시 이후에 가는 것이 좋다.

17 Zhongshan East 1st Road, Waitan, Huangpu, Shanghai
www.bar-rouge-shanghai.com | 칵테일 80元~

TASTE 주변 추천 맛집

난징시루 › 인민공원 › 난징둥루 › 와이탄

오풀리 초콜릿 Awfully Chocolate

홍콩, 싱가포르, 중국 등 아시아 전역에 지점이 있는 수제 초콜릿 전문점이다. 컵케이크, 아이스크림, 수제 초콜릿 등 다양한 디저트가 있으며 특히 진한 핫 초콜릿이 인기다.

168, Wujiang Road, Jing'an, Shanghai | 10:00~22:00
www.awfullychocolate.com

바비 만두 巴比馒头 / Babi Steamed Bread

아침부터 사람들이 길게 줄 서 있는 만두집이 있다면 거의 바비 만두일 정도로 많은 사람들이 사랑하는 상하이의 왕만두 전문점이다. 저렴한 가격으로 식사와 간식을 즐길 수 있다.

- 319 Fengyang Road, Huangpu, Shanghai
- www.babifood.com | 1.2위안

달러 숍 Dolar Shop

중국식 샤부샤부인 훠궈 레스토랑 체인으로 국물, 토핑, 열 가지가 넘는 소스 등을 취향대로 골라 먹을 수 있다. 저렴한 가격에 맛있는 훠궈를 맛볼 수 있다는 장점 때문에 젊은 현지인들과 관광객들이 많이 찾는다. 항상 사람이 많아 대기 시간이 긴데 기다리는 동안 앞에 놓인 해바라기 씨와 차를 먹을 수 있다.

- 819, Nanjing Road Pedestrian Street, Nanjing Road, Huangpu, Shanghai | 10:00~22:00 | www.dolarshop.com

릴리안 케이크 숍 Lillian Cake Shop

상하이의 유명 에그 타르트 가게로 2001년 개점한 후 현재 50여 개의 매장을 운영하고 있을 정도로 상하이에서 인기가 좋다. 릴리안 케이크 숍은 1800년대의 원조 레시피를 사용해 에그 타르트를 만들며, 이 외에 치즈 타르트와 감자 타르트도 판다. 인민 광장 역과 신세계 백화점 내에도 있다.

- 187-279 Yunnan Middle Road, Huangpu, Shanghai | 10:00~22:00

뉴 하이츠 New Heights

와이탄에 위치한, 야경이 아름다운 레스토랑 겸 바다. 식사 가격이 좀 비싼 편이지만 식사를 하지 않더라도 바에 앉아서 칵테일을 마시며 한눈에 들어오는 상하이의 야경을 즐길 수 있다.

- 17 Guangdong Road, Waitan, Huangpu, Shanghai
- 일-목 11:30~24:30, 금·토 11:30~01:00 | 100元~

둘째 날 일정 한눈에 보기
위위안 > 신티엔디 > 임시 정부 청사 > 프랑스 조계지

오늘은 상하이에서 가장 유명한 정원인 위위안에서 하루를 시작한다. 관광객들이 상하이에서 빼놓지 않고 방문하는 곳으로 늘 많은 사람들로 붐비니 이른 아침에 첫 일정으로 갈 것을 권한다. 위위안을 산책하며 호젓하게 오전 시간을 보내다 상하이 사람처럼 맛있는 만두로 아침을 먹어도 좋고 위위안상장의 상점가를 거닐며 활기찬 시장의 모습을 구경해보자. 기념품을 사거나 군것질을 하기에도 좋다. 위위안 역에서 지하철을 타고 이제 신티

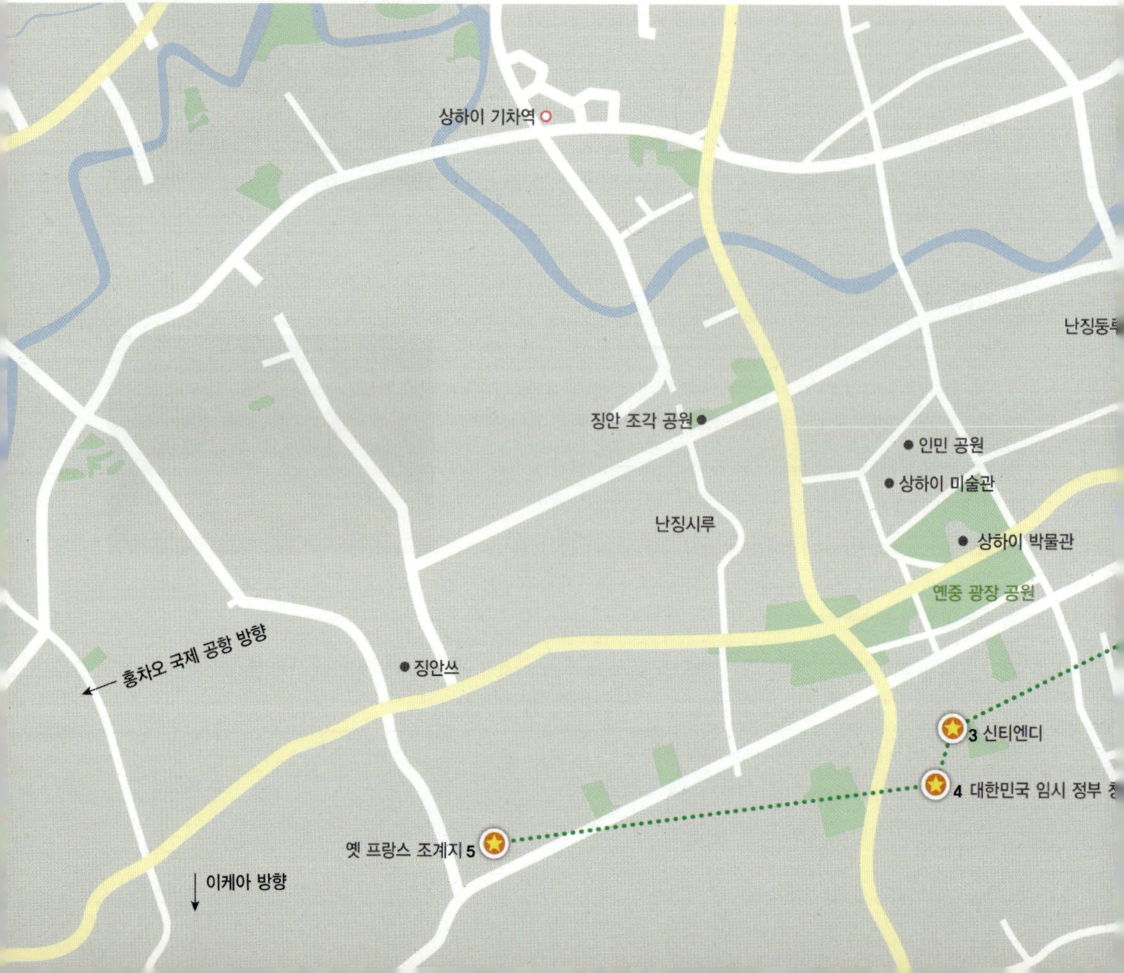

엔디 역으로 간다. 상하이에서 만날 수 있는 작은 유럽, 신티엔디에서 아기자기한 길거리를 거닐다 분위기 좋은 카페나 레스토랑에 앉아 오후의 여유를 즐겨보자. 신티엔디를 돌아본 후엔 우리의 아픈 역사를 간직한 대한민국 임시 정부 청사를 찾아가 보자. 신티엔디 역으로 돌아가는 길에 찾을 수 있다. 청사에서 나와 다시 지하철을 타고 산시난루 역에서 내린다. 옛 프랑스 조계지가 있는 곳으로 가로수 길을 따라 형형색색의 건물들을 감상하며 천천히 산책해보자. 상하이의 근대사와 화려하게 발전한 지금의 모습을 마주하며 이국적인 메뉴로 저녁도 먹고 오붓한 저녁 시간을 보내자. 프랑스 조계지에서 두 번째 날의 여정을 마친다.

둘째 날 추천 일정

1. 위위안
2. 위위안상창
3. 신티엔디
4. 대한민국 임시 정부 청사
5. 옛 프랑스 조계지

난샹 만두

DAY 2 둘째 날

SPOT 👓 추천 명소

위위안 › 신티엔디 › 임시 정부 청사 › 프랑스 조계지

❶ 위위안 豫园 / Yuyuan Garden

400년 전 명나라의 관료였던 반윤단이 자신의 아버지를 기쁘게 하기 위해 조성한 정원으로 자신이 직접 연못을 파고 뜰을 조성하여 약 20여 년 만에 완공하였다. 아편전쟁으로 인해 한때는 폐허가 되었으나 1956년부터 복구 작업에 들어가 현재는 상하이의 유일한 전통 정원이자 랜드마크가 되었다. 위위안은 낮에 한 번, 해 질 녘에 한 번, 두 번은 보아야 제대로 봤다고 말할 만큼 볼거리가 많은 곳이다.

- 106 -108 Anren Street, Huangpu, Shanghai
- 08:30~17:00, 동절기 08:30~16:30 (입장 마감 16:00)
- www.yugarden.com.cn
- 성인 40元, 학생 10元

❷ 위위안상창 豫园商场 / Yuyuan Market

중국 전통 분위기를 물씬 느낄 수 있는 상업 지구로 볼거리와 먹거리가 가득한 재래시장이다. 기념품, 골동품 등 다양한 물건을 판매하고 있어 구매하지 않고 둘러보는 것만으로도 재미있다. 중국 현지인들에게도 사랑받는, 언제나 활기찬 분위기가 감도는 장소다.

- 33 Yuyuan New Road, Huangpu, Shanghai
- 08:30~22:00 (상점에 따라 다름)

❸ 신티엔디 新天地 / Xintiandi

상하이의 작은 유럽이라 불리는 곳으로 주변에 분위기 좋은 카페와 레스토랑, 갤러리 등이 즐비하다. 상하

이만의 독특한 건축양식인 석고문 가옥과 유럽식의 주택 양식이 혼합되어 있어 신티엔디만의 독특한 분위기를 느낄 수 있다.

376 Huangpi South Road, New World, Huangpu, Shanghai
www.xintiandi.com

❹ 대한민국 임시 정부 청사 大韓民國臨時政府廳舍

1919년 4월 13일 상하이에 수립된 임시 정부가 1926년 장소를 옮기면서 일제 강점기에 독립 운동을 시작한 곳이다. 내부는 당시를 그대로 재현해놓았으며, 독립운동의 주요 인사들 사진과 태극기도 전시되어 있어 둘러보면 뭉클해진다. 1층 영상실에서 홍보 영상물을 시청한 후 층별로 관람하는 방법을 추천한다. 그간의 보수 공사를 마치고 2015년 9월 재개관했다. 신티엔디 역 6번 출구로 나와 좌측으로 50미터가량 직진하면 찾을 수 있다.

310 Madang Road, Huangpu, Shanghai
09:00~17:00
dh.luwan.sh.cn | 20元

❺ 옛 프랑스 조계지 法租界 / Former French Concession

아편전쟁 후 맺은 난징조약을 계기로 조성된 외국인 거주 지역으로 지금은 상하이에서 가장 유명한 관광지이자 트렌디한 카페 거리가 되었다. 과거에 지어진 유럽풍의 건물과 플라타너스 가로수 길이 유럽에 온 듯한 느낌을 주는 이곳에는 타이캉루 예술인 단지와 외국 백화점, 쇼핑몰과 더불어 레스토랑과 노천카페가 많아 이국적인 분위기에서 쉬어 가기 좋다. 지하철역을 기준으로 보면 헝산루, 창수루, 산시난루, 자오자방루, 상하이 도서관 역에 이르는 꽤 넓은 지역이 프랑스 조계지에 해당한다. 산시난루 역이나 창수루 역에서 하차하면 둘러보기 편리하다.

1263 -1281 Huaihai Middle Road, Huaihai Road West Section, Xuhui, Shanghai

TASTE 주변 추천 맛집

위위안 > 신티엔디 > 임시 정부 청사 > 프랑스 조계지

후신팅 湖心亭 / Huxin Pavilion

1855년 개업한 전통 찻집으로 붉은색의 고풍스러운 건물이 인상적이다. 위위안을 구경한 후 쉬어가기 좋은 곳으로 낮에도 좋지만 야경으로 물든 위위안과 후신팅은 훨씬 아름답고 운치 있다. 가격은 좀 비싼 편이지만 분위기를 즐기고 싶다면 가볼 만하다. 추천 메뉴로는 재스민차, 녹차, 우롱차가 있다.

33 Yuyuan New Road, Huangpu, Shanghai
08:30~22:00 | 80元부터

난샹 만두 南翔饅頭店 / Nanxiang Steamed Bread Shop

상하이에서 가장 유명한 샤오롱바오 전문점으로 얇은 만두피 안에 육즙의 맛이 일품이다. 빨대를 꽂아 만두의 즙을 마시는 빨타이완두 또한 이곳의 인기 메뉴 중 하나다. 항상 많은 사람들로 붐비고 있어 찾기 쉽다. 1층은 테이크아웃, 2~3층은 식당으로 이용되고 있으며 오전 10시부터 11시까지는 할인된 가격에 판매한다.

85 Yuyuan New Road, Huangpu, Shanghai | 08:30~21:00
www.laomiaocanyin.com | 샤오롱바오 16개 (테이크아웃) 10:00~11:00 12元, 11:00 이후 20元 / 빨타이완두 15元

벨라지오 Bellagio Café

카페형 레스토랑으로 깔끔하며 맛있기로 유명하다. 한국인 관광객들에게도 유명해 한국어 메뉴판이 있어 주문하기 어렵지 않다. 추천 메뉴는 파인애플 볶음밥, 파인애플 마요네즈 새우튀김 등이며, 망고 빙수와 땅콩 빙수도 빼놓을 수 없는 인기 메뉴다.

68 Taicang Road, Huangpu, Shanghai | 11:00~04:00
땅콩 빙수 16元, 망고 빙수 36元, 파인애플 볶음밥 32元

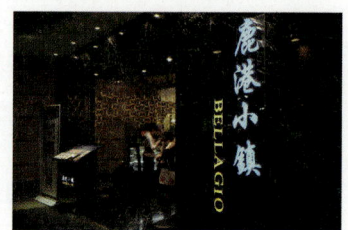

TMSK Tou Ming Si Kao

유리 인테리어로 몽환적인 분위기를 느낄 수 있는 오리엔탈 스타일의 바로 중국 요리와 프랑스 요리가 융합된 퓨전 레스토랑이다. 100종 이상의 와인을 보유하고 있으며 목·금·토요일 저녁 9시에는 음악 공연도 즐길 수 있다.

76 Xingye Road, New World, Huangpu, Shanghai
10:00~01:00 | www.tmsk.com

라피스 라줄리 Lapis Lazuli

3층 규모의 앤티크한 레스토랑으로 파스타와 리소토 샌드위치를 판매한다. 특히, 오후 2시 30분부터 시작되는 애프터눈 티와 프루트티가 유명하다. 1층 라피스 라줄리 카사에서는 식기구와 인테리어 소품, 가구를 판매하고 있다.

9 Dongping Road, Xuhui, Shanghai | 일~목 11:00~02:00, 애프터눈 티 14:30~17:30 | 애프터눈 티 68元

라 카스바 커피 La Casbah Coffee

이탈리아인이 운영하는 정통 이탈리아 레스토랑으로 피자와 파스타를 맛보려는 사람들로 항상 붐빈다. 테이블 수가 많지 않아 어느 정도의 기다림은 감수해야 하지만 어떤 메뉴를 골라도 실패하지 않을 정도로 음식이 훌륭하며 가격도 저렴한 편이다. 상하이에 거주하는 외국인들도 많이 찾는 곳이다.

1554 Huaihai Middle Road, Xuhui, Shanghai
월~금 07:00~22:00 | 샌드위치 28元, 마르게리타 피자 28元

프랭크 Franck Bistrot

상하이에서 만날 수 있는 프렌치 비스트로로 프랑스산 밀가루로 빵부터 직접 만드는 맛집이다. 가격이 저렴하지는 않지만 제대로 된 프랑스 요리를 맛보고 싶다면 추천한다. 상하이 도서관 역 3번 출구에서 도보 10분 거리에 있다.

376 Wukang Road, Xuhui, Shanghai | www.franck.com.cn
1인당 300元 정도

셋째 날 일정 한눈에 보기

푸둥 지역 > 빈장다다오 > 진마오 타워 > 동팡밍주

마지막 날인 오늘은 푸둥 지역을 돌아보고 공항으로 가는 일정이다. 첫날 푸둥의 야경을 감상했지만 아직 푸둥의 속살과 푸둥에서 바라보는 와이탄의 모습을 보지 못했으니 그냥 가긴 아쉽다. 일단은 와이탄의 풍경을 바라볼 수 있는 빈장다다오에서 마지막 여정을 출발해보자. 황푸 강변의 산책로를 따라 걸으며 와이탄을 배경으로 사진도 찍고 오전 산책을 즐기고 나서 푸둥의 중심으로 이동한다. 세계 금융 센터와 진마오 타워, IFC 몰, 동팡

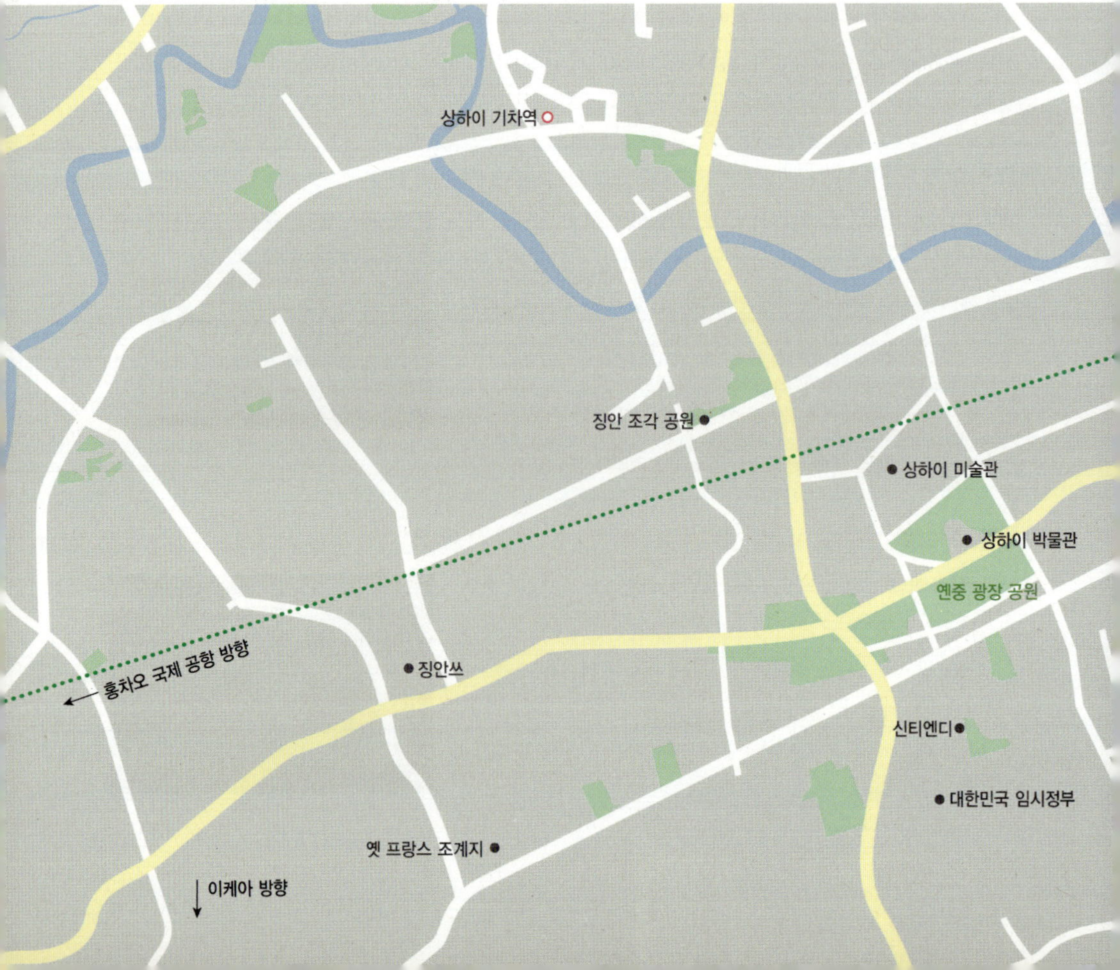

밍주 등 상하이의 랜드마크가 된 초고층 빌딩들을 차례로 들러보자. 세계 금융 센터나 진마오 타워 또는 동팡밍주의 전망대에 올라 상하이의 멋진 전경을 한눈에 담아보자. 동팡밍주가 보고 싶다면 진마오 타워의 전망대를 추천한다. 동팡밍주가 가장 유명하지만 막상 동팡밍주에 오르면 그곳을 볼 수 없으니 말이다. IFC 몰에서 마지막 쇼핑도 즐기고 푸둥에서 맛있는 점심을 먹은 후엔 이제 공항으로 가야 한다. 각자의 항공 스케줄에 따라 일정을 추가하거나 줄여보자. 지하철을 타고 공항으로 이동하면 모든 상하이 일정이 끝난다.

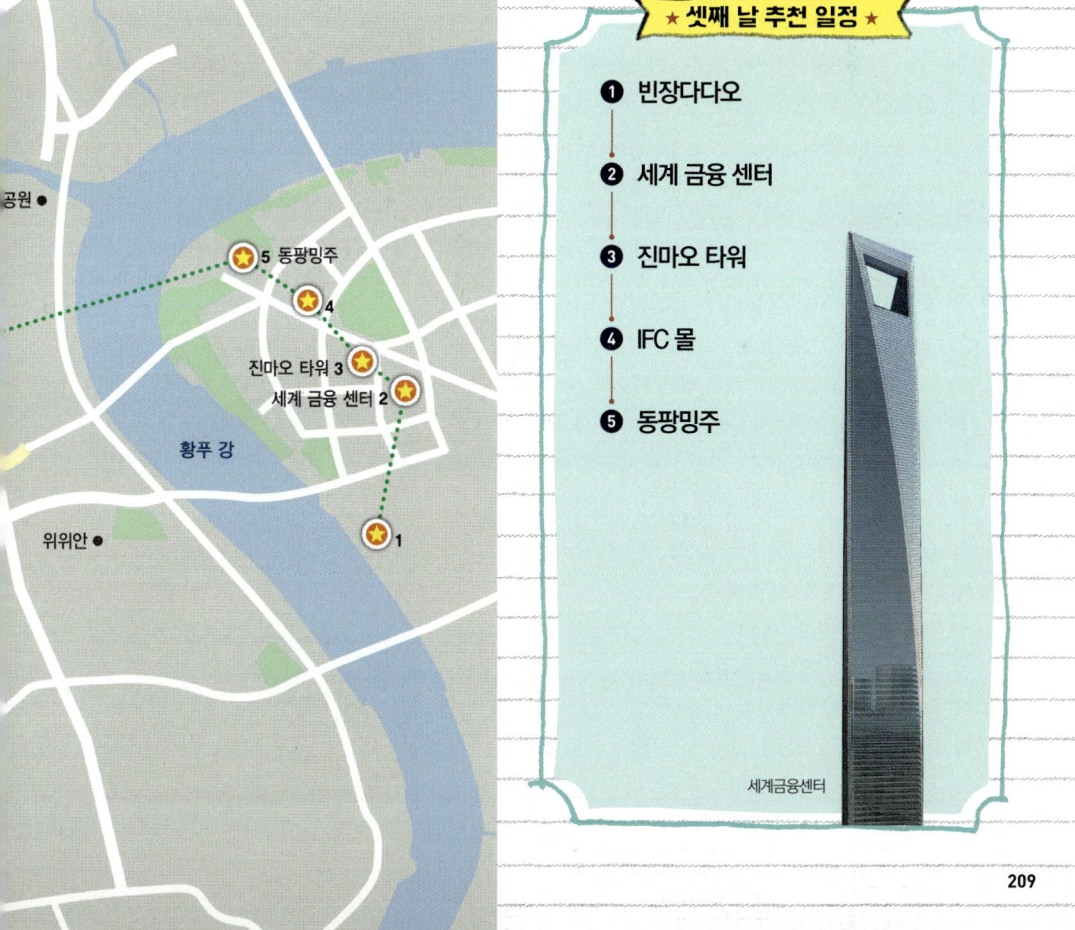

★ 셋째 날 추천 일정 ★

1. 빈장다다오
2. 세계 금융 센터
3. 진마오 타워
4. IFC 몰
5. 동팡밍주

세계금융센터

DAY 3 셋째 날

SPOT 추천 명소

푸둥 지역 > 빈장다다오 > 진마오 타워 > 동팡밍주

❶ 빈장다다오 滨江大道 / Bin Jiang Da Dao

강 건너 와이탄의 경치를 감상할 수 있는 곳으로 동팡밍주 북쪽에 있다. 빈장다다오의 산책로를 따라 걸으며 강변의 고층 건물과 와이탄의 야경, 그 불빛을 가르며 강을 오가는 배를 보려는 관광객으로 항상 북적인다. 와이탄의 야경을 만끽할 수 있는 시간은 약 11시까지로 계절에 따라 약간씩 다르다. 동팡밍주을 배경으로 사진을 찍으며 상하이를 제대로 느끼고 싶다면 빈장다다오는 꼭 들러야 한다.

- 3788 Binjiang Avenue, Lujiazui, Pudong, Shanghai
- 동절기 05:00~23:00, 하절기 05:00~24:00

❷ 세계 금융 센터 Shanghai World Financial Center

2007년 10월 14일 101층 492미터의 높이로 완공된 세계 금융 센터 건물은 중국에서 제일 높은 빌딩이다. 최상부는 설계 당시 원형이었으나, 일장기를 연상케 한다는 현지인들의 반발로 사다리꼴 모양으로 수정되었다. 특이한 외관 때문에 '병따개'라는 애칭으로 불리기도 한다. 94층, 97층, 100층에 각각 전망대가 있으며 100층의 전망대는 발 밑이 보이는 유리 바닥으로 되어 있어 많은 사람들이 100층을 선호한다.

- 106 Dongtai Road, Lujiazui, Pudong, Shanghai
- 전망대 08:00~23:00 (입장 마감 22:00)
- www.swfc-shanghai.com
- 94층 120元, 전체 이용권 180元

③ 진마오 타워 金茂大厦 / Jin Mao Tower

상하이 푸둥에 위치한 진마오 타워는 420미터 높이의 88층 빌딩으로 상하이에서 두 번째로 높은 건물이다. 진마오 타워의 꼭대기 88층에 위치한 전망대는 동팡밍주, 세계 금융 센터의 전망대보다 저렴하여 많은 관광객이 찾는다. 이곳의 고속 엘리베이터를 이용하면 45초 만에 88층까지 도달한다. 진마오 타워의 8면체 외관과 여덟 개의 기둥, 최고층인 88층은 중국인들이 좋아하는 숫자 8과 연관이 있다.

- 88 Dongtai Road, Lujiazui, Pudong, Shanghai
- 08:00~22:00
- www.jinmao88.com
- 전망대 120元

④ IFC 몰 IFC Mall

2010년 문을 연 상하이 국제 금융 센터인 IFC 몰은 대규모 복합 쇼핑센터이다. 명품 브랜드 매장, 다양한 음식점 등이 입점해 있어 쇼핑을 즐기기에 좋다. 동팡밍주와도 가까이 있어 언제나 사람들로 북적인다.

- 8 Lujiazui East Road, Lujiazui, Pudong, Shanghai
- 10:00~22:00 | www.shanghaiifcmall.com.cn

⑤ 동팡밍주 东方明珠 / Dongfang Mingzhu

TV 탑으로 와이탄의 맞은편에 위치하고 있다. 동팡밍주 탑은 467미터로 1991년 10월 1일에 완공되었으며, 둥근 외관 때문에 '동양의 진주'라는 별명도 가지고 있다. 현재 세계에서 네 번째로 높은 타워로 명실상부 상하이의 랜드마크이다.

- 211 Fenghe Road, Lujiazui, Pudong, Shanghai
- www.orientalpearltower.com
- 고층 전망대+중간 전망대+역사 박물관 220元, 중간 전망대+역사 박물관 160元

TASTE 주변 추천 맛집

푸둥 지역 > 빈장다다오 > 진마오 타워 > 동팡밍주

그랜드 카페 Grand Caffe

진마오 타워 54층인 그랜드 하얏트 호텔 로비에 있는 레스토랑으로 아름다운 경치를 보며 티와 뷔페를 즐길 수 있다. 다만 호텔 로비라서 분위기가 어수선한 데다 가격도 높기 때문에 야경은 위층에 있는 바에서 즐기는 것을 추천한다. 창가 자리는 예약을 해야 한다.

145 Huayuanshiqiao Road, Lujiazui, Pudong, Shanghai
shanghai.grand.hyatt.cn/ | 런치 1인 300元

강리찬팅 港丽餐厅 / Charme

중저가의 광둥 요리를 선보이는 캐주얼 레스토랑으로 상하이 곳곳에 분점이 있다. 비교적 저렴한 가격에 맛있는 요리를 맛볼 수 있어 주말에 가면 30분 이상은 기다려야 한다. 와이탄이 보이는 전경은 분위기를 더욱 풍성하게 만들어준다. 저녁 식사는 예약이 필수다.

153 Lujiazui West Road, Lujiazui, Pudong, Shanghai
10:00~22:00

블루 프로그 Blue Frog

수제 햄버거 맛집으로 상하이에서 인기 있는 레스토랑이다. 블루 프로그는 다양한 이벤트를 여는데 해피 아워 시간에 가면 음료수를 원 플러스 원으로 먹을 수 있다. 푸짐한 햄버거와 바삭한 감자튀김까지 같이 나와 두 명이서 메뉴 하나면 충분히 배부르게 먹을 수 있다.

153 Lujiazui West Road, Lujiazui, Pudong, Shanghai
10:00~24:00 | www.bluefrog.com.cn
버거 80元, 음료 30元 정도

PLUS SPOT
추가 추천 스팟

짧은 일정상 추천 일정에는 넣지 못했지만 여유가 있다면 더 돌아볼 만한 상하이의 명소들을 소개한다. 관심 분야에 따라 나만의 상하이 여행으로 일정을 수정해보자.

정다광장 正大广场 / Super Brand Mall
푸둥의 황푸 강변에 자리한 대형 쇼핑몰로 2호선 루지아주이 역에서 도보 5분 거리에 있다. 다양한 패션 브랜드는 물론 여러 종류의 레스토랑과 카페, 슈퍼마켓 등이 있어 식사하러 가기에도 좋다. 레스토랑의 창가 자리를 잡는다면 와이탄의 야경도 함께 즐길 수 있다.

168 Mingshang Road, Lujiazui, Pudong, Shanghai | 10:00~22:00 | www.superbrandmall.com

뷰 바 Vue Bar
야경으로 유명한 바로 상하이 하얏트 온 더 번드 호텔의 32층에 있다. 와이탄 북쪽 끝자락에 있어 푸둥의 야경을 감상하기에 좋다. 고급스러운 분위기에서 보드카나 와인 한잔에 상하이의 눈부신 야경을 담아보자.

199 Huang Pu Road, Shanghai

05:30~24:00 | www.shanghai.bund.hyatt.com | 투숙객 제외 1인당 100元 (음료 1잔 포함)

상하이 라오지에 上海老街 / Shanghai Old Street
위위안 옆에 위치한 시장 거리로 유난히 찻집이 많다. 전통적인 양식의 건물이 많은 오래된 상점가이며 밤에 더 환하게 빛나는 곳이다. 푸둥이나 와이탄과는 또 다른 풍경을 만날 수 있는 거리이니 위위안을 지나는 길에 들러보자. 위위안 역 1번 출구에서 위위안 방향으로 10분 거리에 있다.

🏠 Yuyuan New Rd, Huangpu, Shanghai

모간산루 M50 莫干山路50号 / Moganshan Rd M50

30년대에 지어진 공장 지대로 21세기의 시작과 함께 점차 그 역할을 잃어 갔다. 대만 출신의 건축가를 시작으로 예술가들이 모여들며 새로운 예술 문화 단지로 새롭게 태어났다. 베이징에 있는 798 예술 단지와 함께 중국 예술 단지의 양대 산맥으로 전 세계 예술인들이 활동하고 있다. 상업적인 공간이라기 보다 순수 예술을 만날 수 있는 곳으로 다양한 갤러리들이 자리 잡고 있다. 새로운 예술과 미술 분야에 관심이 많다면 가볼 것을 추천. 상하이훠처 Shanghai Railway 역 5번 출구에서 도보 15분 정도 거리에 있다.

🏠 50 Moganshan Road, Putuo, Shanghai
🕙 10:00~17:00 | 📶 www.m50.com.cn

레드 타운 红坊 / Red Town

중국어로 '홍팡'이라고 불리는 상하이의 또 다른 예술가 거리다. 규모가 그리 크지는 않지만 붉은 건물과 푸른 잔디 주위로 다양한 조각품들을 볼 수 있고 갤러리는 물론 작업실과 카페, 레스토랑 등 다양한 즐길거리가 있다. 홍차오루 역 4번 출구에서 도보로 3분 거리에 위치한다.

🏠 578 Huaihai West Road, Changning, Shanghai
🕙 10:00~22:00, 월요일 휴무
📶 www.redtownsh.com

두오룬루 문화명인가 多伦路文化街 / DuoLun Lu Wen Hua Ming Ren Jie

『아Q정전』을 쓴 중국의 대문호 루쉰을 비롯한 30년대 문호들이 많이 거주했던 거리로 그들이 자주 다니던 카페와 서점들을 만날 수 있다. 오래되어 낡았지만 그래서 더 정감이 가는 유서 깊은 문학인 동네로 중국 전통 양식과 서양 양식이 결합한 당시의 독특함이 살아 있는 건물이 많다. 홍더당 鸿德堂 / Fitch Memorial Church 교회 건물이 가장 대표적이며 지금은 기념품과 헌책, 골동품을 판매하는 가게들이 많이 자리하고 있다. 루쉰 공원과 가까워 함께 돌아볼 만하다. 루쉰 공원에서 지하철역 방향으로 난 L자형 거리로 둥바오싱루 역 2번 출구에서 쓰촨베이루를 따라가다 파리바게트 지나서 좌회전하면 찾을 수 있다.

Sichuan North Road, Hongkou, Shanghai

루쉰 공원 鲁迅公园 / Lu Xun Park

중국의 대표적인 문학가 루쉰의 이름을 딴 공원으로 과거에는 홍커우 공원으로 불렸으며 우리에게는 윤봉길 의사가 도시락 폭탄을 던졌던 장소로 특별한 의미가 있다. 윤봉길 의사를 추모하는 기념관 '매원梅园'도 공원 내에 자리하고 있다. 루쉰의 묘와 기념관, 동상 등이 있어 함께 돌아볼 만하다. 조용히 산책하기에도 좋은 공원으로 홍커우 축구장역 1번 출구 바로 앞에 있다.

 Sichuan North Road, Hongkou, Shanghai
 4-6월 5:00~18:00, 7-9월 05:00~19:00, 10-3월 6:00~18:00
 공원 무료, 매원 입장료 1인당 15元(추모관 관리비로 사용됨)

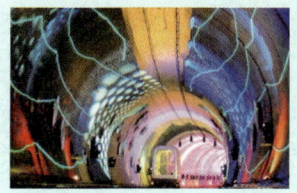

와이탄 관광 터널 外滩观光隧道 / Waitan Sightseeing Tunnel

와이탄과 푸둥을 연결하는 황푸 강 해저 터널이다. 열 명이 정원인 작은 전차를 타고 화려한 해저 레이저 쇼를 감상하며 황푸 강을 건너갈 수 있다. 레이저 쇼는 그리 대단하지 않지만 강을 건너는 데 걸리는 시간이 채 5분이 걸리지 않아 가장 빠르고 편리하게 강을 건너는 교통수단이 되어준다. 와이탄에서는 황푸 강 방향으로 난징둥루를 따라가다 좌측의 황푸 강변에서, 푸둥에서는 동팡밍주나 국제 컨퍼런스 센터에서 관광 터널 입구를 찾을 수 있다.

 Waitan Tunnel, Huangpu, Shanghai
 5-10월 8:00~22:30, 11-4월 08:00~22:00 | www.bjlyjc.com
 편도 50元, 왕복 70元

상하이 박물관 上海博物馆 / Shanghai Museum

상하이 박물관에서는 중국 문화와 예술의 중심지이자 문화 수도라 불리는 상하이의 면모를 확인할 수 있다. 방대한 소장품을 가지고 있으며 여러 시대의 유물과 정교한 공예품, 회화, 가구, 화폐, 도자기 등 다양한 작품들이 전시되어 있다. 입장료는 무료이며 총 7층으로 이루어진 둥근 형태의 박물관 건물이 독특하다. 인민 광장에서 도보 5분 거리에 있으니 시간이 된다면 함께 둘러보자.

📍 188 Wusheng Road, People's Square, Huangpu, Shanghai
🕘 9:00~17:00 (마지막 입장 16:00)
📶 www.shanghaimuseum.net | 💲 무료

징안쓰 静安寺 / Jing'an Temple

상하이 최초의 불교 사원으로 많은 방문객들이 찾는 유서 깊은 절이다. 건립 시기는 3세기로 추정되며 처음엔 오송 강 북쪽에 있었으나 남송 시대에 강물의 잦은 범람을 피해 지금의 장소로 이전했다고 한다. 시간이 흐르며 주변이 개발되면서 프랑스 조계지와 난징시루를 이어주는 번화가 한복판에 자리하게 되었다. 지금의 징안스는 전쟁으로 파손된 것을 재건한 것으로 대웅보전과 천왕전, 거대한 옥불상으로 유명하다. 징안스 역 1번 출구에서 도보 4분 거리에 있다.

📍 1688 Nanjing West Road, Jing'an, Shanghai | 🕘 08:00~17:00
📶 www.shjas.org | 💲 30元

상하이 해양 수족관 上海海洋水族馆 / Shanghai Ocean Aquarium

아시아 최대 규모를 자랑하는 수족관이다. 세계 5대양을 컨셉으로 각 지역의 다양한 해양 생물을 관람할 수 있으며 168미터에 달하는 거대한 해저 터널로 유명하다. 펭귄, 상어, 해마, 해파리, 열대어 외에 다양한 희귀어종도 만날 수 있다. 아이와 함께하는 여행자들에게 추천할 만하며 둥팡밍주 바로 옆에 위치하여 함께 둘러보기 좋다.

📍 1376 Lujiazui Ring Road, Lujiazui, Pudong, Shanghai
🕘 09:00~18:00 (입장 마감 17:30), 7~8월 09:00~21:00 (입장 마감 20:30)
📶 www.sh-soa.com | 💲 어른 160元, 학생 110元

PLUS TASTE
추가 추천 맛집

일정에는 넣지 못했지만 여유가 된다면 들러볼 만한 상하이의 맛집들을 소개한다. 오래된 만두집부터 모던한 브런치까지 다양한 메뉴를 만날 수 있다.

와가스 Wagas

1999년 오픈한 프랜차이즈 브런치 카페로 중국 내 50개가 넘는 지점이 있다. 신선하고 심플한 메뉴를 주로 선보이며 저렴한 가격으로 아침 식사나 브런치를 간단히 즐기기에 좋다. 샌드위치, 샐러드, 수프, 파스타와 생과일 주스 등이 인기다. 오전 10시 이전에는 저렴한 가격으로 아침 세트 메뉴를 맛볼 수 있다. 와이파이가 제공되어 디저트나 커피 한잔에 인터넷을 사용하려고 방문하는 사람들도 많다. 영어 메뉴가 있어 주문도 편리하다. 훙차오 공항, 난징시루, 징안스, 센트럴 플라자 등 여러 곳에 지점이 있다.

- Unit 101, No.227 North Huangpi Lu, Shanghai (상하이 미술관 근처 센트럴 플라자점)
- 10:00~22:00 | www.wagas.com.cn

비펑탕 避风塘 / Bi Feng Tang

홍콩식 딤섬을 주로 판매하는 딤섬 전문점으로 향신료가 적어 냄새에 민감한 외국인들도 맛있게 먹을 수 있다. 하가우나 샤오롱바오를 비롯한 만두와 베이징 카오야, 볶음밥, 튀김류, 라이스 롤 등 다양한 메뉴가 있다. 사진과 함께 영어로 쓰인 메뉴를 보고 주문서에 체크하면 된다. 가격은 저렴한 편이나 양이 적은 편이라 배가 고프다면 넉넉히 주문하는 것이 좋다. 인민 광장의 상하이 제일 백화점, 푸둥의 넥스티지 백화점 등 여러 곳에 지점이 있다.

- N501 No.1 Yaohan Nextage, New Shanghai Shopping Center, Pudong, Shanghai (넥스티지 백화점 1층, 푸둥)
- 10:00~21:30 | www.bifengtang.com.cn | 딤섬류 10~30元, 볶음밥 20元

아술 타파스 라운지 Azul Tapas Lounge

상하이에서 만날 수 있는 세련된 스페인식 레스토랑으로 스페인 음식인 타파스를 주로 선보인다. 날씨 좋은 날엔 옥상의 야외 테라스 자리가 인기 있으며 브런치 세트 메뉴로도 유명하다. 와인 한잔이 생각나는 저녁이나 브런치를 즐길 오후에 방문하기에 적격이다. 상하이 도서관에서 멀지 않은 우캉루에 자리하고 있으며, 건물 8층에 위치해 7층까지만 운행하는 엘레베이터를 탄 다음 걸어 올라가야 한다.

- 378 Wukang Rd, Xuhui, Shanghai
- 10:00~22:00
- www.azultapaslounge.cn
- 런치 130~170元 디너 200~300元

크리스털 제이드 Crystal Jade

광둥 요리로 유명한 프랜차이즈 레스토랑으로 홍콩, 상하이를 비롯한 아시아 태평양 지역에 100여 개의 지점을 가지고 있다. 샤오롱바오의 양대 산맥이라 할 수 있는 딘타이펑 바로 근처, 신티엔디에 나란히 자리하고 있다. 다양한 딤섬류를 맛보기 좋다. 늘 사람이 많아 좀 기다리게 될 수도 있다.

- 183 Madang Road, New World, Huangpu, Shanghai (신티엔디점)
- 10:00~22:00 | www.crystaljade.com
- 샤오롱바오 28元, 완탕 면 46元

엠 온 더 번드 M on the Bund

와이탄 야경으로 명성이 자자한 레스토랑이다. 주로 스테이크나 파스타 등으로 구성된 다양한 종류의 유럽식 메뉴를 판매한다. 별도의 브런치 메뉴와 애프터눈 티 메뉴가 있으며 '파블로바'라고 불리는 머랭 케이크도 유명하다. 파인 다이닝을 즐길 수 있는 전망 좋은 레스토랑이니 기왕이면 날 좋은 날 야외 테라스에 앉아보자. 미리 예약하는 것이 좋고 노을이 질 무렵에 방문해 낮과 밤의 상하이 풍경을 모두 즐겨볼 것을 추천. 황푸 강변 와이탄 5호 건물 7층에 위치한다.

- 7/F, No.5 The Bund, Shanghai
- 월-금 런치 11:00~14:30 디너 18:00~22:30, 토·일 브런치 11:30~15:00
- www.m-restaurantgroup.com
- 1인당 260元~

왐포아 클럽 Whampoa Club
'왐포아'란 황푸 강의 광둥식 영문 이름으로 왐포아 클럽은 중국 최고의 모던 차이니즈 레스토랑이다. 가격은 좀 비싸지만 주말 점심 프로모션 때는 비교적 저렴한 가격으로 코스 메뉴를 즐길 수 있다. 또한 상하이의 멋진 야경을 볼 수 있는 데다 분위기까지 최고라 로맨틱한 시간을 보낼 수 있다. 와이탄의 3호 건물 5층에 자리하고 있다.

- 5 Zhongshan East 1st Road, Waitan, Huangpu, Shanghai
- 런치 11:30~14:30 디너 17:30~22:30 | www.threeonthebund.com | 기본 A 코스 698元~

평양 옥류관 玉流宮, Pingrang Yuliu Restaurnt
북한에서 운영하는 음식점으로 북한 사람들이 서빙을 한다. 사람들이 많아 예약을 해야 식사가 가능하며 북한식 공연도 관람할 수 있는데 여자 종업원들은 차례가 되면 무대 의상을 갈아 입고 돌아가면서 공연을 펼친다. 출연자들과 간단한 대화도 할 수 있고 공연을 마친 후 사진 촬영도 가능하다. 추천 메뉴로는 평양냉면, 평양통김치, 옥류관 신선로, 송이버섯 털게 요리 등이 있다.

- 385-427 Caoxi North Road, Xujiahui, Xuhui, Shanghai
- 11:00~23:00

HOTEL 호텔

상하이는 고급 호텔이 많아서 숙박비가 비싼 여행지 중 하나다. 특히 시내 중심가에 자리한 호텔들은 가격대가 더 높다. 경비에 여유가 있다면 좋은 호텔을 이용해도 되지만 여기서는 100만 원이라는 예산에 적합한 합리적인 가격에 시내 이동이 용이한 위치에 있는 호텔들로 골라 소개한다. 숙박비를 더 아

끼고 싶은 여행자를 위한 호스텔도 몇 군데 추천한다. 비용을 줄이면서 시내 중심에서 다양한 여행자들을 만날 수 있어 일거양득이며, 도미토리가 아닌 트윈 룸이나 더블 룸을 이용한다면 호텔 못지않게 편안하게 지내다 올 수도 있다.

★ 추천 상하이 숙소 ★

1. 밍타운 난징둥루 유스호스텔
   Mingtown Nanjing Road Youth Hostel

2. 블루마운틴 번드 유스호스텔
   Blue Mountain Bund Youth Hostel

3. 나라다 부티크 호텔 상하이 번드
   Narada Boutique Hotel Shanghai Bund

4. 파크 호텔 상하이
   Park Hotel Shanghai

5. 뉴 하버 호텔
   New Harbour Service Apartments

6. 하워드 존슨 플라자 호텔
   Howard Johnson Plaza Hotel

7. 센트럴 호텔 상하이
   Central Hotel Shanghai

8. 상하이 그랜드 트루스텔 퍼플 마운틴 호텔
   Shanghai Grand Trustel Purple Mountain Hotel

9. 파라마운트 갤러리 호텔
   Paramount Gallery Hotel

❶ 밍타운 난징둥루 유스호스텔 上海南京路青年旅 / Mingtown Nanjing Road Youth Hostel

난징둥루 역 1번 출구에서 2분 거리에 있는 호스텔로 위치는 최고라 할 만하다. 와이탄이나 인민 광장, 관광 터널 등 상하이의 주요 관광지까지 걸어갈 수 있는 난진둥루 한복판에 있어 주변에 식당이나 상점, 카페도 많아 편리하다. 공항으로 바로 연결되는 지하철 2호선 근처라 공항이나 주변 관광지로 이동하기도 좋다. 꽤 쾌적한 넓이의 방과 깔끔한 시설에 여러 공동 개의 샤워 룸, 부엌, 엘리베이터도 갖추고 있다. 늘 붐비는 호스텔이고 중심가에 위치한 만큼 조금 시끌벅적하므로 혼자 또는 친구와 함께하는 젊은 여행자들에게 추천한다. 여성 전용 6인 도미토리가 1만 2,000원대, 화장실이 딸린 트윈 룸이 2만 3,000원대이다.

🌐 www.yhachina.com | 📞 +86-21-6322-0939
🏠 No.258 Tian Jin Road, Huangpu, Shanghai

❷ 블루마운틴 번드 유스호스텔 上海蓝山外滩国际青年旅舍 / Blue Mountain Bund Youth Hostel

난징둥루 역 1번 출구에서 5분 거리에 있는 호스텔로 교통이 편리하다. 와이탄이나 인민 광장, 관광 터널 등 상하이의 주요 관광지로 걸어갈 수 있고 주변에 식당이나 상점, 카페도 많아 편리하다. 와이탄까지는 도보 20분 거리이며 지하철 2호선과 가까워 공항이나 주변으로의 이동이 용이하다. 특별히 시설이 뛰어난 것은 아니지만 다양한 국적의 여행자들과 편안한 분위기에서 지낼 수 있다. 엘리베이터와 드라이어, 와이파이, 당구대 등을 갖추고 있다. 늦은 시간까지 북적거리는 편이라 사람들과 어울리기 좋아하는 여행자들에게 추천한다. 여성 전용 6인 도미토리가 1만 5,000원대, 화장실이 딸린 3인실이 2만5,000원 선, 트윈 룸이 3만 원대이다.

🌐 www.bmhostel.com | 📞 +86-21-3366-1561
🏠 6F, No.350 South Shanxi Road, Shanghai

❸ 나라다 부티크 호텔 상하이 유가든 上海中星君亭酒店 / Narada Boutique Hotel Shanghai Bund

SSAW 호텔 그룹에서 운영하는 부티크 호텔로 위위안 역 4번 출구에서 5분 거리에 자리하고 있다. 위위안이나 와이탄, 인민 광장 등 주요 관광지로 걸어갈 수 있으며 홍차오 공항과 바로 연결되는 10호선을 타고 공항, 신티엔디, 난징둥루 역으로 이동하기도 편리하다. 비싼 상하이에서 편리한 위치, 분위기 있는 인테리어, 깨끗한 시설,

적절한 가격을 모두 만족시키는 추천 호텔이다. 조식도 평이 좋고 방 사이즈가 큰 편은 아니지만 킹 사이즈 베드라 편안하다. 커플에게 특히 추천하는 호텔로 조기에 예약한다면 저렴하게 이용할 수 있다. 딜럭스 킹 베드룸이 10만 원대, 트윈 룸 12만 원대, 조식을 포함한 시티 뷰 딜럭스가 12만 원대부터다.

🛜 www.ssawhotels.com | 📞 +86-21-6326-5666
📍 839 Renmin Road, Huangpu, Shanghai

④ 파크 호텔 상하이 上海国际饭店 / Park Hotel Shanghai

1930년대 아시아 최초, 최고 높이의 건물이었던 유서 깊은 호텔로 오래되었지만 관리가 잘되어 있는 아르데코 양식의 고급 호텔이다. 인민 공원 바로 맞은편에 있어 지하철 세 개 노선이 만나는 인민 광장 역까지 불과 100미터밖에 안 된다. 오랜 역사의 호텔인 만큼 최신식 시설을 기대하긴 어렵지만 친절한 서비스와 예스러운 분위기가 특별한 곳이다. 명당 자리에 위치한 합리적인 가격의 호텔로 지하철을 주로 이용할 자유여행자들에게 특히 추천한다. 스탠더드 트윈 룸이 10만 원대부터, 슈피리어 트윈 룸이 11만 원대부터이며 딜럭스는 12만 원대부터 예약할 수 있다.

🛜 www.parkhotelshanghai.cn | 📞 +86-21-6327-5225
📍 170 Nanjing W Road, Huangpu, Shanghai

⑤ 뉴 하버 호텔 上海新黄浦酒店公寓 / New Harbour Service Apartments

레지던스형 서비스 아파트로 가족 단위 여행자나 인원이 여럿인 여행자들에게 추천할 만하다. 따스지에Dashijie 역과 위위안 역 사이에 있어 두 역 모두 가깝다. 위위안이나 와이탄, 인민 광장까지 걸어갈 수 있어 지리적으로 편리하다. 아래에 슈퍼마켓이 있으며 주변에 편의 시설도 많다. 별다른 인테리어는 없지만 침실 외에 거실과 주방이 따로 있어 여럿이 함께 지내기 좋고 객실 크기도 널찍한 편이다. 침실이 한 개인 객실부터, 침실이 두 개, 세 개인 객실이 있어 인원에 따라 선택하면 된다. 하루 단위 숙박은 물론 한 달 단위로 장기 렌털도 가능하다. 사전 예약 시 원 베드룸이 10만 원대부터, 투 베드룸은 12만 원대부터, 스리 베드룸은 20만 원대부터 예약이 가능하다.

🛜 www.newharbour.com.cn | 📞 +86-21-6355-1889
📍 No.88, Yongshou Road, Shanghai

❻ 하워드 존슨 플라자 호텔 上海古象大酒店 / Howard Johnson Plaza Hotel

난징둥루 중심에 위치해 접근성이 아주 뛰어난 호텔로 난징둥루의 전망을 내려다볼 수 있어 좋다. 난징둥루, 인민 광장, 와이탄 모두 도보로 이동 가능하며 지하철 인민 광장 역이나 난징둥루 역까지 3분 정도면 갈 수 있다. 보행자 거리에 있어 지하철 이용자들에게 특히 편리하다. 5성급에 해당하는 호텔로 청결하며 수영장, 스파, 사우나, 헬스장 등 다양한 부대 시설도 갖추고 있다. 중심지에 있지만 조용히 쉬었다 갈 수 있다. 조기에 예약한다면 슈피리어 룸을 13만 원대부터, 클럽 룸을 18만 원대, 비즈니스 스위트를 19만 원대에 이용할 수 있다.

🌐 www.howardjohnsonplazahotel.cn | 📞 +86-21-3313-4888
📍 No.595, Jiu Jiang Road, Shanghai

❼ 센트럴 호텔 상하이 王宝和大酒店 / Central Hotel Shanghai

하워드 존슨 플라자 호텔과 같이 난징둥루 한복판에 자리한, 접근성이 뛰어난 호텔이다. 상하이의 중심인 난징둥루 보행자 거리에 인접해 있으며 지하철 인민 광장 역이나 난징둥루 역까지 도보 3분 거리에 있다. 편리한 위치에다 깨끗한 시설과 친절한 서비스, 넓고 쾌적한 객실 때문에 인기가 좋다. 슈피리어 룸은 14만 원대부터, 딜럭스 룸은 19만 원대부터 예약 가능하다.

🌐 www.wbh-sh.com | 📞 +86-21-5396-5000
📍 555 Jiujiang Road, Huangpu, Shanghai

❽ 상하이 그랜드 트루스텔 퍼플 마운틴 호텔 Shanghai Grand Trustel Purple Mountain Hotel

푸둥 지역에 있는 4.5성급 호텔로 푸둥 공항과 가까운 편이다. 두 공항과 난징둥루로 연결되는 2호선, 임시 정부 청사로 갈 수 있는 9호선 그리고 4호선과 6호선이 만나는 스지따오 역까지 도보 10분 거리라 교통이 편리하다. 거리상으로 9호선의 샹청루 역이 더 가깝다. 택시를 이용하기도 용이하며 박람회장과 가까워 출장 여행객에게 특히 추천할 만하다. 쾌적한 수영장과 사우나, 헬스장 등 부대 시설

이 좋고 깔끔 인기가 있다. 단, 푸둥의 비즈니스 지역에 위치하여 주요 관광지로 가려면 지하철로 이동해야 하고 주변 볼거리는 부족하다는 것이 단점. 딜럭스 룸은 13만 원대부터, 클럽 룸은 20만 원 초반부터 예약이 가능하다.

🌐 shanghai-grand-trustel.hotel-rn.com | 📞 +86-888-697-3791

📍 778 Dongfang Road, Pudong, Shanghai

⑨ 파라마운트 갤러리 호텔 百乐门精品酒店 / Paramount Gallery Hotel

징안스 역에서 4분 거리에 있는 5성급의 부티크 호텔이다. 홍차오 공항과 가까우며 지하철 2호선과 7호선이 만나는 징안스 역에 자리해 교통편도 편리한 편이다. 중심가에서 살짝 벗어나 있어 주요 관광지로는 지하철로 이동해야 하지만 편안히 쉬고 싶은 여행객들에게는 적합하다. 위치보다 호텔의 시설과 분위기가 중요하다면 추천한다. 깨끗하며 넓고 쾌적한 객실과 크고 편리한 화장실, 안락하고 고급스러운 인테리어, 푸짐한 조식이 장점이다. 호텔의 급에 비해 합리적인 가격으로 이용할 수 있는데 조식을 포함한 슈피리어 룸이 13만 원대, 딜럭스 룸이 16만 원대, 스위트룸이 30만 원대부터 예약 가능하다.

🌐 www.paramount-gallery-hotel.com | 📞 +86-21-6248-8686

📍 F Paramount Metropolis, 1728 Nanjing W Road, Jing'an, Shanghai

타이페이 101 타워

TRAVEL 5

TAIPEI

타 이 베 이

★ 3박 4일 ★

대만의 수도이자 서울 면적의 절반 정도로 작은 타이베이는 대만의 북쪽인 타이베이 분지에 위치하고 있다. 우리나라와 같이 일본 식민지의 역사를 가지고 있으며 장제스 총통이 난징에서 타이베이로 중화민국을 옮겨오면서 현재의 모습에 이르게 되었다. 연중 따뜻한 날씨와 편리한 대중교통, 저렴한 물가, 다양한 먹거리로 몇 년 전부터 부상하고 있는 여행지다. 여행자들이 많이 찾는 명소는 야시장이며 온천, 옛 탄광촌 등 주변 여행지들도 인기 있다. 여자 혼자 여행해도 좋을 만큼 안전하고 편안한 여행지로 초보 자유여행자들에게도 추천할 만하다.

타이베이와 타이베이 근교의 명소들을 둘러보는 가장 기본적인 일정으로, 타이베이 여행에서 빠뜨릴 수 없는 101 타워와 고궁 박물원, 야시장 그리고 예류와 지우펀, 진과스는 물론 멀리 타이루거 협곡까지 돌아보는 알찬 스케줄이다. 만일 2박 3일 일정으로 간다면 타이루거 협곡을 방문하는 3일째 일정을 제외하면 된다. 4박 5일 일정으로 하루의 여유가 더 있다면 베이터우를 들러 온천을 즐겨보자.

타이베이 Taipei

 도시 정보

★ 시차

서울보다 1시간 느리다.

★ 비자

대만은 무비자 협정국이어서 90일까지 무비자로 방문할 수 있다. 단, 여권 유효기간이 6개월 이상 남아 있어야 한다.

★ 기후

타이베이의 6~9월은 습도가 매우 높고 더우며, 12~2월은 조금 쌀쌀할 수 있다. 연평균 기온은 23.6도로 상당히 따뜻한 편이며 열대와 아열대에 속해 사계절의 구분이 뚜렷하지 않다. 여름에는 낮에 스콜 현상이 자주 일어나기 때문에 주의하는 것이 좋다.

★ 여행 최적기

3~5월, 10~11월의 봄, 가을 시즌이 좋은데 특히 날씨가 화창한 가을이 좋다. 2월 춘절(설)에는 휴업하는 곳이 많고 귀성객들로 붐비기 때문에 방문을 피하는 것이 좋다. 한여름에는 습하고 더운 날씨 때문에 여행하기에 좋지 않지만 만일 간다면 비수기라 저렴하면서 전통 축제가 많은 7월이 좋겠다.

★ 옷차림

여름철 여행을 계획한다면 장마와 태풍, 스콜이 자주 나타나는 시즌이므로 우산과 우비는 필수이며 비가 내리지 않을 때는 강한 햇빛을 막기 위해 자외선 차단제와 선글라스를 반드시 준비해야 한다. 대부분의 쇼핑몰이나 음식점, 카페 등은 춥게 느껴질 정도로 에어컨을 가동하니 카디건 등 걸칠 수 있는 옷가지를 준비하는 것이 좋다. 대만의 겨울은 우리나라 늦가을 날씨 정도라 아주 무겁고 두꺼운 옷을 챙겨 갈 필요는 없으며 얇은 점퍼나 스카프 등을 준비하기를 권한다.

★ 종교

불교, 도교, 기독교, 천주교 등

★ 언어

중국 표준어인 만다린어를 사용한다. 그 외 타이완어, 객가어, 원주인 방언 등을 사용한다. 호텔이나 주요 관광지에서는 영어로 소통 가능하나 이외 지역에서는 영어가 잘 통하지 않는다.

★ 전압

110볼트, 60헤르츠이며 11자 형태의 플러그를 사용하고 있어 변환 어댑터를 준비해야 한국에서 가져가는 전자제품을 사용할 수 있다. 인천 공항 1층 입국장 10번과 6번 출구 사이에 있는 각 통신사 로밍 센터에서 멀티 콘센트를 무상으로 빌릴 수 있다.

★ 인터넷

대만에서는 무료로 와이파이를 이용할 수 있는 곳이 많다. 공항을 비롯하여 타이베이 시내 전역에 공공 와이파이 존이 설치되어 있기 때문에 굳이 로밍 서비스를 신청할 필요가 없다.

★ **프리 와이파이 신청하기**: 공항 및 타이베이 역 내의 비지터 인포메이션 센터에서 유스 트래블 카드와 함께 프리 와이파이도 신청할 수 있다. 여권을 보여주면 프리 와이파이를 사용할 수 있는 아이디와 비밀번호를 생성해준다.

★ 치안&주의 사항

치안 상태는 매우 안정적이며 전반적으로 안전하다.

❶ 한국 공관

📞 +886-2-2758-8920~5

🕐 08:30~17:30 (12:00~13:00 점심시간), (3.1절, 광복절, 개천절, 주재국 공휴일 휴무)

🚇 블루 라인인 반난 라인 시정부(市政府) 역에서 도보 10분. 역 2번 출구로 나온 후 남쪽의 큰길을 따라 다섯 블록 이동. 그랜드 하얏트 호텔 옆에 위치.

❷ 현지 경찰

📞 110, +886-2-2331-2790

🚇 블루 라인인 반난 라인 시먼(西門) 역 1번 출구로 나온 후 도보 1분. 1번 출구 바로 옆에 위치.

★ 여행 팁

❶ 유스 트래블 카드 만들기
101 타워 전망대(오디오 가이드 비용 포함), 미라마 관람차, 고궁 박물관 등의 입장료 할인 혜택이 주어지는 카드. 만 15~30세 여행자는 국제 공항(타오위안/쑹산) 도착 후 로비 인포메이션 센터에서 무료 발급이 가능하다. 타이베이 시내에 있는 관광 안내 센터에서도 신청이 가능하다.

❷ 시내 관광 안내 센터 활용하기
관광 안내 센터에서 유스 트래블 카드를 만들거나 다양한 여행 정보를 얻을 수 있다. 길을 잃었거나 안내 책자 등이 필요할 때 방문해보자. 타이베이 기차역, 시먼 역, 베이터우 역, 단수이 역, 젠탄 역에 있다.

통화&환전

★ 통화

대만달러는 TWD, NTD, NT$, 元으로 표기한다. 1TWD = 36원 정도(2015년 12월 기준)다.

★ 환전

❶ 시중 은행
시중 은행에서 원화를 대만달러로 환전할 수 있다. 하지만 모든 지점이 대만달러를 보유하고 있는 건 아니니 미리 전화로 확인 후 방문하자.

❷ 사설 환전소
명동이나 시내의 사설 환전소에서 대만달러로 환전할 수 있다. 발품을 팔아야 하지만 대체로 은행보다 환율이 좋다.

❸ 인터넷 환전
온라인으로 환전을 신청하고 공항에서 픽업하는 방법으로 은행에 갈 필요 없이 편리하게 이용할 수 있다. 시중 은행과 비슷하거나 조금 더 저렴하다.

❹ 미화로 환전
국내에서 미화로 환전한 후 대만에서 현지 은행(타이완 뱅크)이나 공항, 시내 쇼핑센터의 환전소에서 다시 대만달러로 환전하는 방법이다. 가장 환율이 좋지만 번거롭다.

❺ 국제 현금카드
시티은행의 국제 현금카드를 이용하면 현지에서 대만달러로 인출할 수 있다. 소액만

필요할 때 환전 없이 이용할 수 있어 편리하다. 인출 수수료도 $1+인출 금액의 0.2프로로 저렴하며 아시아, 미국, 유럽의 주요 27개국에서 활용할 수 있다.

교통

★ 시내 이동

타이베이는 MRT(지하철)를 이용해 여행하는 것이 좋다. 서울 시내보다 작고 지하철 역과 주요 명소가 가까이 있어 여행하기 편리하며 쾌적하고 배차 간격도 짧은 편이다. MRT에서 음료나 음식물을 들고 타는 것은 가능하나 취식은 절대 불가(취식 시 벌금 부과)하다. MRT를 이용하려면 국내에서처럼 교통카드가 필요한데 이를 이지 카드(한국 T머니와 흡사)라고 부른다.

이지 카드 사용법
인포메이션이나 지하철 승차하는 곳 옆 기계에서 발급 가능하다. 인포메이션이나 편의점, 지하철 역 내 충전 기계에서 충전할 수 있고 지하철 인포메이션에서 환불받으면 되는데(수수료 20대만달러) 편의점에서 발급하는 이지 카드는 환불이 불가하다.

★ 공항에서 시내로 이동하는 방법

타이베이에는 타오위안 공항과 쑹산 공항이 있는데, 인천 공항과 김포 공항 정도로 생각하면 쉽다. 구매하려는 항공편의 도착 공항이 어디인지 정확한 확인이 필요하다. 타오위안 국제 공항에서는 지하철이 없어 리무진 버스나 택시를 이용해야 한다. 호텔의 위치를 파악하여 버스 노선을 보고 가장 가까운 곳에 내려주는 버스를 선택하면 된다. 버스 터미널 매표소에서 버스 노선을 확인할 수 있다. 요금은 버스마다 차이가 있는데 125~150대만달러 정도이다. 택시는 거리가 꽤 있어 1,000대만달러가 넘게 나오기 때문에 별로 추천하지 않는다. 시내까지 버스로 1시간 정도 소요된다. 쑹산 공항은 주로 저가 항공사들이 취항하는 공항으로 시내 쪽에 위치해서 시내 중심가에서 가깝다. 지하철이나 시내버스로 쉽게 이동할 수 있다.

항공

★ 비행 소요 시간

2시간 30분 정도 소요된다.

★ **직항 항공사** 대한항공, 아시아나항공, 중화항공, 에바항공, 부흥항공, 부산에어, 티웨이항공, 이스타젯, 타이항공, 케세이퍼시픽, 스쿠트항공

★ **추천 항공 루트** 서울에서 출발한다면 저가 항공사를 이용하여 김포에서 쑹산 공항으로 입국하는 것이 편리하다. 티웨이, 이스타젯, 에바항공, 중화항공 등이 쑹산 공항에 취항하고 있다. 오전 중 출발하여 점심 이후에 돌아오는 항공 스케줄이 일반적으로 좋다.

★ **예상 항공료** 25~40만 원 정도로 예약이 가능하다. 성수기에는 가격이 오르니 미리 예약해야 한다.

 여행 예산

★ **대만 물가 한눈에 보기**

항목	대만 달러	원화	비고
화롄행 기차	NT$880	30,000원	왕복 금액
택시 기본요금	NT$70	2,500원	
타이루거 택시 투어	NT$2,000	70,000원	5시간 기준
이지 카드 구입	NT$100	3,500원	카드 반환 시 NT$80 환불
이지 카드 충전	NT$300	10,000원	
콜라 1병	NT$39	1,400원	1.5리터
버블 밀크 티	NT$35	1,200원	
펑리수 1박스	NT$280	10,000원	10개 세트. 브랜드마다 다름
푸드코트 음식	NT$100	3,500원	국수, 볶음밥 등 단품
야시장 거리 음식	NT$30	1,000원	꼬치, 튀김 등
빅맥 지수	NT$79(US$ 2.5)	2,800원	한국은 US$3.7

★ 시기와 물가 변동에 따른 가격 차이가 있을 수 있음 (2015년 7월 기준)

★ 기타는 소소한 기념품, 입장료, 호텔 팁 등 잡비를 의미한다. 쇼핑은 여행자에 따라 범위가 상이하므로 예산에 포함하지 않았다. 각 항목의 정확한 금액은 여행 시기나 선택에 따라 달라질 수 있다.

첫째 날 일정 한눈에 보기

타이베이 시내

쑹산 공항은 시내와 가깝고 지하철로 바로 연결되어 편리하다. 2일째와 3일째 일정에서 기차나 버스로 장거리 이동이 있어 아침 일찍 움직여야 하는 만큼 숙소는 타이베이 기차역 부근에 잡는 것이 좋겠다. 기차역과 중산 역 사이의 위치가 가장 좋고 중샤오푸싱 역도 공항까지 바로 연결되어 편리하다. 일단 호텔로 이동하여 짐을 맡겨두고 가벼운 몸으로 일정을 시작하자. 타이베이까지 오느라 에너지를 많이 썼으니 호텔 근처의 가까운 레스토랑에서 식사를 한 다음 국립 중정 기념당으로 간다. 기차역에서 지하철로 두 정거장만 가

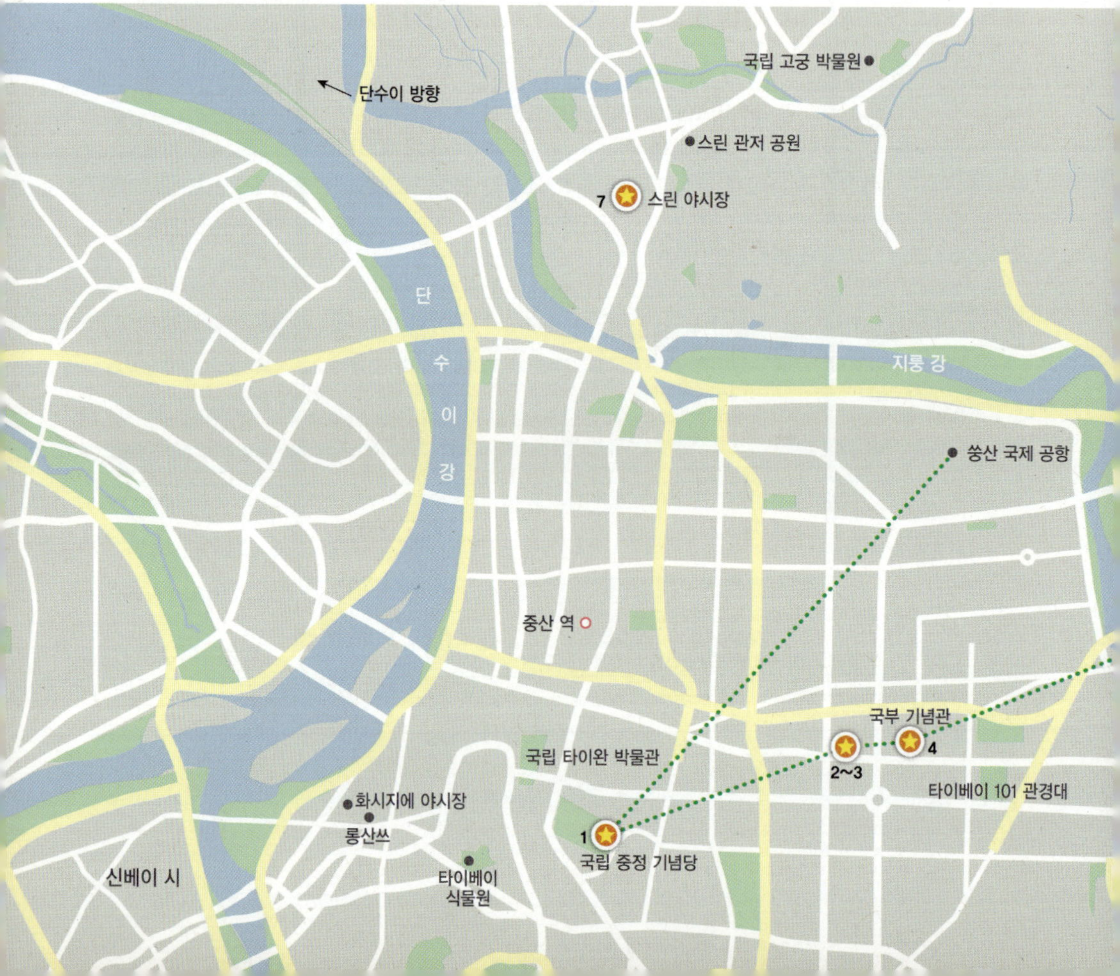

면 도착한다. 중정 기념당 안에는 세 개의 큰 건물이 있는데 콘서트홀과 극장이 마주보고 있고 가장 안쪽에 기념당이 있다. 기념당 건물의 길고 높은 계단을 올라 장제스 총통이 생전에 사용하던 물건들과 집무실 그리고 그의 업적들을 살펴보고 정각에 맞춰 장제스 동상 앞으로 가자. 매시 정각에 펼쳐지는 근위병들의 절도 넘치는 교대식이 이 기념당의 하이라이트이기 때문이다. 기념관 투어를 마치고 다시 지하철을 이용, 중샤오푸싱 역으로 간다. 중샤오둥루라 불리는 대로가 이곳을 가로지르는데 유명 백화점과 상점, 레스토랑이 밀집해 있다. 소고 백화점과 지하상가, 거리의 상점들을 구경하며 슬슬 걸어보자. 중샤오둥루를 따라 국부기념관 방향으로 걷다 이제 타이베이의 상징인 타이베이 101 타워로 간다. 101 타워로 가려면 20여 분 정도 걸어가거나 지하철로 시청역까지 한 정거장만 간 뒤 다시 10여 분 걸으면 된다. 가는 길목에 있는 국부 기념관도 볼 겸 천천히 걸으면 그리 멀지 않다. 저녁도 타이베이 101 타워에서 먹자. 대만의 유명 레스토랑 체인에서 샤오롱바오를 먹어도 좋고 지하에 있는 다양한 메뉴의 푸드코트나 레스토랑에서 원하는 메뉴를 골라도 된다. 타워 내부에는 쇼핑몰과 다양한 기념품 가게, 과자 가게 등이 있으니 구경하는 재미도 있다. 식사 후 야경을 보러 초고속 엘리베이터를 타고 전망대에 오른다. 귀가 먹먹해지는 빠른 속도에 놀라기도 전에 전망대에 도착하면 사방을 둘러싼 통유리를 통해 타이베이 시내 전경을 내려다볼 수 있다. 계단을 찾아 더 올라가면 천장이 없는 옥상 야외에서 야경을 감상할 수도 있다. 타워에서 내려와 본격 식도락 투어를 위해 야시장으로 가자. 스린 야시장이 가장 유명하긴 하지만 일정상 더 가깝고 현지인들이 많이 찾는 랴오허 야시장을 추천한다. 야시장을 둘러보고 다양한 대만의 거리 음식을 맛보며 첫날 일정을 마친다.

★ 첫째 날 추천 일정 ★

❶ 국립 중정 기념당
❷ 소고 백화점
❸ 동구 지하상가
❹ 중샤오둥루
❺ 타이베이 101 관경대
❻ 랴오허 야시장
❼ 스린 야시장

DAY 1 첫째 날

SPOT 추천 명소

타이베이 시내

❶ 국립 중정 기념당 中正紀念堂 / Chiang Kai-shek Memorial Hall

국립 중정 기념당은 대만의 국부인 장제스 총통을 추모하는 기념관으로 그의 유품과 업적을 전시하는 기념관과 콘서트홀, 국립 극장으로 이루어져 있다. 89세에 생을 마감한 장제스 총통을 기리며 89개의 계단을 올라가야 기념관으로 들어갈 수 있다. 무료 입장이며 매일 오전 10시부터 오후 5시 사이 매시 정각마다 위엄 있는 근위병 교대식을 볼 수 있다.

- No. 21, Zhongshan South Road, Zhongzheng, Taipei
- 09:00~18:00 | www.cksmh.gov.tw | 무료

❷ 소고 백화점 太平洋sogo百貨店 / Sogo Department Store

타이완 전역에 지점을 두고 있는 잘나가는 일본계 백화점으로 타이베이 시민들에게 오랫동안 사랑받고 있는 제일의 백화점이다. 백화점 안의 푸드코트나 카페 때문에 여행자들도 많이 방문한다.

- No. 45, Section 4, Zhongxiao East Road, Daan, Taipei
- 일–목 11:00~21:30 금·토 11:00~22:00
- www.sogo.com.tw

❸ 동구 지하상가 東區地下街 / East Metro Mall

타이베이 시내에서 가장 번화한 중샤오푸싱 역부터 중샤오둥루에 이르는 구역에 형성된 지하상가이다. 옷 가게, 편의점, 식당, 오락실, 약국, 전시 공간 등으로 구성되어 있으며 관광객들을 위한 관광 안내소도 있다.

- No. 67-75, Section 4, Zhongxiao East Road, Daan, Taipei
- 11:00~22:00 | english.gov.taipei

❹ 쭝샤오둥루 忠孝東路 / Zhong Xiao East Road

소고 백화점을 포함한 최고급 백화점과 상점이 밀집되어 있는 번화가이다. 한국의 강남대로와 비슷한 곳으로 거리를 따라 레스토랑, 카페, 펍 등도 많이 있다.

- No. 172, Section 4, Zhongxiao East Road, Daan, Taipei

❺ 타이베이 101 관경대 台北101觀景台 / Taipei 101 Observatory

하늘로 뻗어 나가는 대나무 위에 꽃잎이 겹겹이 포개진 형상을 하고 있는 타이베이 101 빌딩은 세계에서 다섯 손가락 안에 꼽히는 높은 건물이다. 1~5층에는 소고 백화점, 뷰티 플라자, 애비뉴 101 등의 상점이 입점해 있고 레스토랑, 대형 서점 등 다양한 시설이 있다. 특히 89층에 있는 전망대가 유명한데 5층에서 89층까지 37초 만에 오르는, 세계에서 가장 빠른 엘리베이터로 기네스북에 이름이 올라가 있다. 전망대에서는 시내를 360도로 내려다볼 수 있어 타이베이의 야경을 감상하기에 좋다.

- Taipei 101 Mall No. 7, Section 5, Xinyi Road, Xinyi, Taipei
- 09:00~22:00 | www.taipei-101.com.tw | 성인 NT$500, 학생 및 아동 NT$450

❻ 랴오허 야시장 饒河街觀光夜市 / Raohe Street Night Market

대만의 대표 음식들을 간편하게 먹을 수 있는 야시장이다. 대만의 전통 화덕에서 구워낸 만두가 가장 유명하며 취두부, 버섯튀김, 빙수 등이 있다. 먹거리뿐만 아니라 시장의 양 끝에서는 옷과 기념품, 각종 잡화와 생활용품들도 판매한다. 대만 최초의 야시장으로 다른 야시장보다 가격이 저렴하여 현지인들이 더 많이 찾는다.

- Raohe Street, Songshan, Taipei | 17:00~24:00

❼ 스린 야시장 士林夜市 / Shilin Night Market

타이베이의 밤 문화를 대표하는 야시장 중에서 제일 유명한 곳이 스린 야시장이다. 쇼핑 구역은 길 양편에 의류, 신발, 액세서리 등을 파는 상점이 들어서 있고, 골목길 사이사이로 온갖 간식을 파는 포장마차들이 즐비하다. 좁은 길에 많은 사람들이 있어 정신없지만 타이베이의 밤 일정에 꼭 포함해야 하는 곳이다. 거리 음식의 천국이기도 한데 쩐주나이차는 물론 굴전과 비슷한 오아젠, 치킨과 비슷한 지파이와 다양한 꼬치 및 튀김을 저렴한 가격에 즐길 수 있다.

No. 17, Jihe Road, Shilin, Taipei | 18:00~01:00

TASTE 주변 추천 맛집

타이베이 시내

홍스푸미엔스 洪師父麵食棧 / Chef Hung Taiwanese Beef Noodle

대만 니우로우미엔 대회에서 1등을 한 맛집으로 미국과 중국에도 진출해 있다. 두 종류의 고기로 낸 진한 국물과 탱탱한 면을 맛볼 수 있다. 면의 두께를 고를 수 있으며 필요한 밑반찬은 직접 가져다 먹으면 된다. 타이베이에는 중산 지점과 타이베이 기차역 지점이 있다. 이 일정에서는 기차역 근처의 가게를 추천.

No. 29號, Section 1, Kaifeng St, Zhongzheng, Taipei (타이베이 기차역점)
11:00~22:00 (타이베이 기차역점) | www.taiwannoodle.com.tw

춘수이탕 春水堂 / Chun Shui Tang

대만 하면 떠오르는 시원한 버블 밀크 티를 맛볼 수 있는 유명 프랜차이즈 카페다. 모던한 분위기의 찻집으로 다양한 버블 밀크 티(쩐주나이차)와 우롱차, 홍차는 물론 토스트와 간단한 요리도 판매하고 있다. 장제스 기념관과 타이베이 기차역, 쑹산 공항, 타오위안 공항 등 타이베이에만 아홉 개 지점이 있다.

- No. 66, Section 1, Zhongxiao W Rd, Zhongzheng, Taipei (타이베이 기차역점)
- 11:00~21:30 (타이베이 기차역점) | chunshuitang.com.tw

아이스 몬스터 Ice Monster

대만 3대 망고 빙수집 중 한 곳으로 현대적이고 세련된 인테리어가 돋보인다. 망고 빙수와 커피 빙수, 딸기 빙수, 땅콩 빙수 등 다양한 종류의 빙수가 있으며 생망고가 올라간 노란 망고 빙수가 가장 유명하다. 국부기념관역과 브리즈 송가오에 지점이 있다.

- No.297, Sec. 4, Zhongxiao E. Rd. Taipei (국부기념관역점)
- 10:30~23:30 (국부기념관역점) | www.ice-monster.com

딘타이펑 鼎泰豐 / Din Tai Fung

전 세계 30여 곳에 지점을 둔 대만의 대표적인 레스토랑으로 1958년 타이베이에서 노점상으로 시작하여 글로벌 체인 레스토랑으로 성장했다. 다양한 종류의 딤섬을 메인으로 왕만두, 면 요리, 볶음밥과 야채, 그리고 디저트까지 있어 풀코스로 즐길 수 있다. 대표적인 메뉴는 역시 샤오롱바오다. 101 타워 지하에 있는 딘타이펑에 가면 오래 기다려야 하니 번호표를 먼저 받고 기다리는 동안 건물 구경을 하자.

- No. 194, Section 2, Xinyi Road, Daan, Taipei (융캉제, 본점)
- 평일 10:00~21:00, 주말 09:00~21:00 (본점) | www.dintaifung.com.tw

치아더 佳德糕餅有限公司 / Chia Te

대만의 대표적인 특산품인 펑리수(파인애플 케이크)를 전문으로 판매하는 베이커리로, 펑리수는 여행자들 사이에서 대만 여행 시 꼭 사와야 하는 기념품으로 정평이 나 있다. 치아더는 매장에서 시식이 가능하여 맛을 보고 구매할 수 있다. 개당 약 1,000원 정도.

- No. 90, Section 5, Nanjing East Road, Songshan, Taipei
- 07:30~21:30 | www.chiate88.com

둘째 날 일정 한눈에 보기
예류 > 진과스 > 지우펀 > 스펀

예류-진과스-지우펀-스펀으로 이어지는 타이베이 근교 여행은 소위 '예진지스'로 불리며 많은 여행자들이 찾는 코스다. 일행이 여럿 있다면 하루 택시를 빌려 타고 이동하는 택시 투어가 편리하지만 혼자 또는 단둘이 여행한다면 비용이 부담스러울 수 있다. 택시 투어 비용은 기사와의 흥정에 따라 다르겠지만 보통 3,000대만달러 정도이다. 물론 대중교통으로도 이동이 가능한데 타이베이 기차역 서측, 버스 터미널 A에서 진산행 1815번

버스를 타면 예류 지질 공원으로 간다. 바다를 옆에 두고 기괴한 자태를 뽐내는 기암괴석들을 만날 수 있는 이곳에서 두어 시간 정도 둘러보고 790번이나 862번 진산행 버스를 다시 타고 지룽 버스 터미널 역으로 간다. 지룽 터미널 맞은편에서 진과스로 가는 788번 버스로 환승, 진과스의 황금 박물관을 보러 가자. 예류에서 진과스 까지는 1시간 10~20분 정도가 소요된다. 광부 도시락부터 찾아가 배를 채운 다음 슬슬 걸어 옛 탄광과 태자빈관의 일본식 정원, 황금 박물관 등을 둘러보자. 다시 진과스 정문으로 나와 788번 버스를 타면 지우펀으로 갈 수 있다. 10분쯤 달려 많은 사람들이 내리는 곳이 바로 지우펀. 긴 시장 골목을 지나 끝에 다다르면 갑자기 절벽이 나타나면서 멀리 바다가 보인다. 절벽마다 자리 잡은 카페에 앉아 전통차 한잔 마시면서 풍경을 감상해도 좋겠다. 시장 골목을 다시 되돌아 나와 내렸던 곳에서 같은 버스를 타고 루이팡 역으로 간다. 루이팡에서 핑시 선 열차를 타면 천등으로 유명한 스펀으로 갈 수 있다. 기찻길 바로 옆까지 자리잡은 오밀조밀한 상점들이 이색적인 분위기를 자아내는 스펀에서 고이고이 소원을 적어 천등까지 날려 보내고 나면 오늘의 일정은 대략 끝. 스펀에서는 기차로 타이베이로 이동하면 되는데 1시간 반 정도 소요된다. 타이베이 기차역에서 나와 늦은 저녁을 먹으러 융캉제로 가자. 융캉제는 타이베이의 유명한 맛집 거리로 담섬계의 양대 산맥을 이루는 가오지와 딘타이펑, 3대 망고 빙수인 스무시, 융캉 니우로우미엔 등 유명한 맛집들이 모여 있는 곳이다.

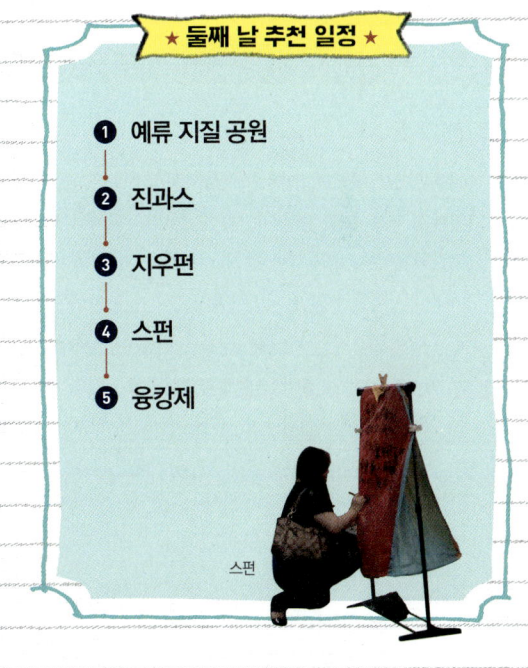

★ 둘째 날 추천 일정 ★

1. 예류 지질 공원
2. 진과스
3. 지우펀
4. 스펀
5. 융캉제

스펀

SPOT 추천 명소

DAY 2 둘째 날

예류 › 진과스 › 지우펀 › 스펀

❶ 예류 지질 공원 野柳地質公園/Yehliu Geopark

자연적인 풍화 작용과 지각 변동으로 형성된 예류 지질 공원은 예류 관광의 하이라이트로 공원 안으로 들어가 약 5분 정도 걸으면 왼편으로 자연 예술품 전시장이라 일컬어지는 예류 풍경구가 펼쳐진다. 촛대 바위, 버섯 바위, 두부석 등의 별명으로 불리는 바위들 중 가장 인기 있는 것은 고대 이집트 왕비 중 최고의 미녀로 알려진 네페르티티의 모습을 하고 있는 여왕 바위이다.

- Gangdong Road, Wanli, New Taipei
- 07:30~17:00 (5~9월에는 18:00까지)
- www.ylgeopark.org.tw
- 성인 80 NT$, 학생 및 아동 NT$40 / **교통비** 타이베이 버스 터미널~예류 NT$96 (90분 정도 소요)

❷ 진과스 金瓜石/Jinguashi

지우펀에서 버스로 10분 거리에 위치한 진과스는 2차 대전 당시 일본군 전쟁 포로 광산이었다. 1970년대 들어 풍부했던 금광이 고갈되면서 쇠락의 길을 걷기 시작했고 결국 버려진 광산과 녹아버린 시설들만 남게 되면서 화려함과 쓸쓸함이 공존하는 묘한 분위기의 관광지가 되었다. 지금은 탄광 테마파크의 역할을 하고 있는데 개발이 중단된 금광과 220킬로그램의 거대 금괴, 황금 박물관, 광부 도시락을 판매하는 카페, 사원 등이 있다. 입구에는 관광객을 위한 인포메이션 센터가 있다.

- No. 197, Jinguang Road, Ruifang, New Taipei
- 화-금 09:30~17:00, 토·일 09:30~18:00, 월요일 휴무
- www.gep.ntpc.gov.tw
- 입장 무료, 탄광 체험 NT$50, 사금 채취 체험 NT$100

③ 지우펀 九份 / Jiufen

지우펀은 1920~30년대 금광 채굴로 번성을 누리는 도시 였지만 채광 산업이 몰락하며 지금은 한적한 마을이 되었다. 대만의 옛 모습을 잘 간직하고 있는 곳으로 영화 「비정성시」의 촬영지로 다시 유명해졌고 한국 드라마 「온에어」 촬영지로도 알려졌다. 일본 애니메이션 「센과 치히로의 행방불명」의 모티브가 된 찻집도 이곳에 있다. 지우펀에서 가장 번화한 곳은 지산제라는 좁은 골목길로 아기자기한 기념품이 즐비한 가게와 음식점, 카페 등이 들어서 있어 늘 사람들로 북적인다. 지산제 거리를 따라 길고 좁게 이어진 시장을 구경하며 이런저런 주전부리도 먹고 기념품도 사면서 걸어가 보자. 땅콩가루와 아이스크림을 넣은 크레페나 취두부, 대만식 떡인 색색의 위위안, 치아더 펑리수, 소시지 꼬치 등을 먹을 수 있다. 길 전체가 계단으로 이루어진 수치루 또한 지우펀의 매력을 느끼기에 좋다.

No. 193, Jishan Street, Ruifang, New Taipei City

진과스 · 지우펀 가는 법

기차 이용 타이베이 기차역에서 루이팡으로 가는 기차를 탄다. 루이팡 역 맞은편 웰컴 슈퍼마켓 옆에서 진과스행 788번이나 1062번 버스를 타면 진과스나 지우펀으로 갈 수 있다. 루이팡에서 지우펀까지 15분, 진과스까지 25분 정도 소요되고 버스 요금은 평일 NT$21, 주말 NT$15이다.

버스 이용 타이베이의 MRT 중샤오푸싱 역 1번 출구에서 1062번 버스를 타면 루이팡, 지우펀을 거쳐서 진과스까지 환승 없이 바로 갈 수 있다. 약 1시간 정도 걸리며 요금은 NT$90이다.

④ 스펀 十分 / Shifen

스펀은 선로를 따라 형형색색의 천등 가게와 상점들이 있는 곳으로, 소원을 담아 날리는 천등 마을로 유명하다. 기찻길 바로 옆까지 들어선 마을 형태가 독특하다. 과거 석탄을 나르던 기차는 이제는 옛 모습을 간직한 관광 열차로 변모했는데 루이팡 역에서 핑시 선 열차를 타고 갈 수 있다. 열차가 그리 자주 다니지 않아 기찻길 위에서 천등을 날릴 수 있다. 스펀 폭포도 유명한데 20미터 높이의 폭포가 물안개를 일으키는 모습을 볼 수 있다.

Shifen Street, Pingxi, New Taipei | **교통비** 루이팡-스펀 1일 티켓 NT$52

⑤ **융캉제** 永康街 / Yongkang Street

유명한 식당들이 몰려 있는 대만 음식의 메카로 딘타이펑 본점을 비롯, 최고의 망고 빙수집으로 꼽히는 스무시 등 이름난 음식점들이 모두 이 거리에 몰려 있다. 타이완 사범 대학이 있어서 학생들을 대상으로 하는 저렴하면서도 맛있는 현지 식당들도 많다. 맛집 외에 분위기 있는 카페와 아담한 상점들도 구석구석 자리하고 있어 구경하는 재미도 있다.

No. 1, Yongkang Street, Daan, Taipei

TASTE 주변 추천 맛집

예류 > 진과스 > 지우펀 > 스펀

광부 도시락 黃金印象咖啡館 / Golden Impression Cafe

진과스 안에 있는 음식점으로 진과스 입구에서 10여 분을 걸어가면 큰 나무 아래에 자리 잡은 식당과 야외 테이블이 있는데 예전 광부들이 먹던 도시락을 재현하여 판매한다. 얇은 도시락에 돼지고기튀김을 얹은 덮밥으로 관광객들에게 인기가 좋다. 다 먹은 도시락통은 기념품으로 가져올 수 있다.

No. 51-1, Jinguang Road, Ruifang, New Taipei
월-금 09:00~17:00, 토·일 09:00~18:00
www.funfarm.com.tw

화성쥐안커빙치린 花生捲可冰淇淋 / Peanut Roll Ice Cream

지우펀에서 가장 유명한 먹거리 중 하나로, 일명 땅콩 아이스크림으로 불린다. 크레페와 비슷한 얇은 밀전병 위에 땅콩엿을 곱게 간 가루와 타로 아이스크림을 올려 말아준다. 대부분 고수를 뿌려주는데 입에 맞지 않으면 빼달라고 하면 된다.

No. 47, Jishan Street, Ruifang, New Taipei City
10:00~22:00

아메이차주관 阿妹茶酒館 / A Mei Tea House

대만 영화 「비정성시」의 배경이 된 전통 찻집으로 고풍스러운 홍등 장식으로 지우펀의 상징이 되었다. 일본 애니메이션 「센과 치히로의 행방불명」의 모티브가 된 곳이기도 하다. 우롱차, 녹차 등을 주문하면 떡, 경단 등의 다과를 함께 준다. 2층은 차, 3층은 식사를 할 수 있는 공간으로 나뉘어 있고 창가에 앉으면 바다를 내려다볼 수 있어 좋다. 분위기와 전망 때문에 방문하는 곳인데 가격이 비싸 1인당 1만 원 정도는 예상해야 한다.

No. 35, Shuqi Road, Ruifang, New Taipei
08:30~01:00, 금 08:30~03:00

선 메리 베이커리 聖瑪莉 / Sun Merry

85년에 설립된 곳으로 많은 수상 경력을 자랑하는 타이베이의 대표적인 빵집이다. 펑리수로 유명하며 케이크와 파이 등 다양한 종류의 빵도 선보이고 있다. 선 메리의 펑리수는 한 입 펑리수라고도 알려져 있는데 한 입 크기의 아담한 사이즈가 앙증맞다. 12개짜리 펑리수 한 박스가 150대만달러(약 5,000원) 정도 한다. 타이베이 시에 여덟 개의 지점이 있다.

No. 186, Section 2, Xinyi Road, Daan, Taipei (동문점)
07:30~22:00 (동문점) | www.sunmerry.com.tw

가오지 高記 / Kao Chi

융캉제에서 최초로 문을 연 상하이식 딤섬 레스토랑으로 딘타이펑과 함께 대만 딤섬계의 양대 산맥이라 할 수 있다. 관광객보다는 현지인이 더 많이 찾는 곳으로 외교사절과 고위 관료들도 많이 찾는다고 한다. 샤오롱바오도 유명하지만 셰황 샤오롱바오와 군만두인 상하이 성젠바오즈도 인기다.

No. 1, Yongkang Street, Daan, Taipei
월-금 10:00~22:30, 토·일 08:30~22:30 | www.kao-chi.com

셋째 날 일정 한눈에 보기

화렌 > 타이루거

오늘의 일정은 심플하다. 바로 타이루거 협곡을 보는 것! 일단 타이베이 기차역에서 기차로 2시간여를 달려 화렌 역으로 가자. 온라인으로 미리 기차표를 예약해야 한다. 기차 종류에 따라 소요 시간이 다르니 예약 시 반드시 확인할 것. 요금은 340~440대만달러 정도다. 타이루거 투어 코스로는 주로 입구의 관광 안내 센터-창춘츠-부뤄완-옌츠커우-주

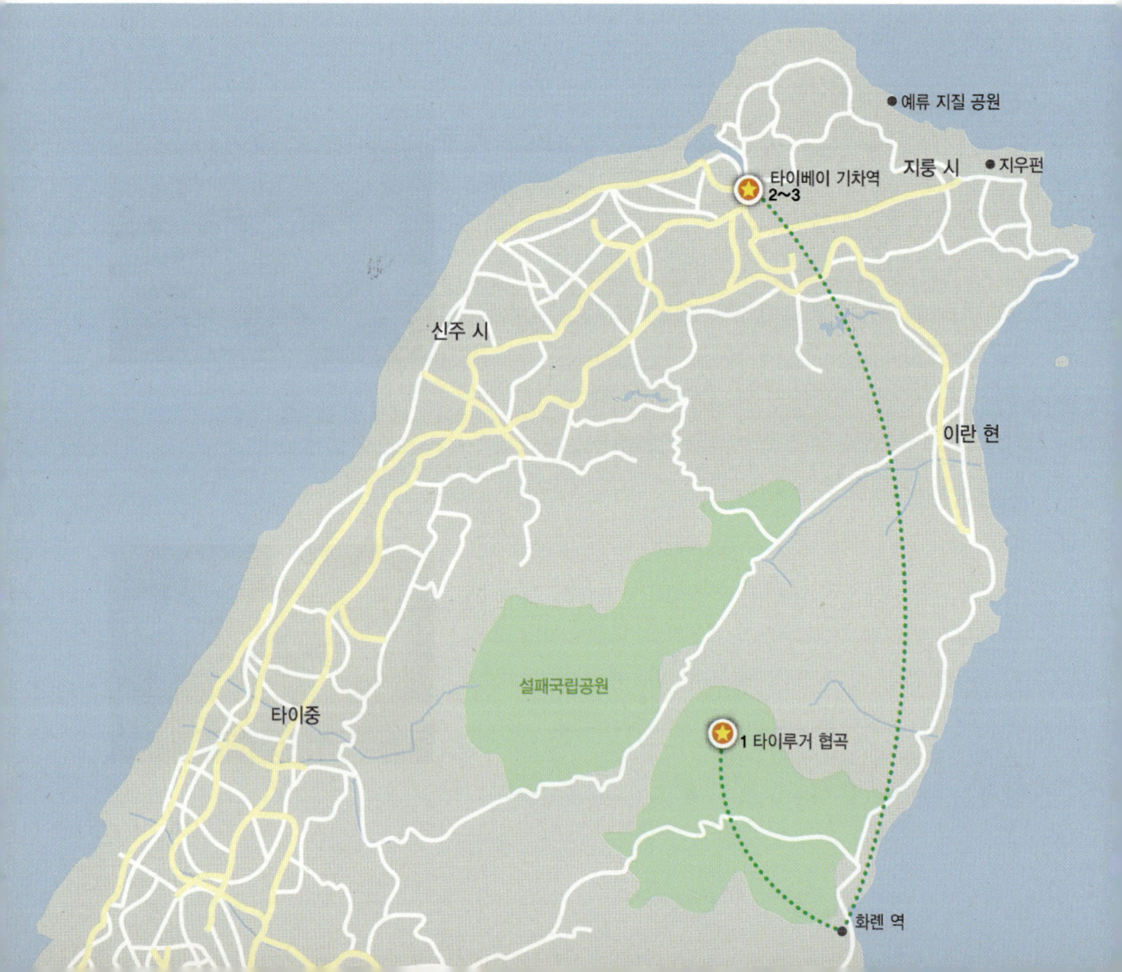

취둥-츠무차오-텐샹을 순서대로 방문하는 것이 일반적이다.(또는 텐샹부터 시작하여 반대로 내려오는 방법도 있다.) 타이루거를 둘러보는 데는 대체로 5시간 정도 소요되므로 기차 시간을 여유롭게 잡고 움직이는 것이 좋다. 화롄 역에서 타이베이로 돌아왔으면 야식도 먹고 저녁 시간을 보낼 시먼딩으로 가보자. 한국의 명동과 비슷한 쇼핑 지역으로 골목골목 상점과 기념품 가게, 식당과 카페들이 가득하다. 레스토랑도 많지만 치킨이나 곱창 국수 등을 파는 길거리 음식점도 많다. 근처 신동양에 들러 타이완 특유의 먹거리를 쇼핑하는 것도 중요한 일정 중 하나.

★ 셋째 날 추천 일정 ★

1. 타이루거 협곡
2. 시먼딩
3. 신동양

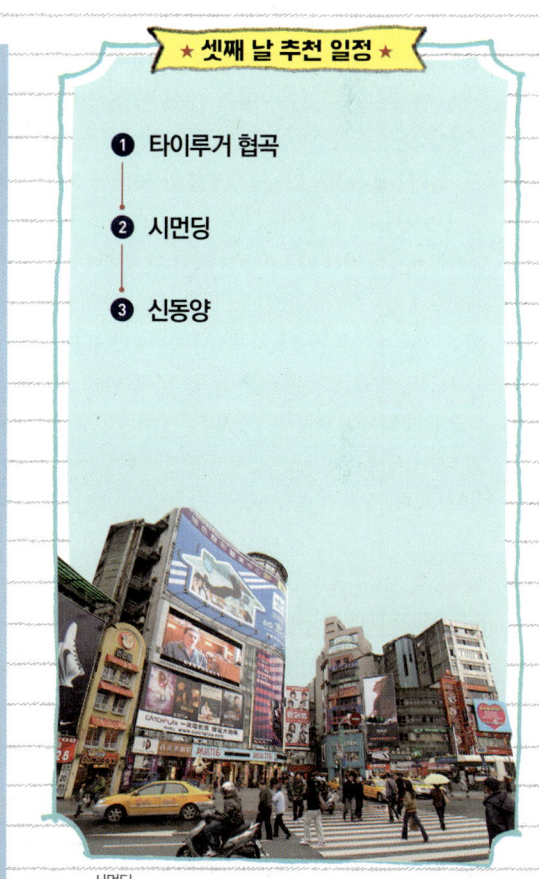

시먼딩

SPOT 👓 추천 명소

화롄 > 타이루거

❶ 타이루거 협곡 太魯閣國家公園 / Taroko National Park

대만에서 네 번째로 지정된 국가 공원으로 해발고도 2,000미터, 길이 20킬로미터의 국립 공원이다. 대만의 동부 해안에 위치해 있으며 대리석 절벽으로 이루어져 경이로운 자연을 볼 수 있다. 인간의 손으로 바위를 뚫어 만든 길 위에서 최고의 절경이 펼쳐진다. '타이루거 taroko'라는 이름은 대만 원주민 언어로 웅장하고 아름답다는 뜻이다. 타이루거 협곡을 둘러보는 방법은 버스, 택시, 스쿠터 세 가지가 있는데 일행이 있다면 택시 투어를 하는 것이 가장 편리하다. 화롄 역 앞에 많은 택시들이 기다리고 있고 먼저 다가와 투어 루트를 보여주면서 호객 행위를 하기도 한다. 가격은 소요 시간과 기사와의 흥정에 따라 다르지만 보통 5시간 투어에 2,000~2,500대만달러 정도면 적당하다. 개인 여행자라면 타이루거 버스 투어를 이용하는 것이 가장 저렴한데 화롄 역 앞의 인포메이션 센터에서 시간표와 티켓을 구할 수 있다. 버스를 자유롭게 내렸다 탔다 하면서 타이루거 협곡의 명소를 둘러볼 수 있는데, 버스 배차 간격이 1시간 정도로 길기 때문에 시간을 잘 확인하고 움직여야 한다. 버스 투어 1일권은 250대만달러, 2일권은 400대만달러이다. 국제 운전면허증이 있다면 스쿠터를 대여하여 직접 운전하면서 돌아보는 방법도 있다. 다만 대여업체에서 보험에 가입하지 않은 경우가 많아 여행자 사고 보험에 따로 가입하는 것이 좋고 안전에 유의해야 한다. 스쿠터 대여료는 500대만달러, 기름값은 150~200대만달러 정도 든다.

🏠 291, Xiulin Township, Hualien County

🌐 www.taroko.gov.tw/English

기차로 타이루거 협곡 가는 법

타이베이 기차역에서 화롄행 기차를 타고 갈 수 있다. 화롄까지는 2시간 정도 소요되며 편도 요금이 NT$340~440 정도다. 기차는 사전에 온라인으로 예매해야 하며 예매 시 소요 시간을 반드시 확인해야 한다. 고속 열차가 아닌 완행의 경우 10시간이 걸릴 수도 있다. 이 예매 사이트에서는 출발역과 도착역을 선택하여 시간표를 검색할 수 있어 다른 지역으로 이동할 때도 활용 가능하다.

🌐 twtraffic.tra.gov.tw/twrail/English/e_index.aspx

❷ 시먼딩 西門町 / Ximending

타이베이 시에서 최초로 형성된 보행자 거리로 1950~60년대에는 대만 전체에서 최고로 번화한 거리였다. 우리나라의 명동과 비슷한 곳으로 대형 백화점과 상점, 식당이 들어서 있다. 종종 콘서트와 이벤트가 열리기도 하며 호텔과 호스텔이 이곳에 몰려 있다. 쇼핑에 관심이 많다면 시먼딩에 숙소를 잡는 것이 편리하다. 시먼 역 6번 출구부터 시먼딩 보행자 거리이다.

🚇 Ximen station, Taipei

❸ 신동양 新東陽 / Hsin Tung Yang

타이완 전역에서 쉽게 볼 수 있는 타이완 최대의 식품 소매 체인점이다. 매운 소고기 육포, 벌꿀에 절인 돼지고기 육포, 펑리수, 전통 과자, 우롱차, 모찌 등 타이완 음식에 관한 모든 것이 있는 음식 백화점으로, 저렴한 것부터 고급스러운 것까지 다양한 브랜드의 상품이 있어 출국 전 마지막 쇼핑을 위해 들러볼 만하다. 파인애플 맛과 크랜베리 맛, 망고 맛 등이 함께 든 종합 펑리수 세트는 16개짜리 한 박스가 220대만달러(약 8,000원) 정도다. 단, 펑리수 자체의 맛은 좀 부족하다.

🚇 No. 74-1, Xining South Road Wanhua, Taipei | ⏰ 09:00~22:00 | 📶 www.hty.com.tw

---

화롄 › 타이루거

TASTE 🍦 주변 추천 맛집

아종미엔시엔 阿宗麵線 / Ay-Chung Noodle

시먼딩의 명물 곱창 국수집인 아종미엔시엔은 1975년부터 시작된 곳으로 메뉴판도 테이블도 의자도 없지만 곱창 국수를 먹으려는 사람들로 늘 붐빈다. 일단 줄을 서고 대(大), 소(小) 사이즈만 선택하면 된다. 앉을 곳이 따로 없어 주변에서 서서 먹어야 한다.

🚇 No. 8-1, Emei Street, Wanhua, Taipei
⏰ 월-목 11:00~22:30, 금-일 11:00~23:00

넷째 날 일정 한눈에 보기

고궁 박물원 > 스린 관저 공원

마지막 날의 일정은 고궁 박물원을 둘러보고 공항으로 가는 것이 전부다. 늦은 오후에 출발하는 일정일 때 가능한 코스로 비행 스케줄에 따라 유동적일 수 있다. 아침을 먹고 바로 고궁 박물원으로 간다. 지하철 스린 역에서 내려 1번 출구 앞에서 훙(紅)30·255·304·815번 버스를 타면 고궁 박물원으로 갈 수 있다. 옛 중국 황실의 진귀한

보물들을 관람하고 시간 여유가 된다면 스린 관저 공원에도 들러보자. 장제스 총통의 옛 관저로 잘 가꾸어진 공원이 아름답다. 고궁 박물원에서 훙30번 버스를 타면 갈 수 있다. 그런 다음 다시 스린 역에서 중산 역으로 이동하여 선물용 펑리수도 사고 대만에서의 마지막 식사도 즐겨보자. 식사 후 호텔로 돌아가 짐을 들고 공항으로 가면 모든 일정이 끝난다.

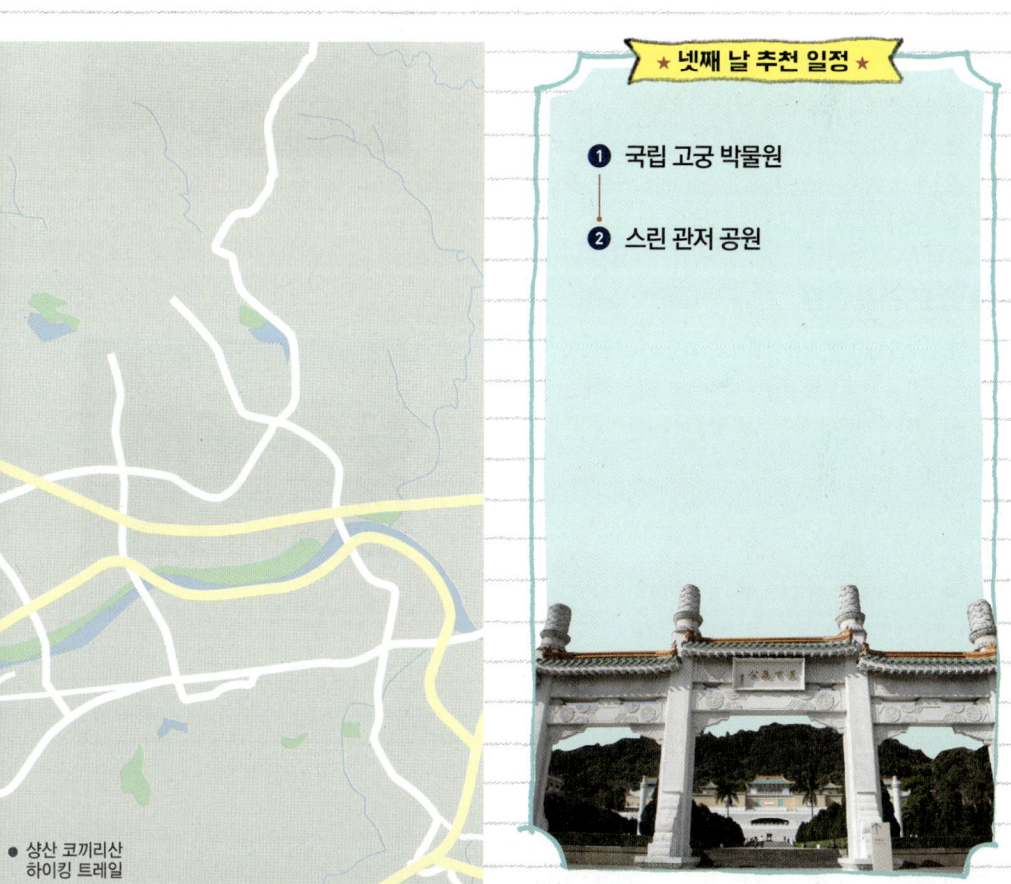

● 샹산 코끼리산 하이킹 트레일

★ 넷째 날 추천 일정 ★

1. 국립 고궁 박물원
2. 스린 관저 공원

고궁박물원

DAY 4 넷째 날

SPOT 추천 명소

고궁 박물원 › 스린 관저 공원

❶ 국립 고궁 박물원 國立故宮博物院 / National Palace Museum

1965년에 개관한 국립 고궁 박물원은 런던의 대영 박물관, 파리의 루브르 박물관, 뉴욕의 메트로폴리탄 박물관, 러시아의 에르미타주 박물관과 함께 세계 5대 박물관으로 꼽힌다. 옛 궁전을 뜻하는 고궁이란 말처럼 이곳에는 대대로 중국 황실에서 전해 내려온 진귀한 보물들이 전시되어 있다.

- No. 221, Section 2, Zhishan Road, Shilin, Taipei
- 일-목 08:30~18:30, 금·토 08:30~21:00, 연중무휴 | www.npm.gov.tw
- 성인 NT$250, 학생 NT$150(국제 학생증, 유스 트래블 카드 소지자)

❷ 스린 관저 공원 士林官邸 / Shilin Official Residence

장제스의 관저로 사용되던 곳으로 1996년부터 메인 홀을 제외한 나머지 공간이 일반인에게 공개되고 있다. 일본식, 중국식, 유럽식 정원이 아름답게 꾸며져 있으며 산책로를 따라 의자가 놓여 있다.

- No. 60, Fulin Road, Shilin, Taipei
- 09:30~12:00, 13:30~17:00
- 성인 NT$100, 학생 NT$50 (국제 학생증 소지자)

TASTE 주변 추천 맛집

고궁 박물원 › 스린 관저 공원

순청 베이커리 順成蛋糕 / Shun Chen Bakery

대만 펑리수 대회에서 1등을 한 펑리수 맛집으로 50년 역사를 자랑한다. 부드럽고 촉촉한 빵 속에 파인애플 과육이 듬뿍 담겨 있어 맛이 좋다. 고급스러운 펑리수로 선물을 하기에도 제격이다. 타이베이 기차역과 소고 백화점 근처, 중산 역 근처 등 타이베이 시내에 여러 지점이 있다.

- No. 68, Nanjing West Road, Datong, Taipei (중산점)
- 09:00~18:00
- www.bestbakery.com.tw

마라훠궈 馬辣頂級麻辣鴛鴦火鍋 / Mala Hot Pot

중국식 샤부샤부인 훠궈를 뷔페식으로 맛볼 수 있다. 육수의 종류를 고르고 해산물과 고기, 야채, 버섯 등 원하는 재료를 골라 데쳐 먹으면 된다. 고기를 제외한 나머지 재료는 무제한으로 먹을 수 있으며 과일과 푸딩, 아이스크림 등의 디저트도 있다. 식사 시간은 2시간으로 제한되어 있으며 시먼과 중산에 지점이 있다.

- No. 60, Xining South Road, Wanhua, Taipei
- 11:30~05:00
- www.mala-1.com.tw
- 평일 런치 NT$498, 평일 디너·주말 NT$598

카페 85℃ 85°C Bakery Cafe

대만에서 가장 유명한 로컬 카페로 대만 전역과 중국, 시드니 등에 지점이 있다. 바다 소금 커피로 유명하며 티라미수와 케이크 등의 베이커리도 인기다. 예류와 중산 역, 행천궁 역, 시먼 역 등 곳곳에 여러 지점이 있다.

- No. 25, Chang'an West Road, Datong, Taipei (중산역점)
- 07:00~24:00
- www.85cafe.com

PLUS SPOT
추가 추천 스팟

시간상 일정에는 넣지 못했지만 여유가 있다면 더 돌아볼 만한 타이베이의 명소들을 소개한다. 아래의 추천 장소를 참고하여 나만의 일정을 만들어보자.

타이베이 아이 臺北戲棚 / Taipei EYE

경극을 감상할 수 있는 곳이다. 대부분 춤과 음악으로 이루어진 전통 연극으로 '서유기'의 일부 내용을 표현한다. 공연 시작 전에는 배우들이 화장하는 모습을 볼 수 있으며 공연이 끝난 후에는 배우와 함께 사진을 찍을 수도 있다. 웹사이트에서 온라인으로 예매 가능하며 한국어도 지원된다.

- No. 113, Section 2, Zhongshan North Road, Zhongshan, Taipei
- 월·수·금·토 20:00
- www.taipeieye.com
- 월·수·금 60분 공연 NT$550, 토 90분 공연 NT$880

화시지에 야시장 華西街觀光夜市 / Huaxi Street Night Market

용산사 근처의 야시장으로 과거 사창가였으나 현재는 뱀 시장으로 유명하다. 시장은 크게 보양 음식을 파는 구역과 먹거리를 파는 구역으로 나뉜다. 뱀, 자라 등 몸에 좋다는 건강 음식들을 구입할 수 있으며 국수, 빙수, 열대과일, 굴전 등을 먹을 수 있다.

- Huasi Street, Wanhua, Taipei
- 16:00~24:00

스다 야시장 师大夜市 / Shida Night Market

대만 국립 사범 대학 근처에 형성된 곳으로 유명한 야시장 중 하나다. 의류, 액세서리와 각종 잡화를 판매하는 상점들이 오밀조밀 모여 있다. 식당과 거리 음식도 많이 있어 구경도 하고 식사를 해결하기에도 좋다. 현지 학생과 유학생들이 주로 많이 찾는다.

- Shida Rd, Daan, Taipei
- 월-금 18:00~23:30, 토 · 일 14:00~23:30

단수이 淡水 / Tamsui-Danshui

타이베이 시민들에게 보물이라고 불리는 근교의 항구 도시다. 음식점과 문구점, 오래된 상점들이 늘어선 라오제 거리와 낚시나 자전거를 탈 수 있는 해안 공원이 있다. 또한 석양으로 유명한 워런마토우도 이곳에 있어 낙조를 보러 많은 이들이 찾는다.

- Tamsui station, Danshui, New Taipei

홍마오청 紅毛城 / Fort San Domingo- Hongmao Cheng

단수이에 있는 유적이자 박물관이다. 1629년에 스페인이 세웠던 요새로 이후 네덜란드가 재건하면서 '빨간 머리 붉은 털의 성'이라는 뜻의 이름을 갖게 되었다. 스페인과 네덜란드, 영국의 점령을 거쳐 400여 년을 버텨온 역사적인 장소로 내부에는 건물의 미니어처와 당시의 역사에 대한 설명이 쓰여진 자료가 있다. 건물 앞 정원에서는 단수이의 아름다운 경치를 내려다볼 수 있다. 단수이 역에서 홍26번 버스로 15~20분 정도면 갈 수 있다.

- No.1, Lane 28, Zhongzheng Rd., Tamsui, New Taipei
- 월-금 09:30~17:00, 토 · 일 09:30~18:00
- www.tshs.tpc.gov.tw
- 무료 입장

롱산쓰 龍山寺 / Lungshan Temple

약 260년의 역사를 갖고 있는, 대만에서 가장 오래되고 유서 깊은 절이다. 중국 남방식과 대만식이 조화를 이룬 절로 불교와 도교가 공존하며 앞 전당 들은 관세음보살을, 뒤 전당은 도교의 여러 신들을 동시에 모시고 있다. 대만의 전형적인 사원으로 작지만 독특한 분위기를 느낄 수 있다.

No. 211, Guangzhou Street, Wanhua, Taipei | 06:00~22:00 | www.lungshan.org.tw

충렬사 國民革命忠烈祠 / Martyrs Shrine

대만의 국민혁명과 대일 전쟁 중에 목숨을 잃은 애국지사들을 기리기 위한 건물이다. 1969년에 베이징의 태화전을 본떠 만들었다. 내부에는 위패와 사진, 훈장, 동상 등이 있으며 중정 기념당과 마찬가지로 매시간 위병 교대식이 펼쳐진다.

No. 111, Beian Road, Zhongshan, Taipei
09:00~17:00 | www.taiwan.net.tw

국립 국부 기념관 國父紀念館 / Sun Yat-sen Memorial Hall

중국과 대만의 국부로 불리는 쑨원을 기리기 위해 만든 건물로 쑨원의 동상과 분수 등이 있다. 지금은 시민들을 위한 광장이자 문화생활 공간으로 이용되고 있다. 타이베이의 대표적인 랜드마크인 101 타워를 가장 잘 볼 수 있는 곳이기도 하다. 매시간 위병 교대식이 진행된다.

No.505 Section 4, Ren'ai Road, Sungshung, Taipei
09:00~17:00 | www.yatsen.gov.tw

임가화원 林本源園邸 / The Lin Family Mansion and Garden

대만에서 가장 보존이 잘된 개인 정원으로 이름에서 알 수 있듯 임씨 가문의 정원이었다. 조경 예술의 가치가 뛰어난 곳으로 누각에 올라 사방을 둘러보면 푸른 산과 넓은 들이 한눈에 들어온다. 조용히 산책하기에 좋다.

No No.9, Ximen St., Banqiao, New Taipei

09:00~17:00(매달 첫째 월요일 휴무) | www.linfamily.ntpc.gov.tw

샹산 코끼리산 하이킹 트레일 象山登山步道 / Xiangshan-Elephant Mountain

타이베이 101 타워와 타이베이 시내 전경을 내려다볼 수 있는 샹산 하이킹 트레일은 해 질 녘 올라 야경을 감상하기에 좋다. 가파른 계단을 15~20여 분 올라가야 한다. 샹산 역 2번 출구로 나와 공원을 따라 걸어가다 왼쪽으로 돌면 샹산 트레일 입구에 다다른다.

Songshan Road, Xinyi, Taipei | www.doed.gov.taipei

메이리화바이러위안 美麗華百樂園 / Miramar Entertainment Park

지룽 강변에 있는 공원으로 국내외 유명 건축가들이 설계한 복합 문화 센터이다. 6년에 걸쳐 완공되었으며 쇼핑과 엔터테인먼트를 결합한 새로운 개념의 쇼핑몰이다. 100미터 높이의 대관람차에서 타이베이의 전경을 감상할 수 있다.

No. 20, Jingye 3rd Road, Miramar Entertainment Park, Zhongshan, Taipei
11:00~22:00 | www.miramar.com.tw

신베이터우 北投溫泉 / Xinbeitou-Beitou Hot Springs

타이베이 근교의 온천 마을이다. 협곡과 숲, 강 등이 있으며 지열곡(地熱谷)에서 만들어진 유황 온천수를 사용하여 노천 온천욕을 즐길 수 있다. 대중 온천과 수많은 온천장, 온천 리조트 등이 있다. 지하철을 이용하여 신베이터우 역으로 갈 수 있다.

No. 735, Daye Road, Beitou, Taipei

양명산 국가 공원 陽明山 / Yangmingshan

1120미터 높이의 활화산으로 치성산 등 약 열 개의 산이 모여 있다. 안개가 자욱하게 낀 숲과 분지, 목장 등이 있으며 화산 지형의 유황 온천수를 이용한 족욕, 노천욕 등을 즐길 수 있다. 많은 등산객들이 찾는 곳으로 온천은 물론 트레킹을 하기에도 좋다. 타이베이 기차역 2번 출구에서 260번 버스를 타면 종점인 양밍산 국가 공원 버스 터미널로 갈 수 있다. 버스로 1시간 정도 걸린다.

No. 1-20, Zhuzihu Road, Beitou, Yangmingshan, Taipei
08:30~16:30(안내 센터) | english.ymsnp.gov.tw

우라이 烏來 / Wulai

우라이는 타이베이에서 동남쪽으로 28킬로미터 떨어진 신베이 시의 온천 지역이다. 탄산수소나트륨이 풍부해 피부 미용과 신경통에 효과적인 온천수로 수질이 뛰어나다. 냄새도 나지 않고 투명한 온천수가 특징이다. 우라이는 과거 타이야족 부락의 주거 지역으로 전통 마을에서 타이야족의 음식과 수공예품 등 독특한 문화를 엿볼 수 있다. 케이블카와 벚꽃, 우라이 폭포도 이곳의 명물이다. 지하철 초록색 라인의 종점인 신디엔 역에서 849번 버스를 타고 40분 정도면 갈 수 있다. 우라이가 버스 종점이다.

- Wulai St., Wulai, New Taipei
- tour.tpc.gov.tw/tom/lang_kr/index.aspx

PLUS TASTE
추가 추천 맛집

추천 일정에는 없지만 함께 가볼 만한 맛집들을 소개한다. 대만에는 맛있는 먹을거리가 많은 만큼 니우로우미엔부터 딤섬, 망고 빙수, 밀크 티, 펑리수까지 다양한 음식들을 섭렵하는 것 또한 자유여행의 즐거움일 것이다.

삼형제 幸春三兄妹豆花 / San Xiong Mei

시먼딩에 있는 대만 3대 망고 빙수 중 하나로, 세 곳 중 가장 저렴하게 망고 빙수를 맛볼 수 있다. 연유와 우유를 갈아 만든 하얀 얼음이 특징이며 한국인 관광객이 많아 한국어로 주문을 받아준다.

- No. 27, Hanzhong Street, Wanhua, Taipei | 11:00~22:30

서니 힐스 微熱山丘 / Sunny Hills

펑리수만 전문으로 취급하는 베이커리로, 고급스러운 카페 같은 인테리어가 인상적이다. 차와 함께 펑리수를 맛볼 수 있는데 가게에 들어가면 일단 차 한 잔과 펑리수 하나를 서빙해준다. 새콤한 파인애플 과육이 듬뿍 담겨 있고 많이 달지 않다. 포장도 단정하니 고급스러워 선물하기에 좋다. 가격이 조금 비싼 편으로 열 개 한 박스에 420대만달러(약 1만 5000원) 정도다.

- No. 1, Alley 4, Lane 36, Section 5, Minsheng East Road, Songshan, Taipei
- 10:00~20:00 | www.sunnyhills.com.tw

신예 欣葉 / Shin Yeh

14개의 체인점을 둔 레스토랑으로 대만식 요리를 중국식 요리들을 맛볼 수 있으며 샥스핀과 불도장을 비롯해 굽거나 튀긴 고기 요리가 인기 있다. 장어 요리나 굴튀김, 수프 등의 대만식 요리도 있다. 같은 이름의 일본식 뷔페, 샤부샤부, 카레, 중식 레스토랑도 운영한다. 101타워 85층에 있는 신예 레스토랑에서는 전망과 함께 고급스러운 대만식 및 중식 요리를 맛볼 수 있다.

- No. 112, Section 4, Zhongxiao East Road, Daan, Taipei (중샤오점)
- 런치 11:00~15:00 디너 17:00~22:30 (중샤오점)
- www.shinyeh.com.tw

키키 Kiki Restaurant

배우 서기가 운영하는 스촨 요리 레스토랑으로 캐주얼한 분위기와 매콤한 음식 맛으로 사랑받고 있다. 고추, 후추, 산초와 생강을 많이 사용하는데 맵고 짭짤한 맛이 한국인의 입맛에도 잘 맞는다. 튀긴 연두부인 라오피넌로우와 고추와 함께 볶은 닭 요리인 궁바오지딩, 파와 함께 볶은 돼지고기 요리 창잉토우가 인기 메뉴다. 대만 내 여러 지점이 있다.

- No. 24, Section 1, Fuxing South Road, Zhongshan, Taipei (푸싱점)
- 런치 11:50~15:00 디너 17:15~22:30 (일요일은 22:00까지)
- www.kiki1991.com

융캉니우로우미엔 永康牛肉麵館 / Yong Kang Beef Noodle

대만의 대표적인 음식인 니우로우미엔 가게로 2007 타이베이 국제 니우로우미엔 페스티벌에서 수상한 맛집이다. 사이즈와 맛을 선택해 주문하는데, 맛은 매운맛과 담백한 맛 두 가지가 있다. 매운맛은 훙샤오, 담백한 맛은 칭탕이라고 한다. 테이블마다 야채를 초에 절인 쏸차이가 놓여 있는데 이를 니우로우미엔에 넣어 먹으면 풍미가 더 좋아진다.

- No. 17, Lane 31, Section 2, Jinshan South Road, Daan, Taipei
- 11:00~21:30

바팡윈지 八方雲集 / Ba Fang Yun Ji Dumpling

사방팔방에서 사람들이 모여든다는 의미의 이름처럼 인기가 높은 대만의 대표적인 만두집이다. 저렴한 가격과 푸짐하고 맛있는 음식으로 늘 많은 사람들이 찾는다. 돼지고기 군만두와 한국식 김치 만두가 인기 메뉴다. 타이베이 시 곳곳에 수십 개의 지점이 있다.

- No. 15-3, Nanyang Street, Zhongzheng, Taipei (타이베이 중앙역점)
- 런치 11:30~14:00 디너 17:30~21:00 | www.8way.com.tw

티엔와이티엔 天外天精緻火鍋 / Tianwaitian

중국식 샤부샤부인 훠궈 전문 뷔페다. 두세 종류의 육수를 선택하고 고기 종류를 고른 다음 기타 야채나 버섯, 완자, 면은 뷔페식으로 가져다 먹는다. 고기도 무한 리필이 가능하며 식사 후엔 다양한 디저트도 즐길 수 있는데 과일과 케이크, 하겐다즈 아이스크림을 구비하고 있다. 식사 시간은 2시간으로 제한되며 런치의 경우 1인당 1만 7,000원 정도다.

- No. 15-3, Nanyang Street, Zhongzheng, Taipei (시먼점)
- 11:30~04:00 | tianwaitian.com.tw
- 평일 런치 NT$449 평일 디너 · 주말 NT$539

쇼우신방 手信坊 / Shu Shin Bou

파인애플 과육이 들어간 쇼트케이크인 대만의 특산물 펑리수를 판매하는 가게로 타이베이 시내 곳곳에 지점이

있다. 부드럽고 달콤한 맛의 펑리수는 선물용으로도 좋으며 과일 잼이 들어간 찹쌀떡도 판매한다.

No. 289, Section 3, Zhongxiao East Road, Daan, Taipei
10:00~22:00
www.3ssf.com.tw

스무시 思慕昔 / Smoothie House

95년에 문을 연 이후 타이베이에서 최고의 인기를 누려온 빙수 전문점이다. 대만 3대 망고 빙수 중 하나로 대만에서 망고 빙수를 처음 선보인 곳이기도 하다. 융캉제에서 식사 후에 디저트를 즐기기에 좋다.

No.15, Yongkang St., Daan, Taipei (본점)
10:00~23:00 (본점) | www.smoothiehouse.com

HOTEL
호텔

타이베이는 다양한 종류의 숙박 시설이 있는 여행지로 호스텔이나 게스트하우스부터 5성급 이상의 최고급 호텔까지 선택의 폭이 넓다. 20~30만 원대 이상의 고급 호텔을 찾는다면 손쉽게 좋은 호텔들을 찾

을 수 있다. 이곳에서 소개하는 숙소는 10만 원 전후의 합리적인 가격으로 이용할 수 있는 호텔들로, 편리한 위치와 깨끗한 시설을 기준으로 선택했다.

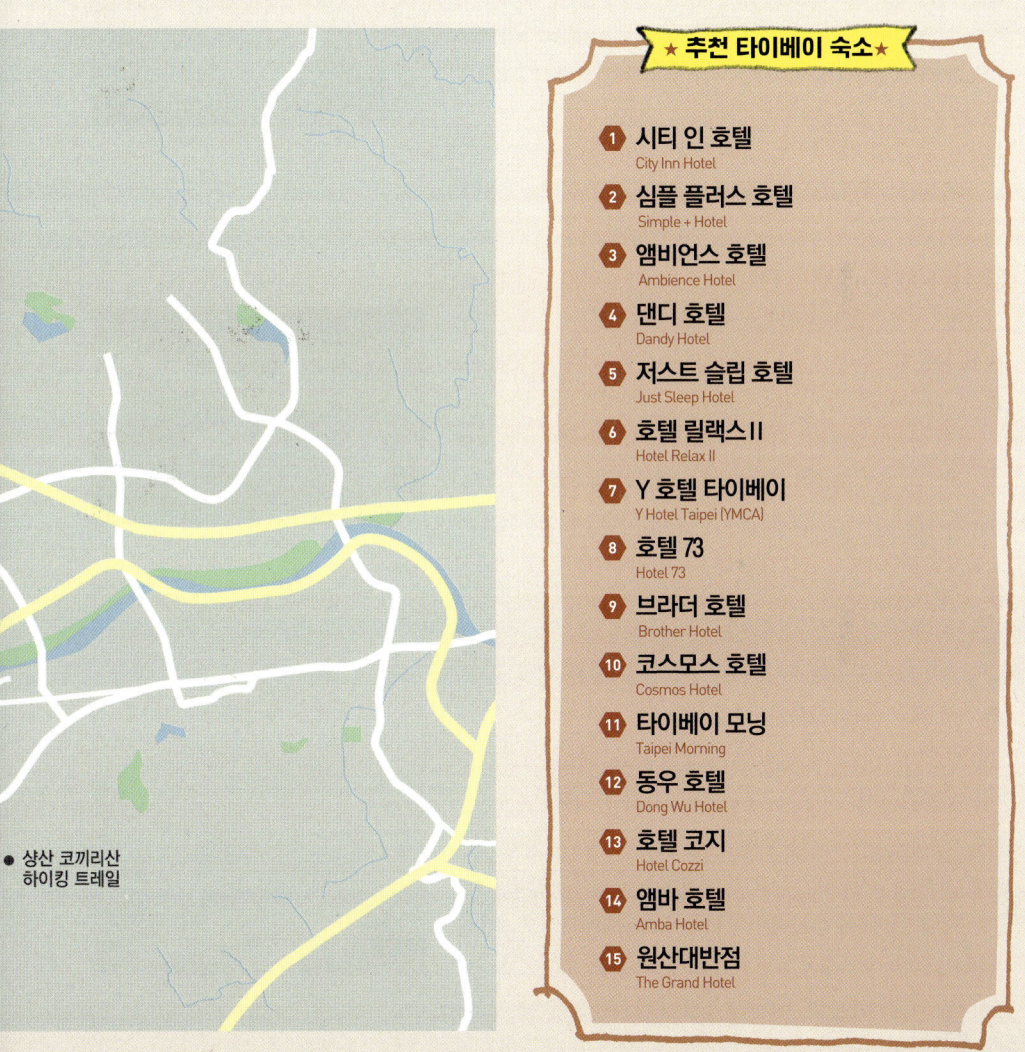

● 샹산 코끼리산 하이킹 트레일

★ 추천 타이베이 숙소 ★

1. 시티 인 호텔
   City Inn Hotel
2. 심플 플러스 호텔
   Simple + Hotel
3. 앰비언스 호텔
   Ambience Hotel
4. 댄디 호텔
   Dandy Hotel
5. 저스트 슬립 호텔
   Just Sleep Hotel
6. 호텔 릴랙스 II
   Hotel Relax II
7. Y 호텔 타이베이
   Y Hotel Taipei (YMCA)
8. 호텔 73
   Hotel 73
9. 브라더 호텔
   Brother Hotel
10. 코스모스 호텔
    Cosmos Hotel
11. 타이베이 모닝
    Taipei Morning
12. 동우 호텔
    Dong Wu Hotel
13. 호텔 코지
    Hotel Cozzi
14. 앰바 호텔
    Amba Hotel
15. 원산대반점
    The Grand Hotel

① 시티 인 호텔 City Inn Hotel

시티 인 호텔은 타이베이 시내에만 네 개 지점이 있는 프랜차이즈 호텔로 역시 위치가 아주 좋다. 타이베이 기차역 주변에만 세 개 지점이 있다. 기차역과 버스 터미널, MRT 역이 모두 가까이 있으니 여행자들에겐 최고의 위치다. 조식 서비스는 없지만 세련되고 화사한 인테리어와 깨끗한 시설에 가격도 저렴해 늘 인기가 많다. 기본 스탠더드 룸이 7만 원대부터이며 시먼딩에도 지점이 있다.

🛜 www.cityinn.com.tw | 📞 +886-2-2314-8008 (1호점)
📍 CityInn Branch I . No.7, Huaining St., Zhongzheng, Taipei

② 심플 플러스 호텔 Simple + Hotel

2013년에 오픈한 호텔로 고급스러운 분위기의 깨끗한 시설이 장점이다. 카페 같은 느낌이 드는 라운지와 옥상 테라스가 인상적이며 필요한 어메니티도 잘 갖추고 있다. 쑹산 공항에서 바로 연결되는 난징동루 역에서 도보 5분 이내의 거리에 있으며, 주변은 쇼핑 지역으로 편의점, 드럭 스토어, 백화점 등 상점들이 밀집해 있다. 매일 메뉴가 다른 정갈한 조식도 추천하는 이유 중 하나다. 스탠더드 더블 룸에 해당하는 이지 룸이 11만 원대로 요일에 따라 더 할인해주기도 한다.

🛜 www.simplehotel.com.tw | 📞 +886-2-6613-1300
📍 No.52, Ln. 4, Dunhua N. Rd., Songshan, Taipei

③ 앰비언스 호텔 Ambience Hotel

유명 리뷰 사이트에서 타이베이의 호텔 중 2위를 차지하고 있는 곳으로 하얗고 모던한 인테리어가 세련된 호텔이다. 흰색으로 도배된 호텔 건물이 인상적이다. 심플한 디자인에 쾌적한 룸과 친절한 서비스로 유명하다. 한국어를 구사하는 직원이 있어 영어나 만다린어가 부담스러운 여행자에게 편리하다. 조식이 제공되며 메뉴도 다양한 편이다. 아쉬운 점은 위치인데, MRT 역에서 도보로 10분 정도 걸어와야 하는 주택가에 있다. 스탠더드 더블 룸이 10만 원대부터다.

📶 www.ambiencehotel.com.tw | 📞 +886-2-2541-0077
📍 No.64, Sec. 1, Chang'an E. Rd., Zhongshan, Taipei

❹ 댄디 호텔 Dandy Hotel

타이베이의 호텔 중 여행자들 사이에서 단연 평판이 좋은 곳으로 타이베이에 세 개 지점이 있다. 댄디라는 이름처럼 심플하고 스타일리쉬한 인테리어가 돋보인다. 평면 TV와 비데, 욕조, 라운지의 무료 커피 머신과 무료 조식 등 시설과 서비스도 우수하다. 지점에 따라 제공 서비스가 조금씩 다르다. 중산 역 근처의 톈진점과 즈산 역의 티엔무점, 다안 공원 역의 다안점이 있다. 다안점의 가장 저렴한 이코노미 룸이 약 9만 원대부터다.

📶 www.dandyhotel.com.tw | 📞 +886-2-2541-5788 | 📍 No.70, Tianjin St., Zhongshan, Taipei

❺ 저스트 슬립 호텔 Just Sleep Hotel

시먼딩의 번화가에 위치한 호텔로 지하철역에서 멀지 않고 식당, 편의점, 쇼핑센터가 가까이 있어 여행자들에겐 위치가 아주 좋다. 대만의 유명 호텔 체인에서 대중적인 컨셉으로 내놓은 호텔인데, 특별한 편의 시설은 없지만 깔끔하고 세련된 디자인과 합리적인 가격으로 늘 인기 있다. 조금 좁지만 젊고 감각적인 분위기와 꽤 괜찮은 조식, 좋은 위치만으로도 친구나 연인과 함께하기에 충분히 훌륭하다. 슈피리어 룸이 약 12만 원대부터로 조식이 포함되어 있다.

📶 www.justsleep.com.tw | 📞 +886-2-2370-9000 | 📍 No.41 Sec. 1, Zhonghua Road, Taipei

❻ 호텔 릴랙스 II Hotel Relax II

타이베이 기차역과 매우 가까운 위치에 있는 호텔로 호텔 릴렉스와 릴랙스 II가 있는데 추천하는 곳은 릴랙스 II로 새 호텔이어서 모던한 인테리어도 좋고 더 깨끗하다. 바로 근처에 있는 호텔 릴랙스도 추천할 만한데 조금 오래된 느낌이 있고 조식을 먹으려면 릴랙스 II로 가야 하는게 불편하다. 조식은 간단한 샌드위치 정도가 제공되며

방 크기는 작은 편이지만 좋은 위치와 청결, 합리적인 가격 때문에 추천하는 곳이다. 스탠다드 더블 룸이 7만 원 대로 타이베이 기차역 중심가 호텔치고는 꽤 좋은 가격이다.

 www.hotelrelaxclub.com | +886-2-2383-2727
 No.15, Hankou Street, Taipei

7 Y 호텔 타이베이 Y Hotel Taipei (YMCA)

타이베이 기차역 근처에 위치한 호텔로 접근성이 아주 좋다. 주변에 카페나 식당도 많고 지하철과 기차역이 가까워 다른 곳으로 이동하기에 편리하다. 저렴한 비용 대비 필요한 것은 다 갖추고 있고 깔끔해서 혼자 여행하는 여성 여행자에게도 추천할 만하다. 조식은 제공하지 않지만 1층 레스토랑에서 사 먹을 수 있다. 싱글 룸 가격이 7만 원대부터이며 위치 때문에 인기가 많아 방이 없는 경우가 많다.

 www.ymcahotel.tw | +886-2-2311-3201
 No. 19, Xuchang St, Zhongzheng, Taipei

8 호텔 73 Hotel 73

장제스 기념관 근처에 있으며 동먼 역에서 도보 5분 거리다. 심플한 컨셉의 부티크 호텔로 흑, 백, 적 세 가지 색깔을 기본으로 방마다 인테리어가 다르게 연출되어 있다. 깨끗하고 스타일리시한 시설과 친절한 직원, 정갈한 조식으로 평이 좋다. 최고의 위치는 아니지만 지하철이 가까워 크게 불편한 것도 없다. 다양한 메뉴의 뷔페식 아침 식사가 포함된 스탠더드 룸의 기본 가격이 약 6만 원대부터로 가성비가 뛰어나다.

 www.hotel73.com | +886-2-2395-9009
 No.73, Sec.2,sinyi Rd., Zhongzheng, Taipei

9 브라더 호텔 Brother Hotel

브라더 호텔은 쑹산 공항과 지하철로 두 정거장 떨어진 난징둥루 역 바로 앞에 위치한 데다가 난징둥루 대로변은 은행이나 사무실이 많아 출장 가는 비즈니스맨에게 특히 추천하는 호텔이다. 또한 호텔 내에 식당이 여덟 개나 있어 다양한 메뉴로 편리하게 식사를 해결할 수 있다. 시설이나 인테리어는 특별할 것 없이 평범하고 단정하다. 위치와 서비스가 좋으며 싱글 룸이 10만 원대이다.

🌐 www.brotherhotel.com.tw | 📞 +886-2-2712-3456
🏠 No.255 Section 3, Nanjing East Road, Taipei

⑩ 코스모스 호텔 Cosmos Hotel

타이베이 기차역 바로 옆에 있어 접근성이 뛰어나다. 화롄이나 예류 등 주변 지역으로의 이동이 많은 여행자에게 추천할 만하다. 다만 호텔이 조금 오래된 편이며 방음이나 배수 같은 면에서 약간 불편할 수 있다. 그래도 관리가 잘된 호텔로 깨끗하고 기본적인 시설은 잘 갖추고 있으며 조식은 무난하다. 바로 앞에 타이베이 기차역이 있어 위치 하나는 최고다. 가격은 슈피리어 싱글 룸이 11만 원이며 창문이 없는 싱글 룸은 9만 원대로 이용할 수 있다.

🌐 www.cosmos-hotel.com.tw | 📞 +886-2-2311-8901
🏠 No. 43, Sec. 1, Chung Hsiao West Road, Taipei

⑪ 타이베이 모닝 Taipei Morning

중산 역과 쑹장난징 역 중간쯤에 위치한 호텔로 어느 쪽이든 MRT 역까지 10분 이상 걸린다. 접근성이 조금 떨어지지만 가격 대비 룸의 퀄리티가 좋다. 깨끗하고 모던한 인테리어에 관리 상태도 우수해 평점이 높은 편이며 직원들도 친절하다. 조식 서비스는 없지만 깨끗하고 편안한 방과 저렴한 비용으로 충분하다면 추천할 만하다. 스탠더드 더블 룸이 6만 원대다.

🌐 www.taipeimorning.com.tw | 📞 +886-2-2536-5988
🏠 No. 11, Section 2, Nanjing E Rd, Zhongshan, Taipei

12 동우 호텔 | Dong Wu Hotel

따차오터우 역에서 10분 거리에 있는 호텔이다. 거품 없는 합리적인 가격으로 넓고 편안한 객실을 이용할 수 있다. 조식이 포함되어 있으며 서비스가 좋고 룸이 깨끗해 시내 중심에서 조금 떨어져 있지만 인기가 있다. 이코노믹 더블 룸이 10만 원대인데, 보통 할인하여 6~7만 원대에 이용할 수 있다. 공식 홈페이지에서 예약하면 정가에서 30프로를 할인해주기 때문에 항상 6~7만 원 선으로 예약이 가능하다고 보면 된다.

🛜 www.dongwu-hotel.com | 📞 +886-2-2557-1261
📍 No.258, Section 2, Yan-Ping North Road, Taipei

13 호텔 코지 | Hotel Cozzi

타이베이 시내에 두 개 지점이 있는 최신식 호텔로 싼다오쓰 역 5분 거리에 있는 중샤오 지점과 싱텐궁 역에서 10분 이내 거리에 있는 민셩 지점이 있다. 넓고 쾌적한 방 크기와 모던하고 아늑한 인테리어, 깨끗한 화장실과 시원하게 돌아가는 에어컨 등 시설도 좋고 직원들도 친절하다. 조식이 포함되어 있는데 양식과 중식이 적절히 섞여 있어 선택의 폭이 넓다. 룸 안의 냉장고에 있는 음료도 무료로 제공된다. 다만 가격이 조금 비싼 편으로 컴포트 트윈 룸이 16만 원대부터다.

🛜 www.hotelcozzi.com/en | 📞 +886-2-7725-3399 (중샤오점)
📍 No.31, Sec1, Zhongxiao E. Rd., Taipei

14 앰바 호텔 | Amba Hotel

중산 역 10분 거리, 시먼 역 5분 거리에 두 개 지점이 있는 호텔로 현대적이며 쾌적하고 밝은 분위기의 객실을 자랑한다. 두 지점 모두 위치가 좋고 객실 내 비품도 고급스럽다. 시먼딩 지점이 특히 접근성이 좋고 더 저렴해서 추천할 만하다. 주변에 먹거리와 상점은 물론 마사지 샵도 많다. 시먼딩 지점의 스마트 룸은 12만 원대다.

🛜 www.amba-hotels.com | 📞 +886-2-2375-5111 (시먼딩점)

No.77, section 2, wuchang street, Taipei

⑮ 원산대반점 The Grand Hotel

꽃보다 할배들도 갔었던 호텔인데, 타이베이의 랜드마크이자 대표적인 5성급 호텔로 외관부터 남다르다. 황금색의 기와와 붉은색 기둥, 용 모양의 조각 등 중국식 건축미가 두드러진다. 장제스 총통의 부인이 영빈관으로 사용하다 국가에 기증하여 호텔로 사용하게 되었다. 타이베이 최고의 호텔인 만큼 가격도 비싸다. 조식 없는 스탠더드 룸이 할인된 가격으로 최소 20만 원부터이며 일반적으로는 30만 원대부터다. 숙박비 예산에서 좀 오버되긴 하지만 아주 특별한 호텔을 찾는다면 추천할 만하다.

www.grand-hotel.org/en | +886-2-2886-8888

No.1, Sec. 4, Zhongshan N. Rd., Zhongshan, Taipei

부모님과 함께 떠나는 대만 온천 여행 4일

부모님과 함께 타이베이를 간다면 온천과 자연, 휴식을 컨셉으로 여행을 떠나봄이 어떨까. 가까워서 비행 시간도 부담스럽지 않고 대중교통도 잘 되어 있어 편리하다. 첫 날과 둘째 날의 일정은 기본 일정과 유사하다. 셋째 날엔 멀리 떨어진 화롄 대신, 비교적 가까운 곳에 자리한 양명산에서 일정을 시작한다. 양명산에서 가벼운 트레킹으로 오전을 보내고 활화산이 내뿜는 유황가스와 분지, 갈대밭을 구경하다 내려오자. 오후엔 신베이터우로 이동, 온천으로 피로를 풀어주고 시내로 돌아오는 길에는 스린 야시장에 들러 저녁을 먹는다. 마지막 날엔 국립 중정 기념당, 228 화평공원을 둘러보며 조용하고 한가롭게 하루를 시작한 다음 시먼딩에서 기념품도 사고 맛있는 점심도 먹고 발마사지도 받으며 일정을 정리한다. 도시, 자연과 온천, 도시로 이어지는 다채로운 일정으로 특히 선선한 가을이나 겨울에 추천할 만한 코스다.

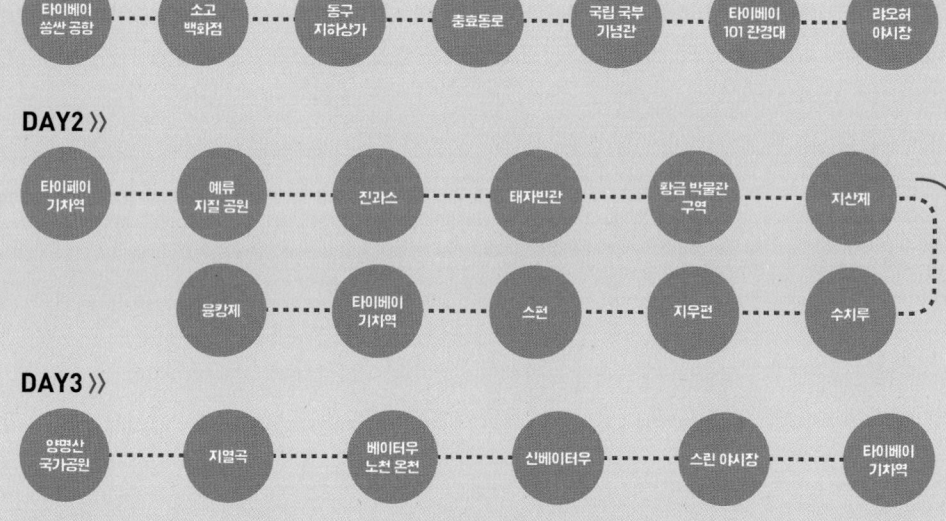

여자 혼자 떠나는 타이베이 문화 기행 4일

타이베이는 도시가 비교적 작아서 복잡하지도 않고 대중교통이 편리하며 맛있는 먹거리와 디저트도 많아서 특히 여자 혼자 가기에 좋은 안전한 여행지인 만큼 혼자서도 재미있게 다녀올 만한 일정을 소개한다. 첫째 날의 일정은 기본 일정과 유사한데 샹산 하이킹 트레일이 추가되어 있다. 사진 찍기 좋아하는 사람들에게 추천할 만한 타이페이의 유명 출사지로 타이페이 101 타워와 시내 전경을 한눈에 담을 수 있다. 이튿날엔 핑시 선을 타고 징퉁, 스펀, 허우통, 루이팡으로 이어지는 예스러움 넘치는 작은 마을들을 구경하고 진과스의 탄광과 지우펀의 시장 골목까지 돌아보는 일정으로 석탄을 실어 나르던 기차를 타고 떠나는 느린 여정이다. 타이페이 시립 동물원과 가까운 무자 역에서 버스를 타고 징퉁으로 갈 수 있다. 아침 일찍 출발해 잠시 동물원을 들러봐도 좋다. 셋째 날엔 어제의 피로를 날려버릴 온천에서 하루를 시작한다. 여유롭게 온천을 즐긴 뒤 고궁 박물관의 보물들을 살펴보고 야시장에서 저녁을 먹은 다음 시먼딩에서 밤 쇼핑을 하거나 숙소로 돌아오면 되겠다. 마지막엔 국립 중정 기념당과 융캉제에 들러 공항으로 가면 일정이 마무리된다.

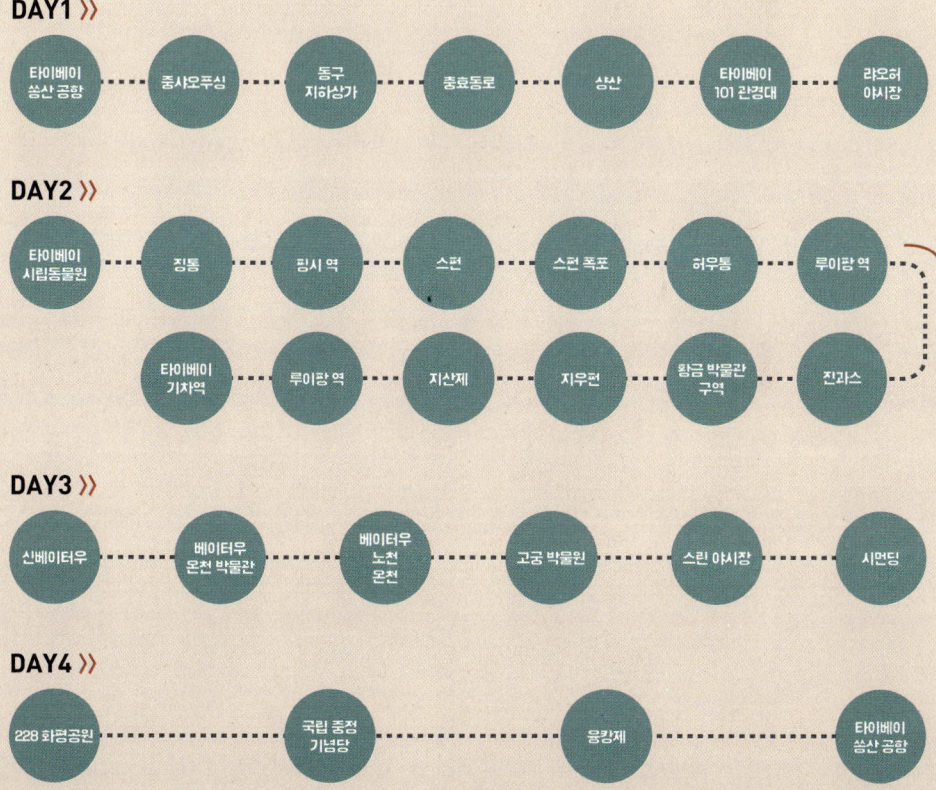

홍콩 섬과 침사추이

TRAVEL 6

HONGKONG
홍콩 & 마카오
MACAU

★ 3박 4일 ★

아시아에서 가장 세계적인 도시, 홍콩! 중화인민공화국의 특별 행정구로서 광둥 성 남동부 끝자락에 위치한 국제적 항구 도시다. 아시아 금융과 무역의 중심지이며 패션과 쇼핑, 와인, 미식의 각축장이기도 하다. 화려한 대도시의 면모와 다양한 테마파크, 해변과 수많은 볼거리로 늘 여행객들로 붐빈다.
주말 이틀에 연차 이틀을 붙여 가는 홍콩 자유 여행 코스로 마카오 당일치기 일정이 포함되어 있다. 홍콩의 주요 명소를 둘러보는 것은 물론 맛있는 음식도 많이 먹고 야경도 감상하고 쇼핑까지 하는 알찬 일정이다. 혼자 또는 친구들과 함께 여행하려는 사람들에게 추천한다.

홍콩 & 마카오 Hongkong & Macau

 도시 정보

★ 시차

우리나라보다 1시간 느리다.

★ 비자

중국은 무비자 협정국이므로 90일까지 무비자로 방문할 수 있다. 여권 유효기간은 6개월 이상 남아 있어야 한다.

★ 기후

연평균 기온이 25.6도 정도로 아열대성 기후에 속하는 홍콩은 대체로 우리나라보다 기온이 높다. 봄(3월 ~ 5월 중순)에는 기온과 습도가 올라가는 편이지만 저녁에는 쌀쌀하다. 여름(5월 하순 ~ 9월 중순) 날씨는 맑으나 매우 덥고 습도가 높으며 때때로 소나기와 폭우가 내린다. 가을(9월 하순 ~ 12월 초순)은 홍콩 여행의 최적기로 덥지 않아 홍콩 최고의 계절이다. 겨울(12월 중순 ~ 2월)은 서늘하면서 건조하고 흐린 날이 많고 한랭전선의 영향을 받아 기온이 크게 떨어지는 경우도 있다.

★ 여행 최적기

9~11월의 서늘한 가을 시즌이 가장 좋다. 3~5월의 따뜻한 봄 시즌도 여행하기에 적당하다.

★ 옷차림

봄의 한낮에는 기온이 올라 반팔 옷이, 저녁에는 기온이 떨어져 긴팔 옷이 필요하다. 여름에는 날씨가 매우 더우므로 기본적으로는 여름옷을 준비하면 된다. 하지만 7월부터는 태풍 기간이기 때문에 걸칠 옷을 챙기는 것이 좋으며 우의나 우산을 가지고 다니는 것이 좋다. 또한 실내에서는 에어컨으로 인해 추위를 느낄 수 있으니 긴팔 옷이 하나쯤 필요하다. 가을은 여행의 최적기로 긴팔 옷에 밤에 입을 얇은 점퍼를 준비하면 무난하다. 겨울은 한국처럼 영하로 떨어지지는 않지만 점퍼를 준비하는 것이 좋다.

★ 종교

불교, 도교, 이슬람교, 천주교, 기독교 등 다양한 종교가 혼재한다. 도교와 불교의 비중이 높다.

★ 언어

홍콩과 마카오 및 광둥 지방에서는 광둥어를 사용한다. 베이징에서 쓰는 만다린어(표준 중국어)와 달리 간체자 대신 번체자를 사용하고 발음과 음운도 달라 서로 의사소통이 잘 안 된다. 요즘 홍콩에는 만다린어를 쓰는 사람들도 꽤 있다. 관광지에서는 영어가 잘 통하는 편이다.

★ 전압

홍콩의 표준 전기 전압은 220볼트, 50헤르츠이며 전기 콘센트는 영국 스타일의 3구 플러그이다. 호텔에 묵는다면 어댑터를 대여할 수 있지만 민박집에서는 구하기가 힘들다. 인천 공항 내 통신사 로밍 센터에서 개당 5,000원의 보증금을 내고 무료 대여가 가능하므로 한국에서 준비해 가는 것이 좋다.

★ 인터넷

대부분의 호텔에서 와이파이를 사용할 수 있으며 카페나 레스토랑, 대형 쇼핑몰 등 무료 와이파이를 제공하는 곳이 많다. 홍콩 정부에서 제공하는 무료 와이파이도 곳곳에서 활용할 수 있다. 'HK GovWiFi'라는 어플을 사용하여 무료 와이파이 존을 확인할 수 있다. 와이파이 걱정 없이 인터넷을 마음껏 사용하고 싶다면 국내에서 데이터 무제한 로밍 서비스를 신청하는 방법과 홍콩에서 심카드를 구입하는 방법이 있다. 심카드를 구입하는 것이 더 저렴한데, 단기간 여행 시에는 여러 통신사 중 PCCW의 5일권이 활용도가 높다. 69홍콩달러로 데이터 1.5기가를 제공하고 홍콩 국내 전화는 무제한, 국제 전화도 추가 결제 없이 제공된다.

★ 치안&주의 사항

치안 상태는 전반적으로 안정적이지만 관광지에서는 소매치기나 도박이나 투자를 권하는 수상한 사람들을 주의하는 것이 좋다. 애연가라면 공공장소와 해변, 지하철과 정류장 등 대부분의 실외 장소가 금연 구역이므로 정해진 흡연 장소를 이용해야 한다. 흡연, 쓰레기 투기, 침 뱉기 등 행위를 할 경우 상당한 금액의 벌금이 부과된다.

★ 비상 연락처

❶ 한국 공관 (주홍콩 한국 총영사관)
📞 +852-2529-4141, 001-800-2100-0404(무료)
🕘 09:00~17:30 (주말 및 공휴일 휴무)
🏛 Consulate General of the Republic of Korea, 5F, Far East Finance Centre, 16 Harcourt Road, Hong Kong MRT 에드미럴티 역 B번 출구에서 맞은편 금색 건물 5층

❷ 현지 경찰
📞 응급 시 999

★ 여행 팁

홍콩이라고 야경과 쇼핑만 있는 것은 아니다. 감각적인 골목과 야시장, 화려한 밤 문화는 물론 스타 셰프들의 다양한 맛집과 늦은 오후의 여유로운 애프터눈 티도 즐길 수 있다. 또한 우리나라에 잘 알려져 있지 않지만 홍콩에도 자연을 만끽할 수 있는 장소들이 있다. 드래곤스 백 트레킹, 란타우 섬이나 라마 섬 트레킹을 비롯, 여러 트레킹 코스도 유명하고 엑스포 해안 산책로나 애버딘 해변 산책로 같은 가벼운 산책길도 곳곳에 있다. 리펄스 베이, 디스커버리 베이, 섹오 비치에서는 눈부신 해변도 만날 수 있으니 여름에 홍콩을 방문한다면 해변을 일정에 넣어보자. 아이와 함께 간다면 옹핑 빌리지와 디즈니랜드, 오션 파크, 스누피 월드 같은 테마파크를 방문하는 것도 좋겠다. 여행의 성격과 취향에 따라 자신만의 홍콩 여행 테마를 선택해보자.

통화&환전

★ 통화

홍콩달러는 HK$, HKD으로 표기한다. HK$1=152원 정도(2015년 12월 기준)다. 세 곳의 은행에서 지폐를 발행하는데 색깔과 액면가는 같지만 지폐 디자인은 은행마다 다르다.

★ 마카오에서는 '파타카(MOP)'라는 별도의 통화를 사용하지만 홍콩달러도 통용되고 있어 굳이 파타카로 환전할 필요는 없다.

★ 환전

❶ 시중 은행
주거래 은행에서 원화를 홍콩달러로 환전할 수 있다. 환전 수수료 우대를 받으려면 자신의 주거래 은행을 이용하는 것이 가장 좋다.

❷ 사설 환전소
명동이나 시내의 사설 환전소에서 홍콩달러로 환전할 수 있다. 발품을 팔아야 하지만 대체로 은행보다 환율이 좋다.

❸ 인터넷 환전
온라인으로 환전을 신청하고 공항 또는 가까운 지점에서 픽업하는 방법으로 편리하게 이용할 수 있다. 시중 은행과 비슷하거나 조금 더 저렴하다.

❹ 국제 현금카드
시티은행의 국제 현금카드를 이용하면 현지에서 홍콩달러로 인출할 수 있다. 소액만 필요할 때 환전 없이 이용할 수 있어 편리하다. 인출 수수료도 $1+0.2%로 저렴하며 아시아, 미국, 유럽의 주요 27개국에서 활용할 수 있다. 홍콩 첵랍콕 공항과 시내 곳곳에 시티 은행 지점과 ATM이 있다.

 교통

★ 시내 이동

지하철인 MTR과 AEL(공항선), 버스, 스타 페리, 트램, 택시의 다양한 대중교통 수단이 있다. 주로 MTR을 많이 이용하며 침사추이와 센트럴 구간은 스타 페리를, 리펄스 베이나 스탠리 같은 남부 해변을 갈 때는 버스를 이용하면 된다. 모든 교통수단에서 사용할 수 있는 교통 카드인 옥토퍼스 카드를 구매하자.

★ 옥토퍼스 카드
홍콩의 옥토퍼스 카드는 우리나라의 교통카드와 비슷한데 MTR, AEL, 버스, 페리 등 다양한 대중교통과 편의점, 왓슨스, 스타벅스, 허유산, 기화병가, 타이청, 박물관이나 미술관 등 여러 곳에서 결제 수단으로 활용할 수 있다. 최초 구입비 성인 150홍콩달러, 어린이 70홍콩달러로 보증금 50홍콩달러가 포함되어 있다. 현금으로만 구매할 수 있으며 계속 충전하며 사용할 수 있는데 50홍콩달러, 100홍콩달러 단위로 충전하면 된다. 150홍콩달러 정도면 2~3일 여행에 충분하다. 남은 금액은 수수료 9홍콩달러를 제외하고 보증금과 함께 환불받을 수 있다. 공항 입국장의 매표소나 MTR 역, 편의점에서 구매가 가능하다. 사용하고 남은 금액은 공항의 AEL 유인 매표소에서 환불받으면 된다.

홍콩 택시

택시 이용 시 안전벨트를 반드시 착용해야 하며(법규) 트렁크에 짐을 싣는 경우 추가 요금이 발생한다. 4인 이상이라면 대중교통보다 택시가 유리하다. 기사들이 영어가 능숙하지 않으므로 현지어로 된 주소나 바우처가 있으면 편리하다. 택시 기본요금은 2킬로미터에 20홍콩달러 정도이다.

빨간 택시 란타우 섬 남부 전체를 제외한 홍콩 대부분을 운행한다.
파란 택시 란타우 섬에서만 운행하는 택시로 공항에서 디즈니랜드, 옹핑 360, 청동 좌불상, 시티게이트 아웃렛 갈 때 이용한다.
초록 택시 신계지에서만 운행한다.

홍콩에서 마카오 가는 방법

★ 카오룽(침사추이 차이나 페리 터미널)에서 마카오행 페리 이용(07:00 ~ 22:30, 약 30분 간격으로 운행)

★ 홍콩 섬(성완 마카오 페리 터미널)에서 마카오행 페리 이용(24시간 운행)

★ 공항(란타우 섬)과 마카오행 페리 터미널이 연결되어 있어 티케팅 후 셔틀을 타고 페리 터미널로 이동 후 마카오로 가면 된다.

★ 공항에서 시내로 이동

첵랍콕 국제 공항에서 시내로 가는 방법은 AEL, MTR, 시내버스, 호텔 셔틀(리무진버스), 공항버스, 택시가 있다. 가장 빠른 방법은 AEL(Airport Express Line)을 이용하는 것으로 24분이면 홍콩 역에 도착 가능하다. 호텔 위치에 따라 카오룽 역에서 내려도 된다. 공항에서는 AEL 타는 곳을 보고 따라가면 쉽게 승강장을 찾을 수 있다. 홍콩 섬까지는 편도 100홍콩달러, 카오룽까지는 편도 90홍콩달러이며 2인 이상부터 그룹 할인이 된다. 2인이 홍콩 역까지 이용 시 180홍콩달러이다. 역에서 내리면 각 호텔까지 연계되는 셔틀버스가 운행되고 있는데 AEL 티켓이나 옥토퍼스 카드가 있어야 셔틀을 이용할 수 있다. 가장 저렴한 방법은 교통 카드인 옥토퍼스 카드로 시내버스를 타고 MTR로 환승하여 시내로 이동하는 것이다. 소요 시간이 AEL보다 조금 길어지지만 40여 분이면 홍콩 역까지 도착할 수 있다. 옥토퍼스 카드로 공항버스를 탈 수도 있다. 환승이 번거롭다면 호텔 셔틀을 이용하면 편리하다. 입국 홀에 있는 호텔 트랜스포트 카운터에서 자신의 호텔명을 말하고 티켓을 구입하면 되는데 130~150홍콩달러 정도이다. 하지만 버스가 여러 호텔에 정차하기 때문에 시간이 오래 걸린다는 단점이 있다.

 항공

★ 비행 소요 시간

3시간 30분 정도 소요된다.

★ 직항 항공사

에티오피아항공, 타이항공, 진에어, 이스타젯, 제주항공, 홍콩익스프레스, 케세이퍼시픽, 대한항공, 아시아나항공 등이 직항편을 운항 중이다.

★ 추천 항공편

홍콩익스프레스나 국내 저가 항공사를 이용하는 것이 대체로 저렴하다. 출국 시 아침 일찍 출발하고 귀국 시 오후에 돌아오는 항공권을 추천한다. 또는 하루 전날 퇴근 후 밤 비행기로 출발하면 조금 더 여유롭게 일정을 잡을 수 있다.

★ 예상 항공료

20~35만 원 정도로 예약이 가능하다. 성수기에는 가격이 오를 수 있다.

 **여행 예산**

★ 홍콩 물가 한눈에 보기

항목	홍콩 달러	원화	비고
택시 기본요금	HK$22	3,200원	
옥토퍼스 카드 구입	HK$150	22,000원	보증금 50HK$, 카드 반환 시 환불
공항 AEL 티켓	HK$100	15,000원	공항에서 홍콩 역 편도
스타벅스 아메리카노	HK$29	4,200원	
허유산 망고 푸딩	HK$25	3,700원	
제니쿠키 1박스	HK$130	19,000원	오리지널 쿠키 4종 라지
기화병가 1박스	HK$123	18,000원	16개입
빅맥 지수	HK$19 (USD2.4)	2,800원	한국은 USD3.7

★ 대략적인 금액으로 시기와 물가 변동에 따른 차이가 있을 수 있음

★ 총예산

홍콩의 물가는 그리 저렴하지는 않다. 특히 호텔 숙박료가 상당히 비싼 편이다. 혼자 여행할 때는 저렴한 호스텔을 이용하고, 일행이 있다면 10~15만 원대의 호텔을 예약하여 비용을 나누는 것이 합리적이다.

★ 총 예상 경비 ★
(1인 기준)

✈ **항공료** (왕복)	350,000원
🧳 **숙박비** (2인 1실, 1인 부담금 기준) 70,000원 × 3박	210,000원
🥥 **식비** 40,000원 × 4일	160,000원
🚇 **교통비** (옥토퍼스+택시)	40,000원
🕶 **기타** (기념품, 입장료, 팁 등)	100,000원
총 계	**860,000원**

★ 기타는 소소한 기념품, 입장료, 호텔 팁 등 잡비를 의미한다. 쇼핑은 여행자에 따라 범위가 상이하므로 예산에 포함하지 않았다. 각 항목의 금액은 여행 시기나 선택 사항에 따라 달라질 수 있다.

HONGKONG/MACAU

DAY 1

첫째 날 일정 한눈에 보기
소호 › 피크 타워 › 란콰이펑

홍콩에서 3박 4일이면 꽤 길 것 같지만 사실은 그렇지가 않다. 더군다나 마카오에서 하루를 보낼 예정이므로 결국은 빠듯한 2박 3일 일정에 불과하다. 그런 만큼 첫날부터 알차게 돌아다녀야 짧은 여행의 아쉬움을 덜 수 있다. 첵랍콕 공항에 도착했으면 AEL을 타고 시내로 들어가자. 이 추천 일정을 따르려면 홍콩 섬 센트럴 역 근처에 있는 숙소가 지리적으로 가장 좋고, 아니면 카오룽 반도의 침사추이 역 부근도 괜찮다. 호텔에서 나와 일단은

소호 옆 고프(gough) 스트리트로 가보자. 맛집이 많은 골목으로 소고기 국수가 특히 유명하다. 달달한 밀크 티와 디저트를 맛보며 슬슬 걸어 미드 레벨 에스컬레이터를 타고 소호로 이동한다. 유니크한 매력이 넘치는 소호 거리를 걸으며 사진도 찍고 천천히 구경도 해보자. 커피나 맥주 한잔의 여유를 즐겨도 좋겠다. 해가 지기 전에만 피크 트램을 타러 가면 된다. 소호에서 미니 버스로 피크 트램 탑승장까지 20분이면 이동할 수 있다. 피크 트램을 타고 오늘의 핵심 명소인 피크 타워로 올라가자. 피크 타워의 스카이 테라스도 좋지만 뤼가드 로드 전망대로 가볼 것을 추천. 홍콩 섬과 카오룽 반도의 모습을 공짜로 한눈에 즐길 수 있는 이곳에서 낮의 홍콩 풍경과 노을 그리고 밤의 홍콩까지 모두 카메라에 담아보자. 실컷 사진을 찍고 풍경을 감상한 후엔 다시 피크 트램을 타고 내려와 본격적으로 홍콩의 밤을 즐기기 위해 란콰이펑으로 가자. 란콰이펑에서 클럽 투어로 불타는 밤을 보내도 좋고 시끌벅적한 사람들 속에서 맥주 한잔으로 하루를 마무리해도 좋겠다. 출출하다면 란콰이펑의 수많은 펍에서 간단히 안주를 먹거나 늦은 시간까지 영업하는 식당에서 야식을 즐길 수도 있다.

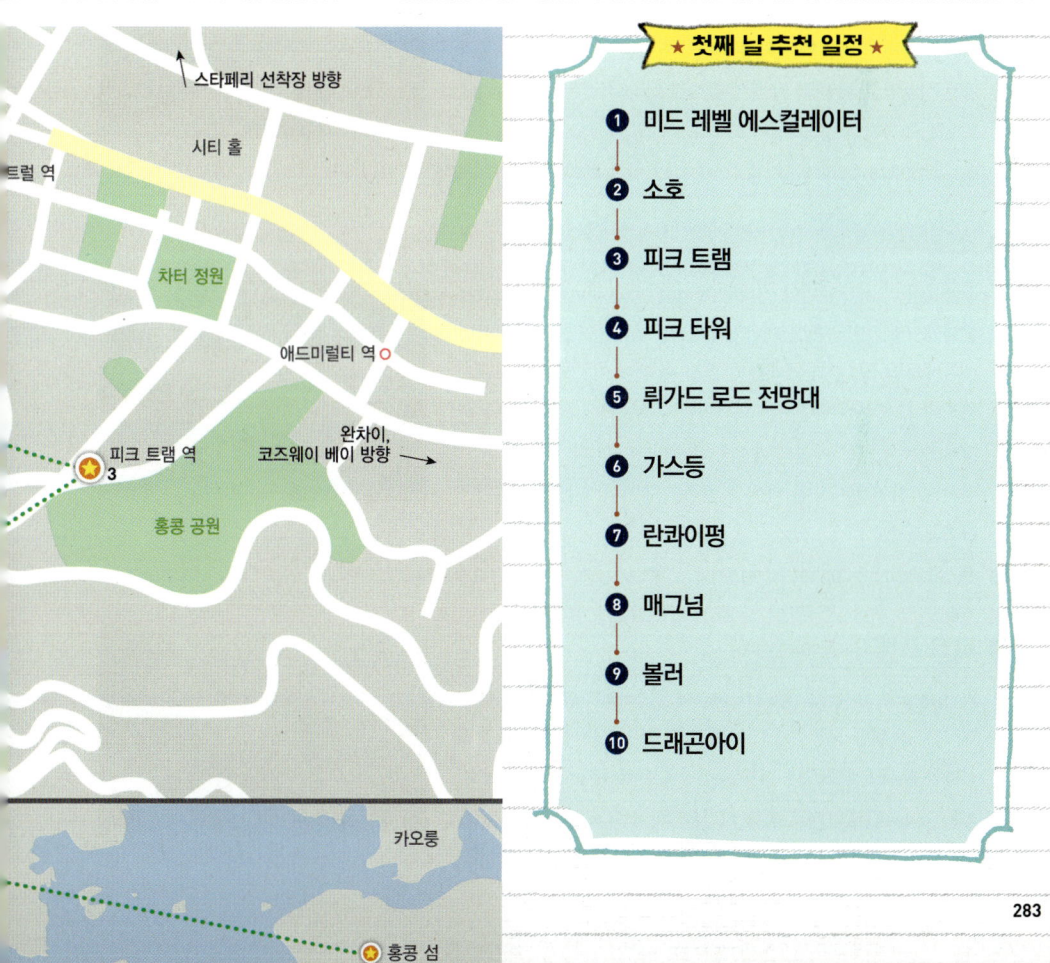

★ 첫째 날 추천 일정 ★

1. 미드 레벨 에스컬레이터
2. 소호
3. 피크 트램
4. 피크 타워
5. 뤼가드 로드 전망대
6. 가스등
7. 란콰이펑
8. 매그넘
9. 볼러
10. 드래곤아이

DAY 1 · 첫째 날

SPOT 👓 추천 명소

소호 › 피크 타워 › 란콰이펑

❶ 미드 레벨 에스컬레이터 Mid Level Escalator

고지대에 거주하는 주민들의 편의를 위해 만들어진, 길이 800미터의 세계 최장 에스컬레이터. 왕가위의 영화 「중경삼림」에 등장하면서 유명한 관광지가 되었다. 출근 시간인 오전에는 주택지에서 번화가로 내려오는 하행, 그 외의 시간에는 주택지로 올라가는 상행만 운행된다. 끝에서 끝까지 탑승 시간은 약 20분, 고도 차는 135미터 정도다.

🏠 Jubilee St, Central, Hong Kong | ⏰ 하행 06:00~10:00 상행 10:20~24:00

❷ 소호 Soho

홍콩에서 가장 트렌디한 거리로 'South of Hollywood Road'의 줄임말이다. 미드 레벨 에스컬레이터가 생긴 이후로 이국적인 분위기의 레스토랑과 카페, 바, 편집 숍 등이 이곳으로 모여들기 시작했다. 홍콩에 거주하는 외국인들과 홍콩의 젊은이들이 특히 많이 오는 곳으로 서울의 홍대와 비슷한 분위기다. 오전에는 브런치를, 저녁에는 노천 바에서 맥주를 즐기며 홍콩의 분위기를 만끽해보자.

🏠 49 Elgin St, Central, Hong Kong | 📶 www.ilovehongkong.hk/soho

❸ 피크 트램 The Peak Tram

과거 홍콩의 부자들은 쾌적한 피크에 집을 짓고 살았는데 1888년 그들을 위한 교통수단으로 피크 트램이 만들어졌다. 예전엔 석탄을 때서 운행했으나 현재는 전기로 운행 중이다. 총 운행 거리는 약 1.4킬로미터로 탑승 시간은 7분이 되지 않는다. 45도가

넘는 급경사를 빠르게 오르는 탑승감과 탁 트인 시야를 즐기는 것만으로도 피크 트램을 타볼 가치는 충분하다.

🏠 St John's Bldg 33 Garden Rd, Central, Hong Kong
🕖 07:00~24:00 | 📶 www.thepeak.com.hk/kr
💲 왕복 HK$83, 편도 HK$71

❹ 피크 타워 山頂凌霄閣 / Peak Tower

빅토리아 피크의 상징과도 같은 복합 쇼핑몰로 홍콩에서 가장 아름다운 건축물 중 하나이다. 쇼핑몰과 레스토랑, 카페, 전망대, 마담 투소 박물관 등이 있다. 홍콩의 아름다운 스카이라인을 360도 파노라마로 감상할 수 있어 하루에도 수만 명의 사람들이 찾는 곳이다.

🏠 128 Peak Rd, The Peak, Hong Kong
🕖 월-금 10:00~23:00, 토·일·공휴일 08:00~23:00
📶 www.thepeak.com.hk/kr/

❺ 뤼가드 로드 전망대 盧吉道 / Lugard Road Lookout

홍콩 섬 남부의 자연 경관을 감상하기 좋은 순환 산책로에 자리하고 있다. 따로 건물이 있는 것이 아니라 산책로의 탁 트인 부분이 전망대 역할을 한다. 홍콩의 거대한 빌딩 숲과 빅토리아 항이 만들어내는 아름다운 야경을 보기 위해 많은 사람들이 찾는 곳이다. 피크 타워 옆 이정표를 따라가면 되며 도보로 약 20분 걸린다.

🏠 Lugard Rd, Hong Kong

❻ 가스등 Gas Lamp

더들 스트리트의 끝 계단에 있는 네 개의 가스등으로 「천장지구」, 「희극지왕」을 비롯한 홍콩 영화에 자주 등장하는 곳이다. 홍콩 섬에 남아 있는 유일한 가스등으로 주말이면 사진 동호회와 웨딩 사진을 찍으러 온 신랑 신부로 붐빈다.

🏠 13 Duddell St, Central, Hong Kong

❼ 란콰이펑 蘭桂坊 / Lan Kwai Fong

홍콩 섬 최대의 유흥가로 1980년대 독일 자본에 의해 노천카페식 식당이 생기면서 식당과 카페가 모여들었고 30여 년이 지나 지금의 란콰이펑이 되었다. 낮에는 조용하고 한적한 분위기의 레스토랑과 카페였다가 밤에는 클럽과 펍으로 변신한다. 다양한 음악과 맥주를 편하게 즐길 수 있는 곳이다.

- Lan Kwai Fong, Central, Hong Kong
- www.lankwaifong.com

❽ 매그넘 클럽 Magnum Club

홍콩에서 가장 핫한 클럽으로 현지인들이 가장 많이 찾는 곳이다. 새로운 브랜드의 런칭 행사나 파티가 열리기도 하는데, 행사에는 세계적으로 유명한 DJ나 가수들도 많이 찾아온다.

- 1 Wellington Street, Central, Hong Kong
- 화-토 23:00~05:00 | www.magnumclub.com.hk

❾ 볼러 Volar

홍콩에서 가장 유명한 클럽 중 하나로 세계적으로 유명한 DJ들이 자신의 이름을 내걸고 파티를 열기도 한다. 회원들만 들어올 수 있는 클럽으로 고급스럽게 꾸며져 있으며 1층은 일렉트로닉, 2층은 힙합 음악을 즐길 수 있다.

- 44 D'Aguilar St, Central, Hong Kong
- 화-금 19:00, 토 21:00~

❿ 드래곤아이 Draigon-I

약 30가지의 딤섬이 뷔페로 제공되며 밥이나 면 종류는 따로 주문해야 한다. 새우로 만든 하까우와 다른 곳에서는 볼 수 없는 시금치 딤섬이 대표 메뉴이다. 중국식 홍등으로 꾸며진 공간은 밤에 클럽으로 이용된다.

- 60 Wyndham St, Hong Kong
- 월-금 12:00~15:30 18:00~23:00, 토 · 일 12:00~16:00 18:00~23:00, 해피 아워 17:00~20:00
- www.dragon-i.com.hk

TASTE 주변 추천 맛집

소호 > 피크 타워 > 란콰이펑

침차이키 沾仔记 / Tsim Chai Kee Noodle

홍콩에서 가장 저렴한 가격의 완탕집으로 외국인보다는 현지인들에게 인기가 있다. 새우 완탕면, 어묵면, 소고기면을 기본으로 새우, 완탕, 어묵, 소고기를 추가로 선택할 수 있다. 면도 선택이 가능한데 계란 반죽의 에그 누들을 가장 많이 찾는다.

98 Wellington St, Central, Hong Kong | 09:00~22:00

란퐁유엔 蘭芳園 / Lan Fong Yuen

1952년 개점해 50년이 넘는 전통을 가진 차찬탱으로 언제 가도 많은 사람으로 붐빈다. 란퐁유엔의 대표 메뉴는 밀크 티로 홍차를 실크 망사로 여러 번 걸러 부드럽고 진한 맛을 내는 게 특징이다. 돼지갈비가 들어간 햄버거 폭찹 번과 라면에 닭고기와 양파 소스를 얹어 먹는 로팅도 인기다.

2 Gage St, Central, Hong Kong | 월-토 07:30~18:00

스타벅스 컨셉 스토어 星巴克冰室 / Starbucks Duddell Street

더들 스트리트의 스타벅스 컨셉 스토어는 1950~60년대 홍콩을 그대로 재현했다. 내부 인테리어는 물론 가짜 창밖으로 보이는 그 시대의 거리도 옮겨놓아 마치 타임머신을 탄 듯한 기분을 느낄 수 있다. 실내 인테리어는 홍콩의 유명한 인테리어 소품점인 GOD에서 맡았다. 주메뉴는 파인애플 번과 나이차.

Baskerville House 13, Duddll St, Central, Hong Kong

월-금 07:00~21:00, 토 08:00~22:00, 일 09:00~20:00

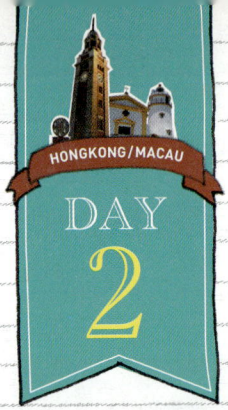

둘째 날 일정 한눈에 보기
IFC 몰 > 하버 시티 > 스타의 거리

두 번째 날은 디스커버리 베이와 침사추이를 돌아보는 코스다. 취향에 따라 디스커버리 베이 대신 리펄스 베이와 스탠리 마켓을 넣어도 좋다. 우선 홍콩식 커피로 하루를 시작한 후 IFC 몰로 가서 쇼핑도 하고 점심도 해결하자. 유명한 딤섬부터 디저트까지 다양한 메뉴가 있으며 선물용 과자나 쿠키를 구매하기에도 좋은 곳이다. 그런 다음 페리를 타러 센트럴 페리 피어로 간다. 센트럴 페리 피어에서 디스커버리 베이로 가는 페리를 탈 수 있

← 책랍콕 국제 공항 방향

● 홍콩 디즈니랜드

디스커버리 베이
3 ★

란타우 섬

는데, 25분 정도 소요된다. 홍콩 속 작은 유럽 **디스커버리 베이**의 해변과 작은 마을을 산책하며 복잡한 도시를 벗어난 여유를 잠시 즐겨보자. 카페와 레스토랑도 많으니 해변을 보며 차를 마시거나 식사를 즐겨도 좋다. 다시 페리를 타고 센트럴 피어로 복귀한 다음 스타 페리로 환승하여 이제 홍콩의 핵심인 **침사추이**로 가보자. 스타 페리 선착장에서 내리면 보이는 시계탑에서 출발하여 1881 헤리티지, 하버 시티 등 유명 쇼핑몰을 둘러보며 **네이션 로드**로 이동하자. 우리가 기억하는 영화 속 어지러운 홍콩의 전형적인 풍경을 만날 수 있는 곳으로 영화 배경으로 유명한 청킹 맨션도 여기 주변에 있다. 침사추이 해변 산책로에서 **스타의 거리**까지 걸어간 다음 자리를 잡고 매일 저녁 8시마다 열리는 홍콩 섬의 야경 쇼인 **'심포니 오브 라이트'**를 감상해보자. 야경 감상을 마쳤으면 **몽콕의 야시장**으로 가서 길거리 음식으로 요기할 수도 있다. 야시장 중에 **레이디스 마켓**이 유명한데 자질구레한 기념품들을 사기에 좋다. 조금 피곤하다면 여기에서 일정을 마쳐도 좋고 아직 팔팔하다면 카오룽에 있는 리츠칼튼 호텔 118층의 **오존**에서 멋진 홍콩의 야경을 감상하며 럭셔리하게 칵테일 한잔을 즐겨보자.

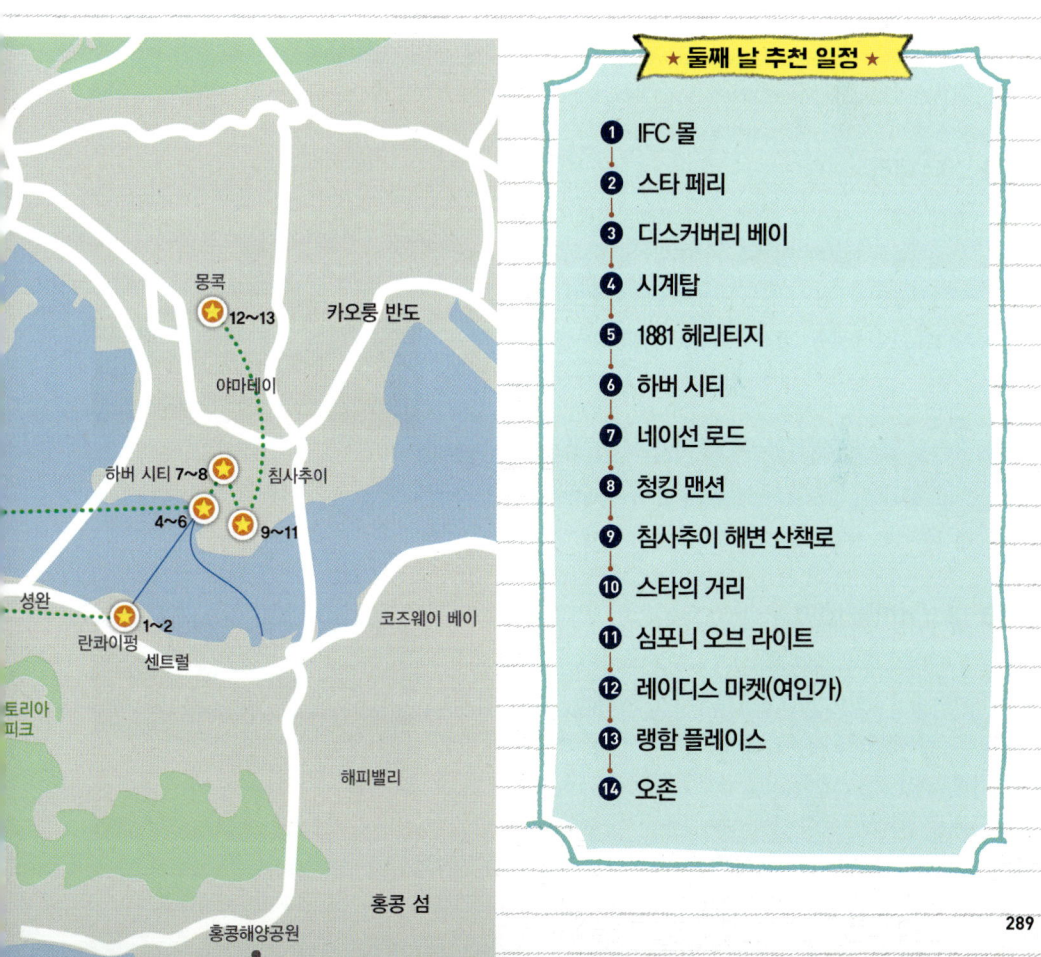

DAY 2 둘째 날

SPOT 👓 추천 명소

IFC 몰 › 하버 시티 › 스타의 거리

❶ IFC 몰 IFC Mall

홍콩 섬 최대 규모의 쇼핑몰로 홍콩에서 두 번째로 높은 IFC 빌딩에 자리하고 있다. 총 4층의 건물에 200개 이상의 글로벌 브랜드 매장이 입점되어 있으며 화려한 매장 인테리어가 사람들의 시선을 사로잡는다. 1층은 화장품, 캐주얼 의류 매장이 입점해 있으며 2~3층에는 프라다, 베르사체, 에스카다 등의 명품 브랜드 매장이 있다. 또한 기념품을 사기 좋은 식료품점을 비롯해 레스토랑, 영화관 등도 있다.

International Finance Center Central Hong Kong | 10:30~21:00 | www.ifc.com.hk/en/

❷ 스타 페리 Star Ferry

1888년 최초로 운행을 시작한 스타 페리는 홍콩 시민들에게 가장 사랑받는 교통편. 침사추이-센트럴, 침사추이-완차이 노선이 그중에서도 가장 인기 있다. 특히 매일 저녁 8시 심포니 오브 라이트 시간에 맞춰 스타 페리를 타면 그야말로 최고의 홍콩의 야경을 즐길 수 있어 이 시간에는 관광객들로 선착장이 매우 붐빈다.

Central Ferry Pier No.7, Central, Hong Kong(센트럴 선착장) / Star Ferry Pier, Tsim Sha Tsui, Hong Kong (침사추이 선착장)
침사추이-센트럴 06:30~23:30 / 침사추이-완차이 07:20~22:50 | www.starferry.com.hk/en/home

❸ 디스커버리 베이 Discovery Bay

주민의 70프로 이상이 외국인으로 홍콩에서 가장 서양적인 분위기를 가진 곳이다. 일반 차량의 출입이 제한되기 때문에 여유롭고 느긋한 시간을 보내기 좋다. 저녁에는 마을 반대편의 디즈니랜드에서 열리는 불꽃놀이를 볼 수도 있다.

Discovery Bay Rd & Discovery Valley Rd, Hong Kong

❹ 시계탑 Clock Tower

침사추이의 랜드마크로 홍콩과 중국, 몽골과 러시아를 연결하던 카오룽 철도역의 일부로 만들어진 44미터 높이의 시계탑이다. 빅토리아풍 탑의 네 개 면에 모두 시계가 달려 있다. 1977년 카오룽 역은 시계탑만을 남겨두고 폭파되었으며, 그 자리에는 현재 우주 박물관과 홍콩 문화센터가 건립되어 있다. 홍콩 시민들의 약속 장소로 많이 이용되며 야경 명소로도 유명하다.

▼ 🏛 Tsim Sha Tsui, Clock Tower, Hong Kong

❺ 1881 헤리티지 1881 Heritage

1880년대에 해양 경찰 본부로 사용하던 곳으로, 2010년 빅토리아풍으로 아름답게 개조하여 고급 복합 쇼핑몰로 이용되고 있다. 부티크 호텔과 럭셔리 브랜드 숍, 레스토랑, 갤러리 등이 모여 있으며 아름다운 정원과 각종 부대 시설은 일반인들에게 개방되고 있다. 2층으로 이루어진 종탑의 2층에 올라가면 종소리를 내는 기관도 구경할 수 있으며, 매일 낮 1시에 낙주식(타임볼 타워 안의 커다란 금속 공을 떨어뜨려 시간을 알리는 전통 행사)을 하니 시간에 맞춰 방문하는 것도 좋다. 나무 주변의 가스등도 빼놓을 수 없는 볼거리로 밤에는 불이 켜진다.

▼ 🏛 2A Canton Road, Tsim Sha Tsui, Hong Kong | ⏰ 10:00~22:00 | 📶 www.1881heritage.com

❻ 하버 시티 海港城 / Harbour City

침사추이 패션의 1번지로 중저가 캐주얼 브랜드부터 최고급 럭셔리 브랜드까지 약 700개의 다양한 매장을 만나볼 수 있는 쇼핑몰이다. 오션 터미널, 마르코 폴로 홍콩 호텔 아케이드, 오션 센터, 게이트 웨이 아케이드로 총 네 개 구역으로 나누어져 있으며, 모두 둘러보기에는 규모가 매우 크기 때문에 1층의 프런트에서 제공하는 빌딩 디렉토리를 참고하는 것이 좋다.

▼ 🏛 3-37 Canton Rd, Tsim Sha Tsui, Hong Kong | ⏰ 10:00~22:00

❼ 네이션 로드 彌敦道 / Nathan Road

카오룽 반도에서 가장 번화한 길이다. 쭉 뻗은 도로로 페닌슐라 호텔에서 시작해 조던, 야우마테이, 웡콕까지 총 4킬로미터에 이르는 구간을 이른다. 가장 번화한 구간은 침사추이에서 조던에 이르기까지 1.6킬로미터의 구간으로 고급 호텔과 쇼핑센터, 다양한 상점들이 성업 중이다. 낮보다는 밤에 볼거리가 많으며 심포니 오브 라이트가 끝난 후 야시장 가는 길에 버스를 이용해 구경해도 좋다.

🏛 Nathan Rd, Tsim Sha Tsui, Hong Kong

⑧ 청킹 맨션 重慶大廈 / Chungking Mansion

영화 「중경삼림」의 배경이 되었던 장소로 저렴한 가격 때문에 배낭 여행자들이 많이 찾는다. 건물 내에는 저가 호텔과 게스트 하우스, 레스토랑, 슈퍼마켓, 환전소 등이 미로처럼 자리 잡고 있는데, 특히 환전소는 이 근처에서 환율이 가장 좋기로 유명하다. 단, 환전소 주변에 소매치기가 많으므로 주의가 필요하다.

🏛 44 Nathan Road, Tsim Sha Tsui, Hong Kong

⑨ 침사추이 해변 산책로 Tsim Sha Tsui Waterfront Promenade

스타 페리 선착장에서 1.6킬로미터 정도 이어지는 해변 산책로에서는 홍콩 섬의 스카이라인이 한눈에 들어온다. 연인들의 데이트 명소로 인기가 좋은 이곳은 낮에는 한가로운 산책길로, 밤에는 화려한 야경 산책길로 다른 느낌이 난다.

🏛 Tsim Sha Tsui Waterfront Promenade, Tsim Sha Tsui, Hong Kong

⑩ 스타의 거리 星光大道 / Avenue of Stars

홍콩 예술 박물관부터 인터콘티넨탈 호텔까지 이어지는 400미터 정도의 구간에 성룡, 장국영, 주윤발 등 수많은 홍콩 스타 83명의 이름과 핸드 프린팅이 바닥에 새겨져 있는 거리이다. 스타의 거리 끝에는 2미터 크기의 이소룡 동상이 있는데 이 동상과 기념 사진을 찍고자 찾아오는 관광객들이 많다.(2016년 현재 공사 중)

🏛 Avenue of Stars, Tsim Sha Tsui, Hong Kong

⑪ 심포니 오브 라이트 Symphony of Lights

홍콩에서 반드시 봐야 할 구경거리로 기네스북에 등재된 거대한 규모의 레이저 쇼이다. 빅토리아 하버를 중심으로 자리하고 있는 44개의 고층 빌딩에서 매일 저녁 8시에 음악, 내레이션과 함께 수많은 레이저가 홍콩의 야경을 더욱 화려하게 만든다. 18분 동안 44개의 건물을 소개하며, 건물들은 자신의 이름이 나올 때마다 레이저, 조명, 네온사인으로 자신을 뽐낸다. 건물 소개가 끝나면 경쾌한 왈츠곡에 맞춰 건물들이 합주를 하듯 쇼가 펼쳐진다. FM 라디오 103.4메가헤르츠에서는 매일 저녁 심포니 오브 라이트 실황이 생중계된다.

18 Salisbury Road, Tsim Sha Tsui, Hong Kong | 20:00~20:20

⑫ 레이디스 마켓(여인가) 女人街 / Ladies Market

홍콩에서 가장 유명한 야시장 중 하나로 원래 이름은 통초이 스트리트이다. 여성 의류 및 소품을 취급하는 노점상으로 가득해 여인가라는 별칭으로 불리게 되었다. 여성 의류 외에 저렴한 기념품과 액세서리, 짝퉁 명품 등 볼거리가 많아 여행자들로 항상 붐빈다. 참고로 여인가에서 쇼핑을 할 때 흥정은 필수로 30~50프로 정도 깎을 수 있다. 단, 이 근처는 소매치기들도 많아 지갑이나 카메라 등의 소지품을 잘 간수해야 한다.

45 Tung Choi Street (Ladies' Market), Mong Kok, Hong Kong

⑬ 랭함 플레이스 Langham Place

지하 2층 지상 13층, 총 15층에 걸쳐 매장 300개와 식당 30곳이 입점해 있으며, 다양한 글로벌 브랜드와 홍콩 로컬 브랜드 매장이 있는 대형 쇼핑몰이다. 캐주얼한 제품들이 많아 10~20대 손님이 많은 편으로 레스토랑과 슈퍼마켓, 영화관, 5성급 호텔인 랭함 팰리스 호텔이 함께 있다. 4층에서 7층까지 한 번에 올라갈 수 있는 더 익스프레스컬레이터는 홍콩에서 가장 긴 에스컬레이터로 유명하며 길이는 83미터에 이른다.

8 Argyle St, Mong Kok, Hong Kong | 10:30~23:00

⑭ 오존 Ozone Bar

세계에서 가장 높은 곳에 위치한 레스토랑 겸 바이다. 100층에 위치한 유료 전망대보다 저렴한 가격으로 칵테일 한잔하며 리츠 칼튼의 118층에서 홍콩의 야경을 만끽할 수 있다. 야외 테라스도 갖추어져 있으며 흡연석과 금연석은 따로 구분되어 있지 않다. 맥주, 와인, 칵테일 등 주류의 가격은 100홍콩달러 내외로 저렴한 편이다.

118/f, The Ritz-Carlton, Hong Kong

월-수 17:00~01:00, 목·금 17:00~02:00, 토 15:00~03:00, 일 12:00~24:00

TASTE 주변 추천 맛집

IFC 몰 › 하버 시티 › 스타의 거리

퍼시픽 커피 컴퍼니 太平洋咖啡 / Pacific Coffee Company

1992년 설립된 홍콩의 커피 브랜드로 중국 본토, 마카오, 싱가포르 등에도 진출하였다. 홍콩에서는 스타벅스보다 퍼시픽 컴퍼니가 인기가 훨씬 좋으며 홍콩 전역에서 쉽게 만날 수 있다. 특히 빅토리아 피크 타워에 입점해 있는 지점은 전망을 즐기려는 사람들로 항상 붐빈다.

🏠 30 Queen's Road, Central, Hong Kong
🕐 일–목 07:30~22:00, 금·토 07:30~23:00

팀호완 添好運 / Tim Ho Wan

팀호완은 예전 몽콕의 한적한 골목에서 시작해 미슐랭 원 스타 레스토랑까지 성장한 딤섬 전문점이다. 미슐랭 스타 레스토랑이면서도 가격대는 저렴하여 기다리는 사람들로 항상 붐빈다. 추천 메뉴로는 차슈바우, 하가우, 슈마이가 있다. IFC 몰 1층의 센트럴점과 올림픽 시티의 G층 매장 등 홍콩에 여섯 개 지점이 있다.

🏠 Shop 12A, Hong Kong Station (Podium Level 1, IFC Mall), Central Hong Kong | 🕐 09:00~21:00 (센트럴점)

기화병가 奇華餅家 / Kee Wah Bakery

파인애플 케이크로 유명한 곳으로 파인애플 케이크뿐만 아니라 팬더 쿠키도 인기가 좋다. 홍콩 여러 군데에 매장이 있는데, 공항에도 매장이 있어 기념품을 구입하지 못했다면 공항에서 기화병가를 구입하는 것도 방법이다.

🏠 Shop 1018B, International Finance Centre
🕐 월–금 07:30~20:30, 토 08:00~20:00, 일 09:00~20:00 (센트럴점)
🌐 www.keewah.com/

작스 Zak's

디스커버리 베이 플라자에 위치한 작스는 아름다운 야외 테라스와 바다가 보이는 전경으로 유명하다. 작스에서는 신선한 해산물 요리와 유럽·아시아 요리 등 다양한 음식을 맛볼 수 있으며, 대표 메뉴로는 그릴드 베이비 백립이 있다.

Shop G04, G/F & 103, 1/F, D'Deck, DB Plaza, Discovery Bay D'Deck Hong Kong

07:30~23:00

허유산 許留山 / Hui Lau Shan

음식 문화가 발달한 홍콩은 디저트 문화도 굉장히 발달되어 있다. 다양한 디저트 브랜드가 있는데, 그중에서 허유산이 특히 유명하다. 망고 전문점인 만큼 망고류의 디저트가 추천 메뉴이며, 특히 젤리와 망고가 듬뿍 들어 있는 A1 주스가 대표 메뉴이다.

Shop No.6, G/F, Star House, 3 Salisbury Road, Tsim Sha Tsui Hong Kong (침사추이점) / 1F, 1 Cheong Hong Rd, Chek Lap Kok, Hong Kong (공항점)

www.hkhls.com/

비첸향 美珍香 / Bee Chang Hiang

싱가포르에서 시작된 육포 전문점인 비첸향의 육포는 숯불 향이 나는 부드러운 육질에 촉촉하게 양념이 밴 것이 특징으로, 입에 넣자마자 달콤한 양념 맛이 느껴진다. 시식한 후 고를 수 있으며 칠리 맛이 가장 인기가 좋다.

Shop C, G/F, Daily House, No.35-37 Haiphong Road, Tsim Sha Tsui, Kowloon, Hong Kong

www.beechenghiang.com.sg/

셋째 날 일정 한눈에 보기
마카오 세나도 광장 > 콜로안 빌리지 > 시티 오브 드림

3일째인 오늘은 마카오로 가는 날이라 아침 일찍 서둘러야 한다. 홍콩 섬에서 출발한다면 홍콩 마카오 페리 터미널에서, 침사추이 쪽에서는 차이나 페리 터미널(카오룽)에서 페리를 타면 된다. 여기서는 홍콩 마카오 페리 터미널에서 출발하는 걸로 일정을 짰는데 페리는 아침 7시부터 매 15분마다 운행한다. 차이나 페리 터미널의 경우 운행 간격이 더 길어 스케줄을 미리 확인하는 것이 좋다. 마카오 페리 터미널에 도착했으면 우선 택시를 타

고 기아 요새로 간 다음 슬슬 걸어 본격적으로 마카오 시티 투어에 나선다. 마카오 대성당을 지나 마카오 시내의 중심인 세나도 광장에 도착하면 근처에서 포르투갈식으로 점심을 먹어보자. 식사 후엔 성 도미니크 성당과 예수회 기념 광장, 성 바울 성당 유적까지 도보로 둘러보면 된다. 이제 버스를 타고 콜로안 빌리지로 간다. 오래된 유니크함이 있는 콜로안 빌리지를 천천히 산책하며 둘러보자. 마카오 곳곳에는 오랜 역사를 자랑하는 유명한 에그 타르트 집이 여러 곳 있는데 하나씩 맛보며 비슷한 듯 다른 에그 타르트 맛을 비교해보는 것도 마카오 여행의 묘미. 콜로안에서 나와 택시를 타고 베네시안으로 이동한다. 화려한 베네시안의 자태와 실내의 수로(캐널)를 구경하고 나면 이제 홍콩으로 돌아갈 시간. 여유가 된다면 시티 오브 드림과 피셔맨즈 와프를 둘러봐도 좋다. 다시 페리를 타고 홍콩 섬으로 돌아왔으면 캣 스트리트로 가보자. 작은 골목이지만 트렌디하고 특색 있는 상점과 맛집들이 모여 있는 거리로 늦은 저녁을 먹으며 홍콩에서의 마지막 밤을 즐기기에 좋다.

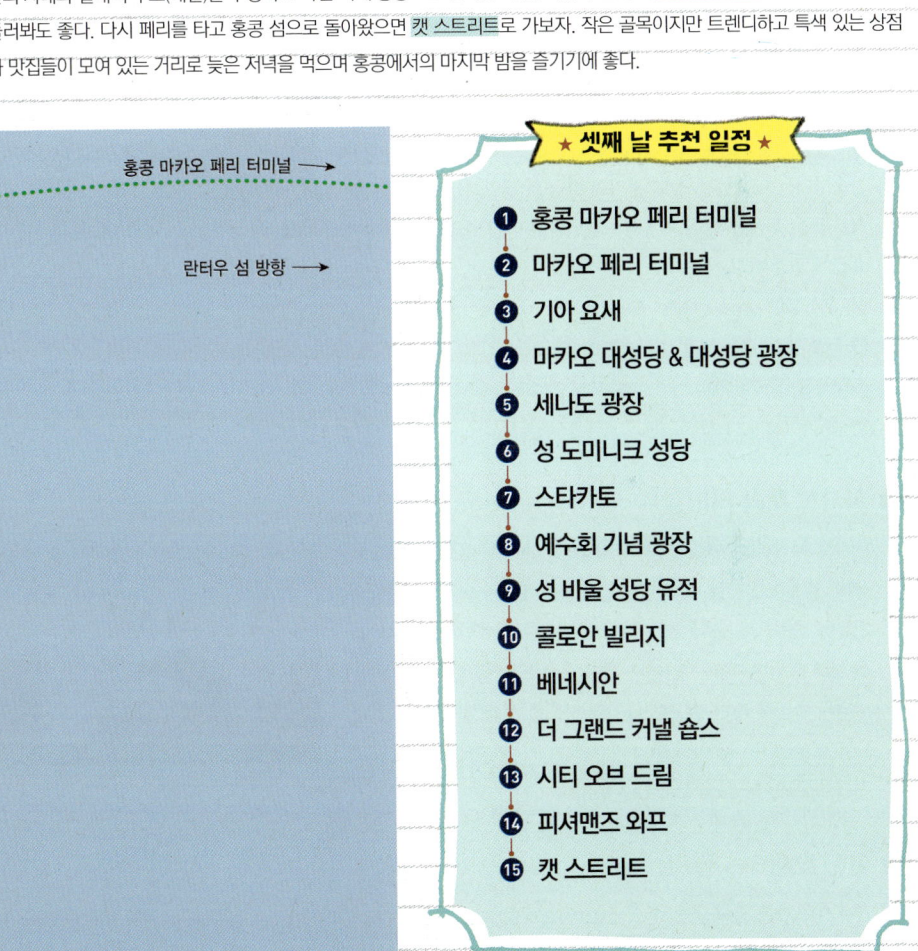

★ 셋째 날 추천 일정 ★

1. 홍콩 마카오 페리 터미널
2. 마카오 페리 터미널
3. 기아 요새
4. 마카오 대성당 & 대성당 광장
5. 세나도 광장
6. 성 도미니크 성당
7. 스타카토
8. 예수회 기념 광장
9. 성 바울 성당 유적
10. 콜로안 빌리지
11. 베네시안
12. 더 그랜드 커낼 숍스
13. 시티 오브 드림
14. 피셔맨즈 와프
15. 캣 스트리트

홍콩 마카오 페리 터미널 →

란타우 섬 방향 →

DAY 3 · 셋째 날

SPOT 👓 추천 명소

마카오 세나도 광장 › 콜로안 빌리지 › 시티 오브 드림

❶ 홍콩 마카오 페리 터미널 Hong Kong Macau Ferry Terminal

홍콩과 마카오, 중국 남부 도시와 마카오 사이를 운행하는 페리의 터미널로 홍콩 경제의 중심지인 셩완 지역에 있다. 페리는 두 개의 회사가 각기 다른 시간대에 운행하고 있으며, 침사추이 차이나 페리 터미널에 비해 운항 편수가 더 많다. 홍콩 섬에서 마카오까지는 약 1시간 정도 걸리며 요금은 평일 편도 164홍콩달러부터다. 돌아올 때 오후 5시가 넘어가면 야간 요금이 청구되어 요금이 조금 더 비싸진다.

- 168-200 Connaught Rd, Central, Sheung Wan, Hong Kong
- 터보 젯 (마카오 페리 터미널행) 07:00~23:59, 00:30, 01:00, 01:30, 02:30, 04:00, 04:45, 06:00
- 코타이 젯 (타이파 페리 터미널행) 07:00~21:00, 22:00, 23:00, 23:59, 01:00
- www.turbojet.com.hk (페리 스케줄 확인)

❷ 마카오 페리 터미널 Macau Ferry Terminal

마카오 페리 터미널에서는 공영 버스, 호텔 셔틀버스, 택시를 이용해 시내로 이동할 수 있다. 호텔 셔틀버스는 도착 홀 중앙의 기둥을 중심으로 붙어 있는 간판 중에서 목적지인 호텔의 이름을 찾으면 된다. 베네시안이나 시티 오브 드림 등을 즐기러 가는 경우는 출국장 정면 출구로 나와 지하도를 통해 길을 건너 카지노 무료 버스를 이용하면 된다.

- Largo do Terminal Maritimo, Macau

❸ 기아 요새 Fortaleza da Guia

17세기 초반에 지어진 군사 요새로 마카오에서 가장 높은 곳에 있다. 지금은 성당과 1865년 지어진 중국 최초의 등대만이 남았다. 마카오의 전망을 내려다보기에는 최적지로 많은 여행자들과 시민들이 찾는다.

🏠 Colina da Guia, Macau

❹ 마카오 대성당 & 대성당 광장 Igreja da Se & Largo da Se

1622년에 세워진 마카오 대성당은 포르투갈이 아시아 가톨릭 복음화를 꿈꾸던 시기에 중국, 조선, 일본을 포함하는 마카오 대교구의 본당으로 건립했다. 1650년 태풍에 의해 꽤 많은 부분이 훼손되었는데 포르투갈의 어지러운 국내 사정으로 인해 1937년이 되어서야 지금의 모습으로 복원되었다. 매년 부활절에 벌어지는 퍼레이드는 마카오에서 가장 화려한 축제 중 하나다. 대성당 앞의 작은 광장은 예쁜 분수가 있어 쉬어 가기 좋다.

🏠 Igreja da Se, Macau

❺ 세나도 광장 Largo do Senado

마카오 제일의 랜드마크로 포르투갈 식민지 시절 남유럽의 정취를 물씬 풍기는 곳이다. 마카오 관광의 시작이자 중심지가 되는 세나도 광장은 낮의 예쁘장한 모습과 화려한 조명이 비추는 밤의 모습이 많이 다르니 여유가 되면 밤 시간에도 한 번쯤은 들러보자. 세나도는 '시청'을 의미하며 실제로 시 정부 청사가 자리하고 있다.

🏠 Largo do Senado, Macau

❻ 성 도미니크 성당 St. Dominic's Church

마카오 최초의 성당으로 스페인 신부에 의해 세워졌다. 1587년 건립 당시에는 예배당에 가까운 작은 교회였다가 18세기에 지금과 같은 바로크풍의 모습으로 개건되었다. 19세기 초반 가톨릭에 대한 제재로 포르투갈 군대의 물류 창고로 사용되었다가 1997년 일반에 공개되었다. 내부가 화려하진 않지만 옥좌에 앉은 성모상과 제단이 인상적이며 포르투갈의 예술품 300여 점을 소장하고 있다.
- Saint Dominic's Church, Macau | 10:00~18:00

❼ 스타카토 Staccato

홍콩 제화 1위 브랜드인 스타카토는 홍콩에서 일명 '5초 구두'라고 불릴 만큼 인기가 높다. 편안한 착화감과 예쁜 디자인으로 유명한 만큼 많은 여행자들이 홍콩이나 마카오 여행 시 구입하곤 한다. 한국에서도 구매할 수 있지만 현지에서 사면 더 저렴한 가격으로 다양한 디자인의 제품을 쇼핑할 수 있다.

- Rua De S. Domingos, No. 5, R/C, Macau
- 11:00~22:00 | www.staccato.com/eng/

❽ 예수회 기념 광장 Largo da Companhia de Jesus

성 바울 성당 아래에 있는 작은 광장으로 몬테 요새와 인접해 있는데 이 일대는 마카오 역사 지구로 유네스코 세계유산에 등재되어 있다. 중국과 포르투갈 문화의 만남을 느낄 수 있는 곳으로 광장에는 이를 상징하듯 포르투갈 남자에게 연꽃을 주는 중국 소녀의 동상이 있다.

- Largo da companhia de jesus, Macau

❾ 성 바울 성당 유적 Ruins of St. Paul's Cathedral

1603년 건립된 성당의 잔해로 1835년 의문의 화재로 불타 지금은 정면 외벽과 지하 구조만 남았다. 마카오 여행에서 빼놓지 않는 곳으로 막부 시대 종교의 자유를 찾아 온 일본인들이 성당의 건축에 관여했다고 전해지며 『천주실의』의 저자인 마테오 리치가 이곳 성 바울 성당 출신이라고 한다. 정면의 조각이 화려한데 1~5단에 걸쳐 천지창조부터 가톨릭의 세계관을 보여주는 종교적인 의미가 숨어 있으니 찾아보자.

- Ruins of St. Paul's Cathedral, Macau

⑩ 콜로안 빌리지 Vila de Coloane

2006년 드라마 「궁」의 마지막 촬영지로 유명해진 콜로안 섬은 아주 작은 마을로 천천히 걸어서 돌아보면 된다. 유명한 에그 타르트도 먹고 콜로안 섬의 고즈넉함을 즐기며 산책하기에 좋은데, 성 프란시스 자비에르 성당 외에는 큰 볼거리가 없다. 노란색과 파란색이 돋보이는 성당의 동화 같은 외관이 인상적이며 내부의 중국식 마리아와 예수의 그림이 특이하다.

▼ Vila de Coloane, Macau

⑪ 베네시안 Venetian Macao

화려함의 극치를 보여주는 마카오 최대 규모의 복합 카지노 호텔. 카지노, 호텔, 더 그랜드 캐널 숍의 세 구역으로 나뉘며 거대한 규모와 이탈리아 베네치아를 본딴 화려한 인테리어가 인상적이다. 3,000여 개의 객실은 스위트룸 구조로 되어 있고 카지노로 이어지는 회랑은 대성당을 연상케 한다. 더 그랜드 캐널 숍으로 가면 베네치아의 수로를 그대로 재현한 멋진 운하를 만날 수 있다.

Estrada da Baia de Nossa, Senhora da Esperanca, Macau | 24시간 | www.venetianmacao.com

⑫ 더 그랜드 커낼 숍스 The Grand Canal Shoppes

베네치아의 수로가 그대로 재현된 쇼핑몰로 마치 베네치아에 온 듯한 착각이 들게 한다. 아름다운 유럽풍의 건물 안에 350여 곳의 가게가 있고 도로 옆으로는 운하와 거리가 펼쳐진다. 또한 이곳에서는 산타루치아를 부르는 뱃사공이 노를 젓는 곤돌라를 타며 마카오 안의 베네치아를 느껴볼 수 있다.

Estrada da Baia de Nossa, Senhora da Esperanca, Macao
일-목 10:00~23:00, 금·토 10:00~24:00
www.venetianmacao.com

⑬ 시티 오브 드림 City of Dreams

베네시안과 양대 산맥을 이루는 복합 카지노 시설로 마카오 자본의 상징이다. 통유리로 된 현대적인 건물과 IT 기술을 이용한 첨단 건축으로 입구에서부터 거대한 디지털 수족관의 인어가 방문객을 맞이한다. 드래곤스 트레저는 360도의 돔형 스크린에서 펼쳐지는 한 편의 게임 같은 용들의 이야기로 이 역시 꽤 볼 만하다. 하드 록 호텔에는 스타들의 애장품을 모아놓은 갤러리가 있는데 마이클 잭슨의 장갑, 딥 퍼플과 지미 페이지가 연주하던 기타 등을 볼 수 있다.

City of Dreams, The Boulevard, Estrada do Istma (Coloane), Zona de Aterros entre as Ilhas de Coloane e da Taipa, Macau

24시간 | www.cityofdreamsmacau.com

⑭ 피셔맨즈 와프 Fisherman's Wharf

홍콩의 디즈니랜드를 겨냥해 만든 마카오의 피셔맨즈 와프는 마카오 최대의 카지도 재벌인 스탠리 호가 2,400억 원을 들여 건설했다. 총 세 구역으로 나뉘어 있는데 당나라 시대의 장안성을 재현한 '당성', 라스베이거스식의 극장과 카지노, 인공 화산 등이 뒤섞인 'East Meets West', 주요 항구 도시 거리 풍경을 재현해놓은 'Legend Wharf'가 있다. 굳이 시간을 내서 방문할 필요는 없고, 밤의 야경을 보거나 시간적 여유가 있다면 기념사진을 찍으러 가기에는 괜찮다.

Cathedral Parish, Macau | 24시간 (놀이기구 10:00~22:00)

www.fishermanswharf.com.mo

⑮ 캣 스트리트 Cat Street

200미터가 채 되지 않는 짧은 거리에 형성된 홍콩의 작은 시장이다. 중국 문양이 새겨진 다양한 공예품과 골동품, 예술품, 실크 제품 등을 판매하고 있으며, 마오쩌둥 관련 상품이 많다. 품질이 썩 좋지는 않지만 저렴한 기념품으로 구입하기는 무난하다.

Upper Lascar Row, Sheung Wan, Hong Kong

TASTE 주변 추천 맛집

마카오 세나도 광장 > 콜로안 빌리지 > 시티 오브 드림

마가렛 카페 이 나타 玛嘉烈蛋挞店 / Margaret's Cafe e Nata

로드 스토즈와 함께 마카오의 2대 에그 타르트 전문 베이커리 카페로 간단히 아침 식사를 하기에 좋다. 달걀과 캐러멜의 달콤함이 입맛을 자극해 계속 먹게 된다. 즉석에서 만들어주는 샌드위치도 한 끼 식사로 든든하니 좋고, 향이 좋은 커피 또한 이 집의 추천 메뉴 중 하나.

G/F Gun Loi B/d, Macau
월-토 06:30~20:00, 일 10:00~19:00

이순 밀크 컴퍼니 義順牛奶公司 / Yee Shun Milk Company

마카오에 본점을 두고 있는 디저트 전문점으로 4대째 전통 레시피를 이어오고 있다. 신선한 우유로 만든 우유 푸딩은 차가운 것과 따뜻한 것이 있으며 과일이나 팥 등을 올려 먹을 수 있다. 이외에도 생강 푸딩, 망고 푸딩 등 다양한 종류의 푸딩이 있으며 빵이나 샌드위치, 국수 등의 간단한 식사 메뉴도 있다. 마카오 세나도 광장 근처에 위치하며 홍콩에는 조던 역과 몽콕, 코즈웨이 베이에 지점이 있다.

60 Av. de Almeida Ribeiro, Macau (마카오점)   월-금 09:00~23:00, 토·일 09:00~24:00

웡치케이 黃枝記, Wong Chi Kei

완탕면으로 유명한 맛집으로 홍콩에도 분점이 있지만 마카오가 본점으로 마카오 관광객이면 한번씩은 들렀다 가는 맛집이다. 계란 반죽으로 만든 쫄깃쫄깃한 얇은 면에 통새우가 들어간 만두와 맑은 국물이 잘 어울리는 새우완탕면이 단연 인기다.

4-6 Rua Norte do Mercado de S. Domingos, Macau
08:30~23:00

초이헝윤 베이커리 咀香園餅家 / Choi Heong Yuen Bakery

70년 전통의 과자점으로 특유의 고소함으로 유명한데, 인기가 많은 만큼 여러 개의 분점이 있다. 인기 메뉴는 아몬드 쿠키, 에그 롤, 파인애플 케이크, 블루베리 유과 등이다. 육포도 팔긴 하지만 비첸향 육포 스타일을 좋아한다면 이곳의 육포에 만족 못 할 수도 있다. 무료 시식이 가능해 맛을 보고 구매할 수 있다. 본점 외관의 화려하고 귀여운 페인팅도 인상적이다.

- 299 Av. de Almeida Ribeiro, Macau
- 10:00~22:00
- www.choi-heong-yuen.com

플라타오 九如坊 / Restaurante Platao

마카오 총독의 전속 요리사가 1999년 마카오 반환으로 일자리를 잃게 되자 새롭게 차린 포르투갈식 레스토랑이다. 고급스러운 요리와 분위기 있는 인테리어가 마음을 사로잡는 곳으로 늘 많은 사람들로 북적인다. 포르투갈식 해물 죽과 소꼬리 스튜, 직화구이 스테이크, 치킨, 양고기구이 등이 인기 메뉴다.

- G/F 3 Travessa de Sao Domingos, Macau
- 화~일 12:00~23:00 | www.plataomacau.com

로드 스토즈 베이커리 Lord Stow's Bakery

포르투갈식 에그 타르트의 원조 맛집으로 유명하다. 달콤하고 따뜻한 에그 타르트를 맛보기 위해 콜로안 마을까지 일부러 찾아오는 여행자들도 많다. 콜로안 마을의 바닷가 쪽으로 조금 더 들어가면 로드 스토 카페도 있어 페이스트리와 다양한 빵, 에그 타르트를 편하게 앉아서 즐길 수 있다.

- R. do Tassara, Macau
- 07:00~22:00 | www.lordstow.com

허니문 디저트 满记甜品/Honeymoon Dessert

중국, 싱가포르 등 아시아 전역에 지점이 있는 디저트 전문점으로 열대 과일인 망고, 두리안, 코코넛 등을 사용한다. 대표 메뉴인 망고 팬케이크는 망고를 넣고 반죽한 노란색의 피 안에 망고와 생크림을 채워 넣은 것으로 부드러우면서 달콤한 맛이 일품이다. 두리안 팬케이크, 두부 푸딩, 수프 등의 메뉴도 있다.

Shop 4-6, G/F, Western Market, Sheung Wan, Hong Kong(셩완점)
18:30~23:00 | www.honeymoon-dessert.com/en/

카우키 레스토랑 九記牛腩/Kau Kee Restaurant

60년 전통을 자랑하는 소고기 국수 전문점이다. 소고기 국수의 종류만 약 20가지에 이르며 메뉴마다 사용한 고기의 부위와 면의 종류가 다르다. 국수의 육수는 고기의 맛이 매우 진한 편이며 기본적으로는 향신료가 들어 있지 않아 취향에 맞게 테이블 위에 준비된 것을 넣으면 된다. 가게의 규모가 크지 않아서 합석하는 경우가 많다.

Chung San House 2-10, Gough St, Hong Kong
월-토 12:30~22:30

안토니오 레스토랑 安東尼奧/Antonio Restaurant

드라마「궁」에도 출연한 바 있는 유명 셰프 안토니오스의 레스토랑으로 정갈하고 푸짐한 포르투갈 전통 요리를 선보이는 맛집이다. 작은 규모지만 단골이 많은 곳으로 안토니오스의 해물밥과 오리밥, 새우 갈릭 요리 등이 유명하다.

5-21 Rua dos Negociantes, Taipa, Macau
월-금 런치 12:00~15:00 디너 18:00~23:00, 토·일 12:00~23:00

넷째 날 일정 한눈에 보기

타임스 스퀘어 > 코즈웨이 베이 > 패션 워크

이제 마지막 날이니 본격적으로 쇼핑과 기념품 구입에 나서보자. 침사추이의 쇼핑몰들은 이미 갔으니 오늘은 코즈웨이 베이로 간다. 타임스 스퀘어와 지오디에서 다양한 패션 브랜드 숍은 물론이고 문구나 인테리어 숍까지 섭렵해보자. 셀렉트 숍인 디몹도 구경하고 패션 워크에서 의류 쇼핑까지 마친 후 숙소로 복귀한다. 호텔에서 짐을 픽업하여 공항으

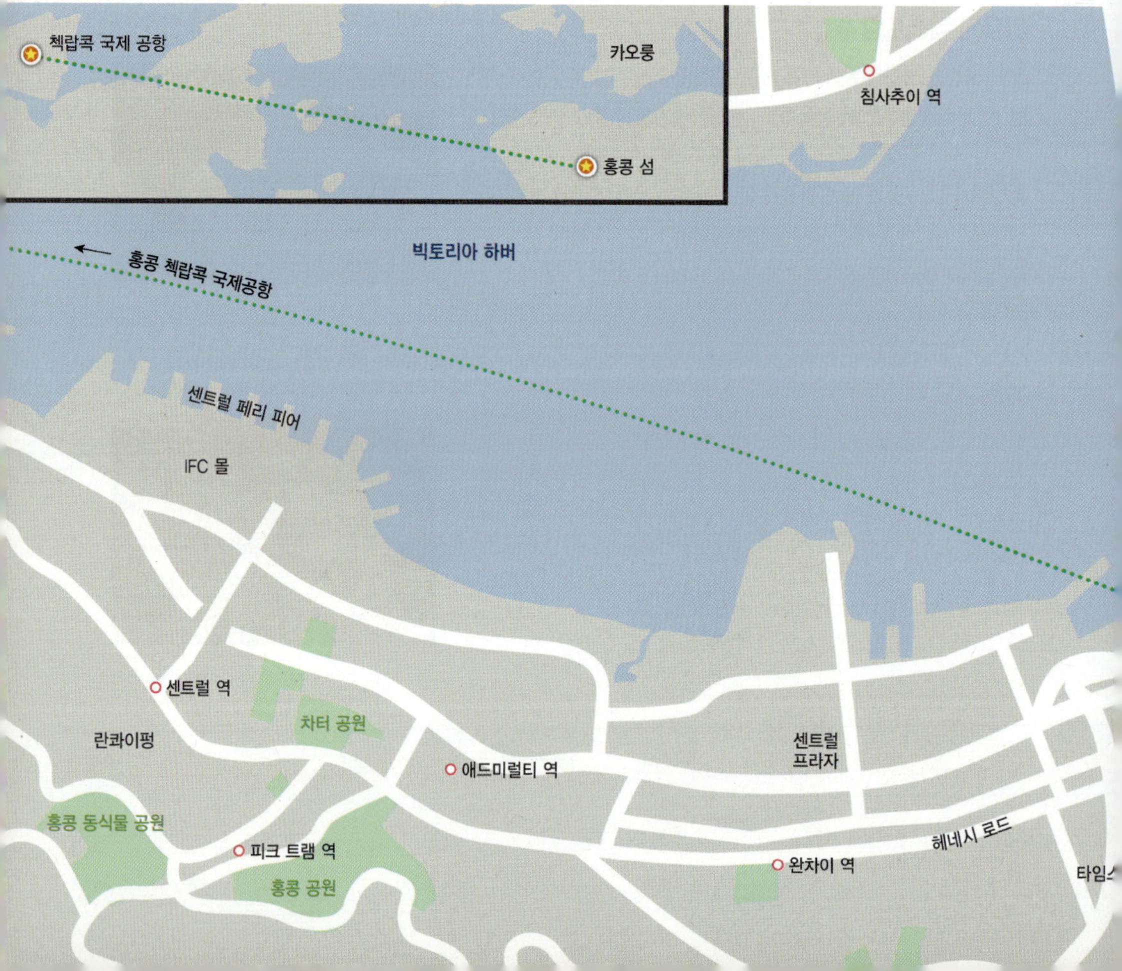

로 가면 홍콩에서의 모든 일정이 끝난다. 쇼핑을 하다 식사 시간이 여의치 않다면 공항에서 해결하자. 홍콩 공항에도 제이드 가든, 크리스털 제이드, 허유산, 퍼시픽 커피 컴퍼니 등 유명 체인의 지점이 많이 있다. 이제 비행기를 타고 다시 집으로 돌아오면 된다. 쇼핑에 큰 관심이 없다면 쇼핑 일정을 빼고 리펄스 베이와 스탠리 마켓을 다녀와도 좋다. 마지막 날엔 항공 일정에 따라 조금 여유롭게 움직이면 된다.

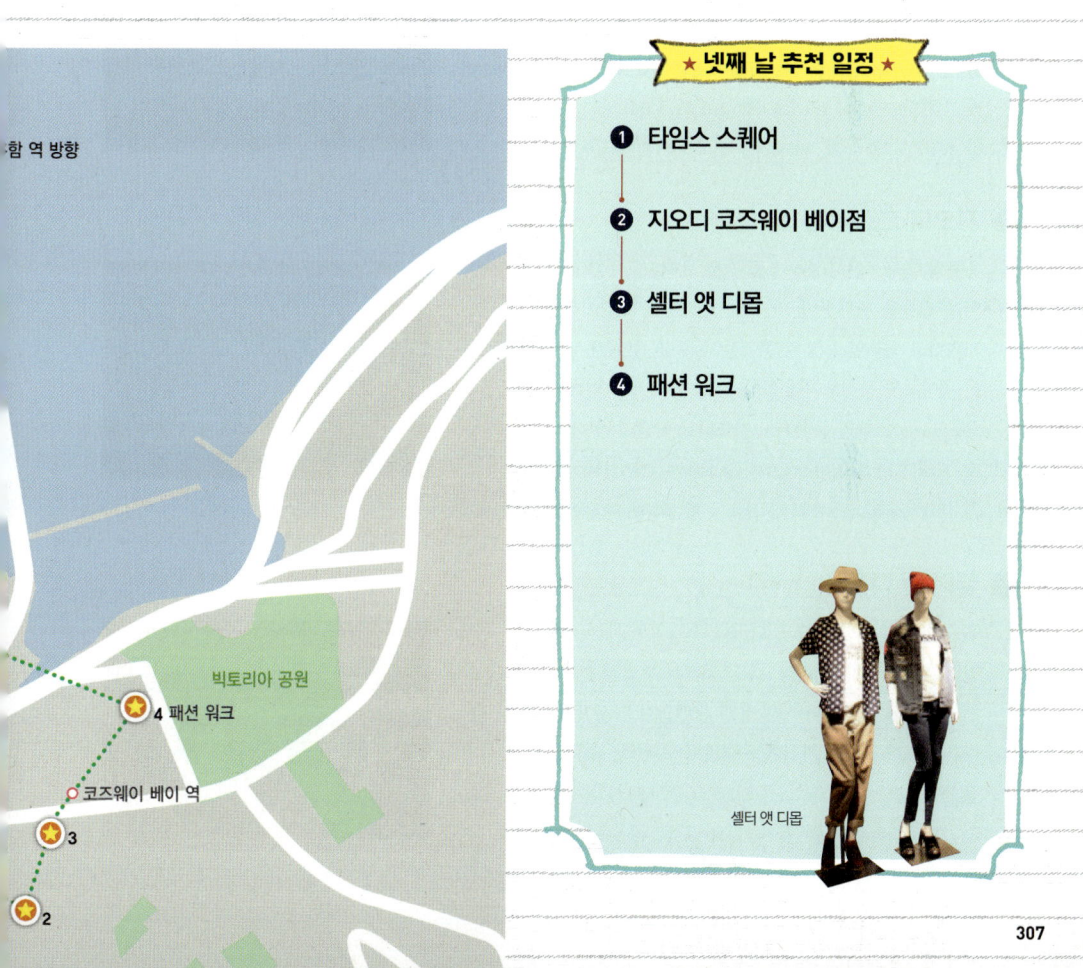

DAY 4 · 넷째 날
SPOT 추천 명소

타임스 스퀘어 › 코즈웨이 베이 › 패션 워크

① 타임스 스퀘어 香港时代广场 / Times Square

세계적인 백화점 체인인 레인 크로포드와 시티 슈퍼마켓, 푸드 코트 등이 모여 있는 대형 쇼핑몰이다. 200개가 넘는 패션 브랜드가 입점해 있으며 일식, 중식 등의 레스토랑, 카페, 서점 등이 있다. 매년 12월 31일에는 새해 카운트다운 행사가 펼쳐진다.

🏠 1 Matheson Street, Causeway Bay, Bowrington, Hong Kong
🕙 10:00~22:00 | 🌐 www.timessquare.com.hk/eng

② 지오디 코즈웨이 베이점 Goods of Desire - G.O.D.

홍콩의 문구·인테리어 소품 전문 브랜드로 1930년대 상하이풍의 물건들을 판매한다. 이케아가 정돈된 느낌이라면 지오디는 키치하고 화려한 느낌의 물건들 위주다. 중국풍 인테리어 소품을 좋아하면 둘러보기에 좋다. 코즈웨이 베이 외에 센트럴 할리우드 로드, 스탠리 등에서도 지오디를 만날 수 있다.

🏠 G/F, 9 Sharp Street East, Causeway Bay, Hong Kong
🕙 12:00~22:00(코즈웨이 베이점) | 🌐 www.god.com.hk

③ 셸터 앳 디몹 Shel'tter@D-mop

홍콩의 로컬 편집 숍으로 다양한 스타일의 패션 아이템을 판매한다. 일본, 벨기에, 미국, 독일 등에서 수입한 150개 이상의 브랜드 제품을 선보이며 해외 유명 브랜드나 디자이너의 한정판을 다른 곳보다 저렴한 가격에 구입할 수도 있다.

🏠 Shop 405-407, Hysan Place, 500 Hennessy Road, Causeway Bay, Hong Kong | 🕙 일-목 10:00~22:00, 금·토 10:00~23:00

④ 패션 워크 Causeway Bay Fashion Walk

패터슨 스트리트와 킹스턴 스트리트를 중심으로 하는 구역을 일컫는 말로, 수백 개의 패션 브랜드와 보세 매장이 모여 있다. 모던한 분위기의 레스토랑과 카페도 있다.

🏠 6 Cleveland Street, Causeway Bay, Hong Kong

타임스 스퀘어 〉 코즈웨이 베이 〉 패션 워크

TASTE 주변 추천 맛집

호훙키 | 何洪記 / Ho Hung Kee

마카오식 완탕면을 추구하는 집으로 1946년 개업한 홍콩 완탕면의 대가다. 대표 메뉴는 완탕면, 소고기 볶음면, 새우 계란 볶음면이다. 미슐랭에 이름을 올린 맛집으로 현지인들은 물론 여행객들의 많은 사랑을 받고 있다. 가격도 5,000~7,000원대 정도로 저렴하다. 코즈웨이 베이 F2 출구, 하이산 플레이스 12층에 매장이 있다.

🏠 12F, Hysan Place, 500 Hennessy Road, Causeway Bay, Hong Kong
⏰ 11:30~23:30 | 📶 www.tasty.com.hk

골드핀치 레스토랑 金雀餐廳 / Goldfinch Restaurant

홍콩 영화 「화양연화」와 「2046」을 촬영한 레스토랑으로 1960년대 홍콩의 전통적인 인테리어로 꾸며져 있다. 스테이크와 랍스터, 수프 등의 양식을 주로 판매하며 양이 푸짐하다. 저렴하지는 않지만 양이 많아 만족스럽다. 대표 메뉴는 영화에 등장했던 블랙페퍼 스테이크. 홍콩의 예스러운 분위기를 간직한 추억의 양식집이다.

🏠 13 Lan Fong Road, Causeway Bay, Hong Kong | ⏰ 11:00~23:30

PLUS SPOT
추가 추천 스팟

추천 일정에서는 빠졌지만 시간 여유가 있다면 들러볼 만한 장소들을 소개한다. 홍콩에는 화려한 대도시의 모습 외에도 여러 테마파크, 해변이나 산 등의 자연을 만날 수 있는 곳 등 다양한 여행지가 있다. 여행의 컨셉에 따라 관심 있는 장소를 일정에 추가해보자.

스탠리 베이 Stanley Bay

스탠리 북부에 있는 작은 해변으로 길이가 440미터밖에 되지 않지만 여름이면 해수욕 인파가 몰리는 곳이다. 스탠리 마켓과 해변가를 바라보고 있는 이국적인 레스토랑 등 다양한 즐거움을 느낄 수 있다.

1 Stanley Main St , Hong Kong

머레이 하우스 美利樓 / Murray House

홍콩에서 가장 오래된 공공건물 중 하나로 고전주의 건축 양식으로 지어진 석조 건물이다. 영국 식민지 시절과 일본의 홍콩 점거 당시 군 사령부의 건물로 사용된, 역사적으로 중요한 가치를 지닌 곳으로 중국은행이 있던 자리에 정부 청사 건물 그대로 벽돌 하나하나 번호를 매겨 원래 모습 그대로 재건축한 것이다. 현재 1층은 홍콩의 해양 역사에 대한 전시실로 사용되며 2층과 3층에는 고풍스러운 분위기의 레스토랑들이 자리하고 있다.

92 Stanley Main Street, Stanley, Hong Kong

10:00~23:00

리펄스 베이 淺水灣泳灘 / Repulse Bay

홍콩에서 가장 가기 쉽고 아름다운 해변 중 하나다. 넓은 모래사장에는 아침부터 오후까지 많은 사람들이 일광욕이나 산책을 하기 위해 모인다. 4~10월에 해수욕 인파가 많지만 겨울에도 햇살이 따뜻해 일광욕을 즐기기에 좋다. 해변 뒤에는 중국 건축 양식의 클럽 하우스와 호텔, 레스토랑 등이 있는 리펄스 베이 센터가 있다.

🏠 26 Beach Rd, Repulse Bay, Hong Kong

애버딘 Aberdeen

약 2만 명의 주민이 거주하고 있는 수상 마을. 선상 생활을 고수하는 이들의 독특한 삶을 경험해보고 싶다면 삼판선을 타고 돌아볼 수 있다. 삼판선을 타고 30분간 수상 가옥을 구경하는 데 60~100홍콩달러 정도이며, 이 이상의 값을 부른다면 깎을 것.

🏠 Aberdeen Praya Road, Aberdeen, Hong Kong

섹오 빌리지 Shek O Village

2,000여 명이 거주하는 한적한 어촌으로 알록달록한 색감의 중세풍 가옥과 모던한 서양식 가옥들이 아기자기하게 모여 있다. 골목길 산책을 좋아하는 사람이라면 금세 섹오 빌리지의 매력에 빠져든다. 레스토랑 주로 해산물 요리를 판다. 성수기 때는 관광객들이 많이 찾아와 마을 전체가 시끌벅적하다.

🏠 Shek O Village Road, Shek O, Hong Kong

옹핑 360 昂坪 / Npong Ping 360 Cable Car

퉁청 역에서 청동 좌불상과 포린 사원이 있는 옹핑 빌리지까지 연결되어 있는 5.7킬로미터 길이의 케이블카로 홍콩의 전경을 즐길 수 있다. 특히 '크리스털 캐빈'은 바닥이 투명한 유리로 되어 있어 스릴을 느낄 수 있는 케이블카이다. 포린 수도원, 옹핑 플라자 등을 구경하기에도 편하다.

🏠 Ngong Ping 360, Lantau Island, Hong Kong
🕐 월-금 10:00~18:00, 토·일 09:00~18:30 | 🌐 www.np360.com.hk/en/

- 크리스털 캐빈 왕복 어른 HK$255, 어린이 HK$175 / 스탠더드 캐빈 왕복 어른 HK$165, 어린이 HK$85

포린 사원 & 청동 좌불상 宝莲禅寺 / Po Lin Monastery & The Big Buddha

란타우 섬의 불교 사원. 고원 위에 위치한 사원으로 과거 수도승들의 은신처로 사용되어 잘 알려지지 않았었다. 하지만 세계에서 가장 큰 규모의 청동 좌불상을 완성시키며 유명해지고 많은 사람들이 찾아오게 되었다. 계단을 올라 청동 좌불상 바로 앞까지 올라가게 되면 너무나도 멋진 풍경을 즐길 수 있다. 사원 내에는 석가모니의 진신 사리를 모시고 있는데, 보는 사람에 따라 다른 색으로 보인다고 한다. 수도원 내에는 저렴한 가격에 채식 음식을 판매하는 베지테리언 키친이 있다.

111 Ngong Ping Road, Lantau Island, Hong Kong | 10:00~18:00

란타우 피크 Lan Tau Peak

934미터의 높이로 홍콩에서 두 번째로 높은 펑웡 산 정상에 위치한 전망대인데 일몰을 보기에 가장 좋다. 안개가 거의 끼지 않는 겨울에 경치가 가장 아름다우며 정상으로 오르기까지는 약 2시간이 소요된다. 나무 그늘이 없으므로 더운 날에는 산행에 주의를 기울여야 하며, 글귀가 새겨진 나무 기둥이 곳곳에 들어선 등산로는 문화유산으로 지정되어 있다.

Lantau Trail Sec. 3, Lantau Island, Hong Kong | 07:00~20:00

홍콩 디즈니랜드 Hong Kong Disneyland

도쿄에 이어 2005년 만들어진 아시아의 두 번째 디즈니랜드이다. 총 여섯 개의 테마로 구분되어 있는데 디즈니 영화와 애니메이션에 등장했던 캐릭터를 실물로 만날 수 있으며 다양한 놀이기구를 즐길 수도 있다. 동화 속에서 튀어나온 듯한 미키마우스, 백설공주, 도널드덕 등이 퍼레이드를 펼치는 순간은 잊을 수 없는 추억으로 기억될 것이다. 판타지 퍼레이드는 USA 메인 스트리트에서 매일 낮 12시 30분과 3시 30분에 진행된다.

Park Promenade, Hong Kong Disneyland Resort, Hong Kong

10:00~21:00 | www.hongkongdisneyland.com

어른 HK$499, 어린이 HK$355

오션 파크 Ocean Park

아시아 최대 규모의 테마파크로 포브스에서 선정한 세계 최고의 테마 파크 7위에 오르기도 했다. 처음에는 판다를 테마로 한 공원으로 시작했으나 점점 찾아오는 관광객이 많아지면서 놀이기구, 아쿠아리움 등이 생겨났다. 홍콩에서 유일하게 판다를 볼 수 있는 곳으로 '잉잉'과 '지지'라는 이름의 판다 두마리가 있다.

- 180 Wong Chuk Hang Road, Ocean Park, Hong Kong
- 10:00~18:00 | kr.oceanpark.com.hk/kr/home/
- 어른 HK$345, 어린이 HK$173

노아의 방주 Noah's Ark

세계에서 가장 긴 현수교인 칭마 대교가 보이는 마완 공원에 위치한 거대한 크기의 배로 성경에 나오는 '노아의 방주'를 재현했다. 기린과 코끼리, 낙타 등의 모형이 실제 크기로 방주의 입구를 지키고 서 있다. 아이와 어른이 함께 다양한 체험을 할 수 있는 교육 프로그램이 준비되어 있어 가족 단위의 여행자들이 가볼 만하다.

- 33 Pak Yan Road, Ma Wan, Hong Kong
- 10:00~18:00 | www.noahsark.com.hk/eng
- 어른 HK$168, 어린이 HK$138

라마 섬 南丫島/Lamma Island

홍콩 배우 주윤발의 고향으로 유명한 라마 섬은 홍콩에서 세 번째로 큰 섬이다. 섬의 중심지인 용수완과 해산물 식당이 많은 소쿠완 마을이 유명하며 두 마을을 이어주는 하이킹 코스가 잘 발달되어 있다. 신선한 해산물을 즐길 수 있는 식당들과 경사가 심하지 않아 부담 없이 즐길 수 있는 하이킹 코스로 여행자뿐만 아니라 홍콩 사람들도 자주 찾는다.

- Lamma Island Family Walk, Lamma Island, Hong Kong

PLUS TASTE
추가 추천 맛집

타이청 베이커리 泰昌餅家 / Tai Cheong Bakery

바삭한 식감의 마카오식 타르트와는 달리 일반 파이와 같은 두꺼운 반죽에 부드러우면서도 탱글탱글한 계란 필링이 타르트의 맛을 더욱 진하게 만들어주는 것이 이곳 에그 타르트의 특징이다. 하루 종일 계속해서 구워내기 때문에 언제 가도 따뜻한 에그 타르트를 먹을 수 있으며 중국식 월병도 함께 판매하고 있다. 홍콩 섬에 여섯 개 지점, 카오룽 반도에 12개 지점을 운영 중이다. 침사추이 스타 페리 선착장 지점과 지하철 몽콕이스트 역 지점, 홍콩 섬의 미드 레벨 에스컬레이터 옆 소호 점, 피크 갤러리아 지점 등이 있다.

- 35 Lyndhurst Terrace, Central, Hong Kong (소호점)
- 07:30~21:00 | www.taoheung.com.hk

제니 베이커리 Jenny Bakery

현지인들이 즐겨 찾는 홈메이드 쿠키 전문점이다. 특히 크리스마스나 명절 때는 선물용으로 인기가 좋아 예약을 해야 한다. 현금 구매만 가능하니 현금을 준비해야 하며, 항상 줄을 서서 기다릴 만큼 인기가 좋으므로 아침 일찍 가는 것이 좋다.

- shop 24, Ground Floor, Mirador Mansion 54-6413, Nathan Road, Tsim Sha Tsui, Hong Kong (침사추이점)
- 09:00~18:30
- www.jennybakery.com/

보트 하우스 The Boat House

화이트와 블루로 꾸며진 건물이 마주하고 있는, 바다와 잘 어울리는 레스토랑으로 스탠리에서 가장 유명한 맛집

이다. 다양한 해산물 요리와 돼지고기 립이 대표 메뉴이다. 맥주나 와인, 칵테일을 즐기기에도 좋다. 스탠리 베이를 내려다보고 있는 3층짜리 건물로 찾기 쉽다.

88 Stanley Main Street, Stanley, Hong Kong

평일 11:30~22:30, 주말 11:00~22:30 | www.cafedecogroup.com

막스 누들 麥奀雲吞麵世家 / Mak's Noodle

홍콩 미슐랭 가이드가 인정하는 완탕면 전문 레스토랑이다. 소박하고 작은 음식점이지만 100년이 넘도록 대를 이어오며 전통 레시피를 유지하고 있다. 새우 완자가 들어간 새우 완탕면과 튀긴 돼지고기와 에그 누들을 함께 먹는 처트니 포크 누들이 가장 인기가 좋다. 조던 역 근처, 더 피크, 센트럴 (소호)에 지점이 있다.

77 Wellington Street, Central, Hong Kong (센트럴점, 미드 레벨 에스컬레이터 옆) | 11:00~21:00

점보 플로팅 珍寶王國 / Jumbo Floating Restaurant

거대한 선상 레스토랑으로 붉은색으로 장식된 중국풍의 화려한 외관에 압도된다. 조명이 켜진 밤에 보면 더욱 화려하고 아름답다. 무려 45억 원을 들여 지은 대규모 레스토랑으로 칠리 크랩을 비롯 다양한 해산물 요리로 유명하다. 늘 북적거리는 곳이지만 분위기만큼은 최고다. 센트럴이나 코즈웨이 베이에서 애버딘행 버스를 타고 가서 점보 선착장에서 내려 무료 셔틀로 이동하면 된다.

Shum Wan Pier Drive, Wong Chuk Hang, Aberdeen, Hong Kong

월-토 11:00~23:30, 일·공휴일 09:00~23:30 | www.jumbo.com.hk

스위트 다이너스티 糖朝 / The Sweet Dynasty

현지인들이 즐겨 먹는 달콤하고 부드러운 맛 두부 푸딩과 망고 푸딩 등 열대 과일로 만든 디저트를 전문으로 하는 곳이다. 새우 완탕면, 콘지, 딤섬도 유명하며 다양한 식사 메뉴를 함께 판매하고 있다. 식사 후 디저트까지 맛있게 즐길 수 있는 맛집이다. 침사추이의 한코우 로드 중간쯤에 있으며 코즈웨이 베이의 하이산 플레이스에도 지점이 있다.

500 Hennessy Road, Causeway Bay, Hong Kong (코즈웨이 베이점)
일-목: 08:00~24:00, 금·토: 08:00~01:00 | sweetdynasty.com

린헝 티 하우스 蓮香樓 / Lin Heung Tea House

홍콩인들이 제1의 딤섬집으로 인정하는, 약 90년 전통 광둥식 레스토랑이다. 종업원이 딤섬을 담은 대나무 통을 수레에 싣고 레스토랑 곳곳을 돌아다녀서 원하는 메뉴가 나왔을 때 바로 집어서 먹을 수 있다. 가격이 저렴한 편이며, 딤섬 메뉴는 점심에만 맛볼 수 있다. 거위 로스트와 돼지고기 로스트 등의 메뉴도 있다. 성완 역 E2 출구로 나와 퀸스로드 센트럴을 건너 애버딘 스트리트로 올라가면 왼쪽에 있다.

164 Wellington Street, Central, Hong Kong
06:00~23:00 | www.linheung.com.hk

더 베란다 The Verandah

정통 영국식 애프터눈 티를 즐길 수 있는 곳이다. 넓게 펼쳐진 리펄스 베이와 자연을 바라보며 달콤한 디저트와 티를 맛볼 수 있다. 워낙 인기가 좋아 최소 몇 주 전에는 예약을 해야 하는데 홈페이지에서 예약 가능하다. 리펄스 베이 좌측 끝자락에 있다. 애프터눈 티 세트가 1인당 288홍콩달러에 봉사료는 별도다.

109 Repulse Bay Road, Repulse Bay, Hong Kong
애프터눈 티 월-토 15:00~17:30, 일·공휴일 15:30~17:30 / 브런치 일 11:00~14:30 | www.therepulsebay.com

스파이시스 Spices

홍콩의 유명 인사들이 자주 찾는 것으로 유명한 퓨전 레스토랑. 홍콩, 태국, 말레이시아 등 다양한 아시아 국가의 음식을 먹을 수 있다. 시원한 실내에 비해 테라스 자리는 햇빛 때문에 덥지만 푸른 바다를 볼 수 있어 인기가 더 좋다.

109 Repulse Bay Road, Repulse Bay, Hong Kong
월-금 런치 12:00~14:30 디너 18:30~22:30, 토·일·공휴일 11:30~22:30
www.therepulsebay.com

제이드 가든 翠園 / Jade Garden

60가지 이상의 딤섬을 맛볼 수 있는 레스토랑으로 새우를 재료로 한 하까우, 샤오마이 등이 제일 인기가 좋다. 황금빛의 인테리어가 고급스러운 분위기를 만들어주며 침사추이점의 창가 자리에서는 홍콩 섬을 바라보며 식사할 수 있다. 카오룽 베이, 몽콕, 코즈웨이 베이 등 홍콩에 여덟 개 지점이 있다.

- 4/F, Star House, Tsimshatsui, Kowloon (침사추이점, 스타페리 선착장 바로 앞)
- 월-토 11:00~23:30, 일·공휴일 10:00~23:30
- www.maximschinese.com.hk

너츠포드 테라스 諾士佛台及天文台圍 / Knutsford Terrace

유럽의 노천 카페와 레스토랑이 연상되는 이국적인 분위기를 가지고 있는 곳으로 외국인들과 현지 젊은이들에게 최고의 인기를 누리고 있다. 이탈리아, 스페인, 베트남 등 다양한 국가의 음식을 먹을 수 있으며 바, 클럽들도 함께 있어 밤에는 시원한 맥주를 마시기 위해 찾는 사람들이 많다. 침사추이의 란콰이펑이라 할 수 있는 야간 명소다. 침사추이 역 B1 출구에서 나단 로드를 따라 5분 정도 걸어가면 미라마 쇼핑센터 뒤편에 있다.

- Knutsford Terrace, Tsim Sha Tsui, Hong Kong

레이 가든 利苑酒家 / Lei Garden

미쉐린 가이드에서 스타 레스토랑의 영예를 놓치지 않고 있는 광둥식 레스토랑으로 싱가포르, 홍콩, 마카오 등지에 지점을 가지고 있는 체인 레스토랑이다. 아시아 여러 나라의 음식을 현대적인 감각으로 재해석하여 선보이는데 그 종류만 해도 1,000가지가 넘는다. 심플한 인테리어가 단정하고 고급스럽다. 딤섬이나 베이징 카오야 등이 유명하며 어떤 요리를 시켜도 수준급의 맛을 느낄 수 있다. 점심과 저녁 메뉴가 다른데 점심에는 간단한 딤섬 위주로 운영한다. 몽콕과 카오룽 베이, IFC 몰 3층, 완차이, 타임스 스퀘어 등 여러 곳에 지점이 있다.

- 121 Sai Yee Street, Mongkok, Hong Kong (몽콕점)
- 런치 11:30~15:00 디너 18:00~23:00
- www.leigarden.hk

크리스털 제이드 라멘 샤오롱바오 翡翠拉麵小籠包 / Crystal Jade La Mian Xiao Long Bao

체인 레스토랑 브랜드인 크리스털 제이드에서 운영하는 레스토랑 중 하나이다. 딤섬과 누들로 대표되는 광둥식 요리를 맛볼 수 있는데 샤오롱바오와 매콤한 탄탄미엔이 가장 인기가 좋다. 공항과 침사추이의 하버 시티 쇼핑몰, IFC 몰 등 여러 곳에 지점이 있다.

- 2F, Harbour City, Gateway Boulevard, Tsim Sha Tsui, Hong Kong (하버 시티점)
- 11:00~23:00 | www.crystaljade.com

미도 카페 美都餐室 / Mido Café

1950년 개업한 1세대 차찬탱(차와 토스트, 간단한 식사 메뉴를 판매하는 홍콩의 카페형 분식집)으로 현재까지 한 자리에서 역사와 전통을 지키고 있다. 고풍스러운 내부에서 홍콩의 역사를 그대로 느낄 수 있으며, 덕분에 홍콩의 영화나 드라마에서도 많이 등장한다. 돼지갈비덮밥 같은 식사 메뉴도 있으며 추천 메뉴는 홍차와 커피를 6대4 비율로 섞은 원앙차와 달콤한 프렌치 토스트이다.

- 63 Temple Street, Yau Ma Tei, Hong Kong
- 09:30~21:30

찰리 브라운 Charlie Brown Cafe

찰리 브라운을 테마로 만든 귀여운 카페. 우리나라에도 여섯 개의 매장이 들어와 있는 찰리 브라운은 먹기 아까울 정도로 귀여운 캐릭터가 그려진 디저트로 유명하다. 찰리 브라운과 스누피를 그림, 미니어처 등으로 볼 수 있으며 구매도 가능하다. 각종 케이크와 디저트에는 그림이 새겨져 있고, 음료의 경우에는 우유가 들어가는 메뉴를 선택하면 찰리 브라운이나 스누피가 음료 위에 그려져 나온다. 식사 시간에는 햄버거, 피자, 핫도그, 샌드위치 등도 판매한다. 현지인들은 디저트를 즐기기보다는 식사를 하러 오는 사람들이 더 많다. 나무로 꾸며진 인테리어와 아기자기한 분위기가 여행 중 휴식을 취하기 좋다.

- 58 Cameron Road, Tsim Sha Tsui, Hong Kong
- 일~목 08:30~23:00, 금·토·공휴일 전날 08:30~24:30
- www.charliebrowncafe.com

페킹 가든 北京樓 / Peking Garden Restaurant

베이징 카오야 전문점으로 중국의 고전적인 인테리어가 돋보인다. 현지인과 외국인들이 뒤섞여 늘 북적이는 인기 레스토랑이다. 얇은 밀전병에 오리 껍질과 살 그리고 파를 넣고 소스에 찍어 먹는 베이징 카오야가 주메뉴로 가격대는 360홍콩달러부터다. 침사추이 역 L6번 출구 스타 페리 선착장 앞 스타 하우스에 있다.

- Star House, 3 Salisbury Road, Tsim Sha Tsui, Hong Kong
- 월-토 11:30~15:00 17:30~23:30, 일·공휴일 11:00~15:00 17:30~23:30

더 로비 The Lobby

클래식하고 고급스러운 인테리어로 꾸며진 페닌슐라 호텔의 카페이다. 애프터눈 티 메뉴는 주얼리 브랜드인 티파니에서 만든 순은 식기에 제공되는 다양한 디저트와 차, 커피 등을 즐길 수 있다. 샌드위치, 패스트리, 스콘, 과일 등이 나오며 애프터눈 티와 별도로 점심이나 저녁 식사 메뉴도 있다.

- The Pen, 22 Salisbury Road, Tsim Sha Tsui, Hong Kong
- 애프터눈 티 14:00~18:00, 브런치 주말 09:00~13:00 | hongkong.peninsula.com
- 1인당 HK$358, 2인 세트 HK$628 정도

HOTEL ★ 호텔 ★

홍콩은 수많은 여행자가 모여들고 많은 비즈니스가 이루어지는 곳인 만큼 호텔도 매우 많다. 카오룽 반도와 홍콩 섬에 주로 호텔들이 자리 잡고 있는데, 지하철과 가까운 시내 중심의 좋은 호텔들은 언제나 값비싸다. 하룻밤에 30~40만 원 이상의 호텔들이 많아 가격이 상당히 부담스럽다. 여기서 추천하는

호텔과 호스텔은 비교적 저렴한 가격에 꽤 좋은 위치에 있는 곳들로 5만 원대부터 20만 원대까지 다양한 가격대인데 특히 10~20만 원 사이의 호텔들을 위주로 선택했다.

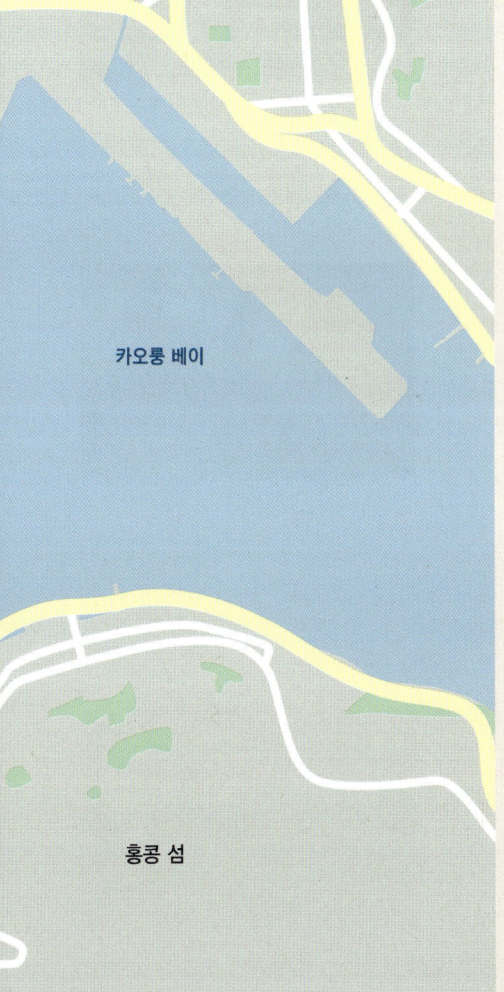

★ 추천 홍콩 숙소 ★

1. 큐 호텔
   Cue Hotel
2. 어반 팩 호스텔
   Urban Pack Hostel
3. 미니 호텔 센트럴
   Mini Hotel Central
4. 이비스 홍콩 앤 셩완
   Ibis Hong Kong & Sheung Wan
5. 버터플라이 온 프랏
   Butterfly on Prat
6. 메트로파크 호텔 완차이
   Metropark Hotel Wanchai
7. 호텔 LBP
   Hotel LBP
8. JJ 호텔
   JJ Hotel
9. 호텔 베니토
   Hotel Benito
10. 파크 호텔 홍콩
    Park Hotel Hong Kong
11. 란콰이퐁 호텔 앳 카우유퐁
    Lan Kwai Fong Hotel at Kau U Fong
12. 글로우세스터 럭콕 홍콩
    Gloucester Luk Kwok Hong Kong
13. 홀리데이 인 익스프레스 홍콩 소호
    Holiday Inn Express Hong Kong Soho
14. 오볼로 노호
    Ovolo Noho
15. 호텔 파노라마 바이 롬버스
    Hotel Panorama by Rhombus
16. 마데라 홍콩
    Madera Hong Kong
17. 솔즈버리 YMCA 오브 홍콩
    The Salisbury-YMCA of Hong Kong
18. 랭함 플레이스
    Langham Place

① 큐 호텔 Cue Hotel

홍콩 섬 완차이 역 부근에 위치한 부티크 호텔이자 호스텔이다. 모던하고 현대적인 시설에 감각적인 인테리어가 시선을 끄는 곳으로 일반적인 호텔처럼 더블 룸도 있지만 대형 도미토리도 갖추고 있어 여럿이 함께 묵기도 좋다. 다른 호스텔과 달리 고급스러운 디자인의 캡슐형 침대로 개인적인 공간이 확보된다. 트리플 룸을 비롯, 4인실, 6인실 등 다양한 룸 타입이 있다. 도미토리가 5만 원대, 딜럭스 더블 룸이 14만 원대로 좋은 위치를 고려하면 상대적으로 저렴하다.

🛜 cue-hotel.com | 📞 +852-3696-6888 | 📍 83 Queen's Road East, Wanchai, Hong Kong

② 어반 팩 호스텔 Urban Pack Hostel

숙소에서 많은 시간을 보낼 계획이 아니라면 추천할 만한 호스텔이다. 침사추이 역 바로 앞에 있어 위치 하나는 최상이다. 방은 좁은 편이지만, 새로 생긴 곳이라 깔끔하고 필요한 시설은 다 갖추고 있다. 늦은 시간까지 놀기 좋은 호스텔로 분위기가 활기차다. 저렴하고 깨끗한 숙소지만 조용히 쉬고 싶은 여행자에게는 추천하지 않는다. 더블 룸, 트윈 룸, 도미토리 룸이 있으며 도미토리가 3만 원대부터다.

🛜 urban-pack.com | 📞 +852-2732-2271
📍 8 14F Hai Phong Mansion, 53-55 HaiPhong Road, Kowloon, Hong Kong

③ 미니 호텔 센트럴 Mini Hotel Central

이름처럼 작고 아담한 초소형 호텔이다. 센트럴과 코즈웨이 베이에 지점이 있는데 센트럴점의 위치가 최고다. 소호와 란콰이펑, 피크 트램 정류장까지 가까워서 도보로 다닐 수 있고 센트럴 역까지도 도보 5분 거리, 공항 라인의 홍콩 역까지도 10분이면 갈 수 있다. 코즈웨이 베이점 역시 지하철역까지 도보 5분 거리의 편리한 위치에 있다. 방이 작지만 단정하고 깔끔하다. 호텔에서 많은 시간을 보낼 생

각이 아니라면 저렴한 가격의 미니 호텔도 좋은 선택이 될 수 있다. 혼자 여행하는 사람을 위한 싱글룸과 더블룸

이 있다. 싱글 룸이 9만 원대, 더블 룸이 10만 원 정도다.

📶 minihotel.hk | 📞 +852-2537-4941 (센트럴점)

📍 38 Ice House Street, Ice House Street, Central, Hong Kong (센트럴점)

④ 이비스 홍콩 앤 성완 Ibis Hong Kong & Sheung Wan

세계적인 체인 호텔인 이비스는 고급스럽진 않지만 깨끗하고 무난한 비즈니스 호텔이다. 세계 어디서든 믿고 하룻밤 머물러 갈 수 있는 호텔로 가격도 저렴한 편이다. 홍콩 섬 센트럴의 성완 역 도보 8분 거리에 위치해 있으며 페리 터미널까지는 도보 5분 거리에 있다. 깔끔하고 현대적인 객실에 시티 뷰나 하버 뷰의 전망까지 갖추고 있다. 스탠더드 룸과 스튜디오 룸이 있고 전망 방향을 선택할 수 있으며 가격은 뷰에 따라 10~12만 원 정도다.

📶 www.accorhotels.com | 📞 +852-2252-2929 | 📍 No. 28 Des Voeux Road West, Sheung Wan, Hong Kong

⑤ 버터플라이 온 프랏 Butterfly on Prat

침사추이 역에서 4분 거리에 있는 프랜차이즈 호텔로 홍콩 섬에 다섯 개 지점이 더 있다. 위치도 좋지만 무료로 스마트폰을 제공한다는 것이 큰 장점. 무려 무제한 국내선 통화와 무제한 3G 데이터 사용이 가능한 스마트폰이라 이 호텔을 이용할 때는 따로 데이터 로밍을 신청하지 않아도 된다. 홍콩 곳곳에 지점이 있으니 일정상 편리한 곳으로 선택하면 된다. 나비를 모티브로 한 인테리어와 쾌적한 방 크기, 모던한 객실과 침사추이 중심가에 위치한 편리한 위치가 강점이다. 레스토랑이나 기타 부대 시설은 없지만 주변에 식당과 카페가 많아 불편하지는 않다. 기본 슈피리어 룸이 10만 원 정도, 4인용 패밀리 룸이 19만 원대이다.

📶 www.butterflyhk.com | 📞 +852-3962-8888 | 📍 21 Prat Avenue, Tsim Sha Tsui, Kowloon, Hong Kong

⑥ 메트로파크 호텔 완차이 Metropark Hotel Wanchai

완차이 역에서 3분 거리, 홍콩 컨벤션 센터에서 8분 거리에 위치한 호텔로 비즈니스 목적의 여행객에게 추천할 만하다. 무료 와이파이는 물론 무제한 국내선 통화와 무제한 3G 데이터 사용이 가능한 스마트폰을 방마다 무료로 제공하며 레스토랑과 피트니스 센터, 미팅 룸 등 기본적인 편의 시설도 잘 갖춰져 있다. 코즈웨이 베이의 쇼핑센터와 가까운 편이고 주변에는 술집이나 바가 많아 밤 시간을 보내기에 좋다. 시기에 따라 룸의 가격 차이가 많이 나는 편인데, 저렴할 때는 기본 컴포트 룸이 11만 원대부터이고, 비싼 때는 20만 원이 넘어가기도 한다.

🛜 hongkong.metroparkhotelwanchai.com | ☎ +852-2861-1166
🏨 41-49 Hennessy Road, Wanchai, Hong Kong

⑦ 호텔 LBP Hotel LBP

저렴한 가격과 위치가 장점인 3성급 호텔로 가성비가 뛰어나다. 심플하고 단정한 객실에 옥상 정원, 무료 인터넷, 라운지 음료, 무료 조식을 제공한다. 조식 서비스도 꽤 훌륭한 편. 스탠더드에 해당하는 럭셔리 더블 룸이 10만 원 정도, 비즈니스 스위트가 12만 원대부터다.

🛜 www.hotellbp.com.hk | ☎ + 852-2681-9388
🏨 77-91 Queen's Road West, Hong Kong

⑧ JJ 호텔 JJ Hotel

교통이 편리하고 가격이 합리적인 심플한 호텔로 완차이 역, 코즈웨이 베이 역이 근처에 있고 트램 정류장, 페리 선착장도 가깝다. 조식이나 기타 편의 시설은 제공되지 않지만 저렴한 가격에 꽤 넓고 쾌적하며 깔끔한 룸에서 편히 쉬어갈 수 있다. 건물의 9층부터 호텔로 사용하고 있다. 보통은 슈피리어 룸이 10만 원대, 딜럭스가 13만 원 정도다. 공식가는 더 비싸지만 할인하는 경우가 많다.

🛜 www.jjhotel.com.hk | ☎ +852-2904-7300
🏨 Lucky Centre, 165-171 Wanchai Road, Wanchai, Hong Kong

⑨ 호텔 베니토 Hotel Benito

저렴한 가격에 좋은 위치를 가진 호텔로 침사추이 역 B1번 출구 1분 거리에 있다. 주변 환경이 특히 좋은데 번화가인 만큼 다양한 먹거리와 드럭 스토어, 카페, 상점 등이 있어 돌아다니기에 좋다. 조식을 제공하지 않으며 호텔 내에 별다른 편의 시설은 없다. 룸 관리 상태가 좋고 단정하며 직원들이 친절하다. 예약 시기에 따라 가격 차가

많이 나는 편으로 스탠더드 싱글 룸이 7만 원대부터, 트윈 룸은 8만
원대부터다. 비싼 날에는 싱글이 14만 원대까지 오르기도 한다.
🛜 www.hotelbenito.com | 📞 +852-3653-0388
🏨 7-7B Cameron Road, Tsimshatsui, Kowloon, Hong Kong

⑩ 파크 호텔 홍콩 Park Hotel Hong Kong

침사추이 역에서 도보 5분 정도 거리에 있는 4성급 호텔로 위치와 시
설을 고려하면 가격이 저렴한 편이다. 레스토랑, 바, 피트니스 센터
등 편의 시설도 잘 갖추고 있으며 객실도 고급스럽다. AEL 카오룽 역
에서 셔틀로 10분 정도면 도착하며 호텔 주변 환경도 번화가라 좋다.
객실에 따라 침사추이 도시 전망이 보이는 곳도 있다. 슈피리어 룸이
13만 원대, 딜럭스 룸이 16만 원대, 4인용 패밀리 룸이 18만 원부터다.
🛜 www.parkhotelgroup.com/hongkong | 📞 +852-2731-2100
🏨 No.61-65 Chatham Road South, Tsimshatsui, Kowloon, Hong Kong

⑪ 란콰이퐁 호텔 Lan Kwai Fong Hotel at Kau U Fong

고풍스러운 디자인이 눈에 띄는 부티크 호텔로 셩완 역, 홍콩 역, 센
트럴 역까지 모두 걸어갈 수 있는 거리에 있으며 소호 거리와 란콰
이펑이 가까이 있다. 바로 옆 고프 스트리트에는 유명한 맛집이 많
이 있다. 밤 문화를 즐기려는 여행자에게 추천할 만한 호텔로 시설
도 훌륭하고 서비스도 우수하다. 무제한 3G 데이터 및 와이파이, 그
리고 한국으로의 국제전화까지 지원되는 무료 스마트폰을 제공한
다. 객실 넓이도 적절히 쾌적하며 하버 뷰 객실을 선택하면 전망까지 누릴 수 있다. 시티 뷰 룸이 15만 원대부터,
하버 뷰 룸은 19만 원대부터다.
🛜 www.lankwaifonghotel.com.hk | 📞 +852-3650-0000 | 🏨 3 Kau U Fong, Central, Hong Kong

⑫ 글로우세스터 럭콕 홍콩 Gloucester Luk Kwok Hong Kong

완차이 역 5분 거리, 홍콩 컨벤션 센터 근처에 위치한 4성급 비즈니스 호텔로 합리적인 가격에 만족스러운 서비
스를 이용할 수 있다. 컨벤션 센터를 방문해야 하는 출장객에게 특히 추천할 만하다. 깔끔하고 쾌적한 객실에 기

본적인 편의 시설을 잘 갖추고 있으며 근처에 카페, 편의점, 바 등 상점들도 있고 시끄럽지 않아 조용히 쉬기에 적절하다. 슈피리어 더블 룸이 14만 원대, 조식 포함할 경우 18만 원대, 딜럭스 룸이 15만 원대부터다.

🌐 www.gloucesterlukkwok.com.hk
📞 +852-2866-2166 | 🏨 72 Gloucester Road, Wanchai, Hong Kong

⑬ 홀리데이 인 익스프레스 홍콩 소호 Holiday Inn Express Hong Kong Soho

성완 역과 아주 가까워 소호까지 걸어갈 수 있다. 홀리데이 인의 3성급 호텔로 객실이 좁은 편이지만 시설이 깨끗하며 전반적으로 서비스가 훌륭하고 위치가 좋다. 트윈 및 더블 스탠더드 룸이 12만 원대, 슈피리어 룸이 16만 원대부터다.

🌐 www.ihg.com/holidayinnexpress/ | 📞 00-798-817-1069 | 🏨 83 Jervois Street, Sheung Wan, Hong Kong

⑭ 오볼로 노호 Ovolo Noho

오볼로 호텔 체인에서 운영하는 호텔로 홍콩에 여러 지점이 있는데 오볼로 노호는 성완 역 근처에 위치한 지점으로 가격 대비 가성비가 훌륭하다. 란콰이펑 한가운데 있는 오볼로 센트럴이 위치는 가장 좋지만 20만 원 후반대로 비싼 편이다. 노호는 성완 역 5분 거리에 위치, 소호나 홍콩 역까지 걸어갈 수 있는 거리에 있다. 객실도 청결하고 무료 조식과 와이파이, 무료 음료와 스낵을 제공한다. 체크아웃

시간이 정해져 있지 않고 유연해서 좋다. 더블 룸과 트윈 룸이 전부지만 합리적인 가격으로 이용할 수 있는 심플한 호텔이다. 무료 조식을 포함한 더블 룸이 17만 원대 정도다.

🌐 www.ovolohotels.com | 📞 + 852-3423-3286 | 🏨 286 Queens Road Central, Central, Hong Kong

⑮ 호텔 파노라마 바이 롬버스 Hotel Panorama by Rhombus

전망이 좋은 호텔로 침사추이 역과 스타의 거리에서 도보 5분 이내 거리에 있다. 깔끔하고 무난한 타입의 비즈니스 호텔로 위치가 좋아 이동이 편리하다. 가격 대비 괜찮은 4성급 호텔로 고층의 하버 뷰를 예약해야 홍콩 섬과 빅토리아 하버의 야경을 감상할 수 있다. 슈피리어 실버 룸이 16만 원대, 하버 뷰 클럽 룸은 24만 원대이다.

🌐 www.hotelpanorama.com.hk | 📞 080-675-0881 | 🏨 8a Hart Ave, Tsimshatsui, Kowloon, Hong Kong

16 마데라 홍콩 Madera Hong Kong

카오룽의 조던 역 근처에 있는 호텔로 템플 스트리트 야시장과 쇼핑몰이 가까워 쇼핑을 목적으로 하는 여행객에게 추천할 만하다. 주변에 늦은 시간까지 영업하는 식당과 카페 등이 많지만 번잡한 대로에서 조금 떨어져 있어 많이 시끄럽지는 않다. 현대적이고 세련된 새 호텔이며 조식 서비스도 비교적 우수하다. 객실이 넓은 편은 아니지만 무제한 국내선 통화, 3G 데이터가 가능한 무료 스마트폰이 제공된다. 30일 전 예약 시 할인을 받을 수 있으며 딜럭스 더블 룸이 15만 원대, 그랜드 딜럭스가 17만 원대이다.

🌐 www.hotelmadera.com.h | 📞 + 852-2121-9888

📍 1 Cheong Lok Street, Jordan, Kowloon, Hong Kong

17 솔즈버리 YMCA 오브 홍콩 The Salisbury-YMCA of Hong Kong

침사추이 스타의 거리까지 5분이면 갈 수 있는 명당자리에 위치한 호텔이다. 하버 뷰 객실에서는 홍콩 섬의 야경과 심포니 오브 라이트를 즐길 수 있다. 침사추이 최고의 입지를 가진 호텔치고는 가격이 합리적이다. 오래된 호텔이지만 최근 리노베이션을 진행해 단정하고 깔끔하다. 기본적인 편의 시설도 잘 갖추고 있다. 인기가 많아 사전에 예약하는 것이 좋으며 미리 서둘러 예약해야 더 저렴한 가격에 이용할 수 있다. 21일 전 예약 시 싱글 룸을 19만 원대에, 하버 뷰 더블 룸을 26만 원대에 이용할 수 있다.

🌐 www.ymcahk.org.hk | 📞 +852-2268-7888 | 📍 No.41 Salisbury Road, Tsimshatsui, Kowloon, Hong Kong

18 랭함 플레이스 Langham Place

몽콕 역에 있는 5성급 호텔로 야시장과 랭함 플레이스 몰 등 쇼핑 지역과 지하철이 가까워 편리하다. 5성급 호텔의 고급스런 시설과 럭셔리한 객실을 상대적으로 저렴한 가격에 누릴 수 있다. 레스토랑과 바, 셔틀버스, 탁아 서비스, 스파, 야외 수영장, 비즈니스 센터 등 다양한 편의 시설을 갖추고 있으며 고층에서는 도시의 전경도 감상할 수 있다. 기본 딜럭스가 19만 원대부터, 23층 이상의 고층 프리미어 룸은 22만 원대, 꼭대기 층의 하버 뷰 프리미어 룸은 24만 원대부터다.

🌐 hongkong.langhamplacehotels.com | 📞 + 852-3552-3588

📍 555 Shanghai Street, Mongkok, Kowloon, Hong Kong

여자 혼자 떠나는 홍콩 메가 세일 쇼핑 여행 3일

하루 연차로 갈 만한 2박 3일 짜리 일정으로, 첫째 날의 일정은 본문의 기본 일정과 크게 다르지 않다. 소호와 피크 타워, 란콰이펑에서 저녁 시간을 보내고 다음날부터 본격 쇼핑 여행이 시작된다. 홍콩 섬에 숙소를 잡았다면, IFC몰을 시작으로 페리를 타고 침사추이로 이동, 1881 헤리티지, DFS, 하버 시티, 실버 코드 등 침사추이의 쇼핑 센터들을 한 바퀴 훑어보고 저녁에는 스타의 거리에서 심포니 오브 라이트를 감상하며 잠시 여유를 갖는다. 이후에는 다시 야시장 투어에 나선다. 마지막 날엔 코즈웨이 베이에서 의류는 물론 가구나 주방용품 쇼핑까지 마치고 공항으로 간다. 쇼핑을 위한 여행이니 만큼 다른 관광은 최소화한 코스다. 세일 기간에 활용하면 좋을 추천 일정이다.

DAY1 »

홍콩 책랍콕 국제 공항 → 미드 레벨 에스컬레이터 → 소호 거리 → 피크 트램 → 피크 타워 → 뤼가드 로드 전망대 → 피크 트램 → 가스등 → 란콰이펑

DAY2 »

IFC 몰 → 스타 페리 → 시계탑 → 1881 헤리티지 → DFS 갤러리아 → 하버 시티 → 실버 코드 → 네이던 로드 → 페닌슐라 쇼핑 아케이드 → 침사추이 해변 산책로 → 심포니 오브 라이트 → 템플 스트리트 야시장 → 레이디스 마켓(여인가) → 랑함 플레이스

DAY3 »

타임스 스퀘어 → 지오디 → 프랑프랑 → 이케아 → 패션 워크 → 소고 백화점 → 홍콩 책랍콕 국제 공항

커플끼리 떠나는 홍콩 밤도깨비 여행 3일

휴가 없이 떠나는 2박 3일짜리 홍콩 일정이다. 금요일 밤 퇴근 후 밤 비행기를 타고 출발하여 일요일 저녁에 돌아오는 짧은 여정으로 휴가 내기가 마땅치 않을 때도 훌쩍 다녀올 수 있다. 커플이 함께하기도 좋고 친구와 함께하기도 좋은 일정이다. 금요일 밤엔 도착하면 이미 자정 근처의 시간일 테니 홍콩 섬에 숙소를 잡고 소호나 란콰이펑의 밤 거리를 돌아다니다 맥주 한 잔으로 일정을 끝낸다. 토요일이 가장 중요한 날로 홍콩의 핵심만 돌아보는 조금 바쁜 여정일 수 있다. 스타 페리를 타고 침사추이로 건너가 다양한 매장과 템플 스트리트 등에서 쇼핑을 즐긴 후 스타의 거리에서 심포니 오브 라이트에 맞춰 홍콩 섬의 야경을 바라보다 홍콩 섬으로 다시 건너와 피크 트램을 타자. 피크 타워에서 홍콩의 야경을 내려다 보며 바빴던 하루 일정을 마친다. 일요일엔 홍콩 섬의 낮 거리를 돌아보며 못다한 쇼핑도 하고 대관람차도 보고 홍콩 섬의 랜드마크인 IFC 빌딩에 들렀다 공항으로 이동한다. 짧지만 특별한 주말을 즐길 수 있는 홍콩에서의 일정이다.

DAY1 〉〉

홍콩 첵랍콕 국제 공항 ······ 소호 거리 ······ 미드 레벨 에스컬레이터 ······ 란콰이펑

DAY2 〉〉

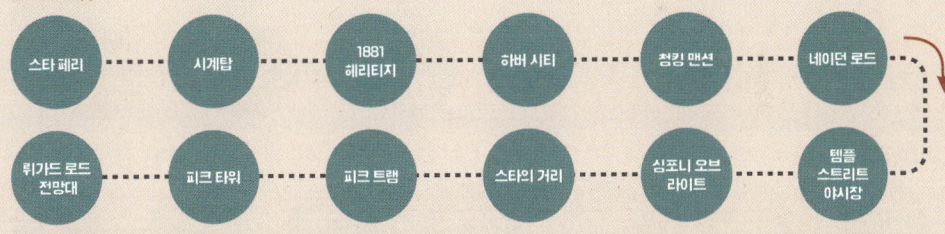

스타 페리 ······ 시계탑 ······ 1881 헤리티지 ······ 하버 시티 ······ 청킹 맨션 ······ 네이던 로드

뤼가드 로드 전망대 ······ 피크 타워 ······ 피크 트램 ······ 스타의 거리 ······ 심포니 오브 라이트 ······ 템플 스트리트 야시장

DAY3 〉〉

캣 스트리트 ······ 할리우드 로드 ······ 포팅거 스트리트 ······ 황후상 광장 ······ 시티 홀 ······ 홍콩 대관람차 ······ IFC ······ 홍콩 첵랍콕 국제 공항

아이와 함께 가는 홍콩 자연 탐방 여행 4일

홍콩 & 마카오 추천 일정에서 마카오를 빼고 홍콩 위주로 돌아보는 일정으로 홍콩 근교의 해변과 산, 오션 파크를 모두 방문하며 도시와 자연을 함께 느낄 수 있는 스케줄이다. 이 일정은 너무 어린아이가 있는 집보다는 함께 등산을 할 수 있는 정도의 어린이나 청소년이 있는 가족 여행자에게 추천한다. 첫째 날에는 홍콩의 핵심인 홍콩 섬을 둘러보며 화려한 야경을 만끽하고 둘째 날에는 섹오 마을에서 출발하여 해변을 내려다보며 드래곤스 백 트레킹 루트를 따라 트레킹을 즐긴다. 밤에는 침사추이에서 심포니 오브 라이트도 보고 야시장도 둘러보면 된다. 셋째 날에는 오션 파크에서 오후를 보내고 저녁엔 스탠리와 점보 레스토랑을 방문한다. 마지막 날에는 옹핑 빌리지에 들러 부처를 테마로 한 산 위의 테마 파크를 거닐어 본 다음 케이블카도 타고 란타우 섬의 시원한 전망을 감상한 뒤 공항으로 가면 된다.

DAY1 》

홍콩 첵랍콕 국제 공항 – 미드 레벨 에스컬레이터 – 소호 거리 – 피크 트램 – 피크 타워 – 뤼가드 로드 전망대 – 피크 트램 – 가스등

DAY2 》

섹오 마을 – 섹오 비치 – 드래곤스백 트레킹 – 시계탑 – 1881 헤리티지 – 침사추이 해변 산책로 – 스타의 거리 – 심포니 오브 라이트 – 레이디스 마켓(여인가)

DAY3 》

스타 페리 – 오션 파크 – 리펄스 베이 비치 – 스탠리 메인 스트리트 – 애버딘 해변 산책로 – 점보 플로팅 레스토랑 – IFC

DAY4 》

옹핑 빌리지 – 옹핑 360 – 포린사 – 청동좌불상 – 통총 타운 센터 – 홍콩 첵랍콕 국제 공항

소호 거리

피크 트램

스타의 거리

마리나 베이의 야경

SINGAPORE

싱 가 포 르

★ 4박 5일 ★

말레이 반도 남쪽 끝에 위치한 도시 국가로 서울보다 약간 큰 정도의 작은 나라이다. 1819년 래플스 경이 상륙한 이후 국제적인 무역항으로 발전했고 이후 영국의 식민지였다가 말레이시아 연방이 되었으나 1965년 리콴유 총리의 등장과 함께 독립을 선언했다. 이후 눈부신 성장을 보이며 아시아 금융·항만의 중심으로 자리 잡았다.

쿠알라룸푸르와 싱가포르를 함께 돌아보는 4박 5일 일정으로, 3일의 휴가를 활용하여 알차게 여행할 수 있다. 쿠알라룸푸르에서 싱가포르를 오가는 저가 항공사가 많아 서울발 싱가포르행 직항을 이용하는 것보다 더 저렴하게 싱가포르로 갈 수 있고 두 개 도시를 한꺼번에 여행하는 재미도 있다. 귀국 시 쿠알라룸푸르에서 대기 시간이 3시간 이상 발생한다면 공항에서 가까운 푸트라자야 시를 돌아볼 것을 추천한다.

싱가포르 Singapore

🏢 도시 정보

★ 시차
서울보다 1시간 느리다.

★ 비자
싱가포르 무비자 협정국으로 90일까지 무비자로 방문할 수 있다. 단, 여권 유효기간이 6개월 이상 남아 있어야 한다.

★ 기후
동남아의 아열대성 기후를 보인다. 1년 내내 기온과 습도가 높은 무더운 날씨를 유지한다. 연평균 기온이 24~32도 정도로 6~8월이 가장 덥지만 건기이기 때문에 그다지 습하지는 않다. 우기는 11~1월로 스콜이 빈번히 발생난다.

★ 여행 최적기
6~7월이 건기이자 세일 기간이라 가장 좋다. 우기가 끝나고 미식 축제가 열리는 4월도 좋다.

★ 옷차림
여름철 옷차림을 준비하면 된다. 모자, 선글라스 등을 준비하고 소나기를 대비해 우산도 하나 가져가자. 단, 실내에는 늘 에어컨이 나오므로 걸칠 옷이 필요하다.

★ 종교
이슬람교, 불교, 도교, 기독교, 힌두교 등 다양한 종교가 혼재한다.

★ 언어 & 필수 표현

영어를 공용어로 사용해서 영어만으로도 원활하게 소통할 수 있다. 그 외에 말레이어, 중국어, 타밀어 등을 사용한다.

★ 전압

전압 220~240볼트, 50헤르츠로 우리나라 제품을 사용하는 데 문제가 없지만 싱가포르는 한국과 달리 3구형 소켓을 사용하기 때문에 변환 어댑터를 미리 준비하는 것이 좋다. 인천 공항 내 각 통신사 로밍 센터에서 무료 또는 보증금을 내고 대여 가능하며 호텔에 묵을 경우 호텔 리셉션에 요청하면 된다.

★ 인터넷

싱가포르 대부분 호텔에서 무선 인터넷 또는 무료·유료 와이파이를 사용할 수 있으며 카페나 레스토랑도 무선 인터넷을 사용할 수 있는 곳이 늘어나고 있다. 여행 시 핸드폰 요금 폭탄이 걱정이 된다면 미리 통신사에서 데이터 차단 서비스를 신청해두는 것이 좋고, 싱텔, 스타허브 등 현지 통신사의 유심 칩을 이용해 통화와 데이터를 마음 놓고 쓰는 것도 방법이다.

★ 무료 와이파이 사용하기
스타벅스나 쇼핑몰, 호텔 등 공공장소에서 'wireless@sg' 무료 와이파이를 이용할 수 있다. 사전에 웹사이트(info.singtel.com/personal/internet/broadband-on-the-go/wireless-sg)에서 가입 절차를 밟고 아이디와 패스워드를 발급받으면 된다.

★ 치안 & 주의 사항

치안 상태가 매우 안정적이며 강도, 절도, 소매치기 등 범죄에 대해 벌금이나 형벌이 아주 엄격하여 전반적으로 안전하지만 관광지에서는 소지품에 유의하는 것이 좋다.

★ 싱가포르의 엄격한 법 지키기
싱가포르에서는 공중도덕과 질서를 잘 지켜야 한다. 무단 횡단, 공공장소 흡연, 대중교통에서의 음식물 섭취, 쓰레기 투기, 침 뱉기 등 사소한 법을 어길 경우 50~5,000싱가포르달러에 달하는 어마어마한 벌금을 물어야 한다. 특히 지하철에서 음료나 음식물을 먹지 않도록 각별히 주의하자.

❶ 한국 공관 (주싱가포르 한국 대사관)
- ☎ +65-6256-1188
- 🕐 평일 09:00~12:30, 14:00~17:00
- 📍 47 Scotts Road, #08-00 Goldbell Tower, Singapore
- 🌐 sgp.mofat.go.kr

❷ 현지 경찰
📞 응급 시 999, 1-800-224-0000
🏛 Central Police Division, 391 New Beach Road, Singapore

★ **여행 팁**

싱가포르는 음식, 쇼핑, 테마파크, 다양한 문화를 한꺼번에 즐길 수 있는 여행지다. 커플에게도, 가족에게도, 혼자 여행하는 사람에게도 좋은 여행지로 각자에게 맞는 여행 테마를 찾기 좋다.

💵 통화&환전

★ **통화**

싱가포르달러는 SGD, S$으로 표기한다. S$1=840원 정도(2015년 12월 기준)다.

★ **환전**

❶ **시중 은행**
주거래 은행에서 원화를 싱가포르달러로 환전할 수 있다. 모든 은행이 싱가포르달러를 보유하고 있는 건 아니니 미리 전화로 확인 후 방문하자.

❷ **사설 환전소**
명동이나 시내의 사설 환전소에서 싱가포르달러로 환전할 수 있다. 발품을 팔아야 하지만 대체로 은행보다 환율이 좋다.

❸ **인터넷 환전**
온라인으로 환전을 신청하고 공항 또는 가까운 지점에서 픽업하는 방법으로 편리하게 이용할 수 있다. 시중 은행과 비슷하거나 조금 더 저렴하다.

❹ **국제 현금카드**
시티은행의 국제 현금카드를 이용하면 현지에서 싱가포르달러로 인출할 수 있다. 소액만 필요할 때 환전 없이 이용할 수 있어 편리하다. 인출 수수료도 $1+인출 금액의 0.2%로 저렴하며 아시아, 미국, 유럽의 주요 27개국에서 활용할 수 있다. 싱가포르 시내에서 시티은행 ATM도 쉽게 찾을 수 있다.

❺ 서울역 환전 센터
서울역 공항철도 내 환전 센터는 환전 수수료가 저렴하고 환율 우대율이 높은 편이다. 주요 통화(유로, 엔화, 달러) 위주로 취급하고 있으며 밤 10시까지 운영한다. 단, 늘 사람이 많아 대기 시간이 길다. 소액 환전을 위해 차비를 들여 일부러 방문할 필요는 없다.

 교통

★ 시내 이동

❶ 대중교통
싱가포르에는 MRT(지하철)와 버스, 택시, 투어 버스, 리버 투어 크루즈 등의 대중교통이 있다. 주로 MRT를 많이 이용하게 되는데 교통카드를 사용하면 편리하게 여러 대중교통을 이용할 수 있다. 특히 싱가포르 버스는 거스름 돈을 주지 않으므로 교통 카드가 있으면 편리하다.

스탠더드 티켓
칩이 내장된 일회용 종이 티켓이다. 이지 링크 없이 한두 번만 사용할 때 편리하다. 0.1싱가포르달러의 보증금이 있으며 3회 이용 시 0.1싱가포르달러가 할인된다. 6회째 이용 시에 다시 0.1싱가포르달러가 할인되며 총 여섯 번까지 사용할 수 있다. 무인 자판기에서 목적지를 선택하여 구입할 수 있는데 거리에 따라 보통 1.6~2.1싱가포르달러 정도다.

이지링크 카드
MRT와 버스 모두에서 사용할 수 있는 충전식 교통 카드로 스탠더드 티켓보다 저렴하고 편리하다. (T머니와 같은 성격)

싱가포르 투어리스트 패스
여행자를 위한 충전식 교통 카드로 1일권, 2일권, 3일권, 4일권, 5일권으로 나뉘며 이지링크 카드와 같은 개념으로 기본 충전금 소진 후에는 직접 충전하여 사용할 수 있다. 음식점에서도 사용 가능하며 나이트 사파리에서도 사용 가능하다. 여행 후 패스 안에 금액이 남았어도 환불되지 않으니 유의하자.

❷ 택시 이용

싱가포르 택시는 기본요금 이외에 할증이 많기 때문에 가급적 MRT나 버스를 이용하는 것이 좋다. 택시 색깔에 따라 요금 차이가 있으며 다른 동남아 나라들에 비해 비싼 편이다. 파란 택시가 가장 저렴하며 검은 택시가 가장 비싸다.

요금 크기: 파랑 〈 노랑 〈 빨강 〈 흰색 〈 검정

- ★ 오전 7시~오전 9시 30분(월-금) 기본요금의 35프로 추가, 오후 5시~오후 8시(월-토) 기본요금의 35프로 추가
- ★ 야간 할증: 저녁 12시~오전 6시 기본요금의 50프로 할증
- ★ 중심 업무 지구(CBD) 할증: 오후 5시~저녁 12시 (월-토) 3싱가포르달러
- ★ 위치 할증: 창이 공항 및 공항 화물센터 17:00~24:00(금·일) 5싱가포르달러, 그 외 시간 3싱가포르달러
- ★ 센토사 할증: 3싱가포르달러 / 엑스포 할증 : 2싱가포르달러

★ 공항에서 시내 이동

싱가포르 창이 국제 공항에서는 MRT, 공항 셔틀버스, 택시, 리무진 택시를 이용하여 시내로 이동할 수 있다. 가장 저렴한 수단은 MRT 초록색 이스트 웨스트 라인으로 타나메라 역에서 환승하여 목적지로 가면 된다. 시티홀까지는 30분 정도 소요되고 요금은 1.6~2싱가포르 달러이다. 공항 셔틀은 주요 호텔까지 직행으로 운행하며 요금은 편도 9싱가포르달러로 15분 간격으로 운행하며 에어포트 셔틀 카운터에서 티켓을 구입하면 된다. 택시는 도착 층에서 바로 탈 수 있고 시내까지 약 20~30싱가포르달러가 필요하다. 러시 아워에는 25프로, 자정 이후에는 50프로의 할증이 붙는다. 리무진 택시는 고급형 택시고, 맥시 캡이라는 승합차 택시도 운행한다.

 **항공**

★ **비행 소요 시간**

싱가포르 직항의 경우 약 6시간 소요된다.

★ **직항 항공사**

싱가포르 직항
대한항공, 아시아나항공, 싱가포르항공
쿠알라룸푸르 직항
에어아시아, 대한항공, 말레이시아항공
쿠알라룸푸르에서 싱가포르
타이거에어, 젯스타, 에어아시아, 파이어플라이, 말린도에어 등

★ **추천 항공 루트**

대표적인 저가 항공사인 에어아시아를 이용하여 첫째 날 이른 아침에 출발, 쿠알라룸푸르에 도착하여 오후 및 저녁 시간을 보내고 이튿날 아침 일찍 싱가포르로 가는 일정을 추천한다. 돌아올 때는 싱가포르에서 저녁 비행기를 타고 쿠알라룸푸르로 복귀, 밤 비행기를 타고 한국으로 돌아온다. 그렇게 하면 한국 도착 시간이 오전 7시나 8시쯤 되므로 바로 출근이 가능한 총 4박 6일의 일정이 된다. 서울발 쿠알라룸푸르행, 쿠알라룸푸르발 싱가포르행 왕복 항공권을 각각 구매하는 것이 서울발 싱가포르행 직항보다 일반적으로 더 저렴하다.

★ **예상 항공료**

쿠알라룸푸르를 경유하는 루트는 40~45만 원 정도로 예약 가능한데, 성수기에는 가격이 오를 수 있다. 보통 싱가포르로 가는 직항 항공권은 비성수기에도 60만 원 대 이상인데 반해 쿠알라룸푸르까지는 30~40만 원 선이면 직항 항공권을 예약할 수 있다. 쿠알라룸푸르에서 싱가포르까지는 1시간이 걸리며 5~6만 원 정도면 왕복 항공권을 구할 수 있다.

여행 예산

★ 싱가포르 물가 한눈에 보기

항목	싱가포르달러	원화	비고
이지 링크 카드	S$12	9,900원	카드 구입비 S$5+최초 충전 S$7
나이트 사파리	S$37.80	3만 1,000원	온라인 예약 10% 할인 금액
가든스 바이 더 베이	S$25	2만 원	2개 온실+스카이웨이 이용 금액
유니버설 스튜디오	S$74	6만 1,000원	성인 요금, 12세 이하는 S$54
루지 스카이 라이드	S$25	2만 원	3회 탑승권, 1회 탑승권은 S$17, 아이 동반 탑승 시 매회 S$3 추가 지불
칠리 크랩 1kg	S$60~70	4~6만 원	보통 2인 먹는 양
호커 센터 음식	S$8	6,600원	쌀국수, 볶음밥
거리 생과일 주스	S$2	1,600원	망고, 배 등 다양한 주스
카페 라테 1잔	S$5.5	4,500원	일반 카페
코카콜라 1병	S$2.8	3,300원	2리터
야쿤 카야 토스트 세트	S$4.8	3,900원	밀크 티+토스트+수란 세트
빅맥 지수	S$4.7 (US$3.53)	3,900원	한국은 US$3.7

★ 대략적인 금액으로 물가 변동에 따른 가격 차이가 있을 수 있음

★ 총예산

싱가포르는 다른 동남아 지역과 달리 물가가 그리 저렴하지 않은데, 한국과 비슷하거나 약간 저렴한 정도다. 레스토랑보다는 푸드코트나 호커 센터를 이용하면 저렴한 가격에 맛있는 음식을 다양하게 즐길 수 있다. 싱가포르의 호텔은 가격이 비싼 편이다. 혼자서 여행할 경우 저렴한 호스텔을 이용하고 일행이 있다면 8~10만 원대의 호텔을 예약하여 비용을 나누는 것이 효율적이다.

첫째 날 일정 한눈에 보기

쿠알라룸푸르 시내 관광

서울을 출발하여 쿠알라룸푸르로 간다. 쿠알라룸푸르 국제 공항에서 시내까지는 클리아 익스프레스로 30분이면 이동할 수 있다. 센트럴 역에 도착하여 일단은 호텔에 체크인부터 한다. 다음 날 아침 일찍 다시 센트럴 역에서 클리아 트랜싯을 타고 공항으로 가야 하므로 호텔은 이동하기 좋게 센트럴 역 인근에 잡는 것이 좋다. 첫 번째 방문지는 센트럴 마켓이다. 센트럴 마켓은 일종의 특산물 및 기념품 시장으로 수공예품을 쇼핑하기에 좋다. 다음으로 쿠알라룸푸르의 상징물인 'I♡KL' 조각을 보러 시티 갤러리로 간다. 시티 갤러리에서는 쿠

알라룸푸르의 도시 모형 레이저 쇼를 감상할 수 있으며 지도, 팸플릿 등도 얻을 수 있다. 시티 갤러리에서 나와 메르데카 광장을 가로질러 술탄 압둘 사마드 빌딩을 지나 마지드 자멕으로 간다. 쿠알라룸푸르에서 가장 오래된 이슬람 사원으로 방문 시 여성은 차도르를 입어야 입장할 수 있다. 차도르는 사원 앞에서 무료로 대여해준다. 마지드 자멕에서 나와 바로 앞 마지드 자멕 역에서 5번 라인 LRT를 타고 KLCC 역으로 간다. 쿠알라룸푸르의 상징이자 하이라이트인 페트로나스 트윈 타워를 만나볼 시간이다. 페트로나스 타워의 수리아 KLCC는 거대한 쇼핑몰로 푸드코트는 물론 곳곳에 카페와 식당들도 있으니 원하는 메뉴를 골라 저녁을 먹을 수 있다. 식사 후엔 잠시 쇼핑을 즐기고 슬슬 걸어 밖으로 나가보자. 페트로나스 안에서는 정작 페트로나스를 감상할 수 없으므로 정문 앞 분수대를 지나 KLCC 공원으로 간다. 공원 안에 있는 작은 분수대에 서면 우뚝 솟은 페트로나스 트윈 타워를 제대로 감상할 수 있다. 밤이면 화려한 불빛으로 수놓이는 트윈 타워를 보며 사진도 찍고 야경을 즐겨보자. 다시 타워로 돌아가 지하에서 연결된 부킷빈탕의 파빌리온으로 통하는 연결 통로를 향해 걸어간다. 긴 육교를 통해 막힘없이 파빌리온까지 걸어갈 수 있는데 15~20분 정도 소요된다. 더울 땐 에어콘이 나오는 구간도 있다. 파빌리온과 스타힐 갤러리, 랏 10 등의 쇼핑몰과 거리 상점들을 둘러보고 쿠알라룸푸르의 밤을 즐기러 잘란알로로 간다. 잘란알로는 일종의 주점 거리 같은 곳으로 말레이시아식 꼬치구이인 사테를 파는 가게들이 가득하다. 원하는 사테를 골라 맥주 한잔 마시며 쿠알라룸푸르의 밤을 즐겨보자.

★ 첫째 날 추천 일정 ★

1. KL 센트럴 역
2. 센트럴 마켓
3. 쿠알라룸푸르 시티 갤러리
4. 메르데카 광장
5. 술탄 압둘 사마드 빌딩
6. 페트로나스 트윈 타워
7. 수리아 KLCC
8. KLCC 공원
9. 부킷빈탕
10. 파빌리온

DAY 1 첫째 날

SPOT 👓 추천 명소

쿠알라룸푸르 **시내 관광**

❶ KL 센트럴 역 KL Sentral

KL 센트럴 역은 우리의 서울역과 비교할 수 있는 교통의 요충지다. KTM, LRT, 모노레일, 클리아 익스프레스 노선을 비롯해 버스 터미널까지 있는, 쿠알라룸푸르에서 가장 큰 역이다. 뉴 센트럴이라는 쇼핑몰과 연결되어 있고 식당과 카페 등이 입점해 있다. 쿠알라룸푸르 국제 공항에서 시내로 가는 열차를 타면 KL 센트럴 역으로 들어오게 된다.

📍 Kuala Lumpur Sentral, Kuala Lumpur
📶 www.klsentral.com.my

쿠알라룸푸르 공항에서 시내로 가는 두 가지 방법
1. 클리아 트랜싯 열차 이용하기: 클리아 익스프레스 35링깃. 30분 소요
2. 버스 이용하기: 익스프레스 버스 10링깃. 1시간 소요 (2층 정류장 출발)

❷ 센트럴 마켓 Central Market

1888년에 개장한 시장으로 쇼핑뿐만 아니라 말레이시아의 문화와 전통을 이해하는 데 도움이 된다. 말레이시아 전통 연을 상징으로 하며, 말레이 거리, 인디아 거리, 콜로니얼 거리 등의 테마로 나뉘어 있다. 저렴한 가격에 기념품과 선물을 고를 수 있어 여행객에게 흥미로운 쇼핑 장소이다.

📍 Lot 3.04~3.06, Central Market Annexe, Jalan Hang Kasturi, Kuala Lumpur | ⏰ 10:00~22:00 | 📶 www.centralmarket.com.my

❸ 쿠알라룸푸르 시티 갤러리 Kuala Lumpur City Gallery

메르데카 광장 가까이에 위치한 쿠알라룸푸르 시티 갤러리는 114년 된 무어 양식의 건물로 도시의 역사를

말해주는 랜드마크들의 미니어처와 판화 등 아트 컬렉션을 감상할 수 있다. 흥미로운 벽화와 공예품을 살펴보고 선물이나 기념품도 구입할 수 있다. 2층에서는 쿠알라룸푸르의 전경을 미니어처와 화려한 레이저를 통해 볼 수 있다.

🏠 No. 27, Jalan Raja, Dataran Merdeka, Kuala Lumpur
🕘 09:00~18:30 | 📶 www.klcitygallery.com
▼ 💲 무료

❹ 메르데카 광장 Merdeka Square

'다타란 메르데카Dataran Merdeka'라고도 불리는 역사적인 광장이다. 1957년 영국으로부터의 독립을 선언한 곳으로 넓은 잔디에 100미터 높이의 깃대가 우뚝 세워져 있다. 세계 최고 높이의 깃대에는 말레이시아 국기가 나부끼고 있다.

▼ 🏠 Jalan Raja, Kuala Lumpur

❺ 술탄 압둘 사마드 빌딩 Sultan Abdul Samad Building

1897년 통치자 술탄 압둘의 이름을 따 지어진 건물로, 영국 식민지 시절에 행정부 건물로 사용되었던 곳이다. 당대 최대 규모의 건물로 정교하고 우아한 건축미가 있다. 시계탑과 아치가 독특하며 밤에는 화려한 조명으로 더욱 아름답게 빛난다. 메르데카 광장 바로 앞에 있다.

▼ 🏠 Jalan Raja, Kuala Lumpur

❻ 페트로나스 트윈 타워 Petronas Twin Towers

쿠알라룸푸르의 상징인 451.9미터의 초고층 빌딩이다. 페트로나스 트윈 타워는 지상 88층, 지하 4층으로 구성되어 있다. 타워 1은 일본, 타워 2는 대한민국이 건설했으며, 1~5층에는 쿠알라룸푸르 최대 쇼핑몰 중 하나인 수리아 KLCC가 있으며, 고급 호텔, 컨벤션 센터, 레스토랑 등 다양한 시설을 갖추고 있다. 이외에는 유명 기업들의 사무실로 사용되고 있다. 두 건물을 이어주는 41층의 스카이 브리지와 86층에 마련된 전망대에서 쿠알라룸푸르의 전경을 감상할 수 있다. 입장 전에 미리 티켓을 받아놓아야 하며, 아침 일찍 가지 않으면 티켓을 받기 어렵다.

🏛 Persiaran Petronas, Kuala Lumpur City Centre, Kuala Lumpur

🕐 화-일 09:00~21:00, 금 09:00~13:00 14:30~21:30 (티켓 판매 08:30부터 선착순. 콘코스 레벨 티케팅 카운터에서 사전 구매 가능)

📶 www.petronastwintowers.com.my

💲 성인 RM84.80, 아동 RM31.80

❼ **수리아** KLCC

파빌리온과 더불어 쿠알라룸푸르의 대표 쇼핑몰로 LRT KLCC 역과 연결되어 있다. 최고의 명품 브랜드부터 중저가 브랜드까지 거의 모든 브랜드가 입점해 있으며, 이세탄과 팍슨 그랜드, 막스 앤 스펜서 등 백화점과 아웃렛으로 가득하다. 총 6층으로 이루어져 있으며 유명 식당과 푸드코트, 영화관, 과학 체험관 등이 다양한 시설이 있다.

🏛 Persiaran Petronas, Kuala Lumpur City Centre, Kuala Lumpur

🕐 10:00~22:00 | 📶 www.suriaklcc.com.my

💲 주차료 시간당 RM4

❽ **KLCC 공원** KLCC Park

페트로나스 트윈 타워 앞에 펼쳐진 공원으로 쿠알라룸푸르의 휴식 공간이다. 어린이 놀이터, 심포니 분수, 조깅 트랙, 산책로와 벤치, 쉼터가 있다. 밤 8시가 되면 연못에 있는 두 개의 분수가 화려한 조명과 심포니에 맞춰 분수 쇼를 펼친다.

🏛 Jalan Ampang, Kuala Lumpur City Centre, Kuala Lumpur

🕐 07:00~22:00

⑨ 부킷빈탕 Bukit Bintang

쿠알라룸푸르 최고의 쇼핑 지역으로 파빌리온과 스타힐 갤러리, 부킷빈탕 플라자, 랏 10, 숭아이왕 플라자 등 많은 쇼핑센터들이 몰려 있다. 호텔과 식당, 카페, 각종 즐길 거리들이 가득하다. 쇼핑 목적이라면 이 근처에 숙소를 잡는 것이 편리하다.

▼ 모노레일 부킷빈탕 역 일대

⑩ 파빌리온 Pavilion

부킷 빈탕의 대표적인 쇼핑몰로 명품 브랜드부터 패션·홈 인테리어 브랜드, 레스토랑까지 입점해 있어 한 번에 쇼핑하기에 좋다. 그랜드 밀레니엄, JW 메리어트 등 특급 호텔과 스타힐 갤러리 등 쇼핑몰이 모여 있는 파빌리온 앞 크리스털 분수 광장은 1년 내내 이벤트와 전시가 끊이지 않아 방문객들에게 또 다른 재미를 선사한다. KLCC 트윈 타워에서 562미터의 에어컨 가동 통로를 통해 바로 연결된다.

Jalan Bukit Bintang, Bukit Bintang, Kuala Lumpur
10:00~22:00 | www.pavillion-kl.com

TASTE 　주변 추천 맛집

쿠알라룸푸르 시내 관광

프레셔스 올드 차이나 Precious Old China

중국식 레스토랑으로 차이나타운에서 인기 있는 올드 차이나 카페를 센트럴 마켓에 오픈했다. 실내는 앤티크 가구와 도자기로 고풍스럽게 꾸며져 있다. 음식 맛도 좋고 가격도 합리적인 편. 센트럴 마켓 2층에 위치해 있다.

Lot 2, Mezzanine Floor, Central Market, Jalan Hang Kasturi, Kuala Lumpur

11:00~22:00 | www.oldchina.com.my

마담 콴 Madam Kwan's

마담 콴의 레시피로 만든 말레이시아 요리를 선보이고 있는데, 말레이 음식을 처음 접하는 사람에게 추천하고 싶은 레스토랑이다. 다른 로컬 레스토랑에 비하면 가격이 높은 편이지만 그만큼 만족스러운 식사를 할 수 있다. 추천 메뉴는 튀긴 닭 다리와 밥이 함께 나오는 나리 보자리 Nasi Bojari 이다. 말레이시아 및 싱가포르에 여러 지점이 있으며 부킷빈탕의 파빌리온에도 지점이 있다.

Suria KLCC, Lot 420 / 421 , Level 4, Suria KLCC, Kuala Lumpur City Centre, Kuala Lumpur (수리아 KLCC점)

11:00~22:00 | www.madamkwans.com.my

비잔 Bijan

각종 레스토랑 어워드에서 여러 차례 최고의 상을 받아왔으며, 고급 말레이 요리를 선보인다. 최고급 재료를 이용해 선보이는 말레이 전통 요리로 외국인들에게 인기가 좋다. 메뉴 이름은 말레이어로 되어 있지만 영어 설명이 있어 주문하기 크게 어렵지 않다.

No 3 Jalan Ceylon, Kuala Lumpur

16:30~23:00 | www.bijanrestaurant.com

잘란알로 Jalan Alor Food Street

노천 포장마차가 늘어서 있는 거리로 저렴한 로컬 음식과 중국식 해산물 요리, 바비큐 등을 판매하는 가게들이 있다. 잘란 알로의 대표적인 메뉴는 역시 사테(숯불에 구운 꼬치구이)다. 사테와 볶음밥에 맥주를 곁들여 즐겨보자. 가격은 다 비슷하니 둘러보고 마음에 드는 곳을 찾아가면 된다. 낮부터 영업하는 곳도 있지만 대부분 오후 5시가 넘어 영업을 시작하여 새벽 3시까지 연다.

1-81 Jalan Alor, Bukit Bintang, Kuala Lumpur (부킷빈탕 역에서 버거킹을 지나 첫 번째 골목으로 우회전)

벤스

파빌리온 쇼핑몰 6층에 자리하고 있는 식당으로 저렴한 가격에 맛도 좋으면서 분위기까지 훌륭해 평상시에도 손님이 많다. 식사 시간 때 웨이팅은 기본. 간단한 샌드위치부터 아시안 요리, 미트파이, 디저트 등 다채로운 메뉴들을 제공하며 말레이시아 요리부터 이탈리아 메뉴까지 국경을 초월한 메뉴들이 많다.

Jalan Bukit Bintang, Bukit Bintang, Kuala Lumpur

W.A.W Wong Ah Wah

잘란알로 거리에 위치해 있는 식당으로 빅뱅도 쿠알라룸푸르 공연 때 다녀간 맛집이라고 한다. 다른 로컬 식당과 비교하면 가격이 비싼 편이지만 그래도 한국 식당에 비하면 상당히 저렴한 편이다. 사테, 볶음요리, 볶음밥 등 메뉴 대부분이 맛있기로 소문난 곳이기도 하다. 잘란알로 거리에서 미키마우스 간판이 보이는 곳을 찾으면 된다.

1-81 Jalan Alor, Bukit Bintang, Kuala Lumpur

둘째 날 일정 한눈에 보기

<mark>싱가포르</mark> 시티 홀 > 마리나 베이

오늘은 드디어 싱가포르로 가는 날이다. 아침 일찍 일어나 KL 센트럴 역에서 클리아 익스프레스를 타고 다시 쿠알라룸푸르 국제 공항으로 간다. 짐을 찾아 초록색 라인의 지하철 MRT를 타고 래플스 플레이스 역으로 간다. 숙소는 래플스 플레이스 근처에 잡아야 교통이 편리하다. 공항선과 오차드 로드로 가는 두 개 노선이 만나는 지점이고 주변에 볼거리와 먹을 거리도 많다. 호텔에 짐을 넣어두고 래플스 시티 쇼핑센터로 간다. 래플스 시티 쇼핑센터는 래플스 역과 바로 연결되어 있는데 쇼핑은 물론 유명한 푸드코트인 마켓

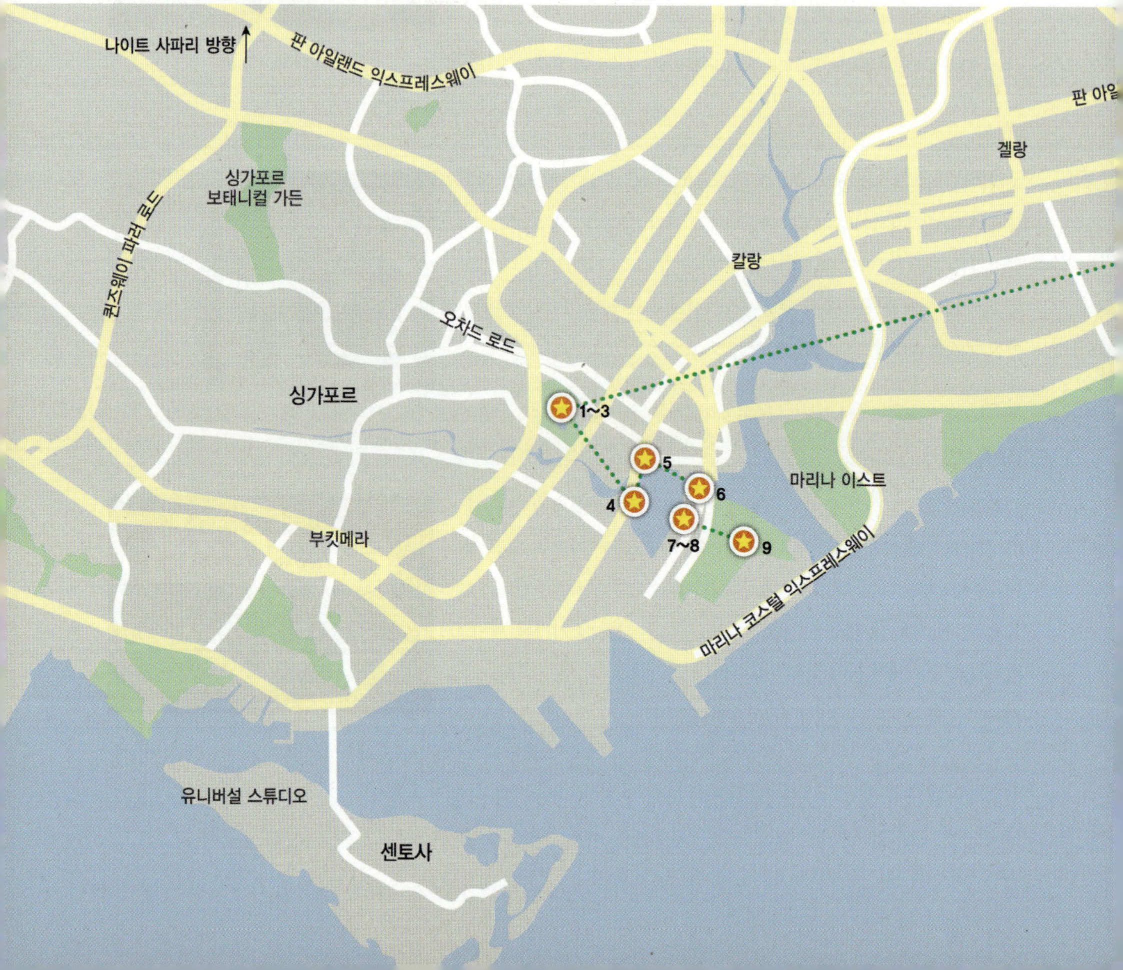

플레이스, 식당, 카페 등도 많아 요기하기도 좋다. 래플스 시티에서 나와 차임스 쪽으로 가보자. 언뜻 백색의 성당처럼 보이지만 바와 카페, 레스토랑으로 가득한 새로운 명소다. 광장의 노천카페에서 맥주나 커피를 즐겼으면 새하얀 성 앤드류 성당을 지나 싱가포르의 상징인 머라이언을 보러 간다. 머라이언 파크에서 그대로 다리를 건너면 거대한 두리안처럼 생긴 에스플러네이드로 갈 수 있다. 여행객 입장에서는 독특한 건축미를 감상하는 것 외에 특별히 할 거리는 없지만 에스플러네이드에서 보이는 마리나 베이의 전경이 매우 아름답다. 에스플러네이드의 바로 옆 야외에는 마칸수트라 글루턴스 베이 호커 센터가 있다. 저녁을 먹고 해안을 따라 헬릭스 다리를 향해 슬슬 걸어가보자. 헬릭스 다리는 마리나 베이 샌즈 호텔로 이어지는 보행자용 다리로 스프링처럼 휘감긴 구조물과 조명이 카메라 셔터를 누르게 만든다. 마리나 베이에 도착하면 일단 내부로 들어가 보자. 시원하게 뻥 뚫린 쇼핑몰이 인상적이다. 아래층에는 푸드코트는 물론, 레스토랑과 카페, 펍, 바 등이 있으니 디저트를 먹거나 맥주 한잔 마셔도 좋다. 원더풀 쇼를 보러 시간 맞춰 호텔 앞 루이 비통 건물 근처로 간다. 시원한 분수, 화려한 조명과 레이저가 밤의 싱가포르를 수놓으며 15분간 멋진 쇼를 펼친다. 야경 감상과 함께 싱가포르의 칵테일인 싱가포르 슬링을 마셔보는 건 어떨까? 야경 감상 후 아직 체력이 괜찮다면 가든스 바이 더 베이로 가보자. 가든스 바이 더 베이는 일종의 열대 정원으로 그 규모가 상당하다. 마리나 베이 4층에서 다리를 통해 바로 연결되어 이동하기에도 편리하다. 가든스 바이 더 베이의 빛나는 슈퍼 트리를 구경하고 호텔로 돌아가면 오늘 일정은 끝.

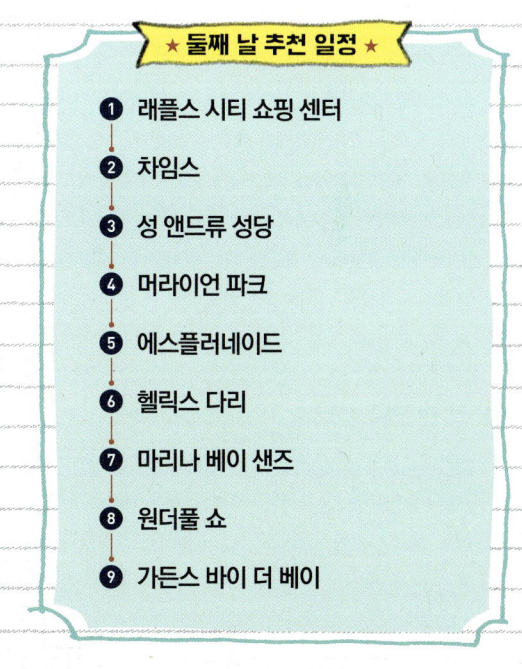

★ 둘째 날 추천 일정 ★

1. 래플스 시티 쇼핑 센터
2. 차임스
3. 성 앤드류 성당
4. 머라이언 파크
5. 에스플러네이드
6. 헬릭스 다리
7. 마리나 베이 샌즈
8. 원더풀 쇼
9. 가든스 바이 더 베이

SPOT 추천 명소

싱가포르 시티 홀 > 마리나 베이

① 래플스 시티 쇼핑센터 Raffles City Shopping Center

싱가포르의 백화점과 쇼핑센터 중에서 유럽과 미국 등 해외의 최신 패션과 브랜드가 제일 먼저 입점하는 곳이다. 지하에는 모스 버거, 딘타이펑 등의 인기 레스토랑과 카페가 모여 있어 식사하기 위해 찾는 사람들도 많다. 시티 홀 역에서 바로 연결되어 있다.

250 North Bridge Road, Singapore
10:00~22:00 | www.rafflescity.com.sg

② 차임스 Chijmes

1850년대에 고딕 양식으로 지어진 차임스는 백색의 외벽과 화려한 스테인드글라스로 이뤄진 건물로 과거에는 수녀원, 고아원, 성당 등으로 이용되었다가 지금은 노천 레스토랑과 바, 공연장 등으로 사용되고 있다. 옛 건물을 그대로 사용하고 있어 고급스럽고 로맨틱한 분위기를 자아낸다. 현재는 싱가포르의 핫한 명소로 중앙 광장에서 맥주나 커피를 마시는 사람들로 활기차다. 식도락과 나이트 라이프를 한자리에서 즐길 수 있다.

30 Victoria Street, Singapore | 11:00~23:00 (매장마다 다름) | chijmes.com.sg

③ 성 앤드류 성당 St. Andrew's Cathedral

싱가포르에서 가장 규모가 큰 영국 성공회 성당이다. 고딕 양식으로 지어진 성당은 새하얀 자태를 자랑하며 화려한 스테인드글라스 역시 이곳의 자랑이다. 마치 숲처럼 나무로 둘러싸인 모습은 동화 속의 성과 같은 분위기를 자아내며 한적한 정원은 산책

하기에도 좋다. 규모가 작아 지나는 길에 가볍게 들러보면 된다.
- 11 St. Andrew's Road, Singapore
- 09:00~17:00 | www.livingstreams.org.sg

④ 머라이언 파크 Merlion Park

머라이언 파크는 싱가포르를 상징하는 상상의 동물인 머라이언의 조각상이 있는 마리나 베이의 공원이다. 머라이언은 물고기의 몸에 사자의 머리를 가지고 있는 바다 사자로 머라이언상은 항상 입에서 물을 뿜어내고 있으며 밤에는 화려한 조명으로 빛난다. 싱가포르의 마스코트답게 늘 많은 관광객들로 북적거린다. 맞은편에 마리나 베이 샌즈가 정면으로 보여 기념사진 촬영지로 최고다. 공원 옆으로 이어진 원 플러턴에는 베이를 따라 카페와 펍, 바, 레스토랑들이 들어서 있어 전망을 감상하며 차 한 잔 즐기기에 좋다.

- One Fullerton, Singapore

⑤ 에스플러네이드 Esplanade Theaters on the Bay

마리나 베이의 랜드마크이자 복합 문화 센터로 열대 과일 두리안 형태의 독특한 외관으로 눈길을 끄는 곳이다. 콘서트, 연극, 음악회 등 다양한 문화 활동과 쇼핑, 식사를 한 공간에서 모두 즐길 수 있는 멀티플렉스이다. 밤에는 바로 뒤에 위치한 마리나 베이 샌즈와 함께 눈부신 야경을 만들어낸다.

- 21 Esplanade Drive, Singapore
- www.esplanade.com

⑥ 헬릭스 다리 The Helix Bridge

에스플러네이드 방향에서 마리나 베이 샌즈 호텔까지 이어주는 보행자 전용 다리로 철골 구조물이 독특하다. 마리나 베이 샌즈로 가는 지름길이자 마리나 베이의 야경을 감상할 수 있는 명소이기도 하다. 한 번쯤은 헬릭스 다리를 건너 마리나 베이 샌즈로

가보자.

🏠 6 Bayfront Avenue, Singapore

❼ 마리나 베이 샌즈 Marina Bay Sands

싱가포르의 대표적인 랜드마크로 세 개의 건물 위에 놓인 배 모양의 스카이 파크가 인상적이다. 호텔이자 멀티플렉스로 카지노, 쇼핑센터, 극장, 박물관, 실내 운하, 식당 등 다양한 시설들이 있어 즐길 거리가 많다. 매일 밤 진행되는 원더풀 쇼는 마리나 베이의 야경을 더욱 화려하게 만들어준다.

🏠 8 Bayfront Avenue, Singapore

📶 www.marinabaysands.com

❽ 원더풀 쇼 WonderFull Show

마리나 베이 샌즈 바로 앞에 위치한 아트 사이언스 뮤지엄에서 매일 저녁 마리나 베이의 야경을 수놓는 영상 및 레이저 쇼를 선보인다. 분수와 화려한 빛이 만나 마리나 베이의 풍경을 캔버스 삼아 멋진 풍경을 선사한다. 뮤지엄 건물도 새하얀 연꽃 그 자체로도 아름답다. 마리나 베이 샌즈 앞 루이 비통 건물 옆의 프롬나드가 원더풀 쇼 감상의 명당이다. 쇼는 약 15분간 진행되며 관람료는 무료다.

🏠 11 St. Andrew's Road, Singapore

⏰ 일-목 20:00 21:30, 금 20:00 21:30 23:00, 토 21:00 21:30 23:00

❾ 가든스 바이 더 베이 Gardens by the Bay

가든스 바이 더 베이는 거대한 규모의 인공 열대 정원이다. 플라워 돔, 클라우드 포레스트, 슈퍼 트리 그로브가 주요 명소로 두 개의 온실과 야외 정원으로 이루어진다. 플라워 돔은 이름 그대로 다양한 꽃을 주로 볼 수 있는 식물원으로 남미, 지중해, 아시아 등 여러 지역에서 온 다양한 꽃과 바오밥나무, 올리브

등 흔하지 않는 나무들도 볼 수 있다. 두 번째 온실인 클라우드 포레스트는 산을 재현한 거대한 식물원으로 고도에 따른 다양한 식생을 만나게 되는데, 나무 높이의 트리 탑 워크와 산꼭대기의 클라우드 워크로 이루어진 공중 산책로가 이색적이다. 안개 속에서 폭포도 보고 특이한 식물들도 보면서 통유리로 이루어진 온실 바깥으로는 싱가포르 풍경까지 볼 수 있다. 야외에 있는 슈퍼 트리 그로브는 열대의 숲을 연상시키는 구조물로 22미터 높이에 설치된 스카이 웨이를 걸으며 주변을 내려다볼 수 있는데 새벽 2시까지 운영할 정도로 야경이 특히 멋진 곳이다. 야외 정원의 입장은 무료이나 두 개의 온실과 스카이 웨이 등은 입장료가 있다. 가든스 바이 더 베이로 가려면 마리나 베이 샌즈 4층에서 라이온스 다리를 건너거나, 베이프런트 역 B번 출구에서 지하 연결 통로를 걸어와 드래곤 플라이 다리를 건너가면 된다. 베이프런트 역에서 택시로 5분 정도 이동해도 된다.

211 Marina Way, Singapore | 야외 정원 05:00~02:00, 온실 09:00~21:00
www.gardensbythebay.com.sg | 야외 정원 무료, OCBC 스카이웨이 S$5, 온실 2개 S$28

TASTE 주변 추천 맛집

싱가포르 시티 홀 > 마리나 베이

티핀 룸 Tiffin Room

런치 및 디너 뷔페를 운영하는 래플스 호텔의 레스토랑이다. 특히 하이 티, 애프터눈 티로 유명한데 인기가 많아 사전에 예약해야 한다. 3단 트레이에 담긴 달콤한 케이크와 따뜻한 스콘 등 예쁜 디저트와 함께 향긋한 홍차 한잔의 여유를 즐기기 좋다. 싱가포르는 영국의 영향으로 차 문화가 발달했는데 바로 이 영국식 애프터눈 티 세트를 즐길 수 있는 곳이다.

1 Beach Road Singapore, Singapore
15:00~17:30 | www.raffles.com/singapore

마칸수트라 글루턴스 베이 호커 센터 Makansutra Gluttons Bay

싱가포르에서 미슐랭 못지않게 까다로운 조건으로 심사하여 매년 발간하는 『마칸수트라』라는 책에 선정되었던 아홉 개의 호커들을 모아놓은 곳이다. 야외 호커 센터로 마리나 베이의 야경을 감상하며 싱가포르 음식을 저렴한 가격에 즐길 수 있다. 칠리 크랩, 볶음밥, 쌀국수, 카레 등을 맛볼 수 있다. 에스플러네이드 역 에스플러네이드 야외 공연장에서 타이 익스프레스 방향으로 있다. 주로 저녁 식사를 하러 가는 곳으로 늘 사람이 많아 앉을 자리를 잡는 것이 우선이다.

8 Raffles Avenue #01-15, Singapore
월-목 17:00~02:00, 목-토 17:00~03:00, 일 16:00~01:00 | www.makansutra.com

노 사인보드 시푸드 No Signboard Seafood

간판도 없는 소규모 음식점에서 대형 체인 레스토랑으로 성장한 곳으로 싱가포르의 대표 요리인 칠리 크랩을 전문으로 한다. 대부분의 지점이 싱가포르 대표 관광지와 가깝게 있어 찾아가기 편하다. 비보 시티, 클라 키 더 센트럴 등에 지점이 있으며 마리나 베이에는 에스플러네이드 몰 1층에 지점이 있다.

8 Raffles Avenue, #01-14/16 The Esplanade Mall, Singapore (에스플러네이드점)
11:00~22:30 (에스플러네이드점)
www.nosignboardseafood.com

토스트 박스 Toast Box

두꺼운 식빵 위에 땅콩 버터, 카야 잼 등을 바르거나 돼지고기 가루 등의 토핑을 올린 토스트를 판매한다. 음료와 함께 아침 식사로 먹기에 간편하다. 야쿤 카야 토스트와 함께 싱가포르 카야 토스트계의 양대 산맥이라 할 수 있다. 마리나 베이 샌즈 지하 2층, 에스플러네이드 몰, 아이온 지하 4층, 차임스, 래플스 시티 지하 1층, 선텍 시티 등 지점이 많아 싱가포르 시내 어디서든 먹을 수 있다.

2 Bayfront Avenue, B2-62/63/64, Marina Bay Sands, Singapore
일-목 07:30~22:30, 금·토 07:30~23:00 | toastbox.com.sg

피자리아 모차 Pizzeria Mozza

미슐랭가이드에 세 번이나 이름을 올린 이탈리안 피자 전문점이다. 싱가포르인들이 사랑하는 곳으로 식사 시간에는 줄을 서야 할 수도 있다. 화덕에서 직접 구워내는 피자를 주문과 동시에 만들어준다. 겉은 바삭하면서도 안은 쫄깃한 도우 위에 햄, 새우, 치즈 등 다양한 토핑이 올라간다. 피자 외에 라자냐나 사이드도 맛이 좋다. 마리나 베이 샌즈 호텔 쇼핑센터 지하 1층에 있다.

10 Bayfront Avenue, Singapore | 12:00~23:00
singapore.pizzeriamozza.com | 피자 S$24~38

세라비 Ce la Vi

마리나 베이 샌즈 57층의 스카이 바 세라비는 투숙객이 아니더라도 이용할 수 있는 옥상 레스토랑이자 라운지다. 바로 옆에는 마리나 베이 샌즈의 하이라이트인 수영장이 펼쳐져 있고 멋진 야경과 함께 칵테일을 즐기기 좋다. 사방이 트인 공간에서 싱가포르의 스카이라인과 강이 만들어내는 야경을 감상할 수 있는 최적의 장소 중 하나이기도 하다. 유명 셰프의 요리와 와인을 함께 즐길 수 있어 더욱 로맨틱

하며 음악 공연도 펼쳐진다. 현대적인 아시아 요리로 식사를 할 수 있는 레스토랑, 스카이 바, 클럽 라운지로 구성되어 있다.

L57-01, North Sky Park, 1 Bayfront Avenue, Singapore
12:00~24:00 | 라운지 S$38~, 레스토랑 S$80~

셋째 날 일정 한눈에 보기

부기스 › 나이트 사파리 › 클라크 키

오늘은 싱가포르의 다문화를 체험할 수 있는 일정으로 부기스 정션에서 시작한다. 부기스 정션은 부기스 역에서 바로 연결되는, 중저가 브랜드가 많은 쇼핑몰로 젊은이들이 주로 찾는 곳이다. 푸드코트나 식당, 카페 등 먹을거리도 많다. 밖으로 나와 아랍 스트리트를 향해 걸으면 마리나 베이에서 봤던 현대적인 싱가포르와는 아주 다른 아라비아풍의 이국적인 모습을 만나게 된다. 아랍 분위기 물씬한 양탄자나 장신구 등을 판매하는 상점들을 구경하며 점심도 아랍식으로 먹어보자. 식사 후엔 황금빛 술탄 모스크를 보러 간

다. 전통적인 이슬람 사원 건축 양식을 확인할 수 있는 이곳은 아랍 스트리트의 상징과도 같은 곳으로, 입장하려면 복장에 유의해야 한다. 술탄 모스크를 나와 하지 레인으로 간다. 작은 골목길인 하지 레인에는 싱가포르 전통 양식의 작은 가옥들이 옹기종기 자리하고 있는데 집집마다 스타일리시한 상점들이 들어서 있어 패션과 소품에 관심이 많다면 특히 추천하는 곳이다. 하지 레인에서 쇼핑을 즐긴 후엔 부기스 스트리트로 가자. 저렴한 물건과 거리 음식을 판매하는 노점상들이 자리 잡고 있는 거대한 재래시장으로 600여 개가 넘는 가게에 없는 게 없다. 단정하게 잘 정비되어 있으며 소소한 기념품이나 주스 등 간식거리를 사 먹기 좋다. 압둘 가푸르 모스크를 지나 리틀 인디아 아케이드로 간다. 리틀 인디아 아케이드는 인도 느낌이 물씬 풍기는 쇼핑센터로 인도풍의 기념품과 식자재, 의류 등을 구입할 수 있다. 무엇보다 헤나를 받아 볼 수 있으니 관심 있다면 도전해보자. 그런 다음 Saex(Singapore Attractions Express) 버스를 타고 나이트 사파리로 이동하여 나이트 사파리 투어를 마친 후 밤 시간을 불태울 클라크 키로 간다. 나이트 사파리에서 클라크 키로 가는 사파리 게이트 버스를 이용하면 금방 갈 수 있으며 편도 7싱가포르달러이다. 약간 출출해졌다면 리버 사이드로 야식을 먹으러 가자. 싱가포르에 왔으니 유명한 칠리 크랩을 한번 먹어보는 것도 좋겠다. 부른 배를 잡고 다시 클라크 키로 천천히 걷다가 강둑이나 다리에 걸터앉아 쉬어도 좋고 강변에 자리 잡고 맥주 한잔하거나 클라크 키의 시끌시끌한 거리를 구경해도 좋다.

★ 셋째 날 추천 일정 ★

1. 부기스 정션
2. 아랍 스트리트
3. 술탄 모스크
4. 하지 레인
5. 부기스 빌리지
6. 부기스 스트리트
7. 압둘 가푸르 모스크
8. 리틀 인디아 아케이드
9. 나이트 사파리
10. 리버사이드 포인트
11. 클라크 키
12. 아티카

DAY 3 셋째 날 SPOT 추천 명소

부기스 › 나이트 사파리 › 클라크 키

① 부기스 정션 Bugis Junction

고가 브랜드보다는 유럽과 싱가포르의 중저가 브랜드가 많이 입점해 있는 곳으로 젊은 고객이 많은 편이다. 깔끔하게 정비된 통로 위로 시원한 느낌의 유리 천장이 있어 전체적으로 답답하지 않다. 부기스 역에서 바로 연결된다.

200 Victoria Street, Singapore
10:00~22:00 | www.bugisjunction-mall.com.sg/en/

② 아랍 스트리트 Arab Street

싱가포르로 이주해 온 아랍 상인들에 의해 만들어진 곳으로 아라비아풍의 건물들이 이국적인 풍경을 만들어내고 있다. 아랍 전통 양탄자, 의상, 장식품 등을 판매하는 가게들이 주를 이루며 거리의 끝에는 황금색 돔을 가진 술탄 모스크가 있다. 부기스 역 B번 출구로 나와 도보 5분여 정도면 도착한다.

138 Arab Street, Singapore

③ 술탄 모스크 Sultans Mosque

1826년에 지어진 술탄 모스크는 싱가포르 이슬람 사원 중 가장 오랜 역사를 가지고 있는 곳이다. 황금색 돔이 돋보이는 모스크 건물은 지어질 당시의 모습을 지금까지 그대로 유지하고 있다. 이슬람 전통 건축 양식과 이슬람 문화를 만날 수 있는 곳으로 입장할 때는 복장에 유의해야 한다. 부기스 역 B번 출구로 나와 래플스 병원을 지나 우회전 후 좌회전하면 사원이 보인다. 걸어서 5분 정도 걸린다.

🏛 3 Muscat St, Singapore | 🕐 월-목·토·일 10:00~12:00 14:00~16:00, 금 14:30~16:00
📶 sultanmosque.sg

④ 하지 레인 Haji Lane

아랍 스트리트에 있는 작은 골목길로 주로 의류나 액세서리 가게나 부티크 숍 등이 늘어서 있다. 패셔니스타들의 아지트 같은 곳으로 트렌디하고 개성 넘치는 셀렉트 숍과 카페가 많다. 아랍 스트리트에서도 가장 핫한 거리인 하지 레인에서 독특한 아이템을 찾아 나서자. 부기스 역에서 도보로 10분 거리에 있다.

🏛 27 Haji Lane, Singapore

⑤ 부기스 빌리지 Bugis Village

싱가포르에서 가장 이국적인 장소 중 하나로 아랍 문화와 이슬람 문화가 조화를 이루고 있는 곳이다. 재래시장인 부기스 스트리트와 쇼핑몰인 부기스 정션이 거대한 쇼핑 지구를 형성하고 있으며 레스토랑과 카페도 함께 자리하고 있다.

🏛 320 Victoria St, Singapore

⑥ 부기스 스트리트 Bugis Street

1950년대에 처음 형성된 부기스 스트리트는 저렴한 물건과 값싼 음식을 판매하는 노점상들로 구성되는 나이트 마켓이었다. 하지만 지금은 약 800개의 가게가 거대한 쇼핑 거리를 형성하며 쇼핑 특화 거리로 자리 잡게 되었다. 주로 보세 의류, 신발, 가방, 기념품, 소품, 간식거리를 판매하며 퀄리티가 높진 않지만 가격대가 저렴하다.

🏛 3 New Bugis St, Singapore | 🕐 12:00~22:00 (상점마다 다름) | 📶 www.bugisstreet.com.sg

⑦ 압둘 가푸르 모스크 Abdul Gaffoor Mosque

싱가포르 국립 기념 건축물 중 하나인 모스크는 남인도풍과 무어풍의 건축 양식이 조화를 이루고 있다. 건물 외부는 독특한 문양과 색감을 지니고 있으나 내부에서는 엄격한 규율이 적용되고 있다. 사원 내에서는 의식을 치르는 이슬람교도를 쉽게 볼 수 있다. 부기스 역에서 리틀 인디아로 가는 길 두 블럭 안쪽에 위치.

41 Dunlop St, Singapore

❽ 리틀 인디아 아케이드 Little India Arcade

리틀 인디아의 랜드마크 중 하나로 1920년대 건축 양식으로 지어진 건물과 아케이드 내에 쇼핑몰이 있다. 인도풍 의상과 액세서리, 열대 과일 등을 팔며 헤나 체험도 가능하다. 인도식 디저트를 파는 가게도 있다. 리틀 인디아 역 C번 출구 3분 거리에 있다.

48 Serangoon Road, Singapore

09:00~22:00 (상점마다 다름)

❾ 나이트 사파리 Night Safari

야행성 동물들이 서식하는 세계 최초의 동물원이다. 약 2,500마리의 동물들이 각각의 야생 환경에 맞게 일곱 개 구역으로 나뉘어 있다. 투어 버스를 이용하면 편리하게 구경할 수 있지만 산책로를 따라 걸으면 동물들을 더 가까이에서 볼 수 있다. 네 코스의 워킹 트레일이 있는데 동물들에게 스트레스를 주지 않도록 사진 촬영 시 플래시 사용은 금지되어 있다.

나이트 사파리 가는 법

우드랜드 역 하차 후 A번 출구에서 택시로 9분 또는 926번 버스(주말만 운행)로 이동하거나 MRT 초아추강 역(NS4)에서 927번, 138번 버스로 이동할 수 있다. 시내에서 동물원까지 차로는 30여 분 걸린다. 가장 많이 이용하는 이동수단은 사파리 게이트나 Saex 버스로 시내 곳곳의 승차장에서 탑승할 수 있다. 사파리 게이트는 편도 7싱가포르달러, Saex는 6싱가포르달러로 출발지에 따라 선택하면 된다. 버스 비용은 기사에게 직접 지불하며 승차 지점과 스케줄은 홈페이지에서 확인할 수 있다. 돌아올 때도 시내의 목적지에 따라 골라 타면 된다.

80 Mandai Lake Rd, Singapore | 19:30~24:00

www.nightsafari.com.sg | 성인 S$42, 어린이 S$28

⑩ 리버사이드 포인트 Riverside Point

싱가포르는 도심을 가로지르는 강을 따라 선착장과 상업 지구가 발달해 있다. 선착장 중에서 클라크 키, 로버트슨 키, 보트 키 등이 유명하다. 리버사이드 포인트는 클라크 키 맞은편에 있는 일종의 다이닝 몰로 싱가포르의 유명하고 인기 좋은 레스토랑들이 모두 모여 있는 건물이다. 아름다운 싱가포르 강을 조망하며 칠리 크랩 등 싱가포르 대표 음식들을 맛볼 수 있다. 강 주변에 자리한 관광지와 유람선 선착장으로의 이동이 편리하다.

- 30 Merchant Road, Singapore

⑪ 클라크 키 Clarke Quay

싱가포르 강을 따라서 형성된 선착장 중 하나로 지금은 싱가포르에서 가장 번화한 지역 중 한 곳이다. 파스텔 톤의 건물들이 강을 따라 늘어서 있는 이곳에는 노천카페와 레스토랑, 바 등이 많아 낮이나 밤이나 인파로 붐빈다. 리버 크루즈 선착장이 바로 앞에 있어 야경을 즐기기에도 좋다.

- 3 River Valley Rd, Singapore
- www.clarkequay.com.sg/en

⑫ 아티카 Attica + Attica Too

2층으로 이루어진 아티카는 유독 관광객들이 많이 찾는 클럽이다. 1층에서는 힙합 음악만을 전문적으로 디제잉하며 2층에서는 힙합, 일렉트로닉, 하우스 등 보다 다양한 장르를 선보인다. 매주 수요일 레이디스 나이트에는 여성은 무료로 입장할 수 있다.

- 1-3 Clarke Quay, 3A River Valley Rd, Singapore
- 바 수-토 18:00~/ Lv1 수-토 22:30~04:00 / Lv2 수-토 23:00~05:00
- www.attica.com.sg
- S$30(음료 2잔 포함), 수요일 여자 무료 입장(무료 음료 포함)

TASTE 　🍦주변 추천 맛집

부기스 › 나이트 사파리 › 클라크 키

야쿤 카야 토스트 亞坤 / Ya Kun Kaya Toast

중국계 이민자들이 만들어낸 싱가포르 스타일의 토스트로 아침 식사와 오후의 간식으로 즐겨 먹는다. 숯불에 구운 빵에 코코넛 밀크와 허브, 달걀을 넣어 만든 카야 잼을 바른 토스트로 달걀과 싱가포르식 커피를 곁들여 먹으면 완벽한 세트가 완성된다. 싱가포르 전역에 지점이 있으며 본점은 텔록에이어 역에서 가까운 차이나 스트리트에 있다.

📍 230 Victoria Street #B1-11 Bugis Junction, Singapore (부기스 정션점) | ⏰ 07:30~22:00 (부기스 정션점) | 🌐 www.yakun.com

푸드 정션 Food Junction

부기스의 대표적인 푸드코트로 전체적으로 깔끔하다. 싱가포르 음식부터 일식, 한식, 중식, 양식 등 다양한 종류의 음식을 먹을 수 있다. 저렴한 가격 덕분에 항상 많은 사람들로 붐빈다. 부기스 정션 3층에 있다.

📍 #01-70, 200 Victoria Street, Bugis Junction 3F, Singapore (부기스 정션점) | ⏰ 10:00~22:00 (부기스 정션점)

야추 디저트 Ah Chew Dessert

저렴한 가격대에 다양한 중국식 디저트를 선보이는 곳으로 달걀과 우유, 설탕을 재료로 만든 밀크 스팀 에그를 맛보러 찾아오는 사람들이 많다. 부드러운 맛의 푸딩으로 3.2싱가포르달러 정도면 맛볼 수 있다. 리앙세아 플레이스 11호에 위치해 있는데 찾기가 쉽지 않다. 중국식 등이 달린 아담한 가게를 찾아보자. 부기스 역 C번 출구에서 야추 호텔과 유키 푸드 하우스 사이 골목으로 직진하면 된다.

📍 19 Liang Seah Street, Singapore | ⏰ 월-목 12:30~24:00, 금 12:30~24:00, 토 13:30~00:30, 일 13:30~24:00

잠잠 Zam Zam

아랍 레스토랑 잠잠은 아랍 스트리트의 오래된 맛집으로 1908년부터 자리를 지키고 있다. 허름한 외관에 낯선 이름의 음식이지만 의외로 우리 입맛에도 잘 맞는다. 카타라 주스와 무르타박, 프라타 등의 메뉴가 인기 있는데 메뉴 사진이 있어 이미지를 보고 고를 수 있다. 2층에도 자리가 있다. 가격도 저렴한 편이라 한번 도전해볼 만하다. 술탄 모스크 바로 뒤편에 있다.

697 North Bridge Road, Singapore | 07:00~23:00

점보 시푸드 Jumbo Seafood

칠리 크랩이 대표 메뉴인 곳으로 싱가포르의 전통 방식을 이용하는 다른 해산물 레스토랑과는 달리 외국인들의 입맛에도 잘 맞도록 변형시킨 것이 특징이다. 다른 레스토랑보다 좋은 전망을 가지고 있지만 사람이 워낙 많아 빠른 서비스를 기대하기는 힘들다. 칠리 크랩은 양이 많아 혼자 먹긴 부담스럽고 여럿이 하나를 시켜 나누어 먹으면 좋다. 빵이나 밥과 함께 먹으면 더 맛있다. 두세 명에서 80~100싱가포르달러 정도 예상하면 된다. 여러 지점이 있는데 클라크 키 맞은편 리버사이드 포인트에 위치한 지점이 가장 유명하다.

30 Merchant Road # 01-01/02 Riverside Point, Singapore (리버사이드 포인트점)
런치 12:00~15:00 디너 18:00~24:00 (리버사이드 포인트점) | www.jumboseafood.com.sg

송파 바쿠테 Song Fa Bakuteh

돼지고기를 이용한 다양한 요리를 선보인다. 가장 유명한 메뉴는 '바쿠테'로 돼지의 갈비에 각종 허브와 향신료를 넣고 우린 국물 요리로 고기와 국물을 함께 먹는다. 우리나라의 갈비탕과 비교할 수 있는 음식으로 싱가포르의 전통 보양식이다. 고기는 양념장에 찍어서 먹고 튀긴 반죽을 국물에 적셔 먹으면 된다. 덮밥과 야채로 만든 반찬도 있다. 클라크 키 역 E번 출구에서 길을 건너 뉴브리지 로드의 코너에 있다. 뉴 브리지 로드를 따라 나란히 두 개 지점이 있다.

11 New Bridge Road, #01-01, Singapore | 화-토 09:00~21:15, 일 08:30~21:15, 월요일 휴무
www.songfa.com.sg | 바쿠테 소 S$6.5, 대 S$8.5

넷째 날 일정 한눈에 보기

센토사 섬

나흘째인 오늘은 센토사 섬에서 하루를 보내자. 아침 일찍 일어나 센토사로 향한다. 도착하자마자 간단히 요기를 하고 유니버설 스튜디오로 간다. 센토사에는 아주 다양한 종류의 리조트와 테마파크, 워터파크, 아쿠아리움 등이 있으니 각자의 취향에 따라 선택해보자. 이 일정에는 가장 인기 있는 유니버설 스튜디오를 넣어두었다. 놀다 보면 하루 종일도 짧겠지만 센토사의 이곳저곳을 둘러보기 위해 반나절만 시간을 보내기로 한다. 오후

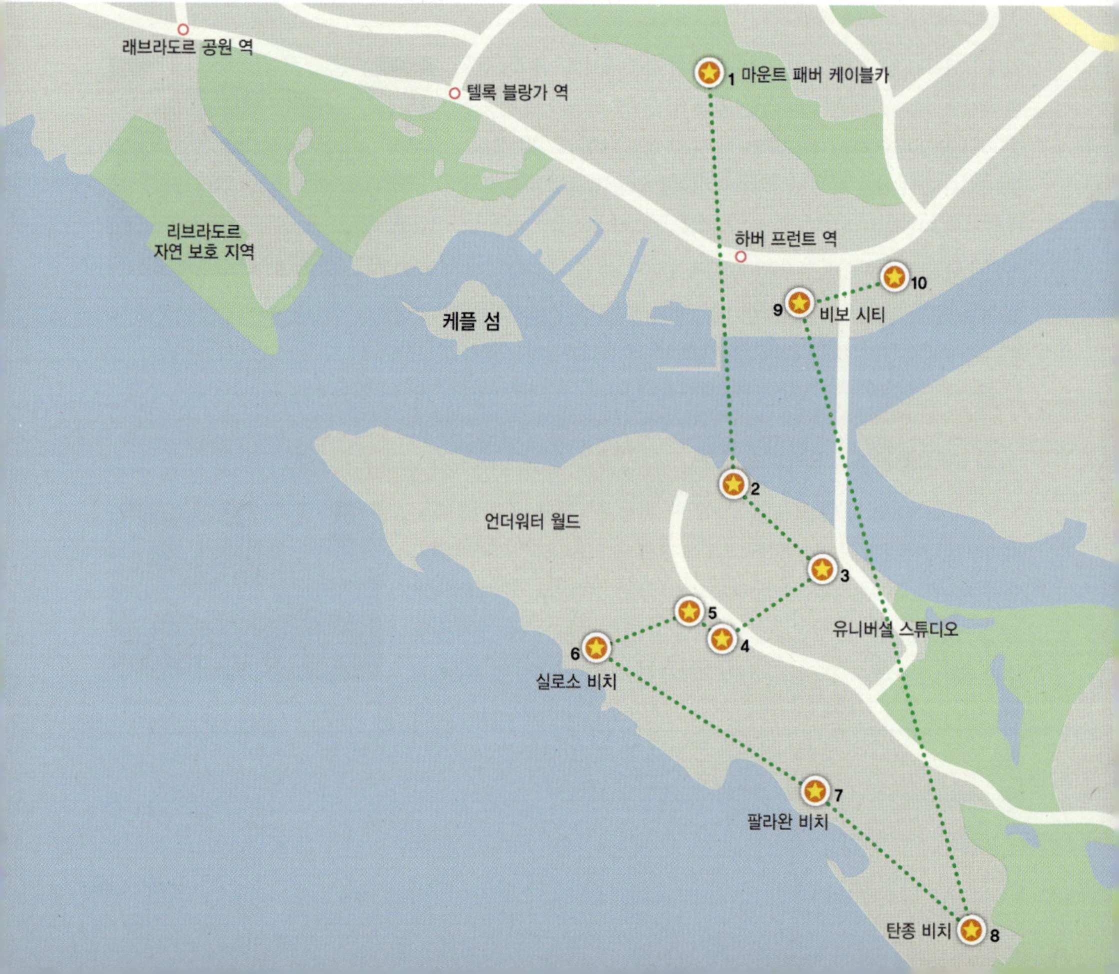

엔 커다란 머라이언도 보고 루지와 스카이라이드도 타고 실로소 비치로 가 전형적인 동남아의 푸른 바다와 고운 모래를 만나 보자. 이쯤 되면 출출할 테니 해변 레스토랑에서 식사를 하고 해변에서의 여유를 만끽한 다음 팔라완 비치로 간다. 실로소는 북적북적하고 활기찬 해변이라면 팔라완은 조용히 시간을 보내기에 좋은 곳이다. 팔라완 비치까지는 바다를 따라 그대로 걸어가도 되고, 무료인 센토사 비치 트램을 탈 수도 있다. 해안가를 따라 메가집, 웨이브 하우스, 윙즈 오브 타임 등 여러 가지 액티비티들도 있으니 한두 개쯤 즐겨보자. 저녁엔 탄종 비치로 간다. 밤에 웬 해변이냐 싶겠지만 해변보다도 인근에 고급스런 레스토랑이 있기 때문이다. 프렌치나 이탈리안 레스토랑들이 있는데 로맨틱한 분위기가 좋아 커플 여행객들에게 특히 추천할 만하다. 아니면 실로소나 팔라완 비치에서 일정을 끝내고 바닷가의 푸드코트에서 저녁을 먹어도 좋다. 밤에는 들어갔던 방법으로 센토사에서 나와 다시 비보 시티로 간다. 비보 시티 근처에 있는 세인트 제임스 파워 스테이션이라는 라이브 바에서 밴드 음악에 칵테일 한잔으로 하루를 마무리해보자.

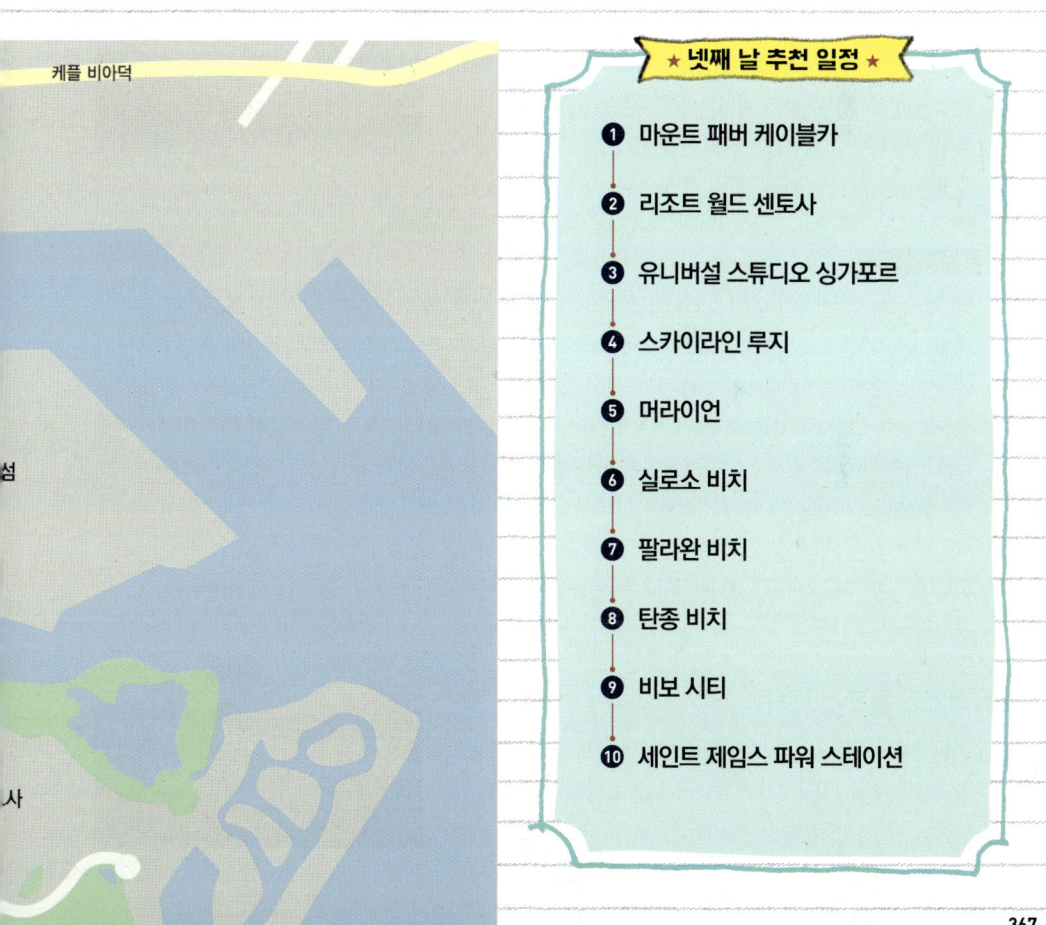

★ 넷째 날 추천 일정 ★

1. 마운트 패버 케이블카
2. 리조트 월드 센토사
3. 유니버설 스튜디오 싱가포르
4. 스카이라인 루지
5. 머라이언
6. 실로소 비치
7. 팔라완 비치
8. 탄종 비치
9. 비보 시티
10. 세인트 제임스 파워 스테이션

DAY 4 · 넷째 날

SPOT 추천 명소

센토사 섬

❶ 마운트 패버 케이블카 Mount Faber Cable Car

패버 산은 싱가포르에서 가장 높은 산으로 정상에는 로맨틱한 분위기의 레스토랑과 카페가 자리하고 있다. 이곳으로 가기 위해서는 '주얼 박스Jewer Box'라는 이름의 케이블카를 이용하는데 센토사 섬까지 연결되어 있다. 센토사 섬으로 들어가는 케이블카는 패버 산 정상과 MRT 하버프런트 역에서 탑승할 수 있다.

📍 109 Mt Faber Rd, Faber Peak, Singapore
🕐 08:45~22:00 (탑승 마감 21:30) | 🌐 www.mountfaber.com.sg
💲 패버 산 + 센토사 성인 S$29, 어린이 S$18/센토사 전용 성인 S$13, 어린이 S$8

센토사 가는 법
센토사로 가는 방법은 여러가지가 있는데, 가장 대중적인 방법은 하버프런트 역과 연결된 비보 시티 3층에서 센토사 익스프레스 모노레일을 타는 것이다. 요금은 왕복 4싱가포르달러로 저렴하며 센토사 안에 세 개의 정류장이 있어 목적지 가까운 곳에서 하차하면 된다. 또는 비보 시티에서 워터프런트 프롬나드로 나와 센토사 보드워크를 통해 센토사 섬까지 걸어갈 수도 있다. 강변의 정원처럼 잘 구성된 보행자용 다리로 햇빛을 가려주는 지붕과 평면 에스컬레이터가 설치되어 있어 15~20분 정도면 도착할 수 있고 걸어가면서 주변 풍경을 감상할 수 있으며 입장료도 없다. 조금 비싸지만 케이블카를 타고 센토사와 바다를 내려다보며 여유롭게 들어가는 방법도 있다. 패버 산 정상에서 타거나 하버프런트 역 B번 출구로 나와 하버프런트 타워 II에서 탑승할 수 있다. 센토사 라인 케이블카는 센토사 섬 안에 있는 케이블카로 머라이언, 임비아, 실로소 포인트에 승하차장이 있다. 모노레일과 케이블카 요금은 왕복인 만큼 하나를 선택하여 이용하는 것이 경제적이다.

❷ 리조트 월드 센토사 Resort World Sentosa

2010년에 오픈한 리조트 월드 센토사는 센토사 섬 최고의 랜드마크이다. 동남아시아에서 최초로 문을 연 유니버설 스튜디오와 카지노, 각기 다른 개성을 가진 네 개의 호텔, 거대한 쇼핑몰 등

368

으로 이루어져 있어 모든 활동과 놀이가 가능하다.
- 8 Sentosa Gateway, Singapore | www.rwsentosa.com

❸ 유니버설 스튜디오 싱가포르 Universal Studio Singapore

미국 할리우드 영화를 주제로 하는 테마파크로 총 일곱 개의 테마 공간과 24개의 놀이시설로 구성되어 있다. 슈렉, 스파이더맨 등 유명한 영화 캐릭터와 영화 속 배경이 된 장면을 직접 만날 수 있으며, 다양한 퍼레이드와 이벤트, 체험이 준비되어 있어 다채로운 시간을 보내기 좋다. 센토사 익스프레스 모노레일을 타고 워터프런트 역에서 하차하면 된다.

- 8 Sentosa Gateway, Singapore
- 월~목 10:00~19:00, 금~일 10:00~20:00 (일요일은 주마다 운영 시간 다름. 홈페이지 확인)
- www.rwsentosa.com | 종일권 성인 S$74, 어린이 S$54, 노인 S$36

❹ 스카이라인 루지 Skyline Luge

썰매처럼 생긴 루지를 타고 가파른 경사를 내려오며 스피드를 즐기는 곳이다. 실로소 비치까지 600미터가 넘는 구간을 속도를 조절하며 내려오게 되는데 두 가지 트랙이 있다. 루지와 함께 패키지로 파는 스카이 라이드도 센토사의 전망을 감상하기 좋다.

- 45 Siloso Beach Walk, Sentosa, Singapor
- 10:00~21:30 | www.skylineluge.com
- 루지 3회+스카이라이드 S$25, 루지 1회+스카이 라이드 S$17, 아이 동반 탑승 시 S$3 추가

❺ 머라이언 Sentosa Merlion

머라이언은 물고기의 몸과 사자의 머리가 섞여 있는 동물로 고대 싱가포르 전설에서 도시를 구해냈다고 전해진다. 머라이언은 싱가포르의 대표적 상징물로 마리나 베이의 머라이언 파크와 센토사 섬의 머라이언 타워에서 만날 수 있다. 센토사의 머라이언은 37미터 높이로 엘레베이터를 타고 머리 부분의 전망대까지

올라가 센토사의 전경을 감상할 수 있다.

30 Imbiah Road, Singapore | merlion.sentosa.com.sg

엘리베이터 성인 S$12, 어린이 S$9

❻ 실로소 비치 Siloso Beach

센토사를 대표하는 해변 중 하나이다. 실로소 비치는 센토사 섬을 찾는 관광객들의 휴식 공간이며 각종 공연과 파티가 진행되는 장소이다. 영상 분수 쇼가 매일 저녁 펼쳐지며 매년 세계 최대의 DJ 파티인 주크아웃ZoukOut이 개최된다.

Siloso Beach Walk, Singapore

www.rwsentosa.com

❼ 팔라완 비치 Palawan Beach

아시아 대륙의 최남단에 자리하고 있는 해변. 관광객들로 크게 붐비지 않아 더 좋은 이곳의 해변은 야자수가 열대지방의 정취를 더해주며 평화로운 분위기를 만들어내고 있다.

Palawan Beach Walk, Singapore

www.rwsentosa.com

❽ 탄종 비치 Tanjong Beach

탄종 비치는 센토사의 다른 해변에 비해 규모가 작아 놀이보다는 휴식을 원하는 사람들에게 어울리는 곳이다. 레스토랑과 바 등도 있어 한적하게 브런치나 점심을 즐길 수도 있다. 탄종 비치의 비치 클럽에서는 신선한 해산물로 만든 요리와 달콤한 칵테일을 판매하고 있다. 탄종 비치 클럽은 식사보다는 휴식을 원하는 사람에게 더 좋은 곳이다. 태닝, 비치 발리볼, 비어퐁 등을 즐기거나 수영장을 이용할 수도 있으며 라운지에서는 저녁에 댄스 파티가 벌어지기도 한다.

Tanjong Beach Walk, Singapore

비치 클럽 화-금 11:00~22:00, 토·일 10:00~23:00

- www.tanjongbeachclub.com
- 브런치 메뉴당 S$14~36, 커피 S$7, 칵테일 S$19 정도

⑨ 비보 시티 Vivo City

센토사로 가는 여행자라면 한 번은 거쳐야 하는 곳이다. 센토사로 가는 관문으로 쇼핑, 식도락, 나이트 라이프를 즐길 수 있는 멀티플렉스다. 중저가 브랜드부터 고가 브랜드까지 다양한 매장이 입점되어 있어 쇼핑을 하기에도 좋고 노천극장에서 음악회 등의 공연을 감상할 수도 있다. 바다를 앞에 두고 있어 레스토랑과 카페에서 탁 트인 전망을 즐기기 좋다.

- 1 Harbourfront Walk, Singapore
- 10:00~22:00
- www.vivocity.com.sg

⑩ 세인트 제임스 파워 스테이션 St. James Power Station

싱가포르 최초의 발전소로 사용되던 건물을 개조하여 만든 독특한 형태의 대형 멀티 클럽이다. 미로처럼 이어져 있는 각각의 테마 공간은 재즈, 라틴, 힙합 등 서로 다른 장르의 음악을 연주한다. 11개의 클럽이 각기 다른 분위기를 선사하여 클러빙을 하기에도 좋다. 신분증과 클럽에 적합한 드레스 코드는 필수다. 비보 시티 바로 옆에 있다.

- 3 Sentosa Gateway, Singapore
- 수·금·토 18:00~06:00

TASTE 주변 추천 맛집

말레이시안 푸드 스트리트 Malaysian Food Street

말레이시아 호커 센터를 재현한 테마형 푸드코트로 부담없는 가격에 다양한 말레이시아 음식을 즐길 수 있다. 말레이시아의 어느 거리에 와 있는 듯한 인테리어가 돋보인다. 센토사 유니버설 스튜디오 입구 바로 옆에 있다.

- (Waterfront Level 1) 5 Garden Avenue, Singapore
- 월·화·목 11:00~22:00, 금·토 09:00~23:00, 일 09:00~22:00

인사동 코리아 타운 Insadong Korea Town

리조트 월드 센토사 내에 있는 한국 음식 푸드코트로 유니버설 스튜디오 입구 옆에 있다. 말레이시안 푸드 스트리트와 가까이 있다. 싱가포르나 말레이식 음식의 향신료 맛에 지쳤을 때 한식을 즐길 수 있어 반가운 곳이다. 200개가 넘는 다양한 한식 메뉴가 있다.

- Level 1 on Siloso Beach, Sentosa, Singapore
- 11:30~22:00

트라 피자 Tra Pizza

화덕에서 구워내는 담백한 맛의 피자로 유명한 곳이다. 얇은 도우에 토핑이 풍성한 피자를 비롯해 파스타나 샐러드도 판다. 실로소 비치를 마주하고 있어 탁 트인 바다 전경을 감상하며 식사할 수 있다.

- Level 1 on Siloso Beach, Sentosa, Singapore
- 11:30~21:30

더 가든 The Garden Restaurant

'의식 있는 다이닝'이라는 새로운 개념을 도입한 싱가포르 리조트 앤 스파의 레스토랑이다. 신선한 재료와 건강함에 초점을 맞춘 오가닉 레스토랑으로 컨템포러리 퀴진을 선보이는데, 단정하고 편안한 분위기에서 건강하고 맛있는 음식을 즐길 수 있다. 11시까지 아침 메뉴를 별도로 선보이고 있는데 1~2만 원대로 오믈렛과 과일, 부리토, 연어 샐러드 등 다양한 메뉴를 즐길 수 있다. 리조트 내의 다른 레스토랑보다 가격이 저렴한 편으로 샐러드, 버거, 농어 요리, 서로인 스테이크 등 점심과 저녁 메뉴는 1만 5,000~3만 원 정도다. 탄종 비치 바로 앞 더 스파에 위치해 있다.

2 Bukit Manis Road, Sentosa, Singapore | 08:00~22:00

일 리도 Il Lido

골프 클럽에 고급스러움을 더해주고 있는 이탈리안 레스토랑으로 맛보다는 우아한 분위기로 더 유명하다. 센토사의 바다 경치를 즐기며 식사할 수 있으며 일몰을 감상하기에 가장 좋은 곳 중 하나이다. 이탈리안 파인 다이닝을 즐길 수 있는 수준 높은 레스토랑으로 평일 런치 세트가 추천할 만하다. 5 코스 런치 세트가 3만 원대 정도다. 일반적으로 파스타는 3만 원대, 메인은 4~5만 원대이다.

Sentosa Golf Club, 27 Bukit Manis Road, Singapore
런치 12:00~14:30 디너 18:30~22:30, 월요일 휴무 | www.il-lido.com

테이스트 오브 아시아 Tastes of Asia

싱가포르의 신선한 해산물을 이용한 락사 등의 싱가포르 현지 음식과 아시안 음식을 맛볼 수 있는 푸드코트다. 물가가 비싼 센토사에서 비교적 저렴한 가격에 다양한 메뉴를 즐길 수 있다. 센토사 내 관광지와 가까운 곳에 위치하여 찾기 쉽다. 비치 스테이션에서 도보 5분 거리, 윙즈 오브 더 타임 공연장 바로 앞에 있다.

60 Siloso Beach Walk, Singapore | 11:00~22:00

다섯째 날 일정 한눈에 보기
뎀시 힐 > 오차드 로드

마지막 날은 각자의 항공 스케줄에 따라 쓸 수 있는 시간이 다를 텐데, 늦은 오후에 출발하는 항공편이라고 가정하고 일정을 소개한다. 싱가포르의 핫한 다이닝 플레이스인 뎀시 힐과 오차드 로드 쇼핑이 오늘 일정의 전부. 뎀시 힐은 여성들이 특히 좋아할 만한 장소로 싱가포르에서 브런치를 즐길 수 있는 최고의 장소다. 싱가포르 시내와 달리 조용하고 한적한 분위기가 마지막 여유를 즐기기에 딱 좋은 곳으로 아기자기하고 정원처럼 가꾸

어진 거리에 맛있고 트렌디한 레스토랑과 카페가 즐비하다. 천천히 돌아보며 뎀시 힐에서의 여유를 만끽해보자. 뎀시 힐 투어를 마쳤다면 이제 싱가포르 쇼핑의 메카인 오차드 로드로 간다. 마지막 날이니 본격적으로 쇼핑에 나서보자. 첫 방문지는 DFS 갤러리아 스코츠워크. 시내 면세점으로 이곳에서 구매한 제품은 귀국할 때 공항에서 픽업하게 된다. 다음으로는 다양한 명품 브랜드가 모여 있는 백화점인 아이온으로 무엇보다 TWG 티 살롱과 푸드 리퍼블릭이 이곳에 있다. TWG는 싱가포르를 대표하는 홍차 브랜드로 아이온 지점에서는 차와 함께 식사도 할 수 있다. 배를 채운 다음 쇼핑몰인 파라곤으로 간다. 명품부터 중저가 브랜드까지 한자리에서 만날 수 있다. 딘타이펑과 크리스털 제이드 같은 유명 레스토랑도 이곳에 있다. 오차드 로드를 따라 걸으며 양쪽에 빼곡히 들어선 다양한 쇼핑몰과 상점을 구경하고 다리가 아플 때쯤 달달한 디저트를 먹으며 잠시 쉬어 가자. 마지막으로 오차드 센트럴을 구경하고 이제 호텔로 돌아가 짐을 픽업해서 공항으로 가면 된다. 이렇게 해서 길고도 짧았던 싱가포르 여행이 끝난다. 쿠알라룸푸르로 돌아가 비행기를 환승하여 한국으로 돌아가면 된다.

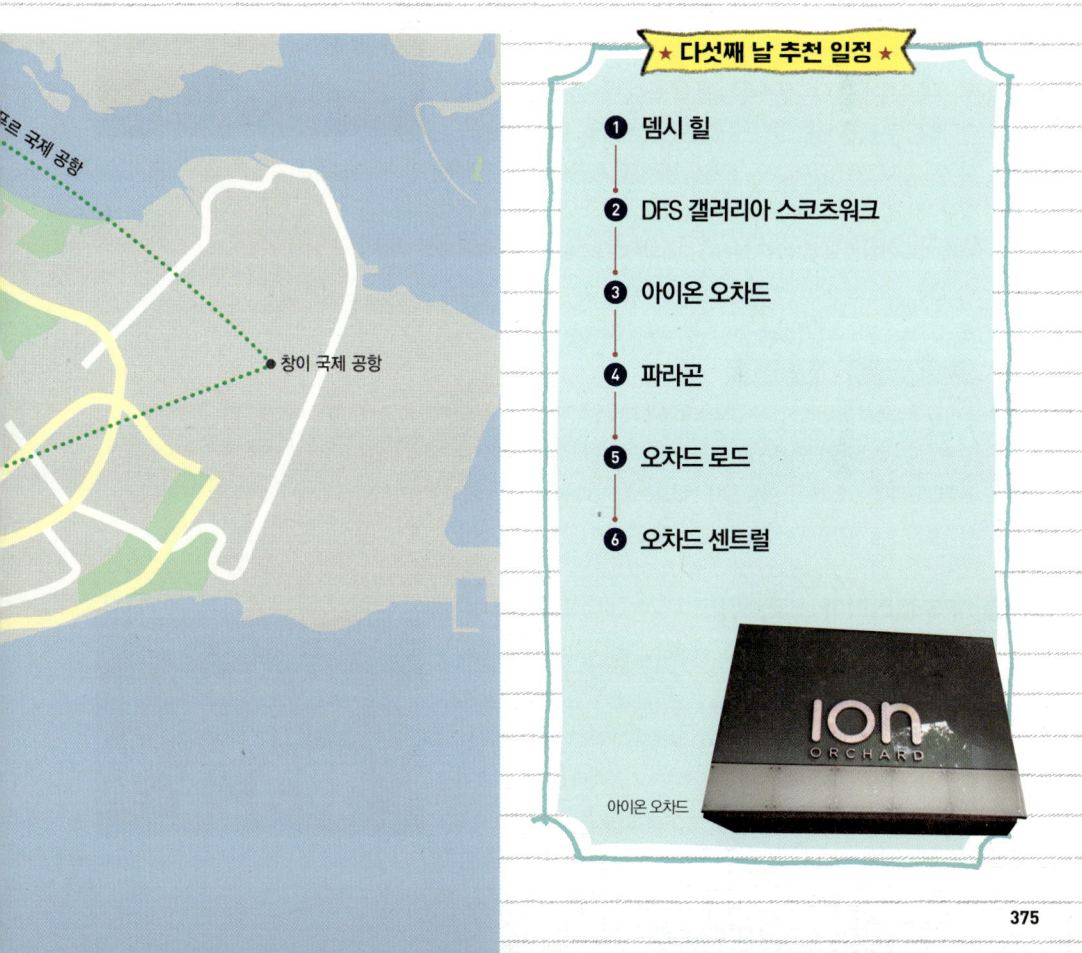

★ 다섯째 날 추천 일정 ★

1. 뎀시 힐
2. DFS 갤러리아 스코츠워크
3. 아이온 오차드
4. 파라곤
5. 오차드 로드
6. 오차드 센트럴

아이온 오차드

SPOT 추천 명소

뎀시 힐 > 오차드로드

❶ 뎀시 힐 Dempsey Hill

트렌디한 카페와 앤티크 숍, 갤러리, 바, 레스토랑이 모여 있는 조용하고 여유로운 지역으로 늦은 오후 브런치를 즐기기에 좋다. 번잡한 오차드 로드에서 벗어나 한가하게 식사를 즐길 수 있다. PS 카페의 브런치와 케이크, 더 화이트 래빗의 파인 다이닝, 탭 하우스의 싱가포르 크래프트 맥주, 존스 더 그로서의 식자재, 왈라왈라의 세계 맥주 등이 유명하다. 브런치로 유명한 카페도 많으니 취향 따라 골라보자. 햄버거, 파스타, 트러플 오일이 들어간 감자튀김과 베이커리류, 디저트류 등 다양한 메뉴가 있다. 브런치 메뉴도 좋지만 후식으로 케이크나 타르트 하나는 반드시 맛볼 것을 추천한다. 전체적으로 가격은 조금 비싼 편이다. 이 밖에도 식자재를 팔거나 커피, 맥주 등을 마실 수 있는 다채로운 공간이 있다. 번호로 상점과 카페들이 잘 정리되어 있어 위치를 찾기가 편리하다는 것도 장점.

📍 Dempsey Road, Singapore │ 🛜 www.dempseyhill.com

오차드 로드에서 뎀시 힐 가는 법

오차드 로드에서 택시로는 10분 정도 소요되며 시티 홀이나 오차드 로드 역에서 7 · 106 · 77번 버스를 타고 30~40분 정도면 갈 수 있다. 오차드 로드에서는 태국 대사관과 포 시즌스 호텔 앞 버스 정류장에서 30분 간격으로 운행하는 무료 셔틀을 이용하면 편리하다. 포 시즌스에서 첫차가 아침 9시 15분에 출발한다. 11시, 오후 4시, 오후 5시에는 쉬는 시간이라 셔틀을 운행하지 않는다. 싱가포르 보태니컬 가든을 지나자마자 내리면 된다. 웹사이트에서 셔틀버스 시간표를 확인해보자.

❷ DFS 갤러리아 스코츠워크 DFS Galleria Scottswalk

오차드 로드에 있는 면세점으로 하와이와 괌, 발리 등에 지점이 있다. 4층 규모에 대표적인 명품 브랜드는 모두 입점해 있어 다양한 브랜드를 한자리에서 만날 수 있는데, 100싱가포르달러 이상 구입 시 GST(소비자 부가세 환불)가 가능하다. GST 카운터에서 양식을 작성하고 영수증을 챙겨 공항에서 환급받자. 구입

한 제품은 공항에서 픽업해야 한다.

🏛 25 Scotts Road, Singapore | 🕙 일-목 10:00~22:00, 금·토 10:00~22:30 | 📶 www.dfs.com

③ 아이온 오차드 Ion Orchard

독특한 외관으로 싱가포르의 랜드마크가 된 아이온은 지하 4층부터 지상 4층까지 400여 개가 넘는 점포와 레스토랑이 입점해 있는 곳으로 오차드 로드에서 단 한 개의 쇼핑몰만 둘러볼 생각이라면 이곳을 추천한다. 아이온 쇼핑몰 4층에서 입장권을 구입해 55층까지 올라가 싱가포르 시내 전망을 감상할 수도 있다. 다른 쇼핑몰에는 없는 세포라, 비비안 탐 등의 브랜드가 입점해 있으며 싱가포르 홍차 브랜드인 TWG의 티 살롱은 여성들에게 특히 인기가 좋다. 푸드코트인 푸드 리퍼블릭과 파라다이스 다이너스티, 올드 창키, 허니문 디저트 등 다양한 레스토랑과 카페도 인기 있다.

🏛 2 Orchard Turn, Singapore | 🕙 10:00~22:00 | 📶 www.ionorchard.com/en/

④ 파라곤 Paragon Shopping Centre

1층에는 에르메스, 프라다, 미우미우 등의 럭셔리 브랜드 매장이, 2~3층에는 럭셔리 브랜드에 비해 가격대가 낮은 브랜드의 매장이 자리 잡고 있어 다양한 가격대의 쇼핑이 가능한 곳이다. 지하에는 딘타이펑, 크리스털 제이드 등의 유명 레스토랑이 있다.

🏛 290 Orchard Road, Singapore
🕙 10:00~21:00 (매장에 따라 다름) | 📶 www.paragon.com.sg

⑤ 오차드 로드 Orchard Road

싱가포르의 쇼핑몰과 백화점을 한자리에서 만날 수 있는 쇼핑 거리이다. 럭셔리 브랜드부터 패스트 패션 브랜드까지 다양한 가격대의 브랜드가 있어 쇼핑을 원하는 관광객이라면 놓칠 수 없는 장소. 오차드 로드를 따라 호텔들도 많이 들어서 있다.

🏛 Orchard Road, Singapore

❻ 오차드 센트럴 Orchard Central

쇼핑뿐 아니라 영화관, 스파 등도 있어 다채로운 활동이 가능한 복합 시설이다. 다른 쇼핑몰에 없는 독특한 디자인의 편집 숍들이 있어 유니크한 소품을 구매하기 좋다. 오차드에서 가장 높은 건물인 만큼 옥상 전망대로 올라가 도심의 전망을 내려다보는 것도 추천한다. 7~11층의 고층에는 레스토랑들이 있다. 유행에 민감한 쇼퍼들에게 추천할 만한 쇼핑몰이다. 서머셋 역에서 바로 연결된다.

181 Orchard Rd, Singapore | 11:00~22:00 | www.orchardcentral.com.sg

TASTE 주변 추천 맛집

뎀시 힐 > 오차드로드

PS 카페 PS. Cafe

많은 나무들로 둘러싸여 있어 숲 속에 들어온 듯한 느낌이 드는 레스토랑이자 카페. 통유리로 만들어져 있어 실내에서도 상쾌한 느낌이 든다. 한가로운 주말에 브런치를 즐기기 좋은 곳으로 대구 요리, 파스타, 라자냐, 샐러드 등이 준비되어 있다. 뎀시 힐에서 가장 유명한 카페로 브런치를 즐기려는 사람들이 많아 약간 기다려야 할 수 있다. 베스트셀러는 초콜릿 케이크이며 그 밖에도 다양한 케이크와 타르트 등의 디저트 메뉴가 있다.

8 Harding Rd. Singapore

런치 월-금 11:30~18:30, 디너 월-목 · 일 18:30~24:00, 금 · 토 18:30~02:00, 브런치 토 · 공휴일 09:30~18:30

www.pscafe.com

새미스 커리 Samy's Curry Restaurant

실제 인도의 분위기와 정통 인도 요리의 맛을 만끽할 수 있는 곳으로 커리와 탄두리 치킨이 유명하다. 특히 남인도 음식인 '피시 헤드 커리'가 시그니처 메뉴이며 향신료의 향이 별로 강하지 않아 외국인늘도 쉽게 먹을 수 있다. 음식 샘플이 진열되어 있어 메뉴를 선택하기 편하다.

25 Dempsey Road, Singapore
런치 11:00~15:00 디너 18:00~22:00, 화요일 휴무 | www.samyscurry.com

존스 더 그로서 Jones the Grocer

여성들의 전폭적인 지지를 받고 있는 레스토랑 겸 식료품 가게로 호주에 본점을 있다. 메뉴는 팬케이크, 파스타, 샌드위치, 샐러드 등의 간편한 음식들이 대부분이며 델리에서 직접 구운 빵과 케이크가 특히 인기 있다. 다른 곳에서는 구하기 힘든 푸아그라, 하몬, 캐비어, 치즈, 오일 등의 수입 식자재도 구비되어 있다. Blk 9에 위치한다.

#01-12 Dempsey Road, Dempsey Hill, Singapore
09:00~23:00 | www.jonesthegrocer.com

더 화이트 래빗 The White Rabbit

나무로 둘러싸인 고풍스러운 교회 건물을 개조하여 사용하는 레스토랑으로 '이상한 나라의 앨리스'를 모티브로 꾸며져 있다. 스테인드글라스를 통해 들어오는 햇빛은 나무 사이로 들어오는 햇빛처럼 따스하다. 저녁에는 칵테일 바로 운영하는 정원이 특히 분위기가 좋다. 파스타와 스테이크 등의 유럽 음식들을 제공하며 와인과 디저트도 즐길 수 있다. 가격이 만만치 않아서 상대적으로 저렴한 런치 메뉴의 셰프 추천 요리를 우선 맛볼 것을 추천.

39C Harding Road, Singapore
런치 화-금 12:00~14:30, 디너 화-일 18:30~22:30, 브런치 토·일·공휴일 10:30~15:00
www.thewhiterabbit.com.sg | 2코스 런치 세트 S$32~, 4코스 정식 메뉴 S$98~

레드닷 브루하우스 RedDot BrewHouse

소규모 맥주 브루어리로 원재료의 맛을 살린 양조 방법이 독특하다. 여덟 종의 개성 있는 맥주가 있으며 라임이 들어간 라임 밀맥주, 스피루리나가 들어간 초록색의 몬스터 그린 라거 등이 인기가 있다. 점심, 저녁, 브런치 메뉴와 안줏거리로 좋은 핑거 푸드, 튀김류와 소시지, 햄버거, 스테이크 등 다양한 메뉴가 있다. 보트 키에도 지점을 운영 중이다.

- Dempsey Road #01-01, Singapore
- 월-목 12:00~24:00, 금-토 12:00~02:00, 일 10:30~24:00
- www.reddotbrewhouse.com.sg | 점심 버거 메뉴 S$16~20

푸드 리퍼블릭 Food Republic

1900년대부터 1940년대까지의 실제 싱가포르의 생활상과 시장을 테마로 하고 있는 호커 센터로, 시장을 테마로 한 단정한 인테리어와 저렴한 가격, 깔끔한 음식 맛으로 많은 싱가포리언에게 사랑받고 있다. 다른 호커 센터에 비해 유독 깔끔한 곳으로 다양한 나라의 음식을 저렴한 가격에 먹을 수 있다. 체인형 호커 센터로 대형 쇼핑몰에서 쉽게 볼 수 있는데 셀텍 시티, 비보 시티, 시티 스퀘어 등에 지점이 있으며 오차드 로드에는 아이온 지하 4층과 313 서머싯 5층에 위치한다. 쇼핑하다 배고플 때 한 끼 해결하기 좋다.

- #B4-03/04 Ion Orchard, 2 Orchard Turn, Singapore (아이온 오차드점)
- 10:00~22:00 (아이온 오차드점) | foodrepublic.com.sg

올드 창 키 Old Chang Kee

1956년 작은 노점으로 시작한 튀김 가게가 국제적인 프랜차이즈가 되었다. 다양한 재료가 들어간 튀김을 파는 곳으로 싱가포르인들이 간식으로 즐겨 먹는데, 가장 유명한 메뉴는 카레가 들어간 '커리오 Curry'O'다. 닭고기, 생선, 새우, 게 등을 이용한 튀김과 애플 파이 등의 디저트도 있다. 20여 가지가 넘는 다양한 튀김을 꼬치로 판매하며 가

격도 1~2싱가포르달러 정도로 아주 저렴하다. 싱가포르 전역에 지점이 있으며 인도네시아와 말레이시아, 호주에도 진출했다. 아이온과 파라곤, 313 서머싯, 시티 스퀘어 몰, 창이 공항 T3, 비보 시티, 센토사 비치 스테이션 등에 지점이 있다.

ION Orchard, 2 Orchard Turn, #B4-36, Singapore (아이온 오차드점)
10:00~22:00 (아이온 오차드점) | www.oldchangkee.com

미향원 Mei Heong Yuen Dessert

견과류와 깨, 팥 등을 재료로 하는 죽과 두리안, 망고, 코코넛 등의 열대 과일을 재료로 하는 빙수가 이곳의 대표 메뉴이다. 망고 빙수와 땅콩과 팥 등이 올라가는 말레이식 빙수인 '첸돌cendol'이 가장 유명하다. 쇼핑하느라 지칠 때쯤 들러 시원한 빙수 한 그릇을 먹고 가자. 오차드 역 아이온 쇼핑몰 지하 4층에 있다. 차이나타운에도 두 개 지점이 있는데, 차이나타운 역에서 도보 2분 거리 템플 스트리트 초입에 위치한다.

ION Orchard, 2 Orchard Turn, #B4-34, Singapore (아이온 오차드점)
11:00~22:00 (아이온 오차드점) | www.meiheongyuendessert.com.sg

파라다이스 다이너스티 Paradise Dynasty

현지인들에게 인기 좋은 딤섬 전문점으로 다른 곳에는 없는 여덟 가지 색과 맛의 샤오롱바오를 맛볼 수 있다. 블랙 트러플, 치즈, 푸아그라, 인삼 등 고급 재료들을 이용하여 만들어 손님 접대용으로도 손색이 없다. 아이온 빌딩 4층에 위치하며 비보 시티와 창이 공항 T3 등에도 지점이 있다.

2 Orchard Turn, Singapore (아이온 오차드점)
월-금 11:00~22:00, 토·일 10:30~22:00 (아이온 오차드점)
www.paradisegroup.com.sg

PLUS SPOT
추가 추천 스팟

시간상 일정에는 넣지 못했지만 여유가 있다면 더 돌아볼 만한 싱가포르의 명소들을 소개한다. 특별히 가보고 싶은 곳이 있다면 추천 일정의 장소들을 수정하여 나만의 일정으로 다시 편집해보자.

리버 크루즈 River Cruise

싱가포르 강 주변에 있는 머라이언 상, 마리나 베이 샌즈 등 싱가포르를 대표하는 많은 관광 스팟을 한꺼번에 약 40분에 걸쳐 여유롭게 누릴 수 있는 관광용 크루즈 프로그램이다. 밤에 아름다운 싱가포르의 야경까지 감상할 수 있다.

- Canning Ln, Singapore (클라크 키 선착장, 클라크 키 역 F 출구 도보 3분)
- 09:00~23:00 | www.rivercruise.com.sg
- 리버 크루즈 성인 S$24, 어린이 S$15

싱가포르 강을 즐기는 또 다른 방법
리버 크루즈 외에 리버 택시와 보트 차터가 있는데, 리버 택시는 마리나 베이와 클라크 키 등 여러 선착장을 오가는 크루즈 택시로 아주 저렴하면서 편리한 교통수단이자 리버크 루즈를 대신할 짧은 유람선이기도 하다. 클라크 키와 마리나 베이를 오갈 때 지상 교통수단보다 빨라서 특히 편리하다. 15분 정도 소요되며 이지 링크가 있다면 1인당 4싱가포르달러, 현금 지불 시 15싱가포르달러. 리버 크루즈가 부담스럽다면 리버 택시를 이용해보자. 보트 차터는 전세 보트로 30분, 45분, 1시간 단위로 보트 한 대를 렌트할 수 있어 일행이 여러 명일 때 오붓하게 즐기기에 좋다. 전통 보트는 1시간에 963싱가포르달러, 현대식 더피 보트는 428싱가포르달러이다. 베이프론트, 클라크 키, 보트 키, 에스플러네이드 등 주요 선착장마다 설치된 티켓 판매 키오스크에서 표를 구매할 수 있다.

리틀 인디아 Little India

싱가포르에 거주하는 인도인들이 모여 사는 곳으로 거리로 들어서는 순간 인도 특유의 향신료 냄새를 맡게 된다.

거리는 알록달록하게 채색된 건물들로 가득하다. 다양한 사원과 거리를 구경하며 정통 인도 음식을 맛보고 향신료, 식재료, 의상, 장신구 등을 쇼핑할 수 있다. 리틀 인디아 역 일대를 일컫는다.

Little India, Singapore

www.littleindia.com.sg

무스타파 센터 Mustafa Centre

싱가포르의 쇼핑센터 중에서 가장 다양한 종류의 인도산 물건을 판매하는 곳이다. 의류, 화장품, 생활용품, 식료품 등을 판매하는데 카야 잼과 히말라야 화장품은 기념품으로 특히 많이 구입한다. 낮 시간이 밤보다 여유로운 편이다. 24시간 쇼핑몰로 언제는 진귀한 상품들을 쇼핑할 수 있다. 파러 파크 역에서 I 출구로 나와 세랑군 로드를 따라 도보 5분 거리에 있다.

145 Syed Alwi Road, Singapore

24시간 | www.mustafa.com.sg

보트 키 Boat Quay

클라크 키에 비해 현지인들이 많이 찾는 곳으로 강을 따라 200미터 정도 이어지는 길가에 레스토랑, 바, 커피숍 등이 몰려 있다. 잉어를 번영과 부의 상징이라 믿었던 옛 중국 사람들이 잉어의 오목한 배 모양을 닮은 남쪽에 가게를 밀집해 지은 곳으로, 상점이 높을수록 더 부유했었다고 한다. 클라크 키 역에서 도보 5분 거리의 강변에 있다.

Boat Quay, Singapore

래플스 플레이스 Raffles Place

세계 금융 중심지 중 하나인 싱가포르 내에서도 모든 금융 회사와 다국적 기업이 밀집되어 있는 지역이다. 마리나 베이를 따라서 위치한 래플스 플레이스는 독특한 디자인의 고층 빌딩들로 이루어져 있어 밤이 되면 마리나 베이 샌즈와 함께 화려한 야경을 선보이곤 한다.

Raffles Place, Singapore (래플스 플레이스 역 일대)

싱가포르 아트 뮤지엄 Singapore Art Museum

2008년에 개관한 현대 미술관으로 싱가포르가 아시아 미술 시장의 중심지로 성장하는 데 큰 역할을 해내고 있다. 아시아 작가의 기획전을 수시로 개최하며 회화, 사진, 조소 등 장르에 제한을 두지 않고 다양한 작품을 선보인다. 브라스바사 역에서 도보 2분 거리에 위치. 차임스 가까이에 있다.

- 225B Queen Street, Singapore | 10:00~19:00, 금 10:00~21:00
- www.singaporeartmuseum.sg | 성인 S$10, 학생 S$5

차이나타운 Chinatown

초기 중국 이주민들이 정착했던 지역으로 중국 전통문화와 싱가포르 문화가 조화를 이루고 있는 곳이다. 많은 골목으로 이루어진 차이나타운에는 한약, 골동품, 중국 의상 등을 판매하는 상점이 많다. 저녁 시간에는 거리 전체에 식탁과 의자가 놓이면서 거대한 식당처럼 변한다. 싱가포르의 배낭여행자들이 주로 모이는 곳으로 클라크 키, 래플스 플레이스 등과도 가깝다.

- Chinatown, Singapore (차이나타운 역 일대) | www.chinatown.sg

싱가포르 플라이어 Singapore Flyer

아시아에서 가장 큰 관람차 중 하나로 높이가 165미터에 이른다. 관람차를 타는 동안 싱가포르 강 양쪽에 형성된 싱가포르의 멋진 스카이라인과 관광지들을 내려다볼 수 있으며 야경을 즐기기에도 좋다. 마리나 베이부터 센토사, 이스트 코스트 지역까지 한눈에 담을 수 있다. 한 바퀴를 돌고 내려오는 데 약 30분이 소요된다. 싱가포르 슬링 같은 칵테일, 샴페인을 마시며 특별한 시간을 보낼 수도 있고 스카이 다이닝을 예약하면 식사를 즐기며 야경을 감상할 수도 있어 커플들의 데이트 및 프러포즈 장소로 활용하기에 좋다. 홈페이지에서 사전 예약 시 5~10프로를 할인받을 수 있다. 프로메나드 역 A번 출구에서 도보 5~7분 거리, 마리나 베이 샌즈로 연결되는 헬릭스 다리 끝에 위치한다.

- 30 Raffles Avenue Singapore
- 08:30~22:30(입장 마감 22:15) | www.singaporeflyer.com.sg
- 성인 S$33, 어린이 S$21, 칵테일·와인 포함 1인 S$69, 식사 포함 2인 S$269~

선텍 시티 몰 Suntec City Mall

350개 이상의 매장을 가지고 있는 대형 쇼핑센터이다. 다양한 브랜드와 제품을 만날 수 있는 곳으로 레스토랑과 카페, 극장, 컨벤션 센터 등이 함께 있어 약속 장소로 많이 이용된다. 선물 앞에는 소원을 이루어준다는 거대한 '부(富)의 분수'가 있어 관광객들의 시선을 끈다. 히포 버스 투어의 시작점이기도 하며 프로메나드 역 C번 출구에서 선텍 시티 타워, 에스플러네이드 역 A 출구에서 컨벤션 센터를 통해 찾아갈 수 있다.

3 Temasek Boulevard, Singapore | 월-금 11:00~20:00, 토·일 12:00~20:00 | www.suntectcity.com.sg

싱가포르 동물원 Singapore Zoo

싱가포르 동물원은 개방형 동물원으로 유명하다. 우리에 가두지 않은 채 야생과 유사한 환경을 만들어놓아 동물들이 자유롭게 서식할 수 있도록 했으며 바위나 물 등의 자연적인 경계를 만들어놓아 사람들도 안전하게 관람할 수 있다. 오랑우탄, 백호, 코알라, 코뿔소, 치타, 캥거루 등을 볼 수 있고 아이들을 위한 다양한 쇼와 체험 프로그램도 운영된다. 우드랜드 역(NS9) 하차 후 A 출구에서 택시로 9분 또는 926번 버스(주말만 운행)로 이동하거나 초아추캉 역(NS4)에서 927번, 138번 버스로 이동할 수 있다. 시내에서 동물원까지 차로는 30여 분이 소요된다. 가장 많이 이용하는 이동 수단은 사파리 게이트나 Saex 버스로 시내 곳곳의 승차장에서 탑승 가능하다. 사파리 게이트는 편도 7싱가포르달러, Saex는 6싱가포르달러로 출발지에 따라 선택하면 된다. 버스 비용은 기사에게 직접 지불하며 승차 지점과 스케줄은 홈페이지에서 확인할 수 있다. 돌아올 때도 시내의 목적지에 따라 골라 타면 된다. 나이트 사파리와 같은 곳에 위치한다.

80 Mandai Lake Road, Singapore | 08:30~18:00
www.zoo.com.sg | 성인 S$28, 어린이 S$18

리버 사파리 River Safari

세계에서 유일하게 강 유역의 생물을 테마로 한 동물원으로 양쯔 강, 미시시피 강, 아마존 강 등 세계의 유명한 강의 생태계를 재현해놓았다. 세계에서 가장 큰 담수 아쿠아리움, 동남아시아 최대 규모의 팬더 서식지, 300여 종의 희귀 어종, 5,000여 마리의 동물 등을 볼 수 있다. 독특한 수생 동물을 만날 수 있으며 강을 따라 유영하는 보트 사파리가 특히 인기 있다. 싱가포르 동물원, 나이트 사파리와 같은 곳에 있다.

📍 2 Jurong Hill, Singapore | 🕐 08:30~18:00 | 🌐 www.birdpark.com.sg | 💲 성인 S$28, 어린이 S$18

주롱 새 공원 Jurong Bird Park

전 세계 600여 종, 9,000마리의 새들이 사는 세계 최대의 야생 조류 공원으로 싱가포르 서부 주롱 언덕에 있다. 공원 전체에 열대식물이 빼곡히 자라고 있어 식물원에 온 듯한 느낌이 들 정도로 친환경적으로 잘 조성되어 있다. 매일 진행되는 새공연뿐만 아니라 먹이 주며 사진 찍기 등 다양한 볼거리와 체험 프로그램이 있어 아이를 동반한 가족 단위 여행객에게 추천하는 장소이다. MRT 분레이 역(EW27) 버스 인터체인지에서 194번, 251번 버스로 10분 정도 소요된다. Saex 버스로도 이동할 수 있으며 오차드, 리틀 인디아, 선텍 시티, 차이나타운 등 여러 곳에 승차장이 있다. 버스 요금은 편도 6싱가포르달러로 동일하다.

📍 2 Jurong Hill, Singapore | 🕐 08:30~18:00
🌐 www.birdpark.com.sg | 💲 성인 S$28, 어린이 S$18

야생 동물원 관람 팁

싱가포르 동물원, 나이트 사파리, 주롱 새 공원, 리버 사파리는 모두 'Wildlife Reserves Singapore'(WRS)에 소속된 야생 동물원으로 여러 곳을 방문할 계획이라면 티켓을 한꺼번에 구입하는 것이 저렴하다. WRS 공식 홈페이지에서 예약 시에 선택할 수 있다. '2 in 1'으로 두 개 동물원을 동시에 예약하면 1인당 $8싱가포르달러를 할인받을 수 있다. 한 개 동물원만 방문하더라도 온라인으로 예매할 경우 10프로를 할인받을 수 있다. 🌐 www.wrs.com.sg

싱가포르 보타닉 가든 Singapore Botanic Gardens

150년의 역사를 가진 보타닉 가든은 식물원인 동시에 현지인들이 주말을 보내는 휴식 공간이기도 하다. 국립 난초 정원을 포함한 식물원 내부에는 수많은 식물종이 서식하고 있으며 여러 개의 아름다운 산책로가 조성되어 있어 여유롭고 로맨틱한 시간을 보낼 수 있다. 뎀시 힐 방문 시에 함께 둘러보면 좋다. 뎀시 힐로 가는 무료 셔틀을 이용하거나 MRT 보타닉 가든 역에서 도보 2분 정도면 갈 수 있다. 오차드 로드에서 택시로 5분여 정도면 도착한다.

📍 753 Tyersall Avenue, Singapore | 🕐 05:00~24:00 | 🌐 www.sbg.org.sg | 💲 무료

홀랜드 빌리지 Holland Village

싱가포르에 거주하는 서양인들이 많이 모여 있는 지역으로 유럽이 연상되는 곳이다. 마을 초입부터 다양한 국가

의 요리를 선보이는 레스토랑과 여유로움이 느껴지는 노천카페나 바, 펍 등이 늘어서 있다. 이국적인 분위기의 작은 동네로 여유롭게 시간을 보내기에 좋다. MRT 홀랜드 빌리지 역 C번 출구, 홀랜드 로드 쇼핑센터 앞으로 나오면 된다.

Holland Village, Singapore | www.holland-village-singapore.com

이스트 코스트 파크 East Coast Park

길이 15킬로미터에 달하는 해변을 따라 형성되어 있는 대규모 공원이다. 긴 해변은 해수욕장으로 이용되기보다는 각종 운동이나 해양 스포츠, 피크닉 등의 여가 생활 공간으로 이용되고 있다. 공원의 일부는 캠핑 공간으로 조성되어 가족, 친구들과 함께 특별한 시간을 보내기 좋다. 현지인들의 주말 휴식처로 일정에 여유가 있다면 방문하여 시내의 번잡함을 피해 한적한 시간을 즐겨보자. 베독 역이나 타나메라 역에서 택시를 타고 해안 방향으로 5분 정도 가면 있다.

East Coast Park Service Road, Singapore

www.nparks.gov.sg

티옹바루 Tiong Bahru

티옹바루는 싱가포르에서 가장 오래된 주거 지역 중 하나이다. 최근 이곳의 낡은 건물들의 외관은 그대로 유지한 채 내부를 개조하여 사용하는 편집숍, 베이커리, 카페들이 생겨나며 감각적이고 트렌디한 거리로 알려지기 시작해 힙스터들의 많은 관심을 받고 있다. 아담하고 정감 넘치는 거리에 상점과 주거지가 어우러져 있는 것이 특징이다. 티옹바루 베이커리, 오픈 도어 폴리시가 특히 유명하다. MRT 티옹바루 역에서 티옹바루 스트리트를 따라 걷다 김퐁 로드로 우회전 후, 티옹바루의 메인 스트리트인 용시악 Yong Siak St. 으로 가보자. 걸어서 10분 정도 걸린다.

25 Yong Siak Street, Singapore

랜턴 Lantern

풀러턴 베이 호텔의 옥상에 자리한 루프탑 바이다. 식사도 가능하지만 맥주나 달콤한 칵테일을 마시기 좋은 곳으로 마리나 베이 샌즈를 마주 보고 있어 밤 풍경을 감상하기 좋은 야경 명소이기도 하다. 편안한 분위기와 루프톱

의 수영장, 마리나 베이 샌즈의 모습이 인상적인 곳이다. 넓다란 데이 베드에 누워 풍경을 감상할 수도 있다.

🏠 70 Collyer Quay, Singapore

⏰ 일-목 08:00~01:00, 금·토 08:00~02:00, 해피 아워 11:00~18:00 / 칵테일 바 17:00~

📶 www.fullertonbayhotel.com | 💲 칵테일 S$15~25

주크 Zouk

1년에 단 한 번 열리는 세계적인 DJ 페스티벌인 '주크아웃'을 개최하는 클럽으로 이미 외국의 클러버들에게 명성이 높다. 수천 명을 수용할 수 있을 만큼 넓으며 음악 장르 역시 힙합, 일렉트로닉 등을 다양하게 선보인다. 싱가포르에서 가장 유명한 클럽으로 밤 12시 이후 늦은 시간이 되어야 본격적인 피크 타임이다. 드레스 코드가 있으니 잘 차려입고 가서 즐겨보자. 라운지와 와인 바, 클럽 등 컨셉이 다른 여러 공간이 있다.

🏠 17 Jiak Kim Street, Singapore

⏰ 클럽 수·금·토·공휴일 전날 23:00~ / 와인 바 화 18:00~02:00, 수·목 18:00~03:00, 금·토 18:00~04:00, 일·월 휴무

📶 클럽 주크 www.zoukclub.com / 주크아웃 www.zoukout.com

💲 S$28~33 (음료 2잔 포함, 요일에 따라 다름), 수요일 여성 무료 입장

PLUS TASTE
추가 추천 맛집

추천 일정에는 없지만 가볼 만한 맛집들을 소개한다. 딤섬, 칠리 크랩, 피시 헤드 커리, 애프터눈 티 등 다양한 먹거리가 많은 미식의 도시인 만큼 취향에 맞는 맛집들을 일정에 많이 넣어보자. 저렴한 호커 센터부터 파인 다이닝까지 선택의 폭이 넓다.

치훌리 라운지 Chihuly Lounge

리츠 칼튼 호텔에서 운영하는 레스토랑으로 애프터눈 티가 유명하다. 평일에는 3단 트레이가 제공되는 코스 형식으로, 주말에는 뷔페 형식으로 즐길 수 있는데 티와 커피는 리필이 가능하다. 코스 전에 식전 요리도 제공되며 디저트는 아이스크림과 셔벗, 초콜릿 등이 따로 나온다. 전체적으로 양이 후한 편으로 식사 후에 가기보단 식사로 생각하고 방문해야 한다. 미리 예약 후 방문할 것을 추천한다. 예약은 홈페이지에서 할 수 있다.

- The Ritz Carlton, 7 Raffles Avenue, Singapore
- 라운지 오픈 09:30~01:00, 애프터눈 티 14:30~17:00
- 1인당 S$58 정도, 어린이 S$29

팜 비치 시푸드 Palm Beach Seafood

싱가포르의 해산물 요리 전문점 중 가장 많은 크랩 요리를 선보이는 곳이다. 칠리 크랩을 시작으로 블랙 페퍼 크랩, 골든 크랩, 솔트 앤 페퍼 크랩 등 다양한 크랩 종류와 해산물 메뉴가 있다. 바깥 자리에 앉으면 마리나 베이 샌즈, 머라이언 파크, 싱가포르 플라이어 등 마리나 베이가 한눈에 들어온다. 1.8킬로그램 이상 주문을 받기 때문에 나홀로 여행자에게는 다소 부담스러울 수 있다. 머라이언상 옆 원 플러턴의 커피 빈 옆에 있다. 가격이 저렴하지 않아 1인당 최소 4만 원 이상을 예상해야 한다.

- 1 Fullerton Road, Singapore
- 런치 12:00~14:30 디너 17:30~23:00
- www.palmbeachseafood.com

군터스 Gunthers

유명 셰프인 군터가 운영하는 곳으로 프랑스 미슐랭을 포함하여 전 세계에서 인정받는 곳이다. 조용하고 편안한 분위기에서 친절한 서비스를 받을 수 있다. 명성이 높은 것과는 달리 합리적인 가격에 고급 프랑스 요리를 먹을 수 있으나 소규모로 운영하고 있어 예약을 하는 것이 좋다. 홈페이지에서 온라인 예약이 가능하다. MRT 시티 홀 역 A·B 출구 또는 MRT 브라스바사 역 A 출구에서 도보로 10분 정도 소요된다.

#01-03 36 Purvis Street, Singapore | 런치 12:00~14:30 디너 18:30~22:00, 일요일 휴무
www.gunthers.com.sg | 3코스 런치 세트 메뉴 S$38~

라우파삿 페스티벌 마켓 Lau Pa Sat Festival Market / Telok Ayer Market

라우파삿 또는 텔록에이어 마켓이라고 부른다. 싱가포르의 호커 센터 중 가장 아름다운 곳으로 팔각형의 지붕과 새하얀 건물이 이색적이다. 저렴한 가격에 다양한 싱가포르 음식, 일식, 한식 등을 먹을 수 있고 저녁(저녁 7시 오픈)에는 호커 센터 주변에 사테를 판매하는 노점상들이 들어서서 사테 거리를 형성하는 것으로 유명하다. 텔록에이어 역과 다운타운 역 중간쯤에 있으며 래플스 플레이스 역 1번 출구에서도 걸어서 5분이면 갈 수 있다.

18 Raffles Quay, Singapore | www.laupasat.biz

난양 올드 커피 Nanyang Old Coffee

싱가포르를 대표하는 간식이자 아침 메뉴인 카야 토스트로 유명한 곳이다. 수란과 함께 먹으면 토스트의 맛이 더 고소해지며 연유를 넣고 만든 로컬 커피인 '코피kopi'와 함께 먹으면 한 끼 든든하게 해결할 수 있다. 아이스커피 한 잔이 1.8싱가포르달러 정도로 저렴하다. 빨간색 외관 때문에 쉽게 발견할 수 있다. 차이나타운 역 A 출구에서 스리마리아만 사원을 지나 스미스 스트리트 끝에있다.

268 South Bridge Road, Singapore | 07:00~18:00 | nanyangoldcoffee.com

맥스웰 푸드 센터 Maxwell Food Center

싱가포르의 호커 센터 중에서 가장 많은 수의 호커가 모여 있는 대규모 호커 센터이다. 다양한 현지 음식을 저렴

한 가격에 즐길 수 있는데 그중에서 티안 티안 하이난 치킨 라이스, 죽으로 유명한 젠젠 포리지 Zen Zen Porrige라는 이름의 호커가 가장 인기 있다. 차이나타운 역에서 사우스 브리지 스트리트 방향으로 걸어서 8분 거리로 불아사 건너편에 위치한다.

🏠 11 South Bridge Road, Singapore | ⏰ 08:00~22:00 (상점마다 다름)

얌차 레스토랑 Yumcha Restaurant

차이나타운에 자리한 딤섬 레스토랑으로 항상 만석일 정도로 인기가 높다. 다양한 딤섬을 포함하여 여러 해산물 요리와 닭 날개 요리 등을 맛볼 수 있다. 시간 제한이 있는 뷔페형 식당으로 종업원들이 카트에 딤섬을 싣고 종류별로 가져다주는데 원하는 딤섬이 아닐 때는 돌려주면 된다. 샥스핀 샤오롱바오와 비채수정포 등이 유명하다. 차이나타운 역에서 도보 5분 거리에 위치한 산타 그랜드 호텔 2층에 있다.

🏠 #02-01 20 Trengganu Street, Singapore | ⏰ 월-금 11:00~23:00, 토·일·공휴일 09:00~23:00
🌐 www.yumcha.com.sg

레 자미 Les Amis

싱가포르에서 한 번쯤은 고급스러운 파인 다이닝을 즐기고 싶다면 레 자미를 추천한다. 미슐랭 가이드 아시아 부문 3위에 올랐던 프렌치 레스토랑으로 프랑스 요리에서 빼놓을 수 없는 와인과 샴페인을 2,000개 이상 보유하고 있다. 푸아그라와 새우를 이용한 요리가 가장 유명한 레스토랑으로 오차드 역 A 출구로 나와 쇼 센터 2층에 있다.

🏠 1 Scotts Road, #01-16 Shaw Centre, Singapore
⏰ 런치 12:00~14:00 디너 19:00~21:30 | 🌐 www.lesamis.com.sg
💲 런치 프리팩스 메뉴(3코스+디저트) S$80, 디너 클래식 메뉴 S$165

스트레이트 키친 Straits Kitchen

싱가포르다운 요리를 가장 잘 만들어낸다는 찬사를 받는 뷔페식 레스토랑이다. 중국과 인도, 말레이 등지에서 유래된 다양한 싱가포르만의 음식을 맛볼 수 있는데 락사, 치킨 라이스, 사테, 오탁 오탁, 칠리 크랩, 커리 등 현지인들이 평소에 즐겨먹는 것들이 대부분이다. 다양한 싱가포르의 맛을 한자리에서 만날 수 있어 좋으나 가격은 좀

비싼 편이다. 성인 런치 50싱가포르달러부터. MRT 오차드 역에서 도보 3분, 그랜드 하얏트 호텔 1층에 있다. 점심 뷔페는 성인 50싱가포르달러 이상, 어린이는 30싱가포르달러 이상 예상해야 한다.

🏠 10 Scotts Road, Singapore

⏰ 월-금 조식 06:30~10:30 런치 12:00~14:30 디너 18:30~22:30, 토·일 조식 06:30~11:00 런치 12:30~15:00 디너 18:30~22:30

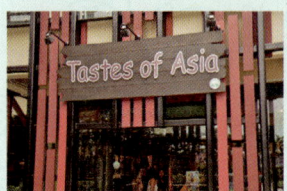

이스트 코스트 시푸드 센터 East Coast Seafood Center

이스트 코스트에 위치한 해산물 전문 센터로 점보 시푸드, 노 사인 보드 등 싱가포르에서 유명한 시푸드 레스토랑이 모여 있는 곳이다. 관광객뿐만 아니라 현지인들도 많이 찾으며, 해변 가까이 야외에 테이블이 있어 분위기가 좋다. 다양한 해산물 식당이 한자리에 있으니 취향 따라 골라 먹을 수 있다. 주로 저녁 장사를 위주로 운영한다. 베독 역에서 택시로 5분여 거리에 있다.

🏠 1202 East Coast Parkway, East Coast Seafood Centre, Singapore

⏰ 17:00~23:15, 일 12:00~23:15 (상점마다 다름)

크리스털 제이드 팰리스 Crystal Jade Palace Restaurant

세계에서 가장 유명한 프랜차이즈 레스토랑 중 하나로 깔끔하면서도 화려한 중국 요리를 선보인다. 대부분의 중식은 광둥식으로 요리되며 홍콩의 딤섬과 한국 음식도 찾아볼 수 있다. 오차드 역 출구 옆 니안 시티 내에 있다.

🏠 391 Orchard Road, Takashimaya S.C. #04-19, Singapore

⏰ 런치 월-금 11:30~15:00, 토 11:00~15:00, 일·공휴일 10:30~15:00 / 디너 매일 18:00~23:00

🌐 www.crystaljade.com

채터 박스 Chatter Box

싱가포르 최고의 치킨 라이스를 만드는 곳으로 명성이 높다. 호텔 레스토랑임에도 불구하고 저렴한 가격에 싱가포르 현지 음식만을 선보이고 있다. 이 외에도 오탁 오탁 otak otak과 랍스터 락사, 코코넛 아이스크림이 유명하다. 오차드 역 C·D 출구 만다린 오차드 호텔 5층에 있다.

📍 333 Orchard Road, Singapore
🕐 조식 뷔페 07:00~10:00 / 식사 일~목 11:00~23:00, 금·토·공휴일 11:00~02:00

TWG 티 살롱 앤 부티크 TWG Tea Salon & Boutique

싱가포르의 홍차 브랜드인 TWG에서 운영하는 곳으로 세계 최상의 홍차 품질을 자랑한다. 약 800종의 차 중에서 원하는 것은 맘껏 시음과 시향이 가능하다. 차와 어울리는 달콤한 디저트도 함께 판매하고 있어 여유로운 시간을 보내기 좋다. 주중에는 아침과 식사 메뉴를, 주말에는 브런치 세트를 파는데 오늘의 수프와 에그 베네딕트, 샐러드, 키시, 달걀 요리 등이 주요 메뉴. 홍차와 함께 느긋한 브런치를 즐기기에 좋다.

📍 ION Orchard, 2 Orchard Turn, #02-21, Singapore (아이온 오차드점)
🕐 10:00~22:00 (아이온 오차드점)
🌐 www.twgtea.com

허니문 디저트 满记甜品 / Honeymoon Dessert

홍콩의 유명한 디저트 브랜드로 망고, 두리안, 포멜로 등의 열대 과일로 만든 수십 가지의 디저트를 맛볼 수 있다. 가장 인기 좋은 메뉴는 부드러운 생크림과 망고로 만들어진 모찌 모양의 망고 팬케이크와 코코 망고, 망고 포멜로 등이다. 싱가포르에 여섯 개 지점이 있으며 오차드에는 아이온과 파라곤에 지점이 있다.

📍 B3-15/16 ION Orchard, 2 Orchard Turn, Singapore (아이온 오차드점) | 🌐 sg.multiconceptslink.com

롱바 Long Bar

싱가포르를 대표하는 칵테일인 '싱가포르 슬링'을 만든 곳이다. 싱가포르 슬링은 아름다운 핑크빛을 내며 무알코올로도 제공된다. 매일 저녁에는 팝송을 연주하는 밴드의 라이브 공연이 펼쳐진다. 래플스 호텔 2층에 위치한다.

📍 1 Beach Road, Singapore
🕐 일~목 11:00~24:30, 금·토 11:00~01:30
🌐 www.raffles.com/singapore

싱가포르 **393**

HOTEL 호텔

싱가포르에는 고급 호텔이 특히 많지만 경비를 아끼려면 하루에 수십만 원 하는 호텔보다는 저렴한 호스텔이나 게스트 하우스 또는 가성비 좋은 3성급 호텔 정도를 이용하는 것이 좋겠다. 여기서 소개하는 숙소들은 주로 저렴한 호스텔과 10~20만 원 전후의 합리적인 가격의 호텔들로, 편리한 위치와 깨끗한

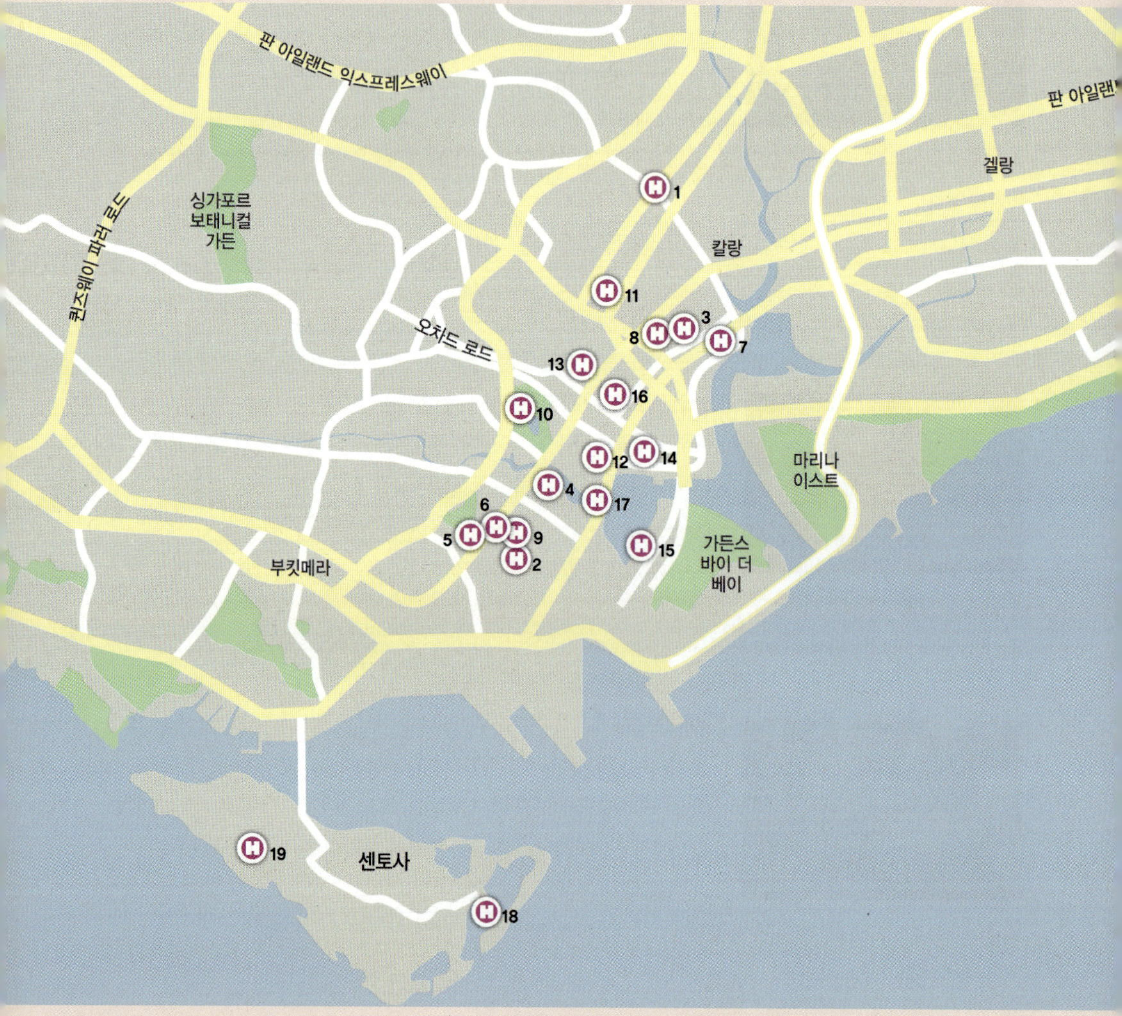

시설을 기준으로 선택했다. 저렴한 호스텔이나 호텔을 주 숙소로 잡고 하루 이틀 정도만 싱가포르의 전경을 감상할 수 있는 좋은 호텔에서 시간을 보내는 것도 여행을 풍요롭게 하는 방법이다. 추천 일정을 따르기 위해 가장 이상적인 숙소 위치는 시티 홀 역이나 래플스 플레이스 역 근처이지만 지하철역과 가깝고 시내와 멀지 않다면 어디든 큰 불편은 없을 것이다.

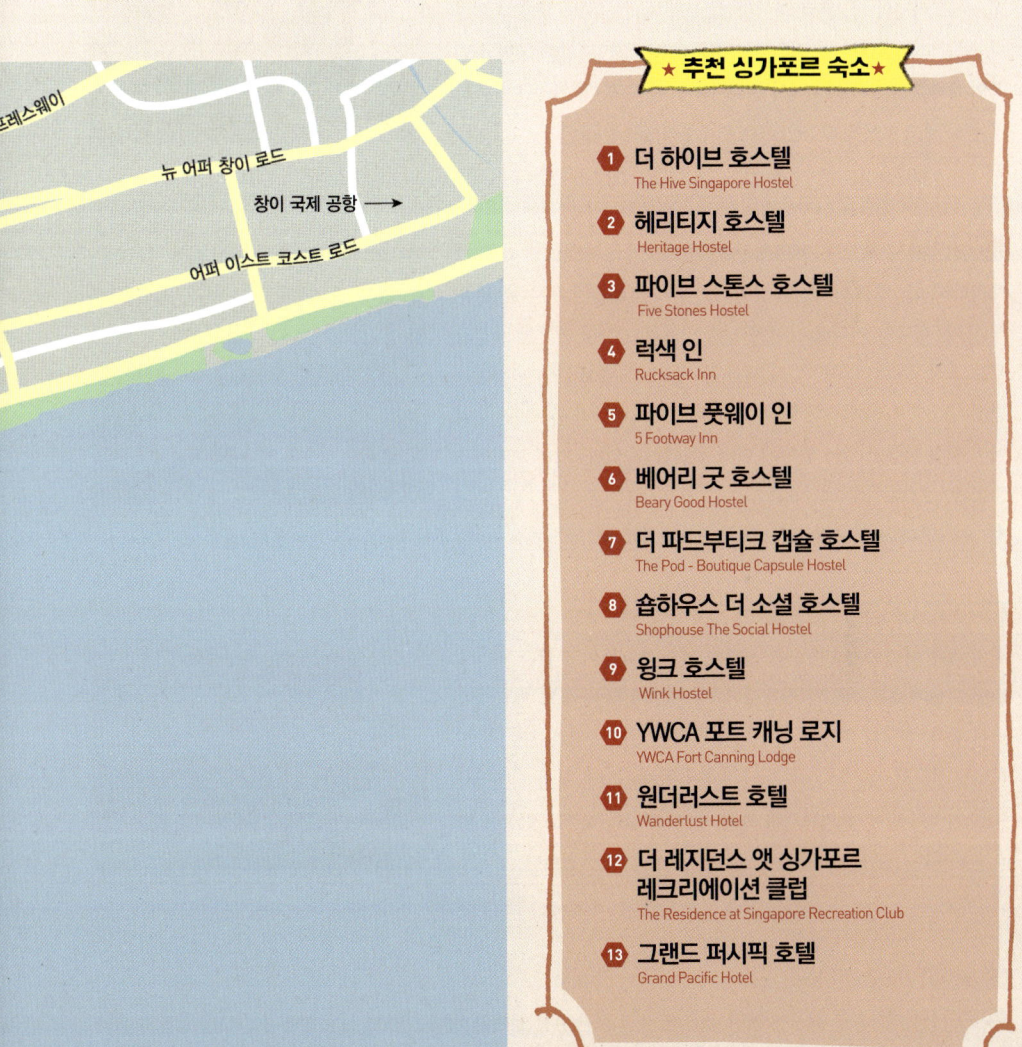

★ 추천 싱가포르 숙소 ★

1. 더 하이브 호스텔
The Hive Singapore Hostel

2. 헤리티지 호스텔
Heritage Hostel

3. 파이브 스톤스 호스텔
Five Stones Hostel

4. 럭색 인
Rucksack Inn

5. 파이브 풋웨이 인
5 Footway Inn

6. 베어리 굿 호스텔
Beary Good Hostel

7. 더 파드부티크 캡슐 호스텔
The Pod - Boutique Capsule Hostel

8. 숍하우스 더 소셜 호스텔
Shophouse The Social Hostel

9. 윙크 호스텔
Wink Hostel

10. YWCA 포트 캐닝 로지
YWCA Fort Canning Lodge

11. 원더러스트 호텔
Wanderlust Hotel

12. 더 레지던스 앳 싱가포르 레크리에이션 클럽
The Residence at Singapore Recreation Club

13. 그랜드 퍼시픽 호텔
Grand Pacific Hotel

1 더 하이브 호스텔 The Hive Singapore Hostel

리틀 인디아 지역에 위치한 심플한 호스텔로 지하철 분켕 역에서 3분 거리에 있다. 시설이 깔끔하고 무료 서비스가 많아 좋다. 무료 조식, 무료 커피와 차, 무료 와이파이, 무료 세탁기 사용 등을 지원한다. 공간도 넓은 편이며 직원들도 친절하다는 평. 다양한 국적의 외국인 투숙객이 많아 이국적인 분위기를 느낄 수 있다. 가격은 도미토리 룸의 베드 수에 따라 1만 5,000원대부터 3만 원 사이이다.

🌐 www.thehivesg.com | 📞 +65-6341-5041 | 📍 624 Serangoon Road, Singapore

2 헤리티지 호스텔 Heritage Hostel

헤리티지 호스텔은 한국인이 운영하는 단정한 호스텔로 차이나타운에 있다. 한국인 여행자 사이에서 꽤 알려져 있는데 깨끗한 시설과 무료 조식, 무료 인터넷, 무료 세탁 등 서비스가 좋고 다양한 투어나 티켓 상품까지 판매한다. 커플 룸, 가족 룸, 도미토리 룸, 트윈 룸의 여러 객실 종류가 있어 일행에 따라 선택할 수 있다. 기본 도미토리 룸이 3만 2,000원대부터이다.

🌐 www.heritagehostel.net | 📞 +65-8618-9233, 070-7579-3464 | 📍 293 South Bridge Road Singapore

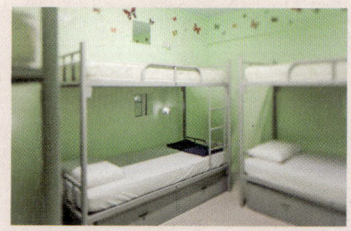

3 파이브 스톤스 호스텔 Five Stones Hostel

해외 리뷰 사이트에서 수상한 경력이 있는 현대적이고 감각적인 호스텔로 다채로운 색감의 인테리어가 인상적인데 시설도 깨끗하여 평이 좋다. 침구나 화장실 등 관리가 잘되어 있고 아침과 음료, 와이파이를 무료로 제공한다. 부기스 지역에 위치해 있고 부기스 역에서 10분 거리에 있다. 도미토리와 트윈 룸, 더블 룸을 갖추고 있으며 믹스 도미토리가 3만 원대부터, 딜럭스 더블 룸이 12만 원대이다.

🌐 www.fivestoneshostel.com | 📞 +65-6535-5607 | 📍 285 Beach Rd, Singapore

4 럭색 인 Rucksack Inn

클라크 키의 이상적인 위치에 자리 잡은 인기 호스텔이다. 클라크 키나 시내 중심에 있는 호스텔들은 좁고 관리 상태가 좋지 않은 곳이 꽤 있는데, 럭색 인 호스텔은 청결하고 공간도 충분하며 에어컨도 잘 나온다. 필요한 시설은 다 갖추고 있으며 무엇보다 위치가 좋아 많은 여행자들의 사랑을 받고 있다. 무료 조식과 와이파이, 기본적인 세면도구(샴푸, 샤워 젤)를 제공한다. 1인실부터 2인실, 3인실, 4인일, 10인실을 운영하고 있으며 10인 도미토리가 3만 원대, 1인실이 6만 원대이다.

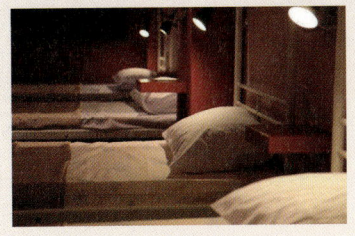

🌐 www.rucksackinn.com | ☎ +65-6532-4990 | 📍 38-A Hong Kong Street, Singapore

⑤ 파이브 풋웨이 인 5 Footway Inn

싱가포르에 다섯 개 지점이 있는 체인형 호스텔이다. 하얀 벽과 나무로 된 가구들이 따뜻한 분위기를 주며 모던하고 세련된 인테리어를 자랑한다. 해외 호스텔 예약 사이트에서 최고의 청결한 호스텔, 최고의 분위기 호스텔로 선정된 바 있다. 차이나타운에만 세 개 지점이 있고 보트 키와 부기스에도 하나씩 있다. 차이나타운 지점들 모두 차이나타운 역에서 가까우며 편안하고 깔끔한 시설을 갖추고 있다. 인터넷과 조식을 무료로 제공한다. 방 넓이가 조금 작은 편이며 다른 호스텔보다는 가격이 조금 비싼 편이다. 2인실부터 6인실까지 있으며 룸 타입과 지점에 따라 2만 5,000원대부터 18만 원대까지 가격이 다양하다.

🌐 www.5footwayinn.com | 📍 63A Pagoda Street, Singapore (차이나타운1 지점)

⑥ 베어리 굿 호스텔 Beary Good Hostel

차이나타운에만 세 개 지점이 있는 호스텔로 수상 경력이 화려하다. 지점마다 이름이 다른데 베어리 굿Beary Good, 베어리 나이스Beary Nice, 베어리 베스트Beary Best 지점이 있다. '곰'을 컨셉으로 한 밝은 색감과 편안한 인테리어가 여행에 지친 여행자에게 아늑한 느낌을 준다. 역시 배낭여행자들에겐 최고의 위치인 차이나타운에 있어 지하철도 가깝고 주변에 먹거리와 관광지가 많다. 꽤 널찍한 편으로 쉴 수 있는 공간도 있고 무료 조식과 음료, 인터넷, 24시간 리셉션 서비스를 제공한다. 지점에 따라 룸 타입과 가격이 다른데, 2만 2,000원대부터 9만 원대까지 여러 종류의 객실이 있다. 베어리 굿 호스텔 지점에는 10인, 12인실 도미토리만 있다.

www.abearygoodhostel.com | +65-6222-4955
 66A and 66B Pagoda Street, Singapore (베어리 굿 호스텔 지점)

⑦ 더 파드부티크 캡슐 호스텔 The Pod - Boutique Capsule Hostel

오픈된 도미토리가 부담스러운 사람들이 관심을 가질 만한, 깨끗하고 세련된 캡슐형 호스텔로 청결에 신경을 많이 쓰는 곳이다. 검은색 톤에 나무 인테리어가 심플하고 정돈된 느낌을 준다. 저렴한 가격에 개인 공간이 필요한 여행자들에게 추천. 최신 시설에 꽤 괜찮은 무료 조식과 무료 타월, 무료 생수, 와이파이를 제공하는 등 서비스도 좋은 편이다. 부기스의 하지 레인 근처에 있는데 지하철역까지는
10~15분 정도 소요된다는 점이 조금 아쉽지만 인근에 관광지와 쇼핑 거리, 카페 등이 많아 주변 환경은 나쁘지 않다. 싱글 베드와 퀸 베드가 있고 프런트 엔트리(발쪽이 뚫린 형태), 사이드 엔트리(침대 옆이 뚫린 형태) 중 선택하면 된다. 정상가는 조금 비싼 편이지만 요일이나 시기에 따라 할인하는 경우가 많다. 보통은 3만 원 후반에서 5만 원 정도이다.

 thepod.sg | +65-6298-8505 | 289 Beach Road 03-01, Singapore

⑧ 숍하우스 더 소셜 호스텔 Shophouse The Social Hostel

부기스의 아랍 스트리트에 위치한 부티크 호스텔이다. 바로 옆은 패셔니스타들의 거리인 하지 레인이며 젊고 아늑한 카페 같은 인테리어가 주변 분위기와 잘 어울린다. 공항까지는 택시로 15~20여 분 거리로 꽤 가깝다. 모든 방에 에어컨이 설치되어 있고 무료로 조식, 커피와 차, 와이파이, 탁 트인 옥상까지 제공한다. 저렴한 가격은 물론 깨끗한 시설과 위치, 그리고 왁자지껄 놀기 좋은 분위기 때문에
추천하는 곳이다. 1만 6,000원대부터 2만 4,000원까지로 6인실부터 16인실까지 도미토리 룸을 제공한다.

 www.shophousehostel.com | +65-6298-8721 | 48 Arab Street, Singapore

⑨ 윙크 호스텔 Wink Hostel

캡슐형 호스텔로 해외 리뷰 사이트에서 싱가포르 최고의 호스텔 2위에 선정되기도 했다. 깨끗하고 현대적이며 심플한 디자인의 캡슐 호스텔로 공용 공간이 꽤 넓고 호스텔 내부 시설도 관리가 잘 되어 있다. 샤워룸도 깔끔하고 카페 라운지와 부엌, 세탁실, 에어컨 등 기본적인 시설을 잘 갖추고 있다. 조식과 인터넷은 무료로 제공된다. 차이나타운 역에서 1분 거리에 있어 위치도 아주 좋다. 싱글은 4만 원대, 더블은 7만 4,000원 대이다.

winkhostel.com | +65-6222-2940
8A Mosque Street, Chinatown, Singapore

10 YWCA 포트 캐닝 로지 | YWCA Fort Canning Lodge

YWCA 싱가포르에서 운영하는 호텔로 가성비와 위치가 좋다. 도비갓 역에서 1분 거리에 있는데, 도비갓 역은 세 개 노선이 만나는 환승 지점이라 지하철로 이동하며 머무르기에 편리하다. 또 국립 공원 안에 위치해 전망이 좋고 조용히 휴식을 취할 수 있다. 오차드 로드의 쇼핑 거리까지 걸어갈 수 있는 거리에 있다. 역사와 전통이 깊은 호텔로 수영장과 조식 뷔페, 연회장 등 시설을 잘 갖추고 있고 관리 상태도 깔끔하다. 호텔 근처에 마트나 식당 등 편의 시설이 거의 없다는 것이 단점. 딜럭스 트윈의 정상 가격이 17만 원대이나 프로모션을 자주 진행하고 있어 10만 원대 초반 가격으로 예약할 수 있다.

ywca.org.sg | +65-6338-4222 | 6 Fort Canning Road, Singapore

11 원더러스트 호텔 Wanderlust Hotel

객실마다 인테리어가 각각 다른 부티크 호텔이다. 독창적이고 개성 넘치는 호텔로 많은 여행자들에게 사랑받고 있다. 객실의 어메니티가 키엘 제품으로 제공되며 대단한 편의 시설은 없지만 합리적인 가격으로 편히 쉬었다 가기에는 충분하다. 리틀 인디아에 위치해 이국적인 문화를 즐길 수 있으나 지하철 역까지 10여 분 정도 걸어가야 하는 것이 단점이다. 방 컨셉에 따라 투명한 화장실도 있고 스타일이 다 다르다. 팬톤 더블 룸(스탠더드)의 경우 11~14만 원대 정도에 예약할 수 있다. 여러 컨셉별 룸 타입을 홈페이지에서 확인해보자.

wanderlusthotel.com | +65-6396-3322 | 2 Dickson Road, Singapore

⑫ 더 레지던스 앳 싱가포르 레크리에이션 클럽 The Residence At Singapore Recreation Club

시티 홀 역애에서 2분 거리에 있는 호텔로 유명하진 않지만 호텔로서 갖춰야 할 편의 시설들은 다 갖추고 있다. 수영장, 당구장, 헬스장과 레스토랑 등 다양한 시설이 있으며 정갈하고 단정한 인테리어에 전체적으로 관리가 잘되어 있다. 시내 중심가 한복판에 있지만 조용히 쉴 수 있으며 시티 홀, 마리나 베이, 머라이언 파크, 에스플러네이드 등 유명 관광지로 걸어갈 수 있고 공항까지도 지하철로 바로 연결된다. 최고의 위치에 있는 합리적인 가격의 호텔이다. 더블 룸이 13만 원 후반부터 20만 원 사이로 요일과 시기에 따라 가격이 달라진다.

🌐 www.src.org.sg | 📞 +65-6595-0505
📍 B Connaught Drive, Singapore

⑬ 그랜드 퍼시픽 호텔 Grand Pacific Hotel

시티 홀과 부기스 사이에 위치한 호텔로 노선이 다른 세 개 역까지 각 5~10분 거리에 있다. 가장 가까운 역은 노란색 라인의 브라스바사 역이며 시티 홀 역이나 부기스 역까지도 10분 정도면 걸어갈 수 있다. 애매한 듯한 위치가 오히려 좋은 위치를 만들어내어 지하철 네 개 노선으로 쉽게 접근할 수 있어 지하철을 주로 이용할 여행자에게 특히 편리한 숙소다. 비즈니스 호텔로 별다른 편의 시설은 없지만 깔끔하고 단정한 시설에 알찬 조식을 제공하는 것으로 소문나 있다. 딜럭스 트윈 룸이 13만 원대부터, 조식이 포함된 경우 15~16만 원 정도이다.

🌐 www.hotelgrandpacific.com.sg | 📞 +65-6336-0811
📍 101 Victoria Street, Singapore

나 혼자 떠나는 싱가포르 & 쿠알라룸푸르 쇼핑 여행 4일

3박 4일로 짧게 다녀오는 싱가포르 그리고 쿠알라룸푸르 쇼핑 여행 코스다. 여름이나 겨울 세일 기간에 쇼핑을 위해 떠나는 여행자들에게 추천한다. 비행 시간을 고려하면 실제로는 3박 5일 정도의 일정이 될 것이다. 저렴한 경유편 항공 가격과 쇼핑이라는 키워드를 고려하여 싱가포르와 함께 쿠알라룸푸르도 돌아보는 일정을 추천한다. 첫째 날에 쿠알라룸푸르 시내의 주요 쇼핑몰을 둘러보고 둘째 날부터는 싱가포르에서 시간을 보낸다. 마리나 베이 주변의 쇼핑몰과 주요 관광지를 돌아보고 부기스와 아랍 스트리트, 리틀 인디아까지 다양한 쇼핑 거리를 방문한다. 쇼핑의 중심거리인 오차드 로드의 쇼핑몰 투어를 마지막으로 일정을 마치고 쿠알라룸푸르에서 환승하여 귀국하면 된다. 짧은 일정에 쇼핑이 목적인 만큼 센토사나 차이나타운 등은 일정에 넣지 않았다. 혼자 또는 친구와 함께 실컷 쇼핑하고 싶을 때 좋은 추천 일정이다.

DAY1 »

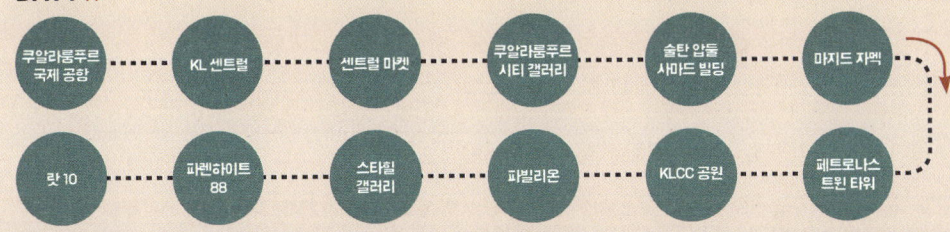

DAY2 »

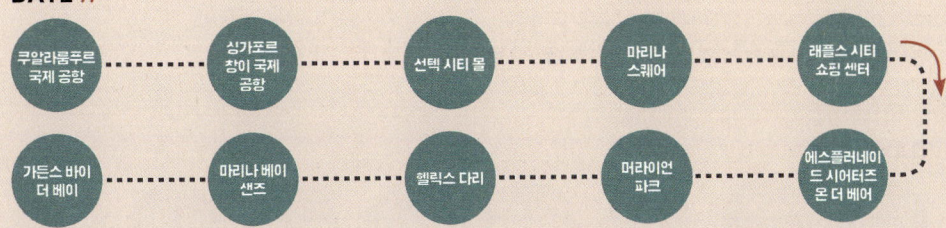

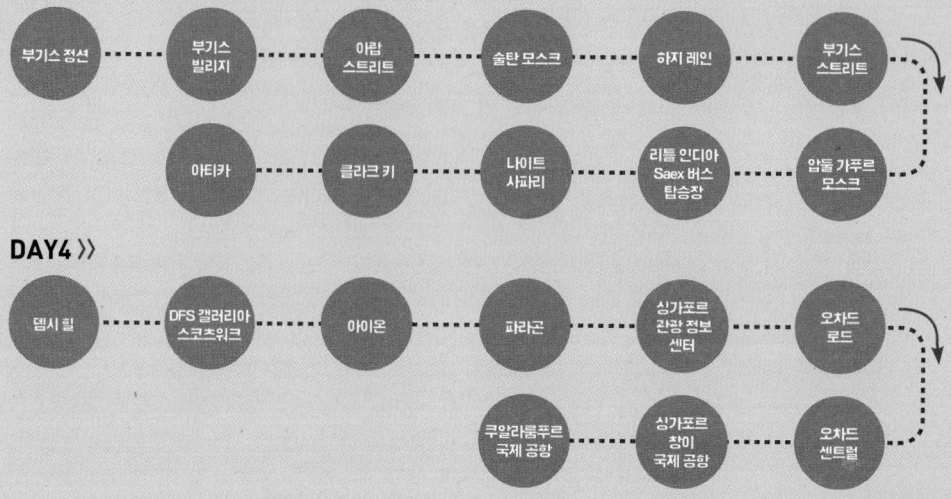

아이와 함께 하는 싱가포르 리조트 월드 투어 5일

싱가포르 도심의 주요 관광지를 돌아 보는 기본적인 루트에 센토사 1박을 추가했다. 첫 3일은 앞서 소개한 추천 일정과 유사한데 나이트 라이프를 즐길 클라크 키를 빼고 대신 나이트 사파리와 리버 사파리를 추가했다. 리버 사파리는 아이들이 특히 좋아할 만한 곳으로 보트를 타고 관람하는 특별한 동물원이다. 어른도 즐길 것은 즐겨야 하니 뎀시 힐에서의 브런치, 오차드 로드의 쇼핑과 차임스에서의 저녁 일정을 3일차에 넣어 두었다. 마지막 2일은 리조트 월드 센토사에서 보내며 유니버설 스튜디오에서 하루를 보내고 다음날엔 해변에서 놀다 아쿠아리움을 보고 몇몇 놀이기구도 즐기는 일정이다. 마지막 날 일정이 끝나면 센토사에서 바로 공항으로 이동하면 된다. 휴양과 재미, 쇼핑을 모두 누리고 싶은 어린이가 있는 가족 여행자들에게 추천하는 일정이다.

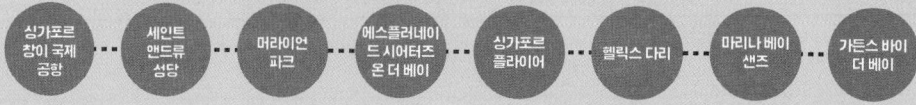

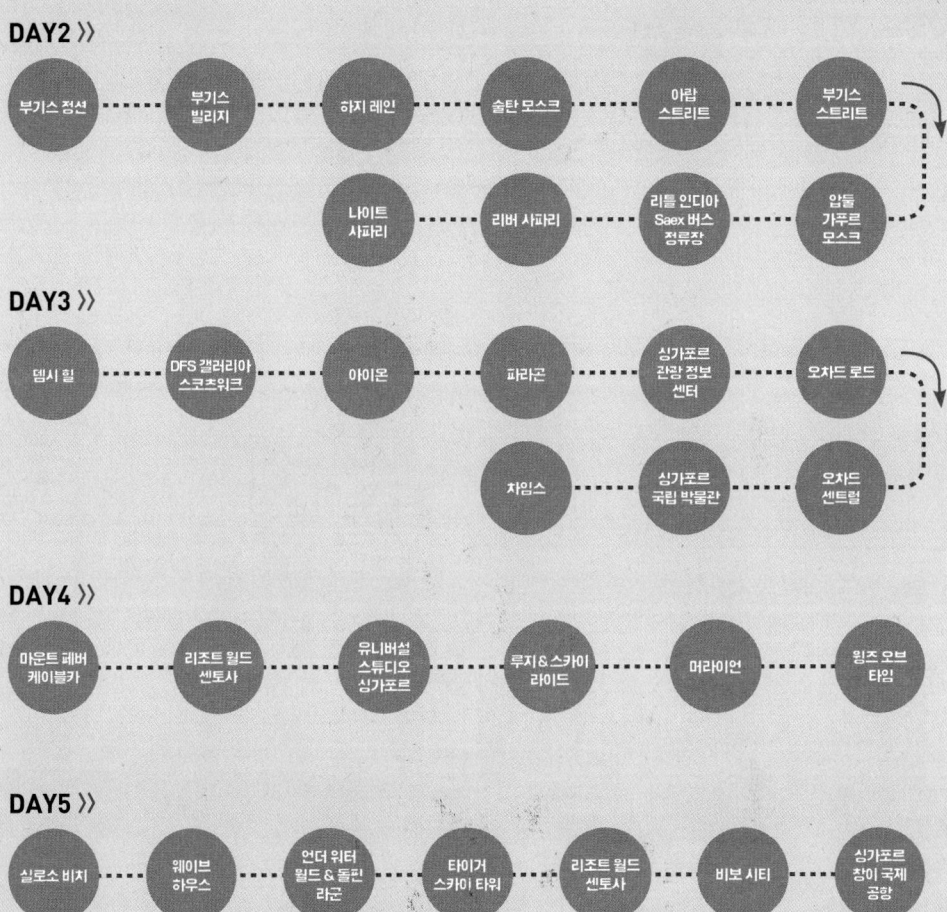

페트로나스 트윈 타워 근처

KUALA LUMPUR
쿠알라룸푸르 & 말라카
MALACCA

★ 4박 5일 ★

말레이시아의 수도 쿠알라룸푸르는 말레이 반도 중부 내륙에 위치한 말레이시아 최대의 도시다. 과거 식민지 역사를 딛고 1990년대부터 크게 성장하여 이제는 동남아에서 가장 발전한 국제 도시 중 하나가 되었다. 유럽과 태평양 사이를 오가는 사람들의 허브 도시이자 다양한 문화와 인종, 종교가 살아 숨 쉬는 쿠알라룸푸르는 유럽식, 중국식, 말레이식, 인도식 등이 혼재하며 만들어낸 독특한 분위기를 갖고 있다. 쇼핑과 관광이 중요한 산업으로 자리 잡은 여행자의 도시이기도 하다.

3일 연차로 떠날 수 있는 쿠알라룸푸르와 말라카 여행 추천 스케줄로 실제 일정은 4박 5일이지만 6시간 이상의 비행 시간을 고려하면 4박 6일의 일정이 될 것이다. 첫날 아침 첫 비행기로 출발하고 귀국 시 밤 비행기로 새벽에 도착하는 항공 스케줄을 전제로 짠 일정으로, 쿠알라룸푸르 시내와 가까운 주변 여행지들을 돌아보고 하루는 말라카를 당일치기로 다녀오는 코스다. 혼자 또는 친구끼리 함께하기에 적당하다. 쇼핑이 쿠알라룸푸르 여행의 중요한 키워드인 만큼 가능한 한 가방에 여유 있게 짐을 꾸리고 늘어날 짐에 대비해 접이식 에코백도 하나 더 가져가는 것이 좋겠다.

쿠알라룸푸르 Kuala Lumpur

🏢 도시 정보

★ **시차**

서울보다 1시간 느리다.

★ **비자**

말레이시아는 무비자 협정국이기 때문에 90일까지 무비자로 방문할 수 있다. 여권 유효기간이 6개월 이상 남아 있어야 한다.

★ **기후**

연중 21~33도의 고온다습한 열대성 기후를 보인다. 비가 자주 내리는 편으로 대체로 습하다. 3~4월과 9~11월 두 번의 우기가 찾아오는데 가을의 강수량이 가장 많다. 우리에겐 한여름인 6~9월이나 12~2월 겨울 시즌이 건기에 해당한다.

★ **여행 최적기**

계절상으로는 우기가 끝난 12~2월 사이에 여행하는 것이 가장 쾌적하고, 우기를 피해 6~9월 여름에 여행하는 것도 좋다.

★ **옷차림**

늘 덥고 습해서 가볍고 시원한 여름 옷차림이 적당하다. 다만 냉방 시설이 잘 갖춰져 실내 쇼핑센터와 테마파크, 호텔에서 시간을 보낸다면 오히려 쌀쌀하게 느껴질 수도 있으므로 걸칠 옷이 필요하다. 이슬람 국가인 만큼 사원 등 주요 시설에서는 반바지, 민소매 등의 옷차림에 제한이 있는데 입구에서 긴 옷을 빌려 입고 입장할 수 있다. 이슬람 문화를 고려하여 가급적 노출이 심한 옷차림은 삼가는 것이 좋다.

★ 종교

이슬람교가 국교로 지정되어 있으나 종교의 자유가 있어 불교, 힌두교, 기독교 등이 존재한다.

★ 언어

말레이어를 공용어로 사용하지만 영어도 널리 통용되고 있다. 다민족 국가인 만큼 지역이나 인종에 따라 각자의 고유 언어를 사용하고 있다.

★ 전압

220~240볼트, 50헤르츠를 사용하기 때문에 60헤르츠를 사용하는 우리나라 전자제품을 대부분 쓸 수 있다. 다만 3구형의 콘센트 플러그로 플러그 모양이 달라 멀티 어댑터가 필요하다. 인천 공항에 있는 각 통신사 로밍 센터에서 무료 혹은 보증금을 내고 대여가 가능하며 호텔에 숙박할 경우 리셉션에 요청하면 된다. 저가형 숙소의 경우 어댑터가 없을 수 있다.

★ 치안&주의 사항

이슬람 국가여서 안전을 걱정하는 이들도 많으나 치안은 상당히 안정적인 편이다. 밤에도 거리를 돌아다니는 사람들이 많다. 단, 늦은 밤 차이나 타운이나 리틀 인디아 지역 또는 외진 골목을 혼자 다니는 것은 주의하자.

★ 인터넷

대부분의 숙소에서 무료 와이파이를 지원하고 있으며 레스토랑이나 카페에서도 무료 인터넷을 제공하는 곳이 많다. 하지만 대부분 암호가 걸려 있어 패스워드를 물어봐야 한다. 맥도날드에서도 인증 후에 와이파이를 사용할 수 있다.

★ 비상 연락처

❶ 한국 공관 (주말레이시아 한국 대사관)
📞 60 603-4251-2336 (영사과 4251-4904)
🕗 08:30~12:00, 13:30~17:00
🏠 No. 9 & 11, Jalan Nipah, Off Jalan Ampang, Kuala Lumpur
📶 mys.mofa.go.kr/korean/as/mys/main/index.jsp

❷ 현지 경찰
📞 응급 시 999

★ 여행 팁

쿠알라룸푸르는 내륙에 있어 해변이나 멋진 자연 경관은 없지만 다채로운 문화와 이벤트, 대규모의 쇼핑센터, 다양한 테마파크가 있는 도시형 여행지다. 홍콩보다 더 크고 다양한 쇼핑센터와 상점들이 가득한 도시로 국내에 없는 유럽의 다양한 브랜드와 현지 브랜드들을 저렴한 가격에 만날 수 있다. 연중 세 번의 특별한 세일 기간이 있는데, 3~4월에는 F1 그랑프리가 개최되는 동안 그랑프리 세일이 진행되고, 7~8월에는 메가 세일 카니발이 진행되어 전 지역에서 15~70프로 특가 세일을 누릴 수 있다. 11~12월에는 연말 시즌으로 파격적인 세일이 이뤄진다.

세일 이벤트 외에 다양한 문화 행사도 개최된다. 7~8월 중(날짜는 매번 다름) 한 달간 금식을 하는 이슬람 종교 행사인 라마단이 열리는데 라마단이 끝나는 날이 '하리 라야 푸아사'라는 명절로, 이날에는 주요 박물관이나 식당 등 문을 열지 않는 곳이 많다. 8월 말에는 '하리 메르데카'라는 독립기념일로 다양한 행사가 한 달간 진행된다. 3월에는 국제 슈 페스티벌이, 10~11월 중에는 '디파발리'라는 빛의 신년 축제가 열린다.

시내를 조금만 벗어나면 주변에 다양한 테마파크와 놀이 시설이 많다. 대규모의 리조트형 호텔과, 카지노, 워터파크, 쇼핑몰, 놀이공원, 동물원, 테마형 정원, 농장 등 다양한 즐길 거리가 있는 도시이다.

★ 쿠알라룸푸르 쇼핑 팁

투어리스트 프리 빌리지 카드: KLCC 수리야, 파빌리온, 미드밸리 메가몰에서 여행자 전용 할인 카드를 발급받을 수 있다. 여권을 보여주고 숙박하는 호텔 이름을 대면 무료로 발급해준다. 이 카드가 있으면 추가로 할인을 받을 수 있으니 꼭 이용해보자. 각 쇼핑몰의 컨시어지나 인포 센터에서 발급받을 수 있다. 할인율은 브랜드마다 다르다.

통화&환전

★ 통화

말레이시아의 화폐 단위인 링깃(ringgit)은 MYR, RM으로 표기하며 RM10=2,730원 정도다. (2015년 12월 기준) 최근 말레이시아 링깃의 환율이 급락했는데 예전에는 RM10이 3,000원이 넘는 경우가 많았다.

★ 환전

❶ 시중 은행 이용

주거래 은행에서 원화를 링깃으로 환전할 수는 있다. 단, 주요 거래 화폐가 아니라서 보유 지점이 제한적이니 방문 전에 확인이 필요하며 환율이 다소 불리하다. 인터넷 환전으로 수령 가능 지점을 확인하여 가까운 지점이나 공항에서 수령하는 것이 편리하다.

❷ 현지에서 환전하기

달러나 원화를 현지 환전소에서 링깃으로 환전할 수 있다. 국내 은행보다 대체로 환율이 좋은 편이다. 쿠알라룸푸르 시내 곳곳, 호텔이나 쇼핑몰 등에 환전소가 많이 있으며 5만 원권 원화를 바로 링깃으로 환전할 수 있어 편리하다. 달러를 링깃으로 환전하는 것이 환율이 더 좋지만 원화-달러-링깃으로 두 번 환전하며 발생하는 수수료를 생각하면 결국 비슷하다.

❸ 국제 현금카드

시티은행이나 ExK 해외 현금 인출 서비스를 이용하여 국내에서 발급받은 체크카드를 이용, 현지 ATM에서 필요한 만큼 링깃으로 뽑아 쓸 수 있다. 여타 해외 현금 인출 카드보다 수수료가 저렴하며 필요할 때 조금씩 뽑을 수 있어 편리하다. 취급 가능한 ATM은 시내 곳곳에서 어렵지 않게 찾을 수 있다.

★ 환전 팁

링깃을 남겨 올 경우 국내에서 원화로 환전하면 환율이 좋지 않다. 소량만 환전하여 사용하고 모자라는 부분은 국제 현금카드로 뽑아 쓰는 것이 더 유리하다. 또한 환전을 위해 원화나 달러를 준비해 간다면 가능한 한 큰 단위의 화폐로 준비하는 것이 환율이 좋다.

 교통

★ 대중교통

❶ 지하철 · 모노레일

쿠알라룸푸르 시내는 대중교통과 도보로 이동 가능하다. 지하철과 모노레일이 있는데, LRT라고 하는 세 개의 라인과 KTM 커뮤터라는 두 개의 라인, 모노레일 한 개 노선, 공항으로 가는 익스프레스 노선이 있다. 요금은 거리에 따라 다르고 1링깃부터 시작된다. 역내에 있는 터치 스크린 자판기에서 노선표를 보고 목적지를 선택한 후 요금을 확인하고 티켓을 구매하면 된다.

❷ Go KL 무료 셔틀버스

쿠알라룸푸르 시에서 운행하는, 관광객을 위한 무료 셔틀이다. 네 개 노선이 있는데 지하철로 이동하기 애매한 구간에서 틈틈이 이용하기 좋다.

❸ 택시

택시를 쉽게 이용할 수 있지만 시내 교통 체증이 심하고 일방통행 도로가 많아 더 오래 걸릴 수 있다. 거리에서 잡아타는 택시들은 미터기를 켜지 않고 흥정을 해야 하는 경우도 있으며 호텔에서 불러주는 블루캡 택시가 조금 더 비싸지만 안전하다. 러시아워에는 대중교통을 이용하자.

★ 공항에서 시내로 이동

❶ 클리아 익스프레스 열차 이용하기
쿠알라룸푸르 국제 공항에서 시내로는 센트럴 역까지 가는 클리아 익스프레스(KLIA ekspres)를 이용하는 것이 가장 빠르다. 센트럴 역까지 28분 정도 소요되며 아침 5시부터 익일 새벽 1시까지 15~20분마다 운행한다. 요금은 편도 35링깃으로 1만 원이 좀 넘는 정도다.

❷ 버스 이용하기
익스프레스 버스(express bus)는 가장 저렴한 방법으로 요금은 10링깃이며 시내까지 총 1시간 정도 걸린다. 버스는 2층 정류장에서 출발한다.

❸ 택시 이용하기
인원이 여럿이라면 3층 카운터에서 쿠폰을 구입하여 버짓 택시를 이용하는 것이 유리할 수 있다. 부킷 빈탕까지 1시간 정도 걸리며 요금은 80링깃 정도지만 인원과 캐리어 수, 도착지에 따라 요금은 상이하다.

★ 쿠알라룸푸르에서 말라카로 이동

쿠알라룸푸르에서 말라카로 가려면 우선 LRT 4번 라인의 반다타식셀라탄 역으로 가야 한다. 역에서 연결된 TBS 버스 터미널에서 말라카로 가는 버스를 탈 수 있다. 트랜스내셔널이나 KKKL 익스프레스 등 몇 개의 회사가 운행 중이며 첫차는 아침 7시 30분에 출발하고 돌아올 때 막차는 저녁 8시 30분이다. 편도 13.4링깃으로 버스 회사에 따라 가격 차가 있다. 온라인으로 미리 예약해도 되고 현장에서 바로 구매해도 된다. 소요 시간은 약 2시간 정도다.

★ 온라인 예매(좌석 선택 가능) : www.malaysiabus.com

 **항공**

★ 비행 소요 시간

직항으로 약 6시간 30분 정도 걸린다.

★ 직항 항공사

에어아시아, 대한항공, 말레이시아항공이 있다.

★ 추천 항공 루트

직항 노선을 운행하는 항공사가 많지 않지만 에어아시아를 이용하면 상시 저렴한 가격으로 쿠알라룸푸르를 방문할 수 있다. 출국 시에 오전, 오후에 출발하는 두 대의 항공편을, 귀국 시에는 심야, 아침 출발 항공편을 매일 운항 중이다.

★ 예상 항공료

에어아시아는 28~40만 원대, 대한항공과 말레이시아항공은 50~80만 원대이다.

여행 예산

★ **쿠알라룸푸르 물가 한눈에 보기**

항목	말레이시아 링깃	원화	비고
KLIA ekspres	RM35	9,700원	공항에서 시내 열차 편도 1인
말라카행 버스	RM13.4	3,700원	편도 1인
콜마트로피컬 패키지	RM60	16,700원	보태니컬 가든+재패니즈 빌리지 +왕복 셔틀버스 포함 1인
모노레일 1회	RM1.2	335원	편도 1인 기본 요금
아이스 카페 라테	RM11.1	3,070원	커피빈, 카페 음료
콜라 1캔	RM1.9	530원	편의점
푸드코트 식사	RM20	5,600원	카레, 볶음밥, 누들 등 기본 메뉴
사테	RM7	2,000원	길거리 꼬치구이
레스토랑 식사	RM35	9,700원	1인 기준, 메뉴따라 다름
빈치 샌들 1켤레	RM53	15,000원	신발·잡화류 로컬 브랜드
빅맥 지수	RM7.65 (USD 2.1)	2,100원	한국은 USD3.7

★ 물가 변동에 따른 가격 차이가 있을 수 있음 (2015년 8월 환율 기준 대략적인 금액)

★ **총예산**

쿠알라룸푸르는 대도시인 만큼 다른 동남아 지역에 비해 물가가 그리 저렴하지 않다. 시내의 레스토랑에서 식사를 한다면 국내보다 약간 저렴한 수준이다.

★ 총 예상 경비 ★
(1인 기준)

✈ **항공료** (왕복)	350,000원
🧳 **숙박비** (2인1실, 1인 부담금 기준) 40,000원 × 4박	160,000원
🥥 **식비** 30,000원 × 5일	150,000원
🚊 **교통비** (대중교통+말라카+택시)	50,000원
👓 **기타** (입장료, 마사지 등)	100,000원
총 계	**810,000원**

★ 기타는 소소한 기념품, 입장료, 호텔 팁 등 잡비를 의미한다. 쇼핑은 여행자에 따라 금액이 상이하므로 예산에 포함하지 않았다. 각 항목의 정확한 금액은 여행 시기나 선택에 따라 달라질 수 있다.

첫째 날 일정 한눈에 보기

푸트라자야 > 부킷빈탕

쿠알라룸푸르 국제 공항에서 나와 클리아 익스프레스를 타고 일단은 푸트라자야로 간다. 푸트라자야까지는 공항에서 단 두 정거장 거리로 6.2링깃이면 된다. 푸트라자야는 세종시 건설의 모델이 된 행정 수도로, 조용하지만 아름다운 건축미를 확인할 수 있는 도시. 핑크 모스크와 노을이 아름답기로 특히 유명하다. 푸트라자야와 핑크 모스크를 둘러보고 다시 클리아 익스프레스를 탄다. 이제 쿠알라룸푸르로 가야 할 시간. KL 센트럴 역에서 하

- ↑ KL 센트럴 방향
- ★ 2~4 푸트라자야
- ★ 1 쿠알라룸푸르 국제 공항 (KLIA)
- ● KL 타워
- 마지드 자맥
- KL 새공원
- 센트럴 마켓
- 차이나타운
- ● 국립 모스크
- KL 센트럴 역 5 ★
- ↓ 푸트라자야 방향

차, 모노레일로 갈아타고 일단 잡아둔 숙소로 향한다. 쇼핑몰과 상점들이 밀집한 부킷빈탕에 숙소를 잡는 것이 쇼핑과 식도락에 있어서는 더 편리하고 공항과 주변 교통수단을 고려한다면 센트럴 역 근처의 숙소가 편리하다. 호텔에 짐을 넣어두고 일단은 배를 채우러 가보자. **부킷빈탕** 역 근처 **잘란알로**에 가면 말레이식의 꼬치 요리인 사테를 파는 노천 식당들이 늘어서 있다. 다양한 사테 요리와 볶음밥에 맥주 한잔으로 저녁 시간을 보내는 여행자들 사이에 끼어 저녁을 먹었으면 슬슬 부킷빈탕 주변을 둘러보자. 사거리 코너에 떡하니 서 있는 **랏 10** 쇼핑몰부터 **파렌하이트 88**과 **파빌리온**까지 대로를 따라 줄지어 서 있는 쇼핑몰들을 잠시 둘러보며 어떤 아이템들이 있는지 간단히 살펴두자. **파빌리온 지하의 마트**나 **푸드 리퍼블릭**도 좋은 구경거리다. 이렇게 부킷빈탕의 쇼핑몰들을 구경하며 첫날 저녁을 마친다. 근처에서 간단히 술을 한잔해도 좋겠다.

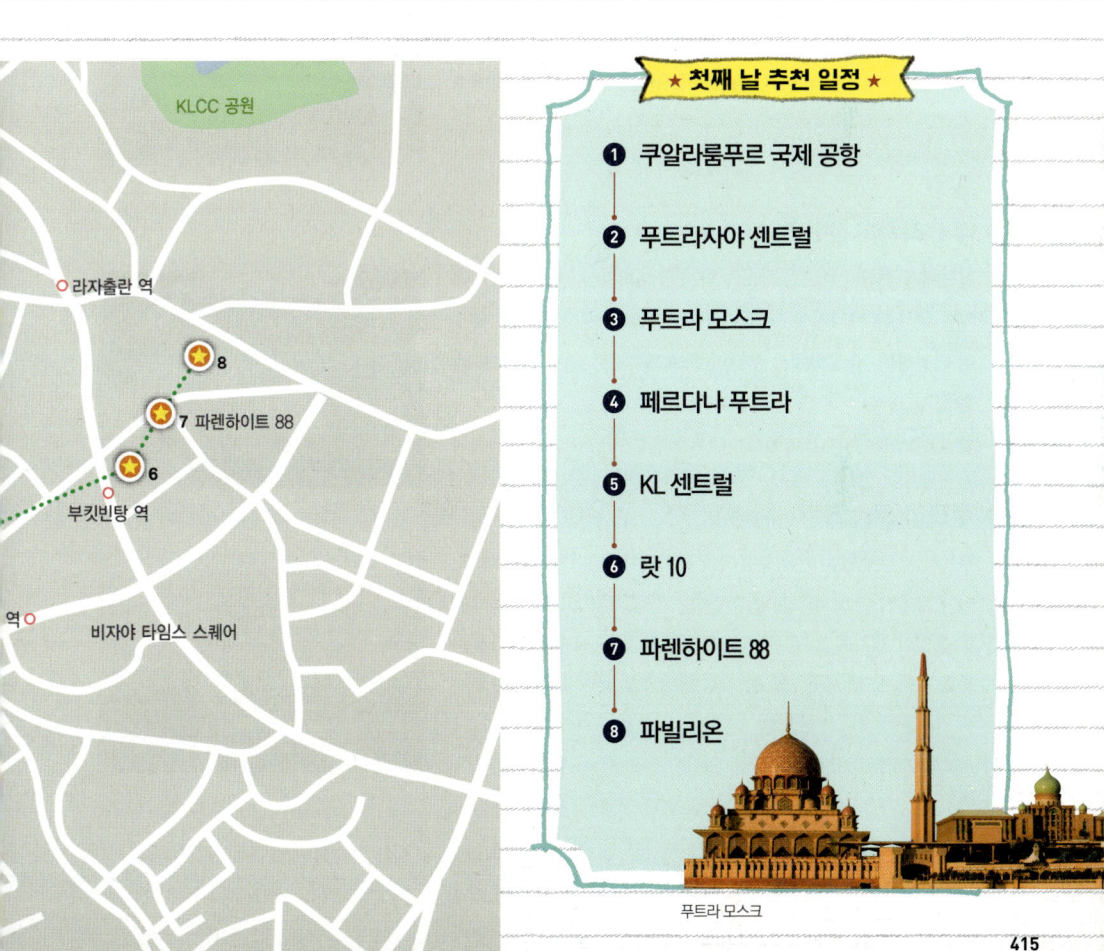

푸트라 모스크

DAY 1 첫째 날

SPOT 👓 추천 명소

푸트라자야 › 부킷 빈탕

❶ 쿠알라룸푸르 국제 공항(KLIA) Kuala Lumpur International Airport (KLIA)

말레이시아 대표 공항으로 쿠알라룸푸르의 남쪽에 있다. 쿠알라룸푸르 시내로 가는 클리아 익스프레스, 공항버스 등이 잘 연결되어 있어 이동이 편하다.

📍 Jalan Cta 2, Kuala Lumpur International Airport (KUL), Kuala Lumpur International Airport, Klia, Selangor

🌐 www.klia.com.my

❷ 푸트라자야 센트럴 Putrajaya Sentral

공항에서 클리아 익스프레스를 타고 푸트라자야 센트럴 역으로 가면 된다. 푸트라자야 지역을 관광할 때는 택시나 도보로 이동이 가능하며, 중앙역에서 푸트라 모스크까지는 택시로 10여 분 걸린다.

📍 Lebuh Perdana Barat, Presint 7, Putrajaya

❸ 푸트라 모스크 Putra Mosque

푸트라 광장에 있는 연한 분홍색의 모스크이다. 맘루크와 무어 양식이 적용된 이 모스크 본당 내부에는 기하학적이고 화려한 이슬람 문양이 새겨져 있다. 모스크에 입장할 때는 오른쪽에 위치한 무료 가운 대여소에서 가운을 빌려 입어야 입장 가능하며, 신자들이 기도를 하거나 명상을 하고 있으므로 조용히 관람해야 한다.

📍 Jalan P8a/1, Presint 8, Putrajaya

🕐 09:00~12:30 14:00~16:00 17:30~18:00, 금 15:00~16:00 17:30~18:00

🌐 www.masjidputra.gov.my | 💲 무료

④ 페르다나 푸트라 Perdana Putra

말레이시아 총리부 청사인 페르다나 푸트라는 한 개의 커다란 메인 돔과 네 개의 작은 돔으로 이루어진 건물로 푸트라자야의 랜드마크이다.

🏛 Persiaran Sultan Sallahuddin Abdul Aziz Shah, Presint 1, Putrajaya

푸트라자야 투어 팁

주말이면 1링깃으로 2시간가량의 투어 버스를 이용할 수 있는데 오전 11시와 오후 3시에 푸트라자야 센트럴에서 출발한다. 푸트라자야 센트럴의 아이센터(인포메이션 센터)에서 정보를 확인할 수 있다. 선착순이라 자리가 꽉 차면 탑승할 수 없으니 마감되기 전 서둘러 갈 것. 투어 버스 대신 택시를 이용할 수 있는데, 아예 2시간 정도 잡고 택시 투어를 하는 것도 괜찮은 방법이다. 택시 투어는 2만 5,000원 정도 든다.

⑤ KL 센트럴 역 KL Sentral

쿠알라룸푸르 여행의 시작점으로 동남아시아에서 가장 큰 기차역이자 쇼핑센터다.

🏛 KL Sentral, Kuala Lumpur

📶 www.klsentral.com.my

⑥ 랏 10 Lot 10

랏 10은 파빌리온보다 낮은 연령층을 대상으로 한 쇼핑몰로 H&M, 유니클로, 자라 등 글로벌 스파 브랜드는 물론 로컬 보세 브랜드까지 저렴한 가격대로 쇼핑할 수 있는 곳이다.

🏛 KL Sentral, Kuala Lumpur

⏰ 10:00~22:00

📶 www.lot10.com.my

❼ 파렌하이트 88 Fahrenheit 88

10~20대를 타깃으로 하는 젊은 감각의 쇼핑몰로 250여 개의 매장이 있다. 다양한 로컬 패션 브랜드와 아웃렛 등이 입점해 있으며 연중 다양한 이벤트가 진행된다.

- Jalan Bukit Bintang, Bukit Bintang, Kuala Lumpur
- 10:00~22:00
- www.fahrenheit88.com

❽ 파빌리온 Pavilion

쿠알라룸푸르 최고의 쇼핑몰로 지하 1층에서 지상 7층까지 있다. 명품 브랜드부터 중저가 브랜드, 레스토랑까지 입점해 있어 한 번에 쇼핑하기 좋다. 그랜드 밀레니엄, JW 메리어트 등 특급 호텔과 스타힐 갤러리 등 쇼핑몰이 모여 있는 파빌리온 앞 분수 광장은 1년 내내 이벤트와 전시가 끊이지 않아 방문객들에게 또 다른 재미를 선사한다.

- Jalan Bukit Bintang, Bukit Bintang, Kuala Lumpur
- 10:00~22:00
- www.pavillion-kl.com

TASTE 주변 추천 맛집

푸트라자야 > 부킷빈탕

잘란알로 Jalan Alor Food Street

대표적인 노천 포장마차 길로 저렴한 로컬 음식과 중국식 해산물 요리, 바비큐 등을 파는 가게들이 있다. 가게 대부분의 가격이 비슷하니 둘러보고 마음에 드는 곳을 찾아가면 된다. 낮부터 영업하는 곳도 있지만 대부분 오후 5시가 넘어 문을 열기 시작하여 새벽 3시까지 영업한다.

- 1-81 Jalan Alor, Bukit Bintang, Kuala Lumpur
- 17:00~03:00 (가게에 따라 다름)

푸드 리퍼블릭 Food Republic

파빌리온에 위치한 푸드코트로 싱가포르에 본사를 둔 유명한 푸드코트 체인이다. 다국적 메뉴를 선보이고 있어 다양한 요리를 맛볼 수 있으며 저렴한 가격에 든든하게 한 끼 챙길 수 있어 여행객에게 인기가 좋다.

- Jalan Raja Chulan, Kuala Lumpur, Kuala Lumpur
- 10:00~22:00

스모크하우스 레스토랑 Smokehouse Restaurant

영국 요리뿐만 아니라 태국 요리도 선보이고 있는 아늑하고 포근한 분위기의 레스토랑. 영국식 요리인 피시&칩스와 소고기를 반죽에 싸서 구워낸 비프 웰링턴 등이 대표 메뉴다.

- Jalan Telawi 3, Bangsar Baru, Kuala Lumpur
- 런치 12:00~15:00 하이 티 타임 15:00~18:00 디너 18:00~23:00

둘째 날 일정 한눈에 보기
쿠알라룸푸르 시티 투어

오늘은 본격적으로 쿠알라룸푸르 시내를 관광해보자. 가장 먼저 국립 모스크부터! 말레이시아의 국교인 이슬람교를 상징하는 곳으로 아름다운 건축미와 경건한 분위기가 색다르다. 엄숙하지만 아름다운 자태의 국립 모스크를 구경하고 다시 쿠알라룸푸르 역을 지나 건너편의 차이나타운으로 간다. 자질구레한 제품들과 길거리 음식, 과일 등을 구경하며 센트럴 마켓 쪽으로 걸어가보자. 기념품 쇼핑으로 딱 좋은 센트럴 마켓은 각종 수공예

품을 파는 전통 시장이다. 시원한 망고 주스를 마시고 소소한 기념품도 사며 슬슬 걸어 시티 갤러리로 간다. 여행 사진 포인트가 되는 'I♡KL'라고 적힌 구조물이 바로 이곳에 있다. 갤러리에서 나와 바로 옆에 있는 잔디 광장인 메르데카 광장으로 가면 술탄 압둘 사마드 빌딩의 위엄 있는 모습이 셔터를 누르게 만든다. 메르데카 광장을 뒤로하고 마지드 자멕 사원을 보러 간다. 국립 모스크와는 다른 아담한 매력이 있는데 현지인들이 예배를 드리는 모습에 더 현장감이 있다. 이제 KL 타워 전망대로 간다. 페트로나스 트윈 타워와 쿠알라룸푸르 시내 전경을 볼 수 있어 많은 여행자들이 찾는 뷰 포인트다. 타워 전망대에 올라 도시의 전경을 감상하고 이제 페트로나스 트윈 타워로 가자. KL 타워 정문에서 걸어서 15~20분 정도면 갈 수 있다. 조금 피곤하다면 KL 타워를 포기하고 마지드 자멕에서 KLCC까지 LRT를 타고 바로 이동해도 좋다. 해가 뉘엿뉘엿할 때 서서히 불이 들어오는 페트로나스 타워를 제대로 감상하려면 트윈 타워 앞 KLCC 공원으로 가는 것이 좋다. 분수대와 함께 멋진 야경을 만날 수 있다. 트윈 타워 내부에 있는 수리야 KLCC 쇼핑센터를 구경하고 이곳에서 저녁 식사도 해결한다. KLCC에서 부킷 빈탕의 파빌리온까지는 육교로 연결되어 있어 쭉 따라 걸어가면 20여 분 만에 파빌리온에 다다를 수 있다. 아직 체력이 남았다면 신나는 밤을 보낼 클럽 주크로 가보자. 부킷빈탕의 버자야 타임스 스퀘어에서 도보 10분 정도 거리에 있다.

둘째 날 추천 일정

1. 국립 모스크
2. 차이나타운
3. 센트럴 마켓
4. 쿠알라룸푸르 시티 갤러리
5. 메르데카 광장
6. 술탄 압둘 사마드 빌딩
7. 마지드 자멕
8. KL 타워
9. KLCC 공원
10. 페트로나스 트윈 타워
11. 수리아 KLCC
12. 주크

DAY 2 둘째 날

SPOT 👓 추천 명소

쿠알라룸푸르 시티 투어

❶ 국립 모스크 National Mosque

말레이시아 이슬람의 상징으로 1965년 문을 열었다. 메카의 그랜드 모스크에서 영감을 받았으며, 하늘을 찌를 듯한 74미터 높이의 첨탑과 푸른색 지붕이 이슬람 양식을 현대적으로 표현하고 있다. 복장을 갖춘 후 국립 모스크에 입장할 수 있는데, 예배당은 무슬림만 들어갈 수 있다. KTM을 타고 쿠알라룸푸르 역에서 내리면 3분 거리에 있다.

- Jalan Perdana, Tasik Perdana, Kuala Lumpur
- 09:00~12:00 15:00~16:00 17:40~18:00, 금 15:00~16:00 17:40~18:30
- www.masjidnegara.gov.my/v2/ | 💲 무료

❷ 차이나타운 Chinatown

쿠알라룸푸르에서 이슬람이 아닌 중국의 색채를 느낄 수 있는 곳으로 쿠알라룸푸르 전체 인구 50프로 이상을 차지하는 중국계 주민들이 많은 지역이다. 주변에 센트럴 마켓과 역사적 가치가 있는 중국식 건축물 등이 있어 같이 둘러보기 좋으며, 중식당이 많아 주말에는 식사를 하러 나온 현지인과 여행자들로 붐빈다. 밤에는 야시장이 들어서서 더욱 활기차다.

- Jalan Hang Lekir, City Centre, Kuala Lumpur

❸ 센트럴 마켓 Central Market

1888년에 개장한, 역사와 전통을 가진 시장으로 쇼핑뿐만 아니라 말레이시아의 문화와 전통을 이해하는 데 도움이 되는 곳이다. 말레이시아 전통 연을 상징으로 하며, 말레이 거리, 인디아

거리, 콜로니얼 거리 등의 테마로 나뉘어 있다. 저렴한 가격에 기념품과 선물을 고를 수 있어 여행객에게 특히 흥미로운 쇼핑 장소이다. 주말에는 마켓 주변에서 민속 음악이나 춤 공연 등이 진행되어 볼거리가 많다.

Jalan Benteng, City Centre, Kuala Lumpur | 10:00~22:00 | www.centralmarket.com.my

❹ 쿠알라룸푸르 시티 갤러리 Kuala Lumpur City Gallery

메르데카 광장 옆에 있는 고풍스러운 건물로 1층에는 기념품 숍과 전시실, 2층에는 쿠알라룸푸르 시내 모형을 야경과 함께 보여주는 영상실이 있다. 시티 갤러리에서는 무료로 와이파이를 사용할 수 있어 여행자들이 여행 정보를 얻기 좋으며 특히 건물의 입구에 있는 'I ♡ KL' 조형물은 여행자들에게 포토 존으로 인기가 높다.

3813, Jalan Raja, City Centre, Kuala Lumpur
08:00~18:00, 연중무휴 | www.klcitygallery.com

❺ 메르데카 광장 Merdeka Square

1957년 8월 영국 국기를 철거하고 말레이시아 국기를 게양하면서 독립 선언이 이루어졌던 역사적인 장소다. 현재는 말레이시아 국기와 각 주의 깃발이 게양되어 있으며, 해마다 독립 기념 행사 등 다양한 행사가 치러진다. 메르데카 광장 주변으로 구시청 건물과 국립 역사 박물관, 술탄 압둘 사마드 빌딩이 자리한다.

Jalan Raja, City Centre, Kuala Lumpur

❻ 술탄 압둘 사마드 빌딩 Sultan Abdul Samad Building

쿠알라룸푸르의 랜드마크로 영국 식민지 시절에 건축되었다. 1897년에 지어진 무어 양식의 벽돌 빌딩으로 중앙의 시계탑과 구릿빛의 아름다운 돔이 눈길을 끈다. 새해를 맞는 신성한 의식과 국가 독립 기념일인 8월 31일에 중심 역할을 하는 곳으로 현재는 대법원과 섬유 박물관으로 사용되고 있다.

Jalan Raja, City Centre, Kuala Lumpur

❼ 마지드 자멕 Jamek Mosque

1909년에 지어진, 쿠알라룸푸르에서 가장 오래된 사원 중 하나로 국립 모스크가 건립되기 전까지 쿠알라룸푸르 최고의 모스크 사원이었다. 인도 무굴 양식과 이슬람 양식의 영향을 받았고 아름다운 무굴의 문양과 아치가 인상적인 곳으로 라마단 기간에는 금식에 지친 사람들의 휴식처가 되기도 한다. 입장 시간이 제한되어 있으니 꼭 확인하고 방문해야 하며 입구에서 방명록에 이름을 남기고 여성은 차도르를 빌려 입어야 입장할 수 있다.

  🗺️ Jalan Mahkamah Persekutuan, City Centre, Kuala Lumpur
  🕒 08:30~12:30 14:30~16:00, 금요일 휴무

❽ KL 타워 KL Tower

높이 421미터, 지상 10층 규모의 KL 타워는 쿠알라룸푸르의 랜드마크이다. 화려한 조명이 돋보이는 건물 외관이 아름다워 '다이아몬드 인 블랙'이라는 별명이 붙었으며 타워 전망대에서 바라보는 시내 풍경이 매우 근사해 많은 관광객들이 찾는다. 마지드자멕 역에서 LRT를 타고 파사세니 역으로 간 뒤 무료 시티 버스인 Go KL 퍼플 라인을 타고 갈 수 있다. 언덕 위에 있는데 입구에서 무료 셔틀이 15분마다 다니므로 편하게 오를 수 있다. 마지드 자멕에서 택시로 5~10분 정도면 도착한다.

  🗺️ 17 Lorong Raja Chulan, Kuala Lumpur, Kuala Lumpur
  🕒 09:00~22:00 | 📶 www.menarakl.com.my

❾ KLCC 공원 KLCC Park

페트로나스 트윈 타워 앞에 펼쳐진 공원으로 쿠알라룸푸르의 휴식 공간이다. 어린이 놀이터, 심포니 분수, 조깅 트랙, 산책로와 벤치, 쉼터가 있다. 밤 8시가 되면 연못에 있는 두 개의 분수가 화려한 조명과 심포니에 맞춰 분수 쇼를 보여준다.

  🗺️ Jalan Lumba Kuda, Kuala Lumpur City Centre, Kuala Lumpur
  🕒 24시간

⑩ 페트로나스 트윈 타워 Petronas Twin Towers

쿠알라룸푸르의 랜드마크인 페트로나스 트윈 타워는 지상 88층, 지하 4층으로 구성된 건물로 타워 1은 일본, 타워 2는 대한민국이 건설했다. 1~5층에는 쿠알라룸푸르 최대 쇼핑몰 중 하나인 KLCC 수리아가 있으며 그 외는 유명 기업들의 사무실로 사용되고 있다. 두 건물의 42층 높이에 스카이 브리지가 있어 서로 연결되며 거기서 전망대 관람이 가능하다. 입장 전에 미리 티켓을 받아놓아야 하는데 아침 일찍 가지 않으면 티켓을 받기 어렵다.

🏛 Persiaran Petronas, Kuala Lumpur City Centre, Kuala Lumpur
⏰ 화·목·토·일 09:00~21:00, 금 09:00~13:00 14:30~21:30, 월요일 휴무 | 📶 www.petronastwintowers.com.my

⑪ 수리아 KLCC Suria KLCC

파빌리온과 더불어 쿠알라룸푸르의 대표 쇼핑몰로 LRT KLCC 역과 연결되어 있다. 최고의 명품 브랜드부터 중저가 브랜드까지 거의 모든 브랜드가 입점해 있으며, 유명 식당과 푸드코트, 영화관, 과학 체험관 등이 모여 있다.

🏛 1, Persiaran Petronas, Kuala Lumpur City Centre, Kuala Lumpur | ⏰ 10:00~22:00 | 📶 www.suriaklcc.com.my

⑫ 주크 Zouk

싱가포르에서 시작된 유명 클럽으로 새로 지은 TREC 복합 엔터테인먼트 센터로 이전하며 최근 재오픈했다. 20대 초반의 젊은 층 사이에서 제일 잘나가는 클럽이다. 유명 DJ들의 디제잉과 다양한 이벤트가 펼쳐지는 금·토요일은 젊은이들과 외국인들로 북적인다. 입장료에는 주류 한 잔 값이 포함되어 있다. 버자야 타임스 스퀘어에서 잘란부킷빈탕 로드를 따라 도보 10여 분 거리에 있다.

🏛 Lebuhraya SMART, KelaBGolf di Raja Selangor, Kuala Lumpur
⏰ 화-토·공휴일 전날 22:00~ | 📶 www.zoukclub.com.my

TASTE 주변 추천 맛집

쿠알라룸푸르 시티 투어

올드 차이나 카페 Old China Cafe

차이나타운에 위치한 뇨냐 요리 전문점으로 뇨냐는 중국, 말레이, 포르투칼, 영국, 독일 등의 음식을 결합한 퓨전 요리다. 올드 차이나 카페의 내부는 옛 뇨냐 시대의 물건과 사진 등을 전시하고 있어 고풍스러운 분위기가 물씬 느껴진다. 코코넛 우유에 국수를 말아 먹는 뇨냐 락사가 대표 메뉴다.

- Lorong Panggung, City Centre, Kuala Lumpur
- 11:00~23:00
- www.oldchina.com.my

프레셔스 올드 차이나 Precious Old China

차이나타운에서 인기 있는 올드 차이나 카페를 센트럴 마켓 2층에 오픈한 중국식 레스토랑이다. 오래된 앤티크 가구들과 도자기로 꾸며진 실내는 고풍스러운 분위기를 연출해 음식 맛을 더욱 배가시켜 준다. 가격도 합리적인 편이다.

- Lot 2, Mezzanine Floor, Central Market, Jalan Hang Kasturi, Kuala Lumpur
- 11:00~22:00 | www.oldchina.com.my

송켓 레스토랑 Songket Restaurant

말레이 코스 요리를 주문하면 애피타이저부터 메인 요리까지 다양한 말레이시아 요리를 한 번에 경험할 수 있으며, 식사가 마무리 될 즈음에는 매력적인 민속 공연이 펼쳐진다. 추천 메뉴로는 송켓 플레터, 사테, 양고기구이인 캄빙 팡강 브렘파 등이 있다.

- 29, Jalan Yap Kwan Seng, Kampung Baru, Kuala Lumpur

⏰ 월-금 12:00~15:00 18:00~23:00, 토·일·공휴일 17:00~23:00 / 공연 20:30~21:15
📶 www.songketrestaurant.com

리틀 페낭 카페 Little Penang Cafe

수리아 KLCC 4층에 위치한 리틀 페낭 카페는 페낭의 대표 요리인 뇨냐 요리 음식점으로 중국과 말레이시아 퓨전 음식을 맛볼 수 있다. 추천 요리는 진한 국물이 일품인 락사, 아얌 퐁테 등이다.

🏠 1, Jalan Ampang, Kuala Lumpur City Centre, Kuala Lumpur
⏰ 11:30~21:15

다온 Da On Fine Korean Cuisine

한국적 문양이 잘 조화된 인테리어와 깔끔하고 뛰어난 맛의 음식으로 현지 유명인사들이 자주 찾는 곳이다. 인기 메뉴로는 생등심과 냉면이 있다. 현지 음식이 맞지 않을 때 가기 좋은 맛집이다. 파빌리온 6층에 위치해 있다.

🏠 Jalan Bukit Bintang, Bukit Bintang, Kuala Lumpur
⏰ 11:00~22:00

샤브 원 Shabu One

랏 10 3층에 위치한 스팀보트 뷔페로 저렴한 가격으로 무제한 스팀보트를 즐길 수 있는 곳이다. 반으로 나눠진 냄비에 치킨수프, 똠양수프, 중국식 핫&스파이시 수프, 맑은 파슬리&달걀 수프 중 두 가지를 골라 담은 다음 각종 육류와 해산물, 야채를 가져와 넣고 끓여 먹으면 된다.

🏠 50 Jalan Sultan Ismail, Bukit Bintang, Kuala Lumpur

셋째 날 일정 한눈에 보기

콜마 트로피컬 › 창캇부킷빈탕

각종 테마파크로 유명한 쿠알라룸푸르에 온 만큼 오늘은 그중 한 곳을 골라 가보자. 이번에 선택한 곳은 버자야 힐에 위치한 **콜마 트로피컬**! 프랑스 마을을 컨셉으로 지은 테마파크로 주변에 일본식 정원(재패니즈 빌리지), 동물원, 식물원, 티 하우스, 골프 클럽과 리조트가 있으며 아기자기한 분위기 속에서 산책하고 사진 찍으며 놀기 좋다. 콜마 트로피컬 외에도 카지노와 복합 엔터테인먼트 단지로 유명한 **겐팅 하이랜드**나 워터파크와 놀이

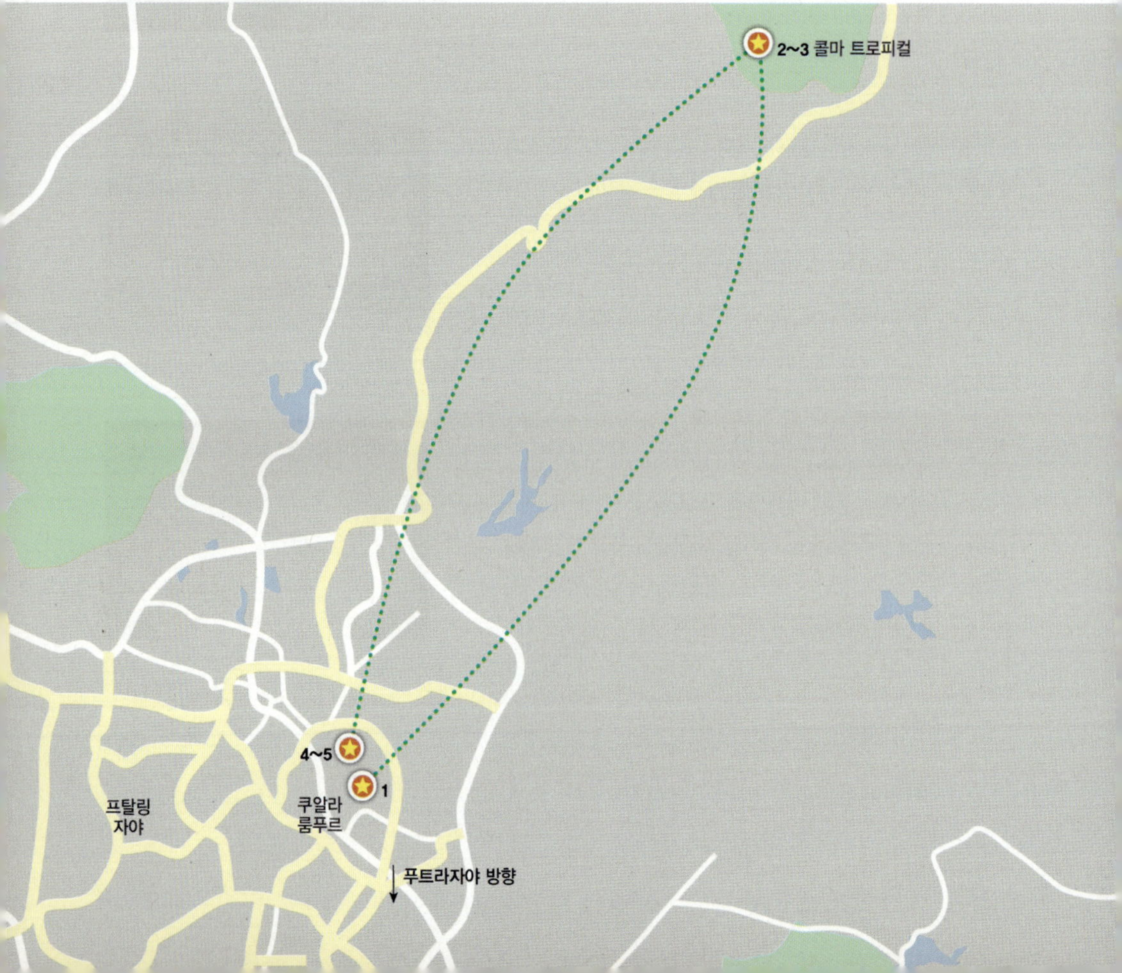

공원, 쇼핑몰이 함께 있는 선웨이 라군, 골프 치기 좋은 카메론 하이랜드 등 다양한 선택지가 있으니 취향에 맞는 테마파크를 고르면 되겠다. 부킨빈탕의 버자야 타임스퀘어 호텔에서 콜마 트로피컬로 가는 셔틀버스를 운행하는데 1시간 정도 소요되며 아침 10시에 출발한다. 콜마 트로피컬에서 거리를 누비다 맛있는 점심을 먹은 다음 재패니즈 빌리지로 간다. 무료 셔틀이 운행되니 미리 스케줄을 보고 움직이면 된다. 일본식 정원과 열대의 숲이 섞인 듯한 묘한 분위기를 느끼며 천천히 감상하자. 티 하우스도 있고 스파도 가능하다. 정원을 산책하며 휴식을 즐긴 뒤 다시 콜마 트로피컬로 돌아와 셔틀을 타고 쿠알라룸푸르의 버자야 타임스 스퀘어로 복귀한다. 부킷빈탕 근처, 세련된 맛집이 많다는 창캇부킷빈탕에서 저녁 시간을 즐겨보자. 말레이시아 음식뿐 아니라 다양한 서양식 메뉴도 찾을 수 있다. 트렌디한 레스토랑에서 저녁을 먹은 다음 전망 좋은 루나 바에서 칵테일 한잔에 쿠알라룸푸르의 야경을 감상하며 하루를 마무리한다.

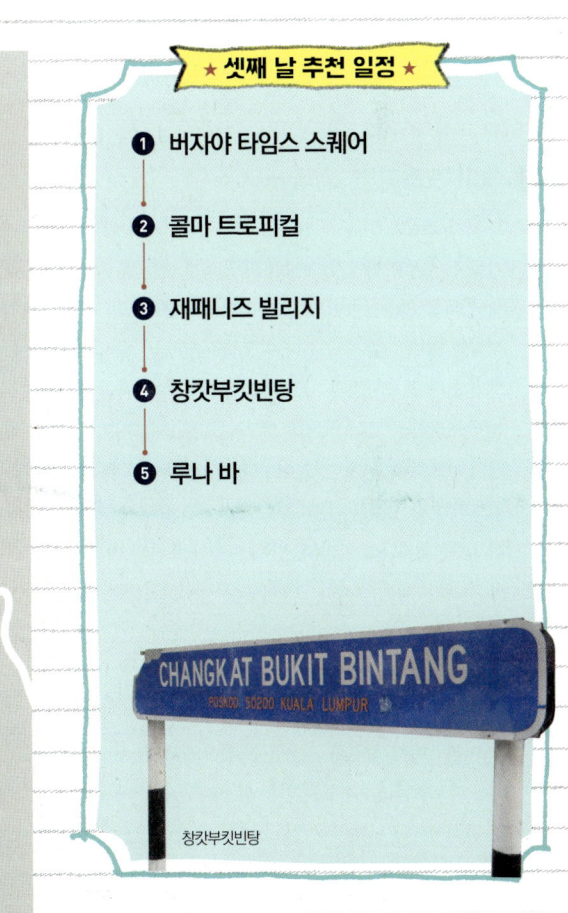

★ 셋째 날 추천 일정 ★

1. 버자야 타임스 스퀘어
2. 콜마 트로피컬
3. 재패니즈 빌리지
4. 창캇부킷빈탕
5. 루나 바

창캇부킷빈탕

DAY 3 셋째 날

SPOT 추천 명소

콜마 트로피컬 > 창캇부킷빈탕

❶ 버자야 타임스 스퀘어 Berjaya Times Square

말레이시아 쿠알라룸푸르에 위치한 트윈 타워에 쇼핑센터 두 개와 5성급 호텔, 테마파크, 영화관, 식당가 등이 모두 모여 있는 복합 공간이다. 중저가 브랜드들이 모여 있는 서민적인 쇼핑몰로 5층에는 쿠알라룸푸르에서 제일 큰 실내 놀이공원이 있다. 콜마 트로피컬에서 버자야 타임스 스퀘어로 돌아오는 셔틀은 오전 8시, 11시반, 오후 3시, 6시 반 총 네 차례 운행된다.

Berjaya Times Square, Jalan Imbi, Kuala Lumpur | 10:00~22:00

❷ 콜마 트로피컬 Colmar Tropicale

16세기 프랑스 알자스 지방을 본떠 만든 리조트로 고성을 연상시킨다. 동남아시아가 아니라 프랑스에 놀러 온 것 같은 착각이 들 정도로 골목골목이 프랑스 작은 마을처럼 잘 가꾸어져 있어 사진을 찍기에 좋고 구경하며 오붓하게 놀기 좋다. 전망대에 오르면 콜마 트로피컬과 샤토 리조트가 있는 버자야 힐 일대를 한눈에 조망할 수 있으며 이외에도 골프장, 재패니즈 빌리지, 어드벤처 파크, 동물원 등이 있어 여유가 된다면 1박을 하며 즐기는 것도 좋다. 버자야 타임스 스퀘어 호텔-콜마 트로피컬 간 셔틀을 운행하며 1시간이 소요된다. 타임스 스퀘어에서 10시, 1시, 5시, 8시에 출발하며 보태니컬 가든, 재패니즈 빌리지, 왕복 셔틀이 포함된 비용이 성인 60링깃이다.

Bukit Tinggi, Pahang, Bentong, Pahang | www.colmatropicale.com.my

❸ 재패니즈 빌리지 Japanese Village

열대우림 속에 위치한 일본풍의 마을로 일본 유명 건축가 카이오 아리즈미가 정원과 건물을 조성하였다. 재패니즈 빌리지 안에는 다도를 배울 수 있는 일본 티 하우스와 스파 등이 있어 체험과 휴식이 가능하며 티 하우스에서는 기모노를 대여해 기념 촬

영을 할 수 있다. 콜마 트로피컬에서 무료 셔틀버스를 타고 재패니즈 빌리지 정류장에서 하차한 후 약 5분 걸어가면 된다.
▼ 🚇 Persimpangan Bertingkat Lebuhraya Karak, Colmar Tropicale, Bukit Tinggi

❹ 창캇부킷빈탕 Changkat Bukit Bintang

트렌디한 레스토랑과 카페가 모여 있는 곳으로 고급스러운 파인 다이닝 레스토랑과 영국식 펍, 세련된 바가 거리의 양쪽에 자리 잡고 있다. 쿠알라룸푸르의 미식가들과 관광객의 발걸음이 끊이지 않는 곳이다.
▼ 🚇 15 Changkat Bukit Bintang, Bukit Bintang, Kuala Lumpur

❺ 루나 바 Luna Bar

퍼시픽 리전시 호텔 34층에 있는 루나 바는 외국인 관광객들로 항상 붐비는 핫한 클럽이다. 바의 중앙에는 커다란 수영장이 있어 색다른 분위기를 연출하며 1층 창가 쪽 자리는 미리 예약해야 앉을 수 있다. 2층은 루프톱 바의 분위기를 즐길 수 있는 곳으로 1층보다는 조용하게 대화를 나눌 수 있다.

🚇 KH Tower, Jalan Punchak, Off Jalan P.Ramlee, Kuala Lumpur
⏰ 10:00~01:00, 금·토·공휴일 전날 10:00~03:00

TASTE   주변 추천 맛집

콜마 트로피컬 > 창캇부킷빈탕

네로테카 Neroteca

이탈리안 레스토랑인 네로테카는 직접 생산하는 수제 햄과 치즈, 다양한 파스타와 해산물 요리를 선보이는데 피자는 메뉴에 없다. 선데이 브런치는 예약 없이 자리 잡기 힘들 정도로 인기가 많다.

🚇 Lorong Ceylon, Bukit Ceylon, Kuala Lumpur | ⏰ 11:30~23:30 | 🌐 www.neroteca.com

비잔 Bijan

각종 레스토랑 어워드에서 수년간 최고 상을 받아온 최고의 파인 말레이 요리를 선보인다. 최고급 재료를 이용해 제공하는 말레이 전통 요리는 외국인들에게 인기가 좋다. 메뉴 이름은 말레이어로 되어 있지만, 영어 설명이 있어 주문하기 크게 어렵지 않다.

🚇 1 Jalan Ceylon, Bukit Ceylon, Kuala Lumpur | ⏰ 16:30~23:00 | 🌐 www.bijanrestaurant.com

넷째 날 일정 한눈에 보기
말라카

말라카 여행은 당일치기로도 좋지만 여유가 있다면 1박 2일 정도로 둘러보면 딱 좋다. 당일 여행인 점을 고려해 아침 일찍 출발하여 일단 쿠알라룸푸르에서 버스로 말라카까지 이동한다. 말라카 버스 터미널에서 시내까지는 약간 거리가 있으므로 버스에서 내리면 국내선 버스 터미널로 이동하여 말라카 시내로 가는 버스를 타야 한다. 시내에 도착하면 배가 고플 테니 식당이 많은 존커 스트리트로 가서 유명한 치킨 라이스나 락사를 맛본 다

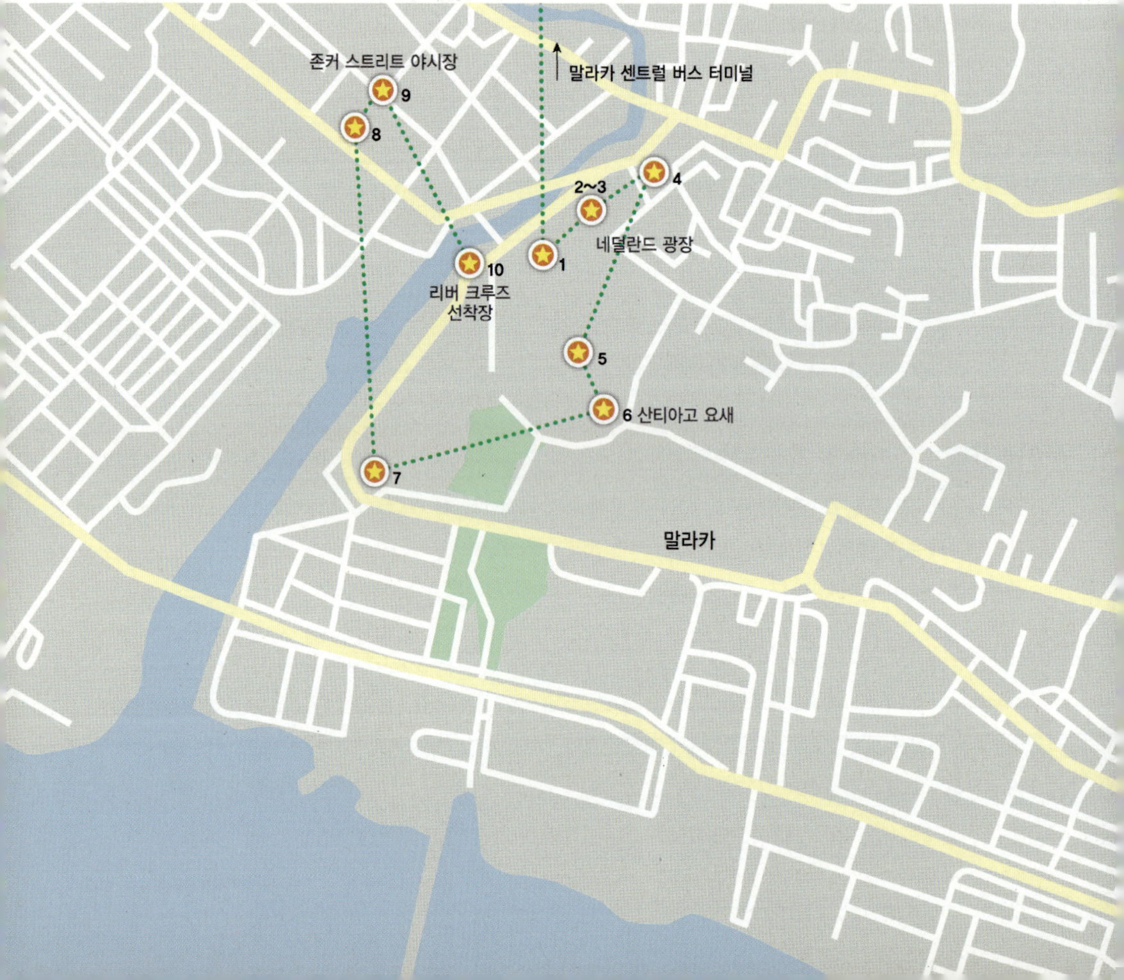

음 길을 건너 말라카 여행의 시작이 될 네덜란드 광장의 스타더이스로 가자. 역사적 건물로 지금은 박물관으로 쓰이고 있으니 내부에도 잠시 들어가 볼 것. 스타더이스의 바로 옆에는 네덜란드 광장의 상징과도 같은 크라이스트 처치가 자리하고 있다. 붉은 네덜란드풍의 교회를 배경으로 사진을 찍었으면 세인트 프란시스 사비에르 교회로 가보자. 교회로 가는 길에 있는 오랜 가정집들이 유럽인 듯 동남아인 듯 아리송한 분위기를 자아낸다. 하얀 외관이 주변에 있는 붉은색의 집들과 대조적이다. 다음 목적지는 세인트 폴 성당으로 사비에르 교회에서 도보 10분 정도 거리인데 말라카 시내가 한눈에 내려다보이는 언덕에 자리하고 있다. 언덕에서 내려와 바로 아래 코타 스트리트에 있는 산티아고 요새를 보고 말라카 시내 전경을 360도로 감상할 수 있는 타워 전망대인 타밍 사리 타워로 가보자. 그런 다음 바바노냐 전통 박물관으로 가서 페라나칸이라 불리는 말라카만의 독특한 문화를 살펴보고 다시 존커 스트리트로 간다. 주말 저녁엔 야시장이 들어서서 구경거리가 한층 더해진다. 다양한 먹을거리를 판매하니 이런저런 주전부리로 저녁 식사를 대신해도 좋겠다. 다음은 마지막 일정인 말라카 리버 크루즈! 말라카를 가로지르는 강을 따라 강변의 아름다운 풍경을 감상할 수 있어 마무리로 딱 좋다. 택시를 잡아타고 다시 말라카 센트럴 버스 터미널로 이동하여 쿠알라룸푸르로 돌아가자.

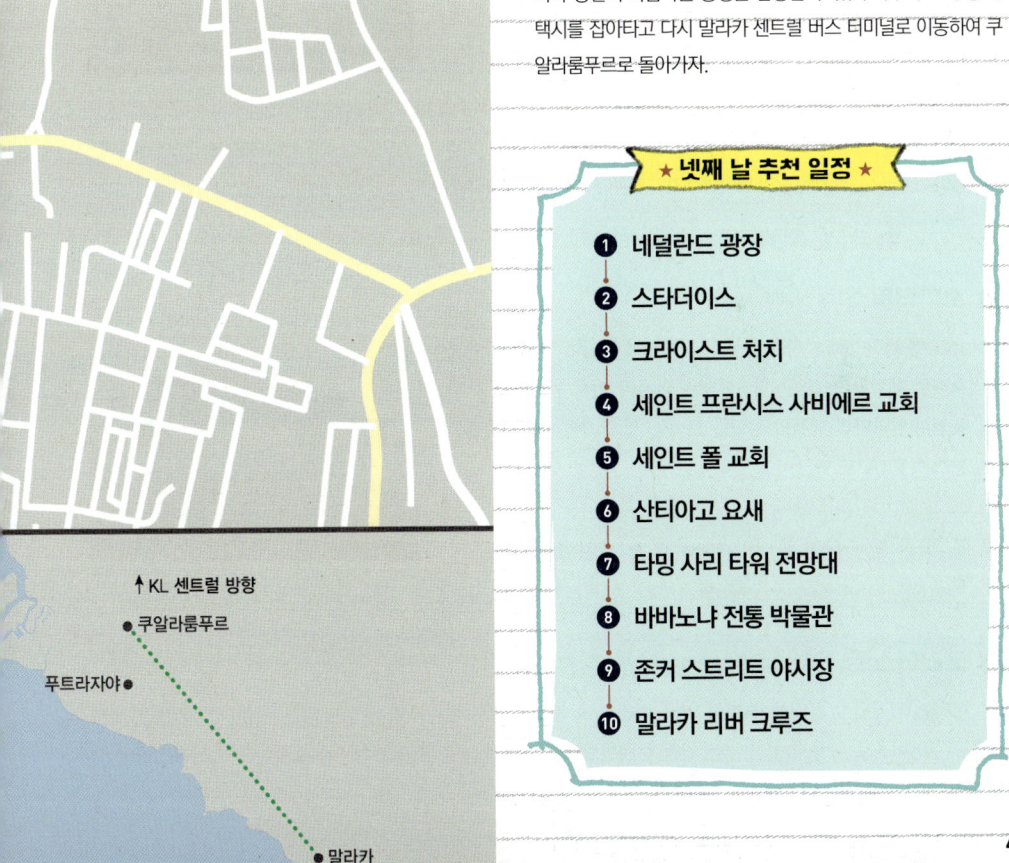

★ 넷째 날 추천 일정 ★

1. 네덜란드 광장
2. 스타더이스
3. 크라이스트 처치
4. 세인트 프란시스 사비에르 교회
5. 세인트 폴 교회
6. 산티아고 요새
7. 타밍 사리 타워 전망대
8. 바바노냐 전통 박물관
9. 존커 스트리트 야시장
10. 말라카 리버 크루즈

DAY 4
넷째 날
SPOT 추천 명소

말라카

❶ 네델란드 광장 Dutch Square

말라카 관광의 시작으로 붉은 건물들이 모여 있다. 네델란드 통치 시절에 지어졌던 건물들을 둘러볼 수 있으며, 광장 옆 길가에는 옷 가게, 가방 가게, 액세서리 가게 등이 있어 구경을 하기에도 좋다.

📍 Jalan Gereja, Bandar Hilir, Malacca

네델란드 광장 가는 법
말라카 버스 터미널에서 말라카 시내인 네델란드 광장까지는 17번 버스를 타고 이동하면 된다. 이외에 다른 버스들도 있으니 확인해볼 것. 요금은 1링깃에서 2링깃 정도. 10분 정도 소요되는데 터미널로 돌아올 때는 내린 자리에서 타면 된다. 단, 돌아가는 버스는 시내를 돌아 터미널로 가기 때문에 약 40분이 소요되니 쿠알라룸푸르로 돌아가는 버스 시간이 촉박하다면 택시를 이용하는 것이 좋다.

❷ 스타더이스 The Stadthuys

1650년 세워진 네델란드 총독의 공관으로 동남아시아에서 가장 오래된 네델란드 건물이다. 현재는 역사와 민속 박물관으로 사용되며 말라카의 역사와 문화를 보여준다. 말레이시아 작가들의 문학 박물관으로도 쓰이고 있다.

📍 Jalan Gereja, Malacca
🕐 화–목 09:00~17:30, 금–일 17:30~20:30, 월요일 휴관
🌐 www.perzim.gov.my | 💲 성인 RM5, 어린이 RM2

❸ 크라이스트 처치 Christ Church

네델란드 식민지 시절에 지어진 영국 성공회 소속의 교회로 말라카의 상징과 같은 곳이다. 네델란드에서 공수한 벽돌로 이음새 없이 지은 건물은 네델란드의 훌륭한 건축 기술을 보여준다. 벽에는 「최후의 만찬」이

모자이크로 그려져 있다.
- Gereja Christ, Jalan Gereja, Malacca
- 09:00~17:00

④ 세인트 프란시스 사비에르 교회 St. Francisco Xavier Church

1849년에 세워진 가톨릭 교회로 동아시아에 가톨릭을 전파한 선교사 사비에르를 기리기 위해 지어졌다. 고딕 양식의 교회 앞에는 사비에르와 성경책을 들고 있는 일본 신학생의 조각상이 있다.
- 12, Jalan Banda Kaba, Malacca | 월-토 09:00~17:00

⑤ 세인트 폴 교회 St. Pauls Church

1521년 포르투갈 점령기에 세인트 폴 언덕에 세워진 가톨릭 교회인데 이후 네덜란드와 영국의 공격으로 대부분 파괴되어 현재는 벽체만 남아 있다. 교회 앞에는 성 프란시스 사비에르의 동상이 있다. 예전에 사비에르의 시신이 안치되었으나 현재는 동상만 남아 있다. 시내를 내다볼 수 있어 전망 때문에 가는 곳이기도 하다.
- Jalan Kota, Bandar Hilir, Malacca | 09:00~17:00

⑥ 산티아고 요새 Porta de Santiago

1511년 말라카를 지배하던 포르투갈 군이 세운 요새로 적을 겨눴던 대포를 볼 수 있다. 한때는 성곽이 언덕 전체를 둘러싸고 있었으나 네덜란드 군대의 공격으로 현재는 언덕 남쪽의 일부와 대포만 남아 있다.
- Jalan Kota, Bandar Hilir, Malacca | 24시간

⑦ 타밍 사리 타워 전망대 Menara Taming Sari

높이 110미터, 360도 회전 전망이 가능한 전망대로 원형 전망 데크에는 66명이 탑승 가능하며, 지상에서 정상까지는 7분 만에 도달한다. 마치 놀이기구처럼 아래에서 탑승하면 110미터의 타워를 서서히 올라 정상에서 360도로 천천히 회전하며 전경을 감상하다 내려오는 방식이다. 주말과 성수기에는 사람이 많아 아침 일

찍 가는 게 좋다.
- Jalan Merdeka, Bandar Hilir, Malacca
- 10:00~22:00 | menaratamingsari.com
- 전망대 성인 RM20, 어린이 RM10 / 전망대+미니 라이더 3D 성인 RM30, 어린이 RM16

⑧ 바바노냐 전통 박물관 Baba-Nonya Heritage Museum

중국과 말레이풍이 섞인 페라나칸 문화를 느낄 수 있는 박물관으로 19세기 후반 페라나칸이었던 말라카의 부호 찬쳉슈의 저택을 박물관으로 개조하였다. 3세대 동안 실제로 거주했던 주택으로 당시의 문화와 삶을 엿볼 수 있어 흥미롭다. 페라나칸이란 말레이시아로 이주한 중국인과 말레이시아인이 결혼해 낳은 아이를 말하며 아들을 바바(baba), 딸을 뇨냐(nonya)라고 하는 데서 박물관의 이름이 나왔다. 참고로 중국식과 말레이시아식이 섞인 음식을 노냐(또는 논야) 음식이라고 한다.

- 48-50, Jalan Tun Tan Cheng Lock, Malacca
- 10:00~13:00 14:00~17:00 | 성인 RM15, 어린이 RM10 | www.babanyonyamuseum.com

⑨ 존커 스트리트 야시장 Jonker Street Night Market

매주 금요일과 토요일 저녁 5시경에 열리는 야시장으로 의류, 신발, 기념품 등을 파는 가게들이 들어선다. 존커 스트리트 끝에는 볶음밥, 꼬치구이, 국수 등을 파는 포장마차도 모여 있어 식사를 하기에도 좋다. 야시장이 보고 싶다면 말라카 방문 일정을 금~일요일 사이에 넣어야 한다.

- Jalan Hang Jebat, Malacca | 금·토 17:00~23:00

⑩ 말라카 리버 크루즈 Melaka River Cruise

말라카 강변을 따라 약 9킬로미터를 운행하는 유람선. 강변을 따라 오래된 건물과 아름다운 벽화, 자연이 어우러져 로맨틱한 시간을 만들어준다. 약 50분 정도 소요되며, 플로르 드 라 마르(해양 박물관) 근처의 선착장이나 스파이스 가든에서 리버 크루즈를 탑승할 수 있다. 캄풍 모르텐 같은 오래된 다리와 주변의 가옥들이 옛스럽지만 운치 있는 풍경을 선사한다.

- Jalan Merdeka, Bandar Hilir, Malacca | 10:00~23:00, 연중무휴
- 성인 RM15, 어린이 RM7 | melakarivercruise.com

TASTE 주변 추천 맛집

말라카

청와 치킨 라이스 볼 Kedai Kopi Chung Wah

중국 하이난식 닭 요리 전문점으로 매일 아침 식당을 오픈하기 전부터 많은 사람들이 기다리는 말라카의 맛집이다. 하이난 치킨은 마늘, 채소 등을 넣고 삶아 냄새가 나지 않으며 식감이 부드럽다. 추천 메뉴로는 하이난 치킨과 닭 육수로 지은 밥을 볼로 만든 치킨 라이스 볼.

- Lorong Hang Jebat, Malacca
- 08:30~15:00 | 하이난 치킨 1마리 RM34

존커 88 Jonker 88

말라카 현지 락사 맛집으로 유명한 존커 88은 아침부터 많은 사람들로 붐빈다. 락사는 싱가포르와 말레이시아에서 먹는 매운 수프 겸 국수이다. 카운터에 가서 주문을 하고 줄을 서 있다가 조리가 다 되면 찾아오는 시스템이다. 추천 메뉴는 9번 뇨냐 아쌈 락사와 10번 바바 락사.

- Jalan Hang Jebat, Malacca
- 뇨냐 아쌈 락사 RM7, 바바 락사 RM7

라오 첸 아이스 카페 Lao Qian Ice Cafe

말레이시아의 전통 빙수인 첸돌 전문점으로 디저트를 즐기기에 좋다. 다양한 종류가 있지만 인기 메뉴는 두리안 첸돌.

- Jalan Hang Jebat, Malacca | 10:00~22:00 | 두리안 첸돌 RM5.9

다섯째 날 일정 한눈에 보기

바투 동굴 › 부킷빈탕

마지막 날인 오늘은 바투 동굴 구경과 쇼핑이 일정의 전부다. 조금 멀리 있는 바투 동굴을 다녀온 뒤 마지막으로 쇼핑을 즐기고 공항으로 가면 시간이 대략 맞을 것이다. 바투 동굴까지는 KL 센트럴 역에서 커뮤터(komuter)로 30분 정도면 갈 수 있다. 바투 케이브 역에서 내리면 된다. 바투 동굴로 들어가려면 거대한 동상을 지나 수많은 계단을 올라야 한다. 계단 위에 앉아 있는 원숭이 무리를 겨우 헤치고 오르면 넓은 공간에 종유석들 사

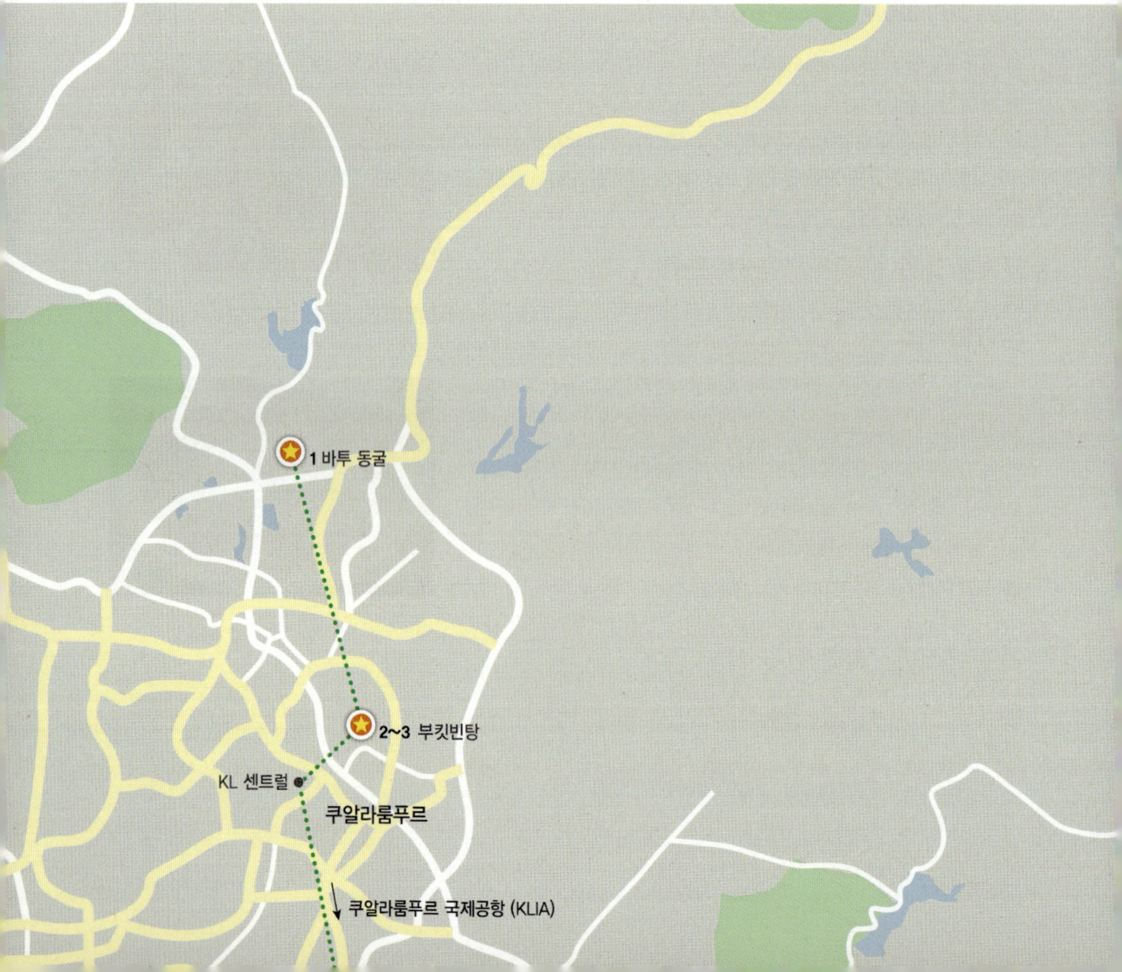

이로 쏟아지는 햇살을 마주할 수 있다. 바투 동굴 탐방을 마치고 커뮤터와 모노레일을 번갈아 타며 이제 다시 부킷빈탕으로 간다. 쿠알라룸푸르에서의 마지막 쇼핑을 즐길 시간이다. 여러 쇼핑몰들을 순례하고 기념품과 선물까지 구입하는 것으로 모든 일정을 마친다. 혹시 쇼핑 후에 비행기 시간까지 여유가 있다면 여행을 피로를 풀어줄 스파를 즐기는 것도 좋겠다. 부킷빈탕 쇼핑타운 곳곳에 스파가 있다. 아직 사고 싶은 게 남아 있거나 부킷빈탕까지 다시 갈 여유가 없다면 KL 센트럴 역에 있는 쇼핑몰에 들러도 된다. 기차역이지만 쇼핑센터이기도 해서 유럽 브랜드는 물론 말레이시아 로컬 브랜드까지 있다. 아쉬움을 뒤로하고 KLIA 익스프레스를 탄다. 이제 집으로 갈 시간이다.

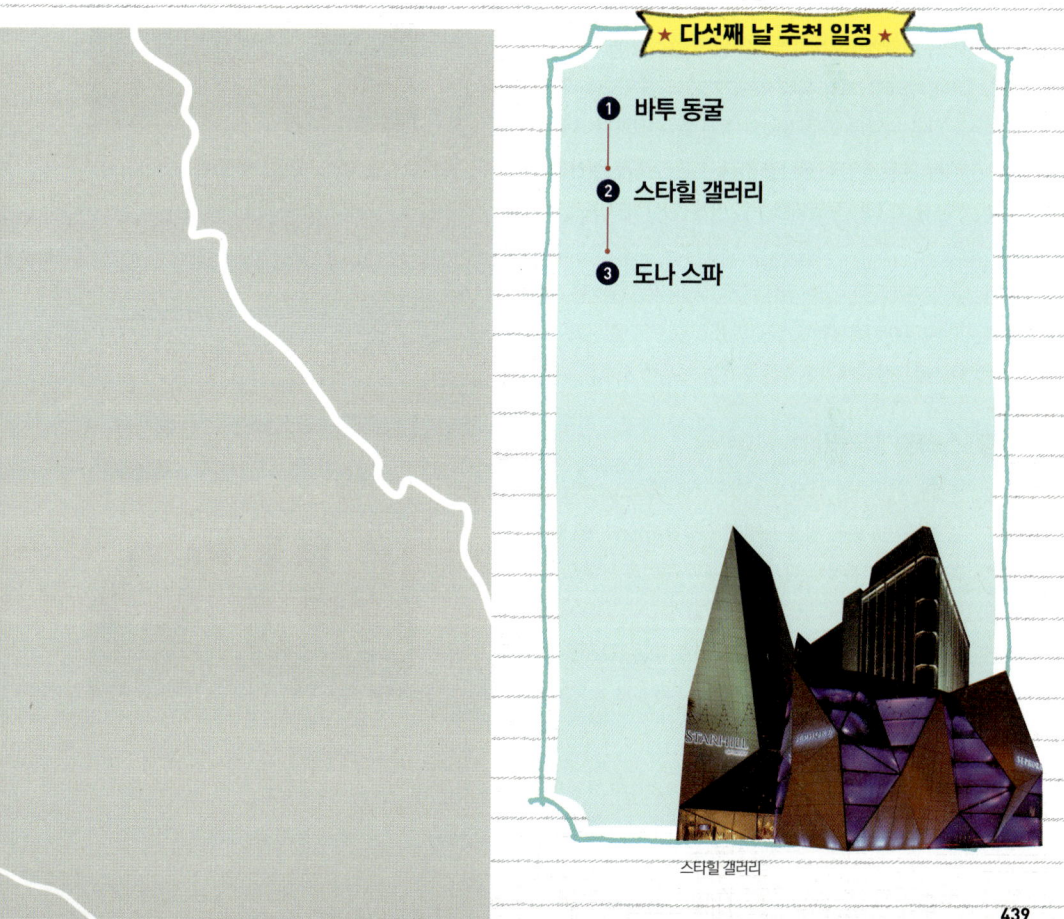

★ 다섯째 날 추천 일정 ★

❶ 바투 동굴

❷ 스타힐 갤러리

❸ 도나 스파

스타힐 갤러리

DAY 5 다섯째 날

SPOT 👓 추천 명소

바투 동굴 > 부킷빈탕

① 바투 동굴 Batu Caves

쿠알라룸푸르 시내에서 북쪽 13킬로미터 지점에 위치한 종유석 동굴이다. 이곳은 힌두교 성지 중 하나로 타이푸삼(말레이시아에서 매년 1월 말~2월 초에 3일간 열리는 참회와 속죄의 힌두교 축제) 기간에는 각 지역에서 많은 순례자와 힌두교인들이 모여든다. 동굴을 보기 위해서는 272개의 계단을 올라가야 하며, 동굴 안은 다양한 힌두 신들의 상과 힌두 신화를 그린 벽화로 장식되어 있다. 손전등 하나만 들고 40분가량 동굴 안을 돌아보는 투어 코스인 '다크 케이브'도 즐길 수 있다. KL 센트럴 역 또는 쿠알라룸푸르 역에서 KTM 커뮤터를 타고 바투 케이브 역까지 이동이 가능하다.

- Exit Jalan Lingkaran Tengah 2, Kawasan Industri Batu Caves, Batu Caves, Selangor
- 07:00~21:00 / 다크 케이브 화-금 10:00~16:00, 토 · 일 10:30~16:30
- batucaves.com
- 무료, 다크 케이브 RM315

② 스타힐 갤러리 Starhill Gallery

부킷빈탕의 가장 상징적인 건축으로 떠오르고 있는 명품 쇼핑몰로 디자이너 숍과 명품 브랜드가 입점해있다. 11월 말에서 12월 초 사이에는 전세계 럭셔리 시계와 주얼리 브랜드들의 박람회가 열린다.

- 181, Jalan Gading, Bukit Bintang, Kuala Lumpur
- 10:00~22:00
- www.starhillgallery.com

❸ 도나 스파 Donna Spa

스타힐 갤러리에 있는 도나 스파는 2011년과 2012년에 스파 부문에서 베스트 데이 스파, 베스트 이그조틱 스파 익스피리언스 부문을 수상한 곳이다. 깔끔한 시설에서 말레이시아 마사지, 발리 전통 마사지 등을 선택해서 받을 수 있다.

- 181, Jalan Yap Tai Chi, Bukit Bintang, Kuala Lumpur
- 10:00~01:00
- www.donnaspa.net
- 기본 60분 RM280, 90분 RM380, 120분 RM500 / 발 마사지 40분 RM150

TASTE 주변 추천 맛집

바투 동굴 > 부킷빈탕

톱 햇 레스토랑 Top Hat Restaurant

톱 햇 레스토랑은 말레이시아 베스트 레스토랑 상을 받을 만큼 최고의 맛과 친절한 서비스로 유명하다. 추천 메뉴로는 모자 모양의 바삭한 과자에 새우와 야채 무침을 넣어 먹는 톱 햇과 코코넛 커리와 해산물로 맛을 낸 노냐 락사나 등이 있다.

- 3, Jalan Stonor, Kuala Lumpur, Kuala Lumpur
- 12:00~24:00 (주문 마감 22:45)

PLUS SPOT
추가 추천 스팟

시간상 일정에는 넣지 못했지만 여유가 있다면 더 돌아볼 만한 쿠알라룸푸르의 명소들을 소개한다. 특별히 가보고 싶은 곳이 있다면 추천 일정을 참고하여 나만의 일정으로 편집해보자.

말레이시아 왕궁 Malaysian Royal Palace
말레이시아는 국가의 상징인 왕이 있고 실질적 통치자인 수상을 두는 입헌군주국으로 각 주의 왕인 술탄이 5년마다 돌아가며 국왕에 취임한다. 현재 왕궁 입장은 불가하여 외관만 둘러볼 수 있으니 기념 촬영 정도로만 만족해야 한다. 매시 가드 교대식이 열린다.

🏛 14 Jalan Chempenai, Bukit Damansara, Kuala Lumpur | 💲 무료

스리 마하 마리암만 사원 Sri Maha Mariamman Temple
말레이시아에서 가장 오래된 힌두 사원으로 1873년 지어졌다. 메인 사원의 벽과 천장에 힌두 신화를 묘사한 그림과 조각이 있으며 입장 시 신발을 벗고 들어가야 한다.

🏛 Lorong Bandar 21, City Centre, Kuala Lumpur | ⏰ 06:00~21:00

쿠알라룸푸르 역 KL Railway Station
현재의 KL 센트럴이 생기기 전까지 쿠알라룸푸르의 중앙역이었던 쿠알라룸푸르 역은 영국 식민지 시절인 1885년 철도 노선이 생긴 이후 지어졌다. 1911년 영국 건축가의 설계로 오스만투르크, 무굴, 고딕, 고대 그리스 양식이 섞인 건축물로 지어졌으며, 현재는 쿠알라룸푸르와 시외를 연결하는 KMT 커뮤터 역으로 이용된다.

🏠 Jalan Sultan Hishamuddin, Kuala Lumpur
📶 www.ktmkomuter.com.my

스카이 바 Sky Bar
수영장이 있는 스카이 바는 트레이더스 호텔 33층에 있어 쿠알라룸푸르의 루프톱 탑 바 중 가장 전망이 좋기로 유명해 인기가 좋다. 페트로나스 트윈 타워를 정면으로 볼 수 있는 창가 소파 자리를 원한다면 미리 예약해야 한다.

🏠 Jalan Binjai, Kuala Lumpur, Kuala Lumpur
⏰ 10:00~01:00, 금·토·공휴일 전날 10:00~03:00 | 📶 www.skybar.com.my

이슬람 예술 박물관 Islamic Arts Museum
1998년 문을 연 동남아시아 최대 규모의 이슬람 예술 박물관이다. 건물 자체도 매우 아름답고 그 안에는 이국적이면서도 역사적·예술적 가치가 높은 7,000여 종 이상의 유물과 예술품이 전시되어 있다. 규모가 큰 편이므로 시간 여유를 가지고 둘러보는게 좋다.

🏠 Jalan Lembah, Tasik Perdana, Kuala Lumpur
⏰ 10:00~18:00(라마단 기간 10:00~17:00) | 📶 www.iamm.org.my | 💲 성인 RM14, 학생RM6

페르다나 보태니컬 가든 Perdana Botanical Garden
쿠알라룸푸르 시내 안에 있는 규모가 큰 공원으로 새 공원, 나비 공원, 사슴 공원, 천문관 등이 한자리에 모여 있다. 산책로가 잘 조성되어 있어 쉬어 가기에도 좋다. 이른 아침이나 늦은 저녁에는 인적이 드물기 때문에 방문을 삼가는 것이 좋다.

🏠 Jalan Kebun Bunga, Tasik Perdana, Kuala Lumpur
⏰ 07:00~20:00 | 📶 www.klbotanicalgarden.gov.my | 💲 무료

국립 박물관 National Museum
말레이 전통 건축 양식으로 건립된 국립 박물관은 선사, 말레이 왕국, 식민지 시절, 말레이의 근·현대 등 네 개

의 전시실로 나뉘어 있으며 역사와 문화를 천천히 느낄 수 있다. 본관 밖에는 말레이 원주민들의 생활상을 볼 수 있는 말레이 세계 민족학 박물관 전시관이 있으며 옛날 자동차, 증기 기관차 등도 볼 수 있다.

Jalan Damansara, Tasik Perdana, Kuala Lumpur
09:00~18:00 (라마단 기간 09:00~17:30, 하리 라야 첫날 휴일)
www.muziumnegara.gov.my | 성인 RM5, 어린이 RM2

아쿠아리아 KLCC Aquaria KLCC

2004년에 개장한 쿠알라룸푸르 최대의 아쿠아리움으로 5,000여 마리의 해양 생물을 보유하고 있어 다양한 해양 생물을 관람할 수 있다. 특히, 약 90미터에 이르는 해저 터널은 아쿠아리아 KLCC의 하이라이트. 상어, 가오리, 물고기 등이 터널 속을 자유롭게 헤엄치는 것을 보면 마치 심해에 있는 듯한 기분을 느낄 수 있다.

Jalan Pinang, Kuala Lumpur | 10:30~20:00 (매표 마감 19:00), 먹이 체험 10:45~17:30
www.aquariaklcc.com | 성인 RM50, 어린이 RM40

리틀 인디아 Little India

마지드자멕에서 마지드인디아 스트리트 방향으로 형성된 인디아 거리는 다민족 국가인 말레이시아 문화의 한 부분을 볼 수 잇는 곳으로 색다른 경험을 하게 해줄 것이다. 무슬림들이 머리에 쓰는 히잡과 토피 또는 인도 의상인 사리 등을 파는 상점들과 다양한 먹거리와 향신료, 액세서리와 장식품을 파는 모습이 색다른 느낌을 준다.

35 Jalan Melayu, City Centre, Kuala Lumpur

방사 빌리지 Bangsar Village

쿠알라룸푸르 외국인 주거 지역인 방사에 위치한 부티크 쇼핑센터로 두개의 건물이 다리로 이어져 있다. 말레이시아인과 거주 외국인이 주 고객층이며, 영국 출신의 디자이너 브랜드가 대거 입점해 있어 다른 쇼핑몰에는 없는 제품들을 찾을 수 있다.

Jalan Telawi, Bangsar Baru, Kuala Lumpur
 10:00~22:00 | www.bangsarvillage.com

미드 밸리 메가몰 Mid Valley Megamall

1999년 개점한 쇼핑몰로 총 5층으로 이루어져 있으며, 매장이 너무 넓어 길을 헤맬 수 있으니 입구에 비치된 지도를 챙겨 체크하며 이동하는 것이 좋다. 쇼핑센터는 명품을 주로 취급하는 쇼핑몰 더 가든스와 연결되어 있다. 메트로자야 백화점, 자스코, 까르푸가 입점해 있으며, 아시아 최대 규모의 영화관, 푸드코트, 레스토랑도 있다.

 Lingkaran Syed Putra, Mid Valley City, Kuala Lumpur
 10:00~22:00 | www.midvalley.com.my

원 우타마 쇼핑센터 1Utama Shopping Centre

시내에서 조금 떨어진 곳에 위치한 쇼핑몰로 하루에 다 못 볼 정도로 엄청나게 크다. 생각할 수 있는 모든 브랜드는 거의 다 입점해 있으며, 멀티플렉스 영화관, 실내 암벽 등반 시설, 볼링장 등의 즐길 거리도 다양하다.

 Central Park Avenue, Bandar Utama, Petaling Jaya, Selangor
 10:00~22:00 | www.1utama.com.my

천후궁 Thean Hou Temple

쿠알라룸푸르의 로브슨힐 언덕에 위치해 있다. 바다를 관장하는 여신인 천후신을 모시는 사원으로 중국의 전통 건축 양식과 현대 기술을 조화시켜 만든 말레이시아 최대 중국 사원이다. 신혼부부들이 신에게 안녕을 기원하고 결혼식을 하는 곳으로도 쓰이며 웨딩 촬영 장소로도 인기가 많아 매년 5천 쌍이 넘는 신혼부부들이 방문하는 명소이다.

 Persiaran Endah, Taman Persiaran Desa, Kuala Lumpur
 09:00~18:00

PLUS TASTE
추가 추천 맛집

쿠알라룸푸르의 맛집들을 소개한다. 사실 쿠알라룸푸르에서는 특별한 맛집을 찾아다니기보단 쇼핑몰마다 입점해 있는 푸드코트나 레스토랑을 이용, 다양한 국적의 메뉴를 편리하게 맛보고 오면 된다.

마담 콴 MadamKwan's
마담 콴의 레시피로 만든 말레이시아 요리를 선보이는 레스토랑으로 말레이 음식을 처음 접하는 사람에게 추천하고 싶다. 다른 로컬 레스토랑에 비하면 가격이 높은 편이지만 그만큼 만족스러운 식사를 할 수 있다. 추천 메뉴는 튀긴 닭 다리와 밥이 함께 나오는 나리 보자리이다.

Lingkaran Syed Putra, Mid Valley City, Kuala Lumpur
11:00~22:00 | www.madamkwans.com.my

스파이스 오브 인디아 Spice of India
인도 요리 전문점으로 매운 치킨 반달루 커리, 팔락 파니르가 추천 메뉴다. 가격은 조금 비싼 편이지만 런치 메뉴를 이용하면 저렴하게 식사를 할 수 있다. 스파이스 오브 인디아는 워낙 인기가 좋아 대형 쇼핑몰에 거의 입점해 있다.

Jalan Ampang, Kuala Lumpur City Centre, Kuala Lumpur
10:00~22:00
www.spiceofindia.com.my

사오 남 Sao Nam
레스토랑 경연 대회에서 수많은 수상 경력을 자랑하는 최고의 베트남 레스토랑이다. 로컬 레스토랑보다는 가격

이 높은 편이어서 외국인 관광객들이 많이 찾는다. 추천 메뉴는 망고스틴 샐러드와 베트남식 크레페이며, 레시피가 메뉴판에 적혀 있으니 요리에 관심이 있다면 메뉴판을 눈여겨보자.

Tengkat Tong Shin, Bukit Bintang, Kuala Lumpur
런치 12:30~14:30 디너 19:00~22:30 | www.saonam.com.my

혼빌 레스토랑 앤 카페 Hornbill restaurant and cafe

페르다나 보태니컬 가든 내의 거의 유일한 레스토랑으로 자연을 바라보며 편안한 분위기에서 식사할 수 있다. 음식 맛도 좋아 새 공원을 방문할 계획이라면 이곳에서 식사하기를 추천한다.

Jalan Cenderawasih, Tasik Perdana, Kuala Lumpur
09:00~20:00 | www.klbirdpark.com

라쿠젠 Rakuzen

쿠알라룸푸르에 위치한 일식집 중 가장 맛과 신선도가 좋은 맛집으로 굳이 쿠알라룸푸르여행에서 스시집을 가지 않지만 한국보다 저렴한 가격으로 질 좋은 스시를 맛 볼 수있다. 현지에서 유명한만큼 현지인들이나 쿠알라룸푸르 유학생들에게 아주 인기 있는 맛집이다.

Jalan Sri Hartamas 1, Taman Sri Hartamas, Kuala Lumpur
런치 11:30~15:00 디너 18:00~23:00

팜파스 그릴 Pampas Grill

식사와 음주를 동시에 해결할 수 있는 곳으로 맛있는 스테이크 그릴요리와 파스타를 추천한다. 파스타 중에서도 크리미한 맛을 좋아한다면 "Al Fredo"를 추천한다. 진하고 고소한 치즈와 크림소스의 맛이 일품이다. 규모는 작지만 분위기가 좋으며 저렴한 가격대로 음식을 맛볼 수 있다.

14-20 Changkat Bukit Bintang, Bukit Bintang, Kuala Lumpur
16:00~24:00 | pampas.com.my

HOTEL
★ 호텔 ★

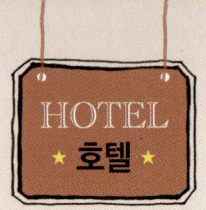

쿠알라룸푸르에는 다양한 호텔과 리조트가 곳곳에 있어 선택의 폭이 넓다. 고급 호텔부터 대형 리조트나 중저가의 호텔, 저렴한 호스텔까지 예산이나 여행의 성격에 따라 골라보자. 주변 여행지로 이동이

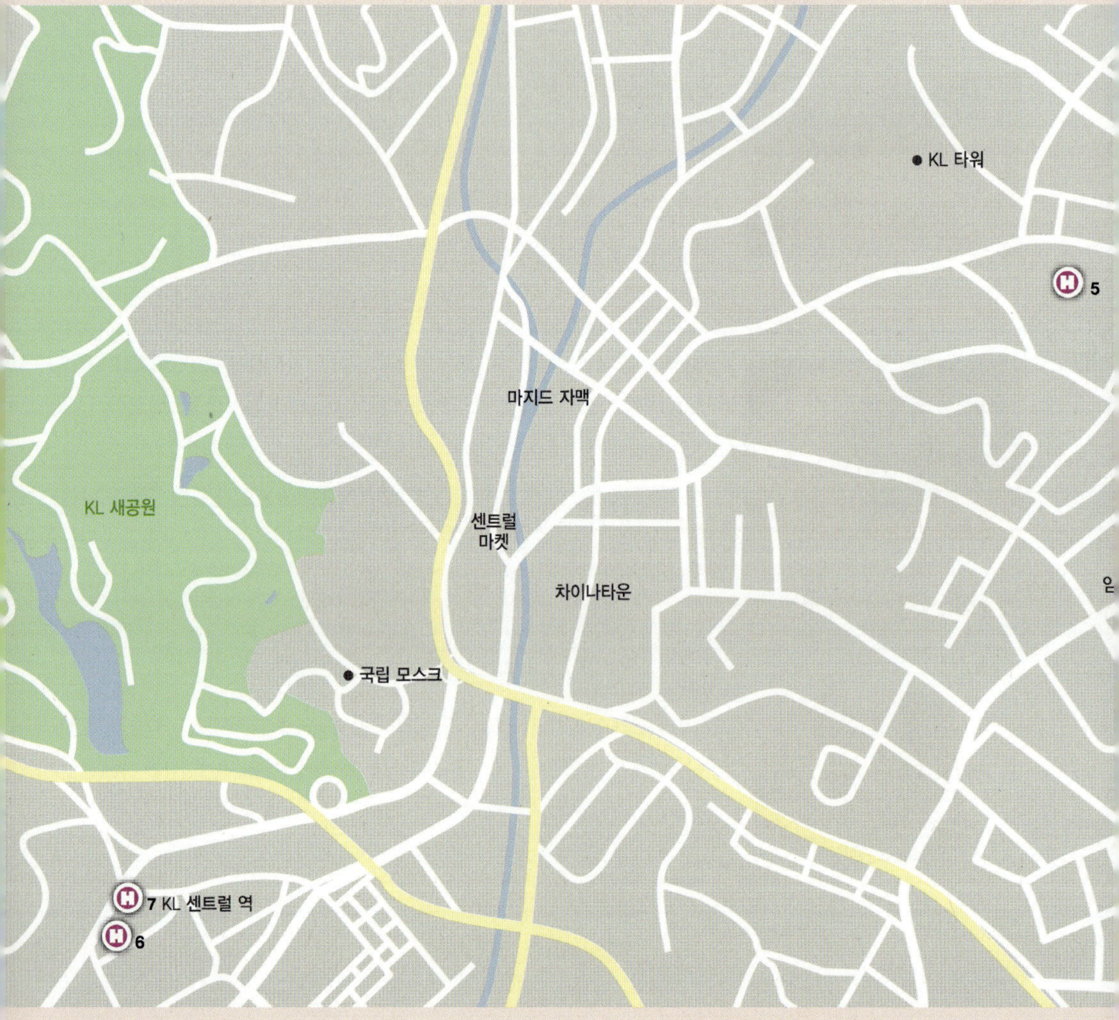

많다면 교통이 편리한 KL 센트럴 역 부근에, 쇼핑과 시내 관광이 목적이라면 부킷빈탕 부근에 숙소를 잡는 것이 편리하다. 앞서 소개한 추천 일정을 따르려면 부킷빈탕의 숙소가 좀 더 적합하지만 센트럴 역 인근에 머물러도 괜찮다. 더 좋고 고급스러운 호텔도 많지만 이 두 지역을 중심으로 편리한 위치, 합리적인 가격, 깨끗한 시설을 갖춘 호텔들을 소개한다.

★추천 쿠알라룸푸르 숙소★

1. 더 로열 출란 호텔 쿠알라룸푸르
The Royale Chulan Hotel Kuala Lumpur

2. JW 메리어트 호텔
JW Marriott Hotel Kuala Lumpur

3. 울로 부킷빈탕 호텔
Wolo Bukit Bintang Hotel

4. 버자야 타임스 스퀘어 호텔
Berjaya Times Square Hotel

5. 인비토 호텔 스위트
Invito Hotel Suites

6. 어로프트 쿠알라품푸르 센트럴 호텔
Aloft Kuala Lumpur Sentral Hotel

7. 르 메르디앙 쿠알라룸푸르 호텔
Le Meridien Kuala Lumpur Hotel

8. 트레이더스 호텔 바이 샹그릴라
Traders Hotel by Shangri-La

❶ 더 로열 출란 호텔 쿠알라룸푸르 The Royale Chulan Hotel Kuala Lumpur

부킷빈탕의 파빌리온에서 도보 7분 거리에 위치한 5성급 대형 호텔이다. 전통 양식으로 지어져 일반적인 호텔들과는 다른 색다른 분위기가 있으며 넓고 쾌적한 룸과 화장실에 친절한 서비스, 수영장 등 다양한 부대 시설을 자랑한다. 부킷빈탕 중심가에서 벗어나 있지만 파빌리온까지는 충분히 가깝다. 안락한 시설로 아이들과 함께 묵기에도 좋다. 슈피리어가 8만 원선, 슈피리어 킹이 9만 원선, 딜럭스가 9만 원대부터로 일반적으로 10~20만 원 선에 예약할 수 있다.

🛜 www.theroyalechulan.com 📞 +603-2688-9688
📍 5 Jalan Conlay, Kuala Lumpur

❷ JW 메리어트 호텔 쿠알라룸프르 JW Marriott Hotel Kuala Lumpur

부킷빈탕의 스타힐 갤러리와 연결된 호텔로 부킷빈탕 쇼핑가에 자리하고 있다. 쇼핑몰과 상점, 레스토랑들이 많은 번화가에 있는 만큼 쇼핑과 관광을 즐기기 편리하다. 메리어트 호텔인 만큼 깨끗하고 쾌적한 시설과 수영장, 헬스장 등의 여러 부대 시설은 기본적으로 잘 갖추고 있다. 조식도 무난한 편이며 사전에 예약한다면 가격도 합리적인 편이다. 딜럭스 룸은 11만 원대, 이그제큐티브 룸은 17만 원대부터 예약 가능하다.

🛜 www.marriott.com 📞 +603-2715-9000 📍 183 Jalan Bukit Bintang, Kuala Lumpur

❸ 울로 부킷빈탕 호텔 Wolo Bukit Bintang Hotel

부킷빈탕 역 사거리에 자리 잡은, 최고의 위치에 있는 4성급 호텔이다. 현대적이고 세련된 느낌의 호텔로 심플한 룸과 깨끗한 시설로 인기가 좋다. 저렴한 가격으로 이용할 수 있는 호텔로 룸이 작은 편이지만 가격 대비 편의성과 깔끔한 시설을 생각하면 가성비가 아주 뛰어나다. 1층 코너에 뚜레쥬르가 있어 찾기도 쉽다. 친구들과 가볍게 쉬다 갈 만한 곳이다. 창문이 없는 스탠더드는 5만 원대, 창문이 있는 스탠더드는 6만 원 선부터 예약할 수 있다.

🌐 www.thewolo.com   📞 +603-2719-1333

📍 Corner of Jalan Bukit Bintang and Jalan Sultan Ismail, Bukit Bintang, Kuala Lumpur

④ 버자야 타임스 스퀘어 호텔 Berjaya Times Square Hotel

부킷빈탕 버자야 타임스 스퀘어에 위치한 호텔이다. 거대한 규모의 버자야 타임스 스퀘어는 쇼핑몰과 레스토랑, 실내 놀이동산, 호텔, 수영장, 대학교 등 다양한 시설이 한데 모인 멀티플렉스다. 모노레일 역이나 부킷빈탕 쇼핑 거리까지도 가깝지만 버자야 타임스 스퀘어 안에서 쇼핑이나 식사, 엔터테인먼트 등 다양한 활동이 가능하다. 조금 오래된 편이지만 시설은 단정하다. 장기 출장객이나 가족 단위 여행객들에게 특히 추천할 만하다. 조기 예약 시 슈피리어 룸이 5만 원대, 프리미어 룸이 7만 원대, 투 베드 룸 딜럭스는 14만 원대부터 이용할 수 있다.

🌐 www.berjayahotel.com/kualalumpur   📞 +603-2117-8000

📍 1 Jalan Imbi, Kuala Lumpur

⑤ 인비토 호텔 스위트 Invito Hotel Suites

부킷빈탕 안쪽에 자리한 4성급 호텔로 콘도형 객실이라 싱크대와 식탁 등 객실 내 시설이 다양하고 크기도 큰 편이다. 부킷빈탕보다는 라자출란 역에서 가까우며 9층의 탁 트인 수영장과 쾌적한 객실, 접근성 좋은 위치가 장점이다. 다만, 바로 가까운 곳에 클럽이 있고 호텔 내에도 바가 있어 늦은 시간까지 소음이 들린다. 친구나 연인과 함께 신나게 밤 문화를 즐길 젊은 여행객들에게 추천. 아이가 있는 가족 여행객에게는 다소 불편할 수 있겠다. 딜럭스 스튜디오가 5만 원대, 이그제큐티브 룸이 6만 원대부터로 가격도 합리적이다.

🌐 www.invitohotelsuites.com.my   📞 +603-2386-9288

📍 Lorong Ceylon, Bukit Ceylon, Kuala Lumpur

⑥ 어로프트 쿠알라룸푸르 센트럴 호텔 Aloft Kuala Lumpur Sentral Hotel

KL 센트럴 역에서 1분 거리에 위치한 호텔로 교통이 편리하며 서비스가 좋은 4성급 호텔이다. 무엇보다 깨끗한 시설과 합리적인 가격으로 평이 좋다. 센트럴 역 주변에 있는 깔끔하고 편의 시설이 잘 갖춰진 호텔을 찾는다면 추천한다. 스탠더드가 6만 원대부터, 슈피리어가 8만 원대부터로 가격도 저렴한 편이다.

🌐 www.aloftkualalumpursentral.com | 📞 +603-2723-1188
📍 No, 5, Jalan Stesen Sentral, Kuala Lumpur Sentral, Kuala Lumpur

❼ 르 메르디앙 쿠알라룸푸르 호텔 Le Meridien Kuala Lumpur Hotel

KL 센트럴 역 바로 옆에 위치한 르 메르디앙은 도심 속 호텔치고 조용히 놀기 좋은 큰 수영장 덕분에 인기가 있다. 힐튼 호텔과 나란히 있어 수영장을 함께 사용하는데 인공 폭포와 워터 슬라이드 등이 있어 아이들과 함께 놀기에 좋다. 지리적 편리함은 물론 다채로운 편의 시설과 맛있는 조식, 깨끗한 시설을 갖추고 있으며 조금 오래된 편이지만 관리가 잘되어 있다. 클래식 룸이 7만 원대, 딜럭스 룸이 8만 원 선부터로 일찍 예약한다면 합리적인 가격으로 이용할 수 있다.

🌐 www.lemeridienkualalumpur.com | 📞 +603-2263-7888
📍 Jalan Stesen Sentral, Kuala Lumpur Sentral, Kuala Lumpur

❽ 트레이더스 호텔 바이 샹그릴라 Traders Hotel by Shangri-La

유명한 호텔 체인인 샹그릴라에서 운영하는 곳으로 쿠알라룸푸르의 상징인 트윈 타워가 보이는 전망 좋은 비즈니스 호텔이다. KLCC 공원을 가로질러 트윈 타워를 볼 수 있는 타워 뷰 룸을 선택해야 좋은 전망을 즐길 수 있다. 트윈 타워까지 운행하는 버기카 서비스, 24시간 룸 서비스, 록시땅 어메니티, 빠른 와이파이, 비즈니스 센터와 다양한 조식 등 기타 서비스가 훌륭하다. 클럽 룸을 선택한다면 무료

뷔페로 제공되는 애프터눈 티와 이브닝 칵테일도 즐길 수 있다. 트윈 타워 뷰의 클럽 룸이 14만 원대, 일반 트윈 타워 뷰 딜럭스 룸이 10만 원대이다.

🌐 www.shangri-la.com/kualalumpur/traders/ | 📞 +603-2332-9888
📍 Kuala Lumpur City Centre, Kuala Lumpur

쿠알라룸푸르 역

크라이스트 처치

하노이 거리 풍경

TRAVEL 9

HANOI

하 노 이

★ 3박 4일 ★

베트남의 수도인 하노이는 20개가 넘는 호수와 홍강, 프랑스 콜로니얼 건축물, 활기가 넘치는 시장, 시끌벅적한 오토바이 무리로 대표되는 도시다. 약 1,000년 동안 베트남 정치의 중심이었으며 기원전 중국의 지배, 하노이 리 왕조, 프랑스 식민지를 거쳐 베트남전쟁까지 다사다난했던 역사의 중심에 있었다. 80년대 이후 급격히 근대화가 이뤄지며 경제가 성장하기 시작했다. 떠이 호수와 호안끼엠 호수가 대표적인 랜드마크로 이 주변에 관광 명소가 많이 모여 있다. 하노이는 이런 호수 주변을 산책하며 한산함과 여유를 느끼기에 좋은 도시형 여행지다. 로열 시티, 빈컴 센터 같은 현대식 쇼핑센터와 호텔, 상점, 바, 레스토랑, 카페, 고급 스파 등이 곳곳에 들어서 있어 비교적 저렴한 비용으로 럭셔리한 여행을 즐기기 좋은 곳이기도 하다.

주말에 이틀 연차를 붙여 떠나는 일정으로 출국일 오전 출발, 귀국일 오후 출발 항공편을 이용하면 나흘간 알차게 여행할 수 있다. 하노이의 문화유산과 구시가지 등 시내 위주 관광과 쇼핑, 식도락 그리고 마사지까지 즐기도록 구성했다. 아쉽게도 하롱베이는 일정에 넣지 못했다. 아름다운 하롱베이를 꼭 방문하고 싶다면 3일째 일정 대신 하롱베이를 당일치기로 다녀오면 된다. 시간 여유가 있다면 하롱베이를 추가하여 4박 5일로 일정을 늘려도 좋다.

하노이 Hanoi

 도시 정보

★ 시차
서울보다 2시간 느리다.

★ 비자
베트남은 무비자 협정국이므로 15일까지 무비자로 방문할 수 있으며 15일 연장도 가능하다. 여권 유효기간이 6개월 이상 남아 있어야 한다.

★ 기후
하노이는 습윤한 아열대기후로 뚜렷하지는 않지만 사계절이 있다. 여름이 특히 긴데 매우 덥고 습하다. 겨울에는 쌀쌀하고 건조해 두툼한 외투가 필요하다. 6~9월 사이에 강수량이 가장 많다.

★ 여행 최적기
계절상으로는 여름을 피한 3~5월, 또는 10~12월이 날씨가 가장 좋다. 한여름에는 덥고 습한 날씨가 지속되어 야외 활동이 힘들 수 있다.

★ 옷차림
계절에 따른 옷차림을 준비하면 된다. 대체로 우리나라보다 따뜻하므로 조금 더 가벼운 옷차림에 햇볕을 가려줄 모자와 선글라스를 준비해 가자. 여름이라면 우산도 필수다.

★ 종교
불교가 가장 많고 가톨릭이나 다른 종교도 존재한다.

★ 언어
공식 언어로 베트남어를 쓰며 호텔이나 공항을 제외하고는 영어를 잘하는 사람이 많지 않다.

★ 전압

200볼트 50헤르츠를 주로 사용하고 콘센트 플러그도 2구 납작한 핀형과 둥근 핀형 모두 사용 가능하다. 국내 웬만한 전자제품은 그대로 사용할 수 있다. 간혹 110볼트를 사용하는 곳도 있다.

★ 치안&주의 사항

치안 상태가 양호하고 비교적 안전하며 사람들도 친절한 편이다. 다만 호안끼엠 호수 주변이나 구시가지, 시장 등 복잡한 시내 중심가에서는 소매치기가 종종 발생한다. 소지품에 주의하고 밤늦은 시간에는 되도록 혼자 다니지 말자.

★ 인터넷

대부분의 숙소에서 무료 와이파이를 지원하고 있으며 레스토랑이나 바에서도 무선 인터넷을 제공하는 곳이 많아지고 있다.

★ 비상 연락처

❶ 한국 공관 (주베트남 한국 대사관)
📞 +84-4-3831-5110 (당직 090-402-6126)
🕘 09:00~12:00, 14:00~16:00 (비자 신청은 09:00~12:00)
🏢 28th Fl., Lotte Center Hanoi, 54 Lieu Giai St., Ba Dinh, Hanoi
🌐 vnm-hanoi.mofa.go.kr

❷ 현지 경찰
📞 경찰 113, 응급 시 115

★ 여행 팁

하노이는 역사적·문화적 볼거리가 상당히 많고 실크와 도장, 수공예품, 식료품, 음식 등으로 가득한 시장도 많다. 아주 저렴한 길거리 음식부터 고급 레스토랑까지 베트남 음식의 선택의 폭도 넓다. 분짜를 비롯한 다양한 면 요리와 해산물 요리, 바삭한 튀김 요리 등 다채로운 베트남 음식을 골고루 맛보는 것도 하노이 여행의 묘미다. 구시가지를 여유롭게 거닐며 이런저런 음식도 맛보고 나만의 도장도 만들어보고 실크 거리에서 실크로 만든 맞춤복도 주문해보자. 시간이 된다면 신비로운 풍경을 간직한 하롱베이로 당일치기 여행을 다녀오는 것도 좋겠다.

 통화&환전

★ 통화

베트남의 화폐는 '동(dong)'으로 VND로 표기한다. VND1,000 = 52원 정도(2015년 12월 기준)다.

★ 환전

❶ 시중 은행
주거래 은행에서 원화를 베트남 동화로 환전할 수는 있다. 단, 보유 지점이 제한적이라 방문 전에 확인이 필요하며 환율이 다소 불리하다.

❷ 현지에서 환전
한국에서 원화를 달러로 환전하여 준비하고 베트남에 도착하여 달러를 다시 동화로 환전하는 방법이다. 가장 일반적인 방법으로 달러 환율이 좋아 우리나라 내 은행에서 동화로 바로 환전하는 것보다 경제적이다. 단, 달러 환율이 많이 올랐다면 달러 대비 원화나 동화의 환율을 한번 따져봐야 한다.

교통

★ 대중교통

❶ 시내 교통
지하철이 없는 대신 쎄옴, 시클로, 택시, 전세 자동차 등 다양한 종류의 택시와 버스, 대여 오토바이를 이용하여 이동할 수 있다. 쎄옴은 오토바이 뒷자석에 앉는 오토바이 택시로 요금은 출발 전에 흥정이 필요하다. 1킬로미터에 1만 동 정도이며 가끔 주유비를 별도로 요구하는 운전사도 있으니 확인하는 것이 좋다. 가까운 거리는 5,000~1만 동 정도면 다닐 수 있다. 시클로는 일종의 자전거 인력거 같은 것으로 좌석 뒤에서 운전수가 페달을 밟는다. 역시 흥정이 필수이며 1달러부터 시작된다. 이용 거리와 시간에 따라 요금이 올라가며 반나절 시클로 투어가 25달러, 종일 투어가 50달러 정도이니 참고하자.

❷ 택시 이용하기
우리나라에서처럼 길에서 손을 들고 택시를 잡으면 된다. 단, 양심적으로 운영하는 믿을 수 있는 택시 회사의 택시를 이용해야 한다. 미터기를 켜고 운행하는 택시를 타야 하는데, Noi bai · Airport · Viet Thanh · Dai Nam · San Bay 택시와 Hanoi · Vinasun · Mai Linh · CP 택시가 신뢰할 만하다. 먼저 다가와 호객 행위를 하는 택시는 바가지의 위험이 있다. 영어가 잘 통하지 않을 수 있으므로 목적지와 주소를 써서 보여주면 편리하다.

의심이 된다면 내비게이션을 켜고 돌아가는지 확인하는 것도 좋겠다.

★ 공항에서 시내로 이동

하노이 국제 공항에서 시내 중심까지는 약 30킬로미터 정도로 공항 미니버스, 리무진 셔틀버스, 택시, 시내버스, 호텔 셔틀버스 등을 이용하여 이동할 수 있다. 지하철은 없고 택시나 버스를 이용해야 한다. 주로 많이 이용하는 수단은 공항 미니버스(승합차)로 공항에서 나오자마자 많은 미니버스 운수수들이 호객 행위를 할 것이다. 적당한 흥정을 통해 거리에 따라 2~4달러 정도로 이용할 수 있으나, 만석이 되어야 출발하기에 대기 시간이 길어질 수 있다. 보통은 시내까지 40~60분 정도 소요된다. 시내버스는 더 저렴하지만 1시간에서 1시간 반 정도 소요되며 버스 정류장에서 호텔이 가깝지 않다면 다시 택시를 타거나 해서 이동해야 한다. 소요 시간도 길고 버스도 중고 차량이 많아 상태가 별로 좋지 않은 관계로 추천하지는 않는다. 택시는 비교적 저렴하고 편리하지만 이용 시에는 바가지가 심한 악덕 운전사들과 인증되지 않은 택시들이 있어 유의해야 한다. 하노이 공항에서는 NoiBai · Airport · Viet Thanh · Dai Nam · San Bay 택시 회사의 택시를 이용하자. 개인택시가 호객 행위를 하는 경우에는 사기일 경우가 많으니 이용하지 않는 것이 좋다. 택시로는 시내까지 약 40분이 소요되고 5인승이 31~35만 동 정도(약 15~20달러 이내)이다.

항공

★ 비행 소요 시간

직항으로 약 4~5시간 소요된다.

★ 직항 항공사

아시아나항공, 대한항공, 베트남항공, 제주항공, 비엣젯항공 등이 하노이 직항편을 운행한다.

★ 추천 항공 루트

저렴한 제주항공이나 비엣젯항공을 이용하여 경비를 절감해보자. 특히 제주항공의 경우 오전 출발, 오후 귀국으로 스케줄이 좋다. 비엣젯항공은 오전에 출발하고 새벽에 귀국하는 스케줄로 조금 피곤하겠지만 더 많은 시간을 하노이에서 보낼 수 있다는 장점이 있다.

★ 예상 항공료

20~45만 원대. 대한항공이나 아시아나항공의 경우 보통 40만 원 이상 예상해야 한다.

하노이

 여행 예산

★ 하노이 물가 한눈에 보기

항목	베트남 동	원화	비고
실크 스카프	VND350,000	18,000원	1장, 상품에 따라 차이 있음
분짜	VND110,000	5,700원	1그릇, 현지 식당
미니밴	VND32,000	1,700원	공항에서 시내 중심가까지
택시	VND320,000	17,000원	공항에서 시내 중심가까지
시내버스	VND5,000	260원	기본요금, 거리에 따라 다름
쌀국수	VND30,000	1,550원	1그릇
베트남식 커피	VND15,000	780원	1잔
햄버거 세트	VND38,000	2,000원	프랜차이즈 햄버거
생수 1병	VND5,000	250원	마트 기준
수입 맥주	VND115,000	6,000원	6캔 포장
칵테일 1잔	VND40,000	2,100원	메뉴 따라 다름
호찌민 박물관 입장료	VND25,000	1,300원	어른 1명
군사 역사 박물관 입장료	VND40,000	2,000원	어른 1명
유심 칩	VND205,000	10,800원	
빅맥 지수	VND60,000 (USD2.75)	3,150원	한국은 USD3.7

★ 물가 변동에 따른 가격 차이가 있을 수 있음 (2015년 8월 환율 기준 대략적인 금액)

★ 총예산

하노이는 항공료 및 숙박료가 상당히 저렴한 편이며 물가 역시 싼 착한 여행지다. 적은 경비로 풍족하게 누릴 수 있는 여행지로 주머니 가벼운 여행자들에게 추천할 만 하다.

★ 총 예상 경비 ★

(1인 기준)

✈ 항공료 (왕복)	220,000원
🧳 숙박비 (2인 1실, 1인 부담금 기준) 40,000원 × 3박	120,000원
🥥 식비 25,000원 × 4일	100,000원
🚇 교통비 (택시)	50,000원
🕶 기타 (입장료, 마사지 등)	100,000원
총 계	**590,000원**

★ 기타는 소소한 기념품, 입장료, 마사지 비용 및 호텔 팁 등 잡비를 의미한다. 쇼핑은 여행자에 따라 범위가 상이하므로 예산에 포함하지 않았다. 하노이는 2~4만 원대의 저렴한 숙소도 많아 숙박비를 조금 더 아낄 수도 있다.

첫째 날 일정 한눈에 보기

동쑤언 시장 › 성 요셉 성당 › 호안끼엠 호수 › 야시장

노이바이 공항에 도착하면 미니밴이나 택시를 타고 시내의 호텔로 간다. 호텔은 구시가지의 호안끼엠 호수에서 멀지 않은 곳에 잡아야 이동이 편리하다. 오늘은 주로 호안끼엠 호수와 구시가지를 위주로 둘러보는 여정이다. 호텔에 짐을 내려두고 동쑤언 시장으로 가자. 활기하고 생생한 베트남의 모습을 만날 수 있는 이곳에서 하노이 여행을 시작한다. 하노이의 대표적인 시장인 만큼 복잡하지만 간단한 요깃거리도 있고 구경거리가 많다. 주변

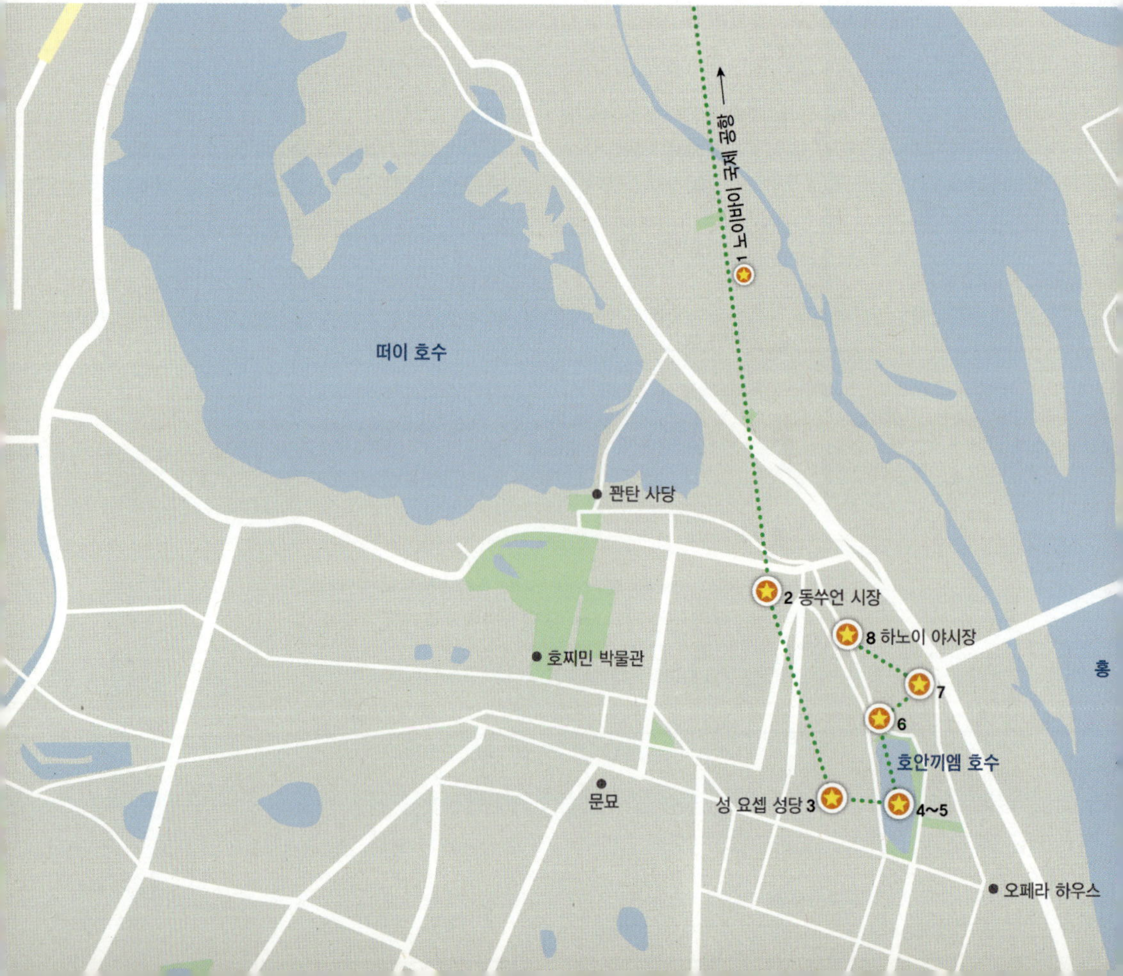

에서 간단하게 반미 샌드위치(베트남식 바게트 샌드위치)로 첫 식사를 해결해도 좋겠다. **호안끼엠 호수**를 향해 걸어가면서 중간에 유명한 **성 요셉 성당**을 보러 간다. 베트남 곳곳에서 만날 수 있는 프랑스의 흔적 중 하나로 성당에서 호수까지는 매우 가까워서 그냥 걸어가면 된다. 다만 북쪽으로 돌아 호수의 반대편으로 가야 호수 위에 자리한 **응옥썬 사당**으로 들어갈 수 있다. 호안끼엠 호수를 돌며 늦은 오후의 산책을 즐기고 응옥썬 사당까지 방문한 다음 대형 마트인 **인티맥스**를 지나 **옛 민가 보존관**으로 가문 닫기 전에 서둘러 둘러보자. 이제 오늘의 하이라이트이자 마지막 목적지인 **하노이 야시장**으로 간다. 저녁도 먹고 시장을 구경하다 주변에서 간단히 맥주 한잔을 즐겨도 좋다. 하노이의 밤거리를 구경하며 첫날의 일정을 마친다.

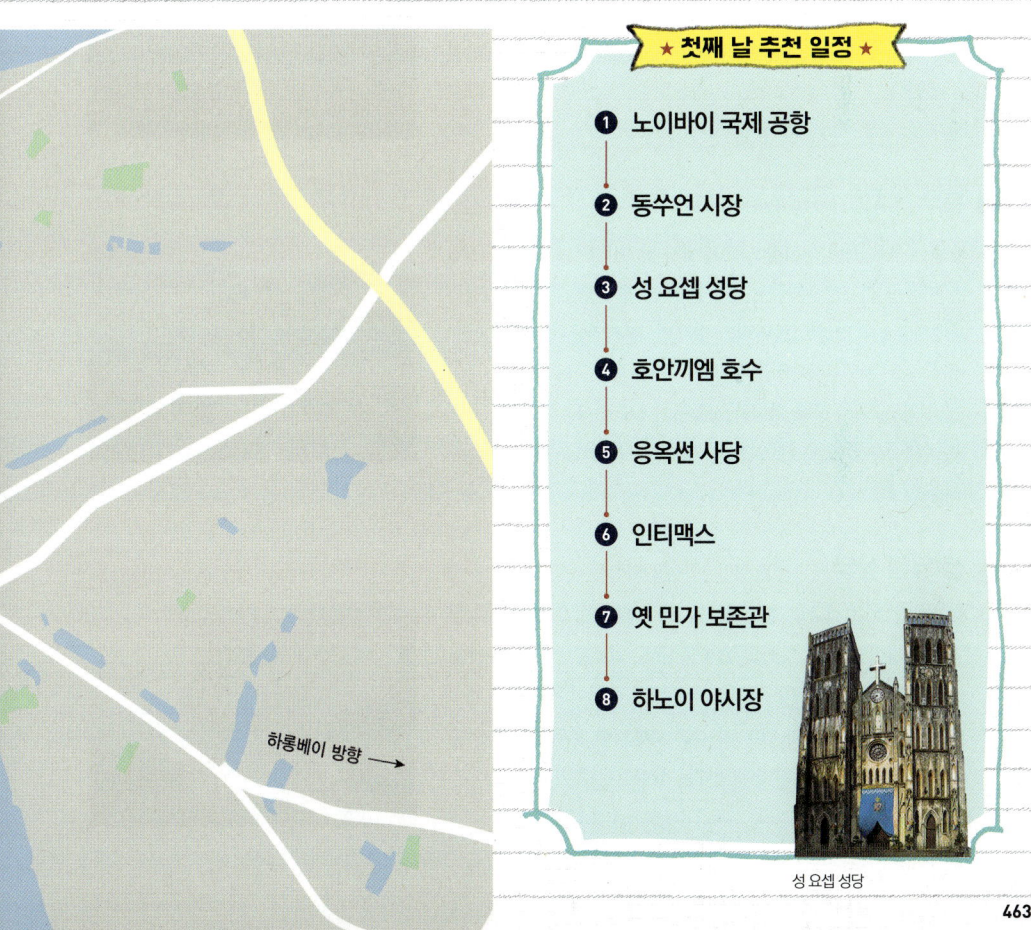

★ 첫째 날 추천 일정 ★

1. 노이바이 국제 공항
2. 동쑤언 시장
3. 성 요셉 성당
4. 호안끼엠 호수
5. 응옥썬 사당
6. 인티맥스
7. 옛 민가 보존관
8. 하노이 야시장

하롱베이 방향 →

성 요셉 성당

DAY 1 첫째날

SPOT 👀 추천 명소

동쑤언 시장 > 성 요셉 성당 > 호안끼엠 호수 > 야시장

❶ 노이바이 국제 공항 Noi Bai International Airport

베트남 북부에서 가장 큰 공항으로 하노이 시내에서 약 45킬로미터 정도 떨어져 있고 택시로 약 40분 정도 소요된다. 베트남항공에서 운영하는 미니버스를 이용할 수도 있지만 서비스에 트러블이 많은 편이므로 숙박할 호텔의 픽업 서비스를 신청하는 편을 권한다.

📍 Cau vuot, Phu Cuong, Soc Son, Hanoi

❷ 동쑤언 시장 Dong Xuan Market

베트남 북부 최대의 시장으로 19세기 말 매립한 호수 위에 지었던 시장이 화재로 폐쇄된 후에 1996년 재개장했다. 3층짜리의 도매시장으로 다양한 볼거리가 있으며, 현지인들의 삶을 가까이에서 느낄 수 있다. 베트남 사람들이 즐겨 먹는 식료품과 말린 과일, 견과류, 커피 등을 기념품으로 사기에도 좋다.

📍 282 Dong Xuan, Cho Dong Xuan, Dong Xuan, Hoan Kiem, Hanoi

❸ 성 요셉 성당 Nha Tho Lon / St. Joseph's Cathedral

호안끼엠 호수 서쪽의 랜드마크인 성 요셉 성당은 프랑스 점령 당시에 지어진 고딕 양식의 건축물이다. 외부뿐만 아니라 내부도 높은 천장과 스테인드글라스 창문이 이국적인 분위기를 자아내어 마치 프랑스에 와 있는 것 같은 로맨틱한 분위기를 느낄 수 있다. 성당 앞의 냐터 거리 주변에는 상점들이 즐비하다.

📍 9 Au Trieu, Hang Trong, Hoan Kiem, Hanoi

🕐 05:00~11:00 14:00~19:30

④ 호안끼엠 호수 Ho Hoan Kiem

하노이의 중심부에 있는 호수로 길이는 700미터, 폭은 200미터 정도다. 남쪽에는 프랑스식 건물이, 북쪽에는 시장이 있다. 이곳에는 응옥썬 사당도 있어 많은 관광객들이 찾는다. 하노이의 대표적인 랜드마크다.

📍 16 Le Thai To, Hang Trong, Hoan Kiem, Hanoi

⑤ 응옥썬 사당 Den Ngoc Son

호안끼엠 호수 안에 있는 사당으로 몽골의 침략을 무찌른 13세기 베트남의 전쟁 영웅인 쩐흥다오를 비롯해 문·무·의 세 성인을 모신 사당이다. 호수와 나무에 둘러싸여 자연의 여유로움을 느낄 수 있는 곳이라 현지인과 관광객 할 것 없이 즐겨 찾는 곳이다. 사당 내부에는 1968년에 호안끼엠 호수에서 잡힌 2미터의 거대한 거북이가 박제되어 있으며 기념품 상점도 있다.

📍 cau The Huc, Ly Thai To, Hoan Kiem, Hanoi

🕐 07:30~18:00

⑥ 인티맥스 Intimex Supermarket

호안끼엠 호수 근처에 있는 대형 슈퍼마켓으로 G7 커피, 달리 치약 등 기념품을 대량으로 구매하기 좋다. 가게에 들어가기 위해서는 지갑 외의 다른 물건은 맡기고 들어가야 한다. 로커도 있지만 사람이 많을 때는 그냥 바닥에 두고 들어가야 하므로 가능한 한 짐을 적게 들고 찾는 것이 좋다.

📍 1 Le Thai To, Hang Trong, Hoan Kiem, Hanoi

❼ 옛 민가 보존관 Bao Ton Ton Tao Pho Co Hanoi

2층짜리 중국풍 목조 가옥으로 19세기 베트남 민가를 구경할 수 있는 곳이다. 전통 공예품을 볼 수 있으며 마음에 든다면 구입도 가능하다. 호안끼엠 호수와 가까워 함께 들르기 좋다.

🏠 86 Ma May, Hang Buom, Hoan Kiem, Hanoi
🕗 08:00~12:00 13:00~17:00

❽ 하노이 야시장 Night Market

낮에는 조용한 공터 같던 곳이 금요일 밤부터는 활기찬 야시장으로 변해 마치 우리나라의 홍대나 이태원 같은 분위기를 풍긴다. 길거리의 한편에서는 춤을 추고 공연을 하며 반대편에서는 노점 술집들이 문을 열어 길거리 술집에 앉아 하노이 여행의 밤을 즐기기에 좋다. 술집은 아무래도 앞쪽보다는 안쪽에 위치한 가게들이 더 저렴하다.

🏠 126 Hang Buom, Hoan Kiem, Hanoi
🕗 금–일 19:00~22:00 (상점에 따라 다름)

하노이 주소 표기 참고사항

구글 맵에 주소를 입력해 장소를 검색할 때 베트남어 특유의 강세 기호 없이 알파벳 스펠링만을 입력해도 해당 장소가 뜨기 때문에 표기와 이해의 편의를 위해 일반 알파벳으로 표기함.

TASTE

🍦 주변 추천 맛집

동쑤언 시장 〉 성 요셉 성당 〉 호안끼엠 호수 〉 야시장

바게트 앤 초코랏 Baguette & Chocolat

프랑스 기업에서 후원을 받는 직업 훈련 학교 출신의 학생들이 만드는 정통 프랑스 케이크를 맛볼 수 있는 곳이다. 저렴한 가격에 맛있는 케이크와 타르트를 만날 수 있어 많은 여행자들이 찾는다. 2층에는 프랑스에서 공수해 온 인테리어 소품들로 꾸며져 있어 유럽 여행을 온 듯한 기분을 느낄 수 있다.

📍 15 Cha Ca, Hang Dao, Hoan Kiem, Hanoi
⏰ 07:00~22:00

쩨 본 무아 Che Bon Mua

베트남의 대표적 디저트인 쩨 전문점이다. '쩨che'는 콩이나 감자 등을 달게 익힌 음식으로 단팥죽과 비슷하다. 과일이나 젤리 등의 토핑을 추가할 수 있으며, 차가운 것과 따뜻한 것을 골라 먹을 수 있다. 녹두, 검은콩, 찹쌀 경단이 대표 메뉴. 오후 1시부터 4시가 가장 붐비는 시간이다.

📍 41 Lan Ong, Hang Dao, Hoan Kiem, Hanoi

반 고이 Banh Goi

성 요셉 성당 근처에 위치한 만두 맛집으로 하노이의 명물이다. 반고이는 만두튀김과 비슷한 요리로 하노이에서만 먹을 수 있어 많은 관광객들이 찾는다. 이외에도 스프링 롤 튀김 등이 있다.

📍 54 Ly Quoc Su, Hang Trong, Hoan Kiem, Hanoi
⏰ 10:00~22:00

둘째 날 일정 한눈에 보기
호찌민 기념지 › 떠이 호수 › 쩐꿕 사원 › 푸떠이호

둘째 날은 떠이 호수 주변과 베트남 독립의 아버지이자 지도자였던 호찌민의 자취를 돌아보는 일정이다. 첫 목적지는 호찌민의 집으로 과거 호찌민이 거주했던 집, 박물관, 묘소가 한 곳에 몰려 있다. 호찌민의 집을 시작으로 박물관, 못꼿 사원, 호찌민 묘소, 바딘 광장까지 차례로 둘러보면 된다. 오전 시간을 박물관과 기념관 투어로 보냈으면 이제 떠이 호수로 가자. 도보 5분 거리에 있으니 슬슬 걸어서 가면 된다. 호수 주변에서 조금 늦

은 점심도 먹고 **꽌탄 사당**을 시작으로 **떠이 호수** 관광을 시작한다. 호숫가에 자리해 사진 찍기에 좋은 쩐꿕 사원도 가보고 호숫가를 따라 찬찬히 산책을 즐겨보자. 날이 덥다면 호숫가의 카페에 앉아 시원한 커피 한잔의 여유를 만끽해도 좋겠다. 근처에는 익숙한 커피 빈도 있고 진한 베트남식 커피인 카페 쓰어다를 맛볼 수 있는 **카페 골목**도 있다. 떠이 호수 관광의 최종 목적지는 **푸떠이호**로 떠이 호수 북쪽 호숫가에 자리한 아담한 사원이다. 사원을 돌아본 다음 여유롭고 노곤한 하루의 마무리는 **마사지**로 해보자. 돌아오는 길 저녁을 먹고 주변을 구경하며 호텔까지 살살 걷는 것으로 하루를 마친다.

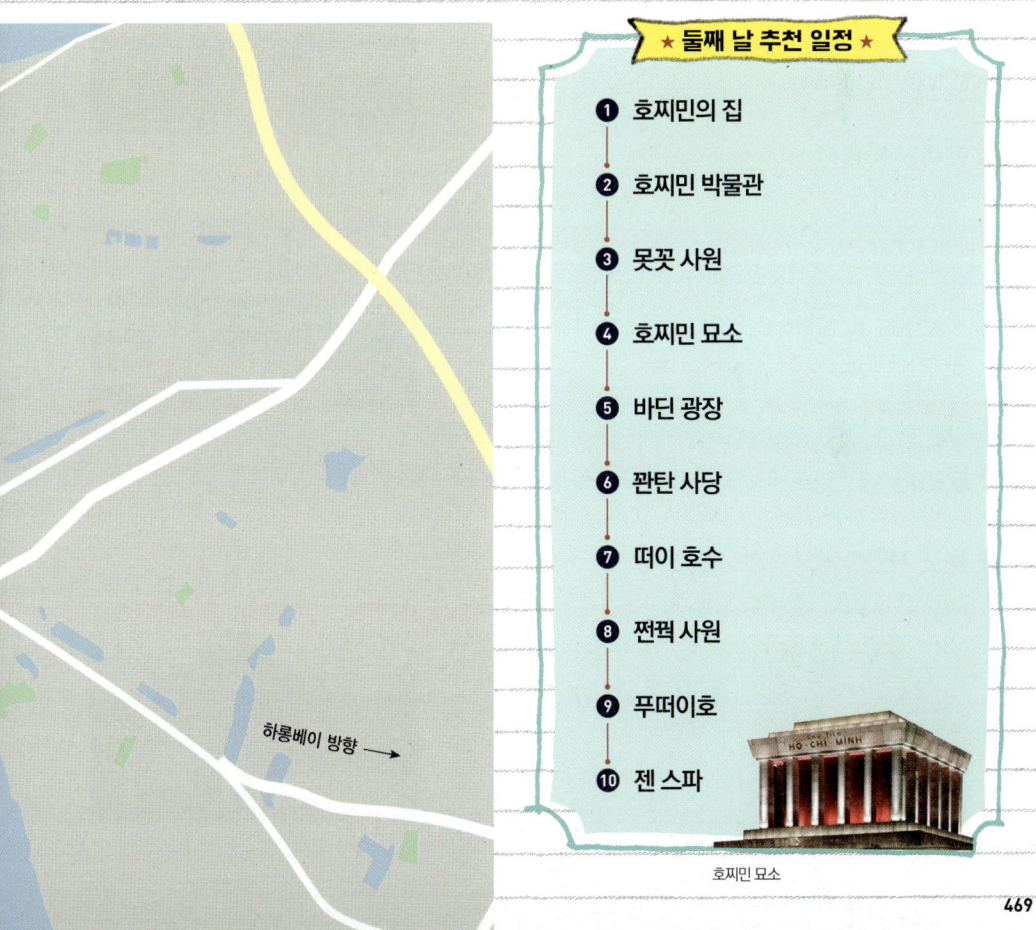

호찌민 묘소

SPOT 추천 명소

DAY 2 둘째 날

호찌민 기념지 › 떠이 호수 › 짠꿕 사원 › 푸떠이호

① 호찌민의 집 Nha san Bac Ho

1954부터 15년간 호찌민이 생활했던 2층짜리 아담한 주택과 관저 터이다. 매우 소박한 건물로 호찌민의 성품을 엿볼 수 있다. 시계나 라디오 등이 전시되어 있으며 호찌민의 묘와 가깝다.

- Duong vao nha san, Ngoc Ha, Hoan Kiem, Hanoi
- 07:30~11:00 14:00~16:00

② 호찌민 박물관 Ho Chi Minh Museum

사이공 강이 내려다보이는 곳에 위치한 박물관으로 베트남의 영웅인 호찌민 주석의 사진과 기념품 등이 전시되어 있다. 1863년 세관 건물을 개조해 지은 것으로 전시물이 많지 않지만 호찌민의 발자취를 볼 수 있어 의미 있다.

- 58 Ngoc Ha, Doi Can, Ba Dinh, Hanoi
- 08:00~11:30 14:00~16:30, 월·금 08:00~12:00
- www.baotanghochiminh.vn
- VND25,000

③ 못꼿 사원 Chua Mot Cot

하노이를 상징하는 고사찰로 1049년 리 왕조의 창건자인 리 태종이 건설했다. 1954년 훼손되었다가 다시 복원되었다. 기둥이 하나라 한 기둥 사원이라고도 불린다. 호찌민 박물관과 가깝다.

- Chua Mot Cot, Doi Can, Ba Dinh, Hanoi

❹ 호찌민 묘소 Ho Chi Minh's Tomb

호찌민의 시신이 안치되어 있는 곳으로 베트남 독립 선언문을 낭독했던 역사적인 장소에 있다. 자신의 시신을 화장하고 어떤 우상화 작업도 하지 말라고 했던 그의 유언과는 달리 그의 시신은 방부 처리 되어 유리관 속에 안치되어 있다. 호찌민에 대한 베트남인들의 존경심과 사랑은 대단해서 지금도 전국 각지에서 온 참배객들로 항상 붐빈다. 보안 검사를 하기 때문에 가방, 카메라는 소지품 사물함에 맡기고 입장해야 하며 반바지나 미니스커트, 어깨가 드러난 옷차림으로는 입장할 수 없다.

- 1 Hung Vuong, Dien Bien, Ba Dinh, Hanoi
- 하절기 07:00~10:30, 동절기 07:30~11:00

❺ 바딘 광장 Quang Truong Ba Dinh

호찌민 묘소 앞에 넓게 펼쳐져 있는 바딘 광장은 호찌민이 1945년 9월 2일 독립 선언문을 낭독한 역사적인 장소이다. 항상 많은 관광객으로 붐비며 호찌민의 탄생일인 5월 19일, 베트남 건국 기념일인 9월 2일에는 대규모 행렬이나 축하 행사를 보기 위해 엄청나게 많은 사람들이 찾는다.

- Doc Lap, Dien Bien, Hoan Kiem, Hanoi

❻ 꽌탄 사당 Den Quan Thanh Vu

1010년에 건립된 도교 사원으로 북방 전설의 신인 현천진무신을 모시는 곳이다. 현천진무신 동상은 약 4미터, 무게는 약 4톤으로 베트남 최대의 동상이다. 이 동상의 발을 만지면 복이 온다는 전설이 있다.

- 11 Thanh Nien, Quan Thanh, Ba Dinh, Hanoi
- 08:00~16:30
- VND10,000

❼ 떠이 호수 Ho Tay

하노이 북쪽에 위치한 호수로 특히 석양이 아름답기로 유명하다. 근처에 고급 주택이 많으며 외국인들이 많이 거주한다. 호수 동쪽으로 분위기 좋은 레스토랑도 많다.

🏠 Quang An, Tay Ho, Hanoi

❽ 쩐꿕 사원 Chua Tran Quoc

베트남에서 가장 오래된 사원으로 떠이 호수 안의 작은 섬에 있다. 사당 안에 있는 붉은색 탑은 복원과 증축을 반복하여 현재는 11층 높이로 사원의 상징이 되었다.

🏠 9 Thanh Nien, Quan Thanh, Ba Dinh, Hanoi

🕐 07:30~11:30 13:30~18:30

❾ 푸떠이호 Phu Tay Hoo

떠이 호수 북쪽에 있는 곳으로 하노이 시민들이 즐겨 찾는 소박한 절이다. 절로 이어지는 길에는 떠이 호수에서 잡힌 우렁이와 가물치를 요리하는 해산물 레스토랑들이 늘어서 있다.

🏠 Dong Thai Mai ,Xom Chua, Quang An, Tay Ho, Hanoi

🕐 06:00~17:30

❿ 젠 스파 Zen Spa

떠이 호수에 위치한 자연주의 살롱으로 베트남 전통 마사지를 받을 수 있다. 무농약 식물과 허브로 만든 독자적인 제품을 사용해 믿을 수 있으며 테라피스트의 기술과 서비스가 뛰어나다.

🏠 100 Xuan Dieu, Tu Lien, Tay Ho, Hanoi

🕐 08:30~21:30

🌐 www.zenspa.vn

TASTE 주변 추천 맛집

호찌민 기념지 › 떠이 호수 › 쩐꿕 사원 › 푸떠이호

시즌스 오브 하노이 Seasons of Hanoi

구시가지 외곽에 자리한 시즌스 오브 하노이는 하노이 최고의 레스토랑이다. 깔끔하고 고급스러운 인테리어와 요리로 분위기를 내기에 좋다. 지은 지 100년 정도 된 프렌치 빌라를 개조해 만든 레스토랑이라 프랑스에 와 있는 듯한 느낌을 준다.

- 160 Quan Thanh, Ba Dinh, Hanoi
- 10:00~14:00 18:00~22:00

반똠호떠이 Banh Tom Ho Tay

떠이 호수에서 잡은 신선한 해산물로 만드는 베트남 북부의 향토 요리를 맛볼 수 있는 곳이다. 다양한 메뉴 중에서 추천 메뉴는 새우튀김이다.

- 1 Thanh Nien, Truc Bach, Ba Dinh, Hanoi
- 09:00~23:00

바인 Vine

리츠 칼튼의 도널드 셰프가 만드는 이탈리아 요리 레스토랑이다. 직접 개발한 메뉴가 독창적이면서도 맛이 훌륭해 많은 여행자들이 일부러 찾는 집이다.

- 37 Au Co, Quang An, Tay Ho, Hanoi
- 09:00~24:00

셋째 날 일정 한눈에 보기

문묘 › 군사 박물관 › 항자 시장 › 오페라 하우스

오늘은 호수 주변을 벗어나 문묘와 군사 박물관, 오페라 하우스, 역사 박물관, 호로아 수용소 등 베트남의 또 다른 모습들을 찾아 나서보자. 열강의 틈바구니에서 고단한 역사를 거쳐온 베트남의 과거를 돌아보는 하루라 할 수 있겠다. 여기에 기념품 쇼핑과 분위기 좋은 루프톱 바에 들르는 시간도 넣었다. 하루의 시작은 고즈넉하니 산책하기 좋은 문묘에서 출발한다. 문묘에서 군사 역사 박물관까지는 도보 15분 정도 거리에 있으니 걸어가면

된다. 박물관에서 우리나라와도 관계가 깊은 베트남전쟁의 역사를 살펴보고 주변에서 점심도 해결한 다음 오후엔 항자 시장으로 간다. 간단한 기념품을 쇼핑하기에 좋고 또한 근처에 자리한 항가이 거리에서는 다양한 실크 제품을 만날 수 있다. 스카프나 기성복도 있고 맞춤복도 주문 가능하다. 역사 박물관에서 항자 시장까지는 거리가 있으니 택시나 쎄옴을 이용하자. 역사 박물관과 오페라 하우스는 근처에 위치해 있어 도보로 이동하면 된다. 오페라 하우스까지 돌아본 뒤 다시 택시를 타고 이번엔 호로아 수용소로 간다. 박물관과 역사 투어로 가득했던 하루의 마지막 일정은 하노이의 전경을 감상할 수 있는 탁 트인 야외 테라스가 있는 루프톱 바에 들르는 걸로 하자. 해 질 녘에 올라 하노이 여행의 마지막 저녁 노을을 감상하며 칵테일 한잔으로 모든 일정을 마친다. 이곳에서 식사를 하거나 호텔로 돌아가는 길 주변 레스토랑에서 저녁을 먹으며 하노이에서의 마지막 밤을 보낸다.

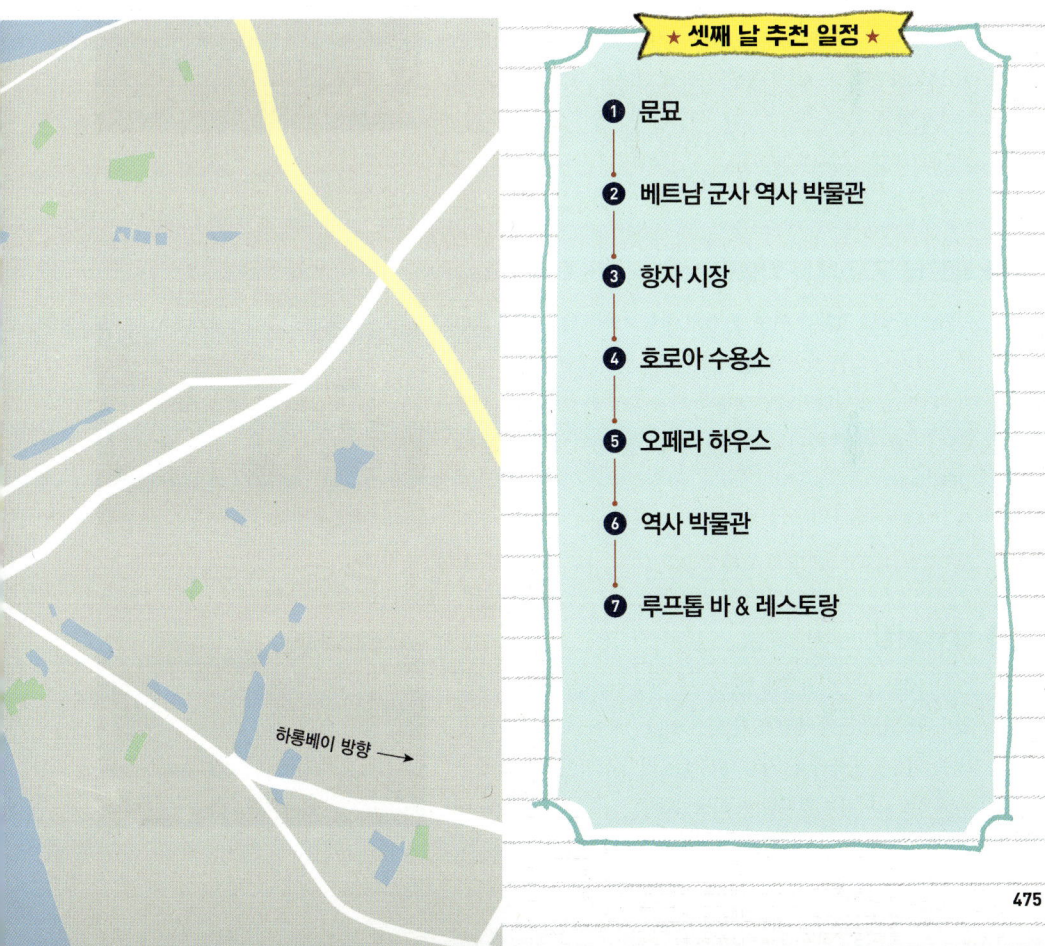

★ 셋째 날 추천 일정 ★

1. 문묘
2. 베트남 군사 역사 박물관
3. 항자 시장
4. 호로아 수용소
5. 오페라 하우스
6. 역사 박물관
7. 루프톱 바 & 레스토랑

하롱베이 방향 →

DAY 3 셋째 날

SPOT 👓 추천 명소

문묘 › 군사 박물관 › 항자 시장 › 오페라 하우스

❶ 문묘 Temple of Literature

1070년 공자를 모시기 위해 만든 건물로 공자묘라고도 부르며, 1076년 개교한 베트남 최초의 대학이기도 하다. 리 왕조 통치 기간 중 국교가 불교에서 유교로 바뀌면서 정신적 중심지 역할을 한 곳이다. 문묘 안에는 거북 머리 대좌를 한 대형 비석이 있는데 1442년부터 약 300년 동안 시험에 합격한 사람들의 이름이 새겨져 있다.

📍 27 Temple of Literature, Ba Dinh, Hanoi
🕐 07:30~17:30

❷ 베트남 군사 역사 박물관 Bao Tang Lich Su Quan Su Viet Nam

베트남의 국립 박물관 여섯 곳 중의 하나로 베트남 전쟁의 의미를 느껴볼 수 있는 곳이다. 전시물과 비디오로 베트남 전쟁 최대의 격전이었던 디엔비엔푸 전투와 사이공 해방 전투 등을 설명한다. 박물관 외부에서는 전차와 대포, 전투기의 잔해를 볼 수 있다.

📍 28A Dien Bien Phu, Dien Bien, Ba Dinh, Hanoi
🕐 08:00~11:30 13:00~16:30 | 💲 VND40,000

❸ 항자 시장 Cho Hang Da

150여 개의 상점이 밀집해 있는 대형 재래시장으로 볼거리가 많으며, 베트남인들의 생활을 엿볼 수 있다. 1층은 식료품과 식기, 2층은 의류를 판매한다. 시장 내부에는 간이 식당이 있는데 그다지 깨끗해 보이지는 않지만 싸고 맛있다.

- 1 Nguyen Van To, cho Hang Da, Hang Bong, Hoan Kiem, Hanoi
- 06:00~20:00 (상점마다 시간 다름)

④ 호로아 수용소 Nha Tu Hoa Lo

1896년 프랑스가 지은 감옥으로 고문 도구와 단두대 등이 전시되어 있다. 한때는 2,000명이 넘는 포로를 수용했던 장소로 베트남전쟁 당시에는 미군 병사 수용소로 사용되기도 하였다.

- 18 Hoa Lo, Tran Hung Dao, Hoan Kiem, Hanoi
- 08:00~11:30 13:30~16:30

⑤ 오페라 하우스 Opera House

1911년 프랑스 식민지 시절 지어진 바로크 양식의 건물로 이국적 정취를 느낄 수 있다. 당시 프랑스 사람들이 콘서트와 공연 등을 즐기기 위해 건축했다고 한다. 노란빛의 외벽이 화려함을 더한다.

- 1 Trang Tien, Hoan Kiem, Hanoi

⑥ 역사 박물관 Bao Tang Lich Su

호안끼엠 호수에서 도보로 10분 거리에 위치한 역사 박물관이다. 베트남의 역사를 볼 수 있는 곳으로 구석기 시대 도구와 참파 유적에서 출토된 조각, 동손 문화 시대의 청동 제품이 인상적이다. 프랑스와 아시아 미술품도 소장하고 있는, 베트남 대표 박물관이다.

- 33-68 Pham Ngu Lao, Hoan Kiem, Hanoi
- 08:00~16:30

⑦ 루프톱 바 앤 레스토랑 The Rooftop Bar and Restaurant

하노이의 야경을 볼 수 있는 루프톱 바로 고즈넉한 하노이의 야경을 감상할 수 있다. DJ의 음악을 들으며 춤을 즐길 수도 있어 여행의 기분을 만끽하기에 좋다. 다만 화려한 야경을 기대하고 갔다면 실망할 수도 있다. 식사 메뉴도 있으며 저녁이 되면 시끌벅적한 클럽으로 변신한다.

- 83 Ly Thuong Kiet, Tran Hung Dao, Hoan Kiem, Hanoi
- 09:00~21:00 / 바 21:30~ | therooftop.vn

문묘 > 군사 박물관 > 향자 시장 > 오페라 하우스

TASTE 주변 추천 맛집

루나 드투노 Luna d'Autunno

장작 가마에서 구워내는 다양한 종류의 피자를 맛볼 수 있는 곳으로 그 종류가 30여 종에 이른다. 하노이에 거주하는 외국인들이 찾아가는 맛집으로 정통 이탈리아 음식을 맛볼 수 있는 곳이기도 하다. 인기 메뉴는 프리마베라 피자.

- 27 Nam Ngu, Hoan Kiem, Hanoi
- 09:30~22:30   프리마베라 피자 VND198,000, 티라미수 VND99,000

바미엔 Ba Mien

베트남 북부 향토 요리를 비롯해 중부의 왕궁 요리, 풍미가 풍부한 남부 요리 등을 맛볼 수 있는 곳이다. 현대적인 인테리어 레스토랑에서 베트남 전통의 맛을 즐길 수 있다.

- 2 Le Thanh Tong, Trang Tien, Hoan Kiem, Hanoi
- 런치 11:30~14:00 디너 18:00~22:00

꺼이까우 Cay Cau

베트남 남부 음식 전문점으로 대체적으로 음식이 조금씩 달다. 어떤 메뉴를 골라도 다 맛이 좋으며 특히 생선 요리가 인기 있다.

🏠 21 Tran Hung Dao, Phan Chu Trinh, Hoan Kiem, Hanoi
⏰ 런치 11:00~14:00 디너 18:00~22:00

또히엔탄 해산물 거리 To Hien Thanh Seafood

현지인들이 많이 찾는 해산물 레스토랑 거리로 신선한 해산물을 직접 골라 자신이 원하는 조리법으로 조리해 맛볼 수 있다. 노점상에서 판매하는 춘권이나 꼬치, 쌀국수 등도 저렴한 가격에 맛있게 즐길 수 있어 여행자들도 많이 찾는다.

🏠 76 Mai Hoc De, Ngo Thi Nham, Hai Ba Trung, Hanoi

꽌넴 Quan Nem

베트남 북부 전통 음식인 분짜를 전문으로 하는 식당으로 하노이에 두 개의 점포가 있다. 분짜란 돼지고기를 다져 우리나라의 떡갈비와 같은 모양으로 만든 것과 삼겹살 부위를 양념해 숯불에 구운 후 쌀국수나 각종 야채와 함께 새콤한 느억맘 소스에 적셔 먹는 요리로 하노이 지역에서는 대중적인 인기가 높은 음식이다.

🏠 120 Bui Thi Xuan, Hai Ba Trung, Hanoi
⏰ 10:00~21:00

넷째 날 일정 한눈에 보기
벨리시마 스파 > 롱비엔 다리

하노이에서의 마지막 날로 비행기를 타야 하기 때문에 시간이 많지 않다. 일정을 무리하게 잡기보다는 나흘간의 여정으로 쌓였을 온 몸의 피로를 마사지로 싹 풀고 돌아가는 걸로 계획을 세우자. 벨리시마에서 저렴한 가격에 편안한 마사지를 받은 다음 도보 15분 거

리에 있는 옛 다리인 롱비엔을 둘러보고 공항으로 가면 적당하겠다. 보행자 전용 다리인 이곳에서 하노이의 마지막 풍경을 사진에 담아보자. 간단히 식사를 한 뒤 짐을 픽업하여 공항으로 간다. 호텔 픽업 서비스와 택시 가격을 비교해보고 이동 수단을 선택하면 되겠다.

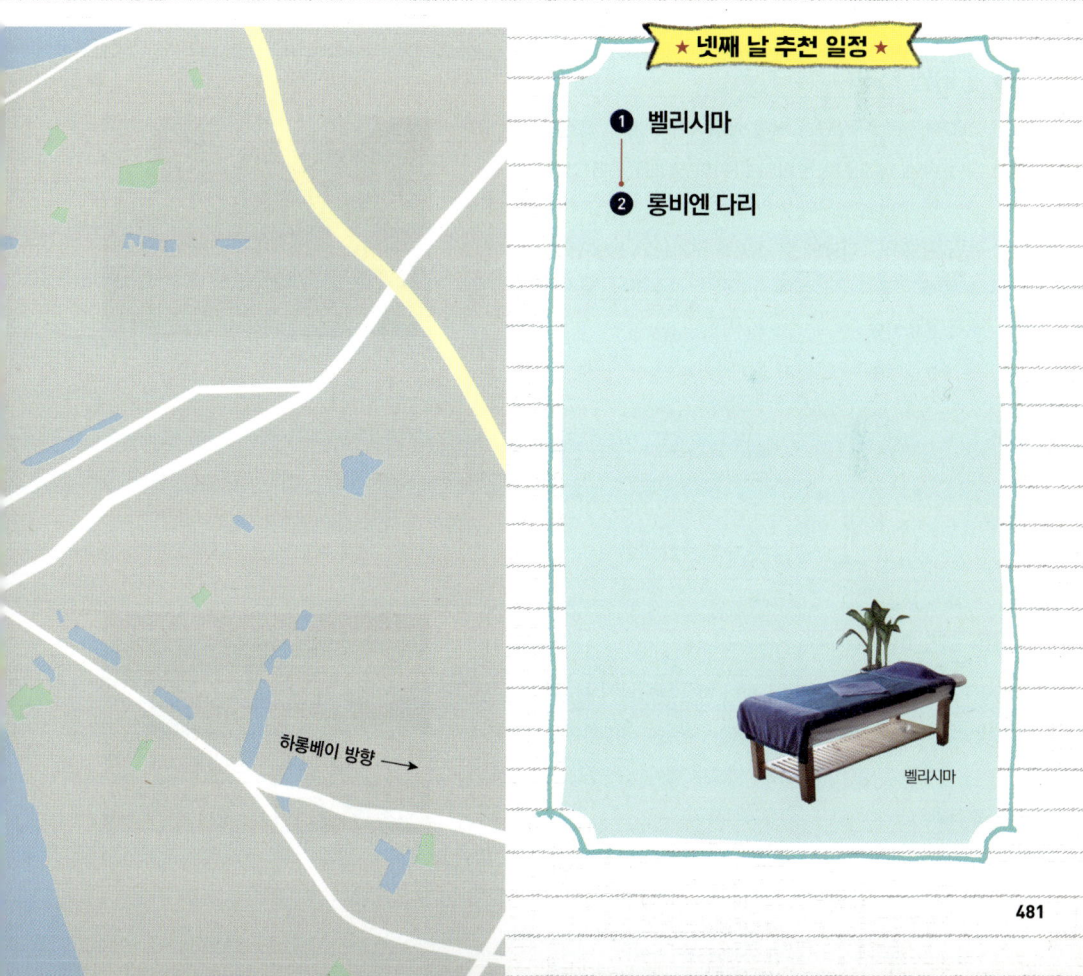

★ 넷째 날 추천 일정 ★

1. 벨리시마
2. 롱비엔 다리

하롱베이 방향 →

벨리시마

DAY 4 넷째 날

SPOT 👓 추천 명소

벨리시마 스파 > 롱비엔 다리

❶ 벨리시마 Bellissima

단독 주택에 있는 살롱 스타일의 마사지 숍으로 편안한 분위기를 느낄 수 있으며 저렴한 가격도 매력적이다. 하와이 용암석인 라바스톤을 이용한 마사지와 허브 볼 마사지가 추천 프로그램이다.

📍 45 Ngo Hang Bun, Nguyen Trung Truc, Ba Dinh, Hanoi | ⏰ 09:00~20:00

❷ 롱비엔 다리 Cau Long Bien

1887년 프랑스 식민지 시절 계획되어 에펠탑 설계자가 설계를 맡아 파리 13지구의 톨비악 다리의 모양을 본떠 건축한 철골 구조의 다리이다. 철도와 차량 도로를 가진 복합 교량이었으나 베트남전 당시 폭격당한 뒤 수리를 포기하고 1990년 이후부터 차량 통행은 금지되어 현재는 자전거, 오토바이, 보행만 가능하며 좌측 통행이다.

📍 Cau Long Bien, Dong Xuan, Hoan Kiem, Hanoi

TASTE 🍦 주변 추천 맛집

벨리시마 스파 > 롱비엔 다리

리틀 하노이 Little Hanoi Restaurant

바게트 사이에 채소와 해산물을 넣어 먹는 베트남식 샌드위치인 반미가 맛있기로 유명하며 외국인들이 많이 찾는다. 이 외에도 베트남 쌀국수나 식사류 등 총 16개 메뉴가 있으며 테이크 아웃도 가능하다.

📍 23 Hang Gai, Hanoi | ⏰ 07:00~23:00

PLUS SPOT
추가 추천 스팟

시간상 일정에는 넣지 못했지만 여유가 있다면 더 돌아볼 만한 하노이의 명소들을 소개한다. 특별히 가보고 싶은 곳이 있다면 추천 일정과 아래의 장소를 참고하여 나만의 일정으로 편집해보자.

민족학 박물관 Bao Tang Dan Toc Hoc

베트남의 57개 민족 각각의 의복과 주거 문화 등에 대해 간략히 전시해놓은 곳으로 민족별로 전시물을 볼 수 있다. 관람 중 사진을 찍고 싶다면 입장료 외 추가 금액을 내고 촬영 가능하다.

1 Nguyen Van Huyen, Quan Hoa, Cau Giay, Hanoi

08:30~17:30, 월요일 휴관

통일 공원 Cong Vien Thong Nhat

하노이 시민들의 휴식처인 통일 공원은 녹음이 우거진 곳으로 산책길이 잘 정비되어 있다. 공원 내에는 바이머우 호수, 유원지, 서커스 극장 등이 있어 볼거리가 많으며 포장마차도 있어 간단히 식사를 할 수도 있다. 이른 아침에는 태극권이나 체조를 즐기는 사람들로 북적인다. 해가 진 후에는 좀 위험하므로 입장을 자제하는 것이 좋다.

58 Tran Nhan Tong, Nguyen Du, Hoan Kiem, Hanoi

하롱베이 Halong Bay / Vinh Ha Long

세계유산에 등재된 명승지로 '바다의 계림'이라고도 불린다. 하노이에서 서쪽으로 약 170킬로미터 떨어진 곳에 있는데 길이 좋지 않아 차로 약 3시간 반~4시간 정도 소요된다. 크고 작은 섬과 기암괴석으로 이루어진 환상적인 풍경으로 유명하다. 크루즈나 정크선을 타고 바이짜이 만을 돌아보는 여

하노이 **483**

행자들이 많다. 바이짜이 만을 잇는 다리를 중심으로 바이짜이와 혼가이 지역으로 구분할 수 있는데 대부분의 식당과 호텔들은 바이짜이의 하롱 거리에 자리한다. 당일 여행 또는 1박 2일 정도면 충분히 돌아볼 수 있으며 수려한 자연경관과 수상 인형극, 풍부한 해산물 외에 특별한 관광 명소는 부족한 편이다. 주로 하노이에서 출발하는 여행사 투어를 통해 다녀올 수 있다. 버스를 타고 간다면 하노이 르엉옌 또는 자럼 버스 터미널에서 하롱베이 바이짜이 터미널로 가는 시외버스를 이용하면 된다.

🏠 Ha Long, Bai Chay, Ha Long, Tinh Quang Ninh (하롱베이 근처 해변)

PLUS TASTE
추가 추천 맛집

톱 오브 하노이 Top of Hanoi
롯데 호텔 65층에 위치한 톱 오브 하노이는 탁 트인 하노이의 전경을 바라보기에 좋은 곳이다. 옥상에 위치한 바 자체가 아름답고 분위기가 좋다. 하노이의 야경은 화려하기보다는 은은한 아름다움이 있다. 단, 음식 가격이 하노이 물가에 비해 비싼 편으로 한국과 비슷하다.

🏠 54 Lieu Giai Street, Ba Dinh, Hanoi | ⏰ 17:00~23:00

쏘이옌 Xoi Yen
유명한 찰밥 맛집인 쏘이옌은 여행자와 현지인 모두에게 사랑받는 곳이다. 1층은 테이크아웃을 해가는 사람들을 위한 주방이 있으며 2층은 식당으로 이곳에 자리를 잡고 주문하면 된다. 영어 주문지도 있으니 주문하기 그리 어

렵지 않다. 찰밥에 토핑을 얹어 먹는 방식으로 말린 양파, 달걀 프라이, 중국식 바비큐 등의 토핑이 있다.

🏠 35 Nguyen Huu Huan Ly Thai, To Hoan Kiem Ly Thai To, Hoan Kiem, Hanoi
⏰ 07:00~23:00
💲 말린 양파와 고기 토핑 VDN15,000, 달걀 프라이 VDN 8,000

와일드 로터스 Wild Lotus
베트남 요리를 비롯해 다양한 아시아 요리와 퓨전 요리를 맛볼 수 있는 고급 레스토랑이다. 연꽃을 모티브로 디자인한 고급스러운 분위기가 인상적이며 음식 가격도 좀 비싼 편. 세트 메뉴를 이용하는 것이 좀 더 경제적이다.

🏠 52 Nguyen Du, Hoan Kiem, Hanoi | ⏰ 11:00~22:00

꽌안응온 Quan An Ngon
하노이의 유명한 맛집으로 깔끔하고 담백한 쌀국수를 판다. 저렴한 가격에 전통 쌀국수를 맛볼 수 있어 현지인과 외국인 관광객들로 항상 붐비는 곳이다. 메뉴판에 영어로 재료와 조리법이 적혀 있어 주문하기 쉽다.

🏠 26 Tran Hung Dao, Phan Chu Trinh, Hoan Kiem, Hanoi
⏰ 07:00~21:30 | 💲 소고기 쌀국수 VDN 55,000

세븐틴 카우보이 Seventeen Cowboys
라이브 공연을 보며 술과 간단한 음료를 즐길 수 있는 곳으로 필리핀 출신의 가수들이 노래를 불러준다. 주말에는 베트남인들이 많이 찾는데, 가격은 다른 곳보다 조금 비싸지만 베트남의 라이브 바 분위기를 제대로 느낄 수 있다.

🏠 100 Tran Hung Dao, Cua Nam, Hoan Kiem, Hanoi
⏰ 18:00~24:00

HOTEL ★ 호텔 ★

하노이는 전반적으로 저렴하면서 깔끔한 호텔이 많다. 고급 호텔도 많지만 시내 중심에서 적은 비용으로도 선택할 수 있는 숙소도 쉽게 찾아볼 수 있다. 조기에 예약한다면 아주 저렴한 비용으로 이용 가능하다.

★ 추천 하노이 숙소 ★

1 스프링 플라워 호텔
Spring Flower Hotel

2 블루 하노이 인 호텔
Blue Hanoi Inn Hotel

3 골든 선 모먼트 호텔
Golden Sun Moment Hotel

4 에센스 하노이 호텔 앤 스파
Essence Hanoi Hotel & Spa

5 하노이 라 시에스타 호텔 앤 스파
Hanoi La Siesta Hotel and Spa

6 뫼벤픽 호텔 하노이
Moevenpick Hotel Hanoi

7 에센스 팰리스 호텔
Essence Palace Hotel

하롱베이 방향 →

❶ 스프링 플라워 호텔 Spring Flower Hotel

구시가지 중심에 자리한 3성급 호텔로 가격 대비 가성비가 뛰어나다. 강화 마루로 된 단정하고 깔끔한 시설과 친절한 서비스를 아주 저렴한 가격에 누릴 수 있다. 호안끼엠 호수에서 5분여 거리에 있어 주변 관광지로 접근성이 좋다. 조식도 무난하다. 방이 그리 넓은 편은 아니지만 기본 어메니티는 잘 갖추고 있다. 클래식 트윈 룸이 4만 원 선부터, 딜럭스 더블 룸은 4만 원대 후반, 주니어 스위트는 6만 원대 후반부터 이용할 수 있다.

🌐 www.springflowerhotel.com 📞 +84-4-3923-1999
🏨 No 45 Hang Bo str., Hoan Kiem, Hanoi

❷ 블루 하노이 인 호텔 Blue Hanoi Inn Hotel

구시가지 호안끼엠 호수 옆에 자리한 3성급 호텔로 시내를 관광하기 아주 편리한 위치에 있다. 직원들이 친절하고 협조적이며 저렴한 가격으로 편리하게 이용할 수 있는 호텔이다. 무료로 조식도 제공하는데, 뷔페식이 아닌 주문식으로 꽤 푸짐한 편이다. 방이 그리 넓지는 않아서 몇천 원 더 지불하더라도 스위트 룸을 이용하는 것이 더 쾌적하다. 딜럭스 더블은 4만 원대, 스위트는 5만 원대, 허니문 스위트는 5만 원대 후반부터 예약할 수 있다.

🌐 www.bluehanoiinnhotel.com 📞 +84-4-3928-8181
🏨 12B Chan Cam, Hoan Kiem, Hanoi

❸ 골든 선 모먼트 호텔 Golden Sun Moment Hotel

구시가지 중심에 자리한 3성급의 작은 호텔로 세련되고 모던한 인테리어가 돋보인다. 깨끗하고 예쁜 시설에 서비스도 친절하다. 아래층의 식당에서 주문해 먹는 무료 조식도 맛있고 푸짐하다. 시설과 서비스, 가격, 위치 모두 만족스럽다. 단, 드라이어 사용이 불편하기 때문에 꼭 필요하다면 따로 준비해 가는 것이 좋다. 슈피리어 룸이 4만 원 선, 딜럭스 룸이 4만 원대 후반, 패밀리 스위트가 6만 원대부터 예약이 가능하다.

🌐 www.goldensunhotel.com | 📞 +84-4-3923-1508

📍 15 Hang Can, Hoan Kiem, Hanoi

④ 에센스 하노이 호텔 앤 스파 Essence Hanoi Hotel & Spa

구시가지 중심의 야시장 근처에 위치한 부티크 호텔로 깔끔한 시설과 분위기 있는 인테리어가 좋다. 무엇보다 풍성하고 맛있는 조식으로 여행자들 사이에서 평이 좋다. 투숙객이 아니지만 아침 뷔페를 먹으러 일부러 식당을 찾는 사람들도 있다. 이름에서 알 수 있듯 스파 및 마사지 시설도 갖추고 있다. 위치, 친절한 서비스, 조식, 가격 모두 뛰어나지만 방이 전체적으로 작은 편이다. 조식을 포함한 스탠더드가 8만 원대, 슈피리어 더블도 8만 원대, 딜럭스가 9만 원대부터 예약 가능하다. 슈피리어 룸이 스탠더드 룸보다 조금 더 넓다.

🌐 www.essencehanoihotel.com | 📞 +84-4-3935-2485

📍 22 Ta Hien St., Old Quarter, Hoan Kiem, Hanoi

⑤ 하노이 라 시에스타 호텔 앤 스파 Hanoi la Siesta Hotel and Spa

구시가지에 자리해 시내 관광하기에 편리하다. 3.5성급의 편안한 호텔로 현대적이고 깔끔한 시설에 청결한 관리 상태, 훌륭한 조식, 친절한 서비스로 인기가 좋다. 특히 듀플렉스 스위트룸을 예약하면 침실과 거실이 분리된 복층 구조의 방을 이용할 수 있다. 조식이 포함된 딜럭스 룸이 10만 원대, 듀플렉스 스위트룸이 12만 원대부터 예약이 가능하다.

🌐 www.hanoilasiestahotel.com | 📞 +84-4-3926-364

📍 94 Ma May St., Old Quarter, Hoan Kiem, Hanoi

⑥ 뫼벤픽 호텔 하노이 Moevenpick Hotel Hanoi

유명한 5성급 체인 호텔로 호안끼엠 호수나 구시가지와는 조금 거리가 있는 편이다. 시내 관광지와 그리 멀지는 않지만 더운 날 걸어가기에는 무리가 있다. 중급 호텔이 많은 하노이에서 비교적 합리적인 가격에 만날 수 있는 중상급 이상의 호텔로 쾌적하고 넓은 방과 깨끗하고 현대적인 시설, 마사지와 사우나, 헬스장, 카지노 등 다양한 부대 시설을 갖추고 있다. 깔끔한 시설에서 조용히 쉬고 싶은 여행자나 출장객에게 추천. 단, 가격에 비해 조식이 다소 부실한 편이다. 원 베드룸 슈피리어가 9만 원대부터, 딜럭스 킹이 11만 원대부터 예약이 가능하다.

🛜 www.moevenpick-hotels.com | 📞 +84-4-3822-2800
🏨 83A Ly Thuong Kiet Street, Hoan Kiem, Hanoi

7 에센스 팰리스 호텔 Essence Palace Hotel

호안끼엠 호수 북쪽으로 3분 거리에 자리한 3.5성급 호텔로 평이 아주 좋다. 친절한 서비스는 물론 구시가지와 호수 가까이에 자리한 편리한 위치, 훌륭한 조식, 깨끗하고 단정한 시설로 출장객은 물론 가족 여행자들에게도 인기가 좋다. 슈피리어 룸이 7만 원대, 딜럭스가 8만 원대, 주니어 스위트가 12만 원대부터 이용 가능하다.

🛜 essencehanoihotel.com | 📞 +84-4-3926-2135
🏨 27-29 Gia Ngu Street, Old Quarter, Hoan Kiem, Hanoi

하노이 시내 풍경

호안끼엠 호수

Index

도쿄

ㄱ
고쿄	64
곤파치	61
골드 러시 본점	70
기무가쓰 에비스 본점	82
기무라야 총본점	69

ㄴ
나리타 국제 공항	56
나니와야부소바	76
나카무라야 본점	71

ㄷ
다이버 시티	60
다이코쿠야 덴푸라	76
대관람차	60
덱스 도쿄 비치	59
도미 인 우에노 오카치마치	87
도쿄 도청 전망대	67
도쿄 디즈니랜드	77
도쿄 미드타운	56
도쿄 시티 뷰	56
도쿄 타워	58
도쿄 스테이 신주쿠	86
도키호테 긴자 본관	58
돈가스 마이센	70

ㄹ
라멘 국기관	81
라포레 하라주쿠	65
렌가테이	69
롯폰기 힐스	57
루미네	67

ㅁ
마담 토키	82
메이지 신궁	66
메이지도리	65
멘야 무사시	71
모리 정원	57
몽 상 클레르	81
미타카노모리 지브리 미술관	79

ㅂ
브라세리 폴 보퀴즈 르 뮤제	83
비너스 포트	78

ㅅ
센소지	75

소메타로 본점	76
소테쓰 프레사 인 신바시	
히비야구치	87
수상 버스 도쿄 크루즈	80
슈퍼 호텔 우에노 오카치마치	88
스카이 트리	78
스페인 자카	79
시부야	109 66
시부야 로프트	66
시부야 마크 시티	67
신부쿠 아일랜드 타워	67
신주쿠 골든 가이	68
쓰루하시 쓰게츠	61

ㅇ
아쿠아 시티 오다이바	59
애니메이트 이케부쿠로 본점	79
에비스 가든 플레이스 타워	78
오다이바 가이힌코엔	58
오모테산도 힐스	64
오에노 공원	74
오에도 온천	60
요도바시 아키바	74
우에노 동물원	77
우에노 토우가네야 호텔	88
이세탄 신주쿠점	68
이치란	70

ㅈ
지유가오카 롤야	81
지유가오카 스위트 포레스트	82

ㅋ
캣 스트리트	64
키르 훼 봉 긴자	69

ㅎ
호라이야	75
호조몬	74
호텔 몬테레이 라 쇠르 긴자	87
호텔 유니조 긴자-잇초메	86
후지 테레비	59

(J)
JR 규슈 호텔 블러섬 신주쿠	86
JR 하라주쿠 역	65

후쿠오카

ㄱ
가와바타 젠자이	125
고묘젠지	116
구시다 신사	102
구텐	106
규슈 국립 박물관	122
기와미야	112

ㄴ
나카스 야타이	104
노부히데	125
니시테쓰 그랜드 호텔	130
니시테쓰 인 하카타	131

ㄷ
다자이후 거리	116
다자이후 덴만구	117
다자이후칸	116
단보	118
덴진 쇼핑 거리	110
덴진 유노하나 온천	122
덴진 지하상가	110
덴진 호르몬	105
도초지	103
도큐 핸즈	117

ㄹ
라멘 스타디움	106
리치먼드 호텔 후쿠오카 덴진	131

ㅁ
마리노아 시티 후쿠오카	120
마리존	112
만요우 온천	122
메이게쓰도	107
모모치 해변 공원	111
미나토 나미하노우 온천	122

ㅂ
베이사이드 플레이스 하카타	103
벳푸	124

ㅅ
세이류 온천	110
솔라리아 니시테쓰 호텔	131
스시 우오베이	105
스시에이	118
스타벅스 컨셉 스토어	118
신슈소바 무라타	107

ㅇ
아사히 맥주 공장	121
아지사와	127
야마나카	126
오호리 공원	121
요시즈카 우나기야	106
우동 타이라	105
우메노하나	119
우미노나카미치 해변 공원	123
유후인	123
이소라기	119
이치란 라멘	113
잇푸도 라멘	127

ㅊ
초콜릿 숍	125
치쿠시안	118
찬야	126

ㅋ
카로노우롱	107
카페 델 솔	126
캐널 시티 하카타	102
키르 훼 봉	113

ㅎ
하우스텐보스	124
하카타 그린 호텔 1호점	130
하카타 마치야 후루사토칸	103
하카타 포트 타워	104
하카타 한큐 백화점	117
호크스 타운 몰	120
호텔 몬테레이 라수르 후쿠오카	131
효탄 스시	113
후쿠오카 야후오쿠 돔	121
후쿠오카 타워	111
후키야	119

(J)
JR 규슈 호텔 블로섬 하카타	
센트럴	130
JR 하카타 시티	102

오사카&교토

ㄱ
가니도라쿠	150
가모가와 강	162
가무쿠라	175
가쓰쿠라	177
가와라마치 역	168

가와라마치도리	173	
게이샤쿠라노미야	171	
겐로쿠 스시	149	
고가류다코야키	175	
곤나몬쟈	176	
교토 타워	173	
구루몬 시장	147	
구시카쓰시로	151	
기온	162	
기온요로즈야	177	
기요미즈데라	161	
긴카쿠지	167	

ㄴ
난바 시티	146
난바 역	146
난바 파크스	147
네네노미치	161
니넨자카	161
니조조	173

ㄷ
덴덴 타운	147
덴류지	174
덴포잔	170
도톤보리	148
도톤보리 리버 크루즈	148
도톤보리 호텔	180
동양정	169

ㄹ
로얄 파크 호텔 더 교토	182
료안지	166
리쿠로 오샤상 치즈 케이크	149
린쿠 프리미엄 아웃렛	172

ㅁ
메이지켄	175

ㅅ
샤료 쓰지리	163
산토마리아호	170
스위트 파라다이스	156
스타벅스 산조오하시점	177
신사이바시스지	148
신세카이	171
쓰텐카쿠	172

ㅇ
아노다 커피 본점	169

야마모토멘조	177	
야사카 신사	174	
에비스바시스지	146	
오사카 도지마 몽 슈슈	157	
오사카 성	154	
오사카 성 공원	154	
요지야 카페	169	
우메다 스카이 빌딩	155	
우메다 역	168	
우메다 하가쿠레	156	
유니버설 스튜디오	171	
이치미젠	176	
잇센 요쇼쿠	163	

ㅊ
철학의 길	167
치보	150
치쿠린노미치	174

ㅋ
카스텔라 긴소	176
키지	157
킨류 라멘	150
킨카쿠지	166

ㅌ
텐노지 동물원	172
텐진바시스지 상점가	171

ㅍ
파블로	157
퍼스트 캐빈 미도스지난바	180
폰토초	162

ㅎ
하톤 호텔 니시 우메다	181
한큐 3번가	155
한큐 백화점	155
헤이안 신궁	167
헵 파이브	154
호텔 게이한 교토	182
호텔 뉴 한큐 오사카	180
호텔 몬테레이 그래스미어 오사카	181
호텔 일 쿠오레 난바	181
혼케오타코	151
홉 슈크림	149
훗쿄쿠세이	176
후시미이나리 신사	160
히노데 우동	168

히사고	177	

기타
551 호라이	151
JR 교토 역	160
JR 오사카 역	160

상하이

ㄱ
강리찬팅	212
그랜드 카페	212

ㄴ
나라다 부티크 호텔 상하이 유가든	222
난샹 만두	206
난징둥루	199
난징시루	198
뉴 하버 호텔	223
뉴 하이츠	201

ㄷ
달러 숍	201
대한민국 임시 정부 청사	205
동팡밍주	211
두오룬루 문화명인가	214

ㄹ
라 카스바 커피	207
라피스 라줄리	207
레드 타운	214
루쉰공원	215
릴리안 케이크 숍	201

ㅁ
모간산루 M50	214
밍타운 난징둥루 유스호스텔	222

ㅂ
바 루즈	200
바비 만두	201
벨라지오	206
뷰 바	213
블루 프로그	212
블루마운틴 번드 유스호스텔	222
비펑탕	217
빈장다다오	210

ㅅ

상하이 그랜드 트루스텔 퍼플 마운틴 호텔	224	
상하이 라오지에	213	
상하이 미술관	198	
상하이 박물관	215	
상하이 해양 수족관	216	
세계 금융 센터	210	
센트럴 호텔 상하이	224	
신티엔디	204	

ㅇ
아술 타파스 라운지	218
엠 온 더 번드	218
옛 프랑스 조계지	205
오폴리 초콜릿	200
와가스	217
와이탄	200
와이탄 관광 터널	215
왐포아 클럽	219
위위안	204
위위안상상	204
인민 공원	199

ㅈ
정다광장	213
진마오 타워	211
장안쓰	216

ㅋ
크리스털 제이드	218

ㅍ
파라마운트 갤러리 호텔	225
파크 호텔 상하이	223
평양옥류관	219
푸조우루	199
프랭크	207

ㅎ
하워드 존스 플라자 호텔	224
홍차오 국제 공항	198
후신팅	206

기타
IFC 몰	211
TMSK	207

타이베이

ㄱ

가오지	245
광부 도시락	244
국립 고궁 박물원	252
국립 국부 기념관	256
국립 중정 기념당	236

ㄷ

단수이	255
댄디 호텔	265
동구 지하상가	236
동우 호텔	268
단타이펑	239

ㄹ

랴오허 야시장	237
롱산스	256

ㅁ

마라훠궈	253
메이리화바이러위안	257

ㅂ

바팡윈지	260
브라더 호텔	266

ㅅ

삼형제	258
샹산 코끼리산 하이킹 트레일	257
서니 힐스	259
선 메리 베이커리	245
소고 백화점	236
쇼우신방	260
순청 베이커리	253
스다 야시장	255
스린 공원 관저	252
스린 야시장	238
스무시	261
스펀	243
시먼딩	249
시티 인 호텔	264
신동양	249
신베이터우	257
신예	259
심플 플러스 호텔	264

ㅇ

아메이차주관	245
아이스 몬스터	239
아종미엔시엔	249
앰바 호텔	268

앰비언스 호텔	264
양명산 국가 공원	257
예류 지질 공원	242
우라이	258
원산대반점	269
융캉니우로우미엔	260
융캉제	244
임가화원	256

ㅈ

저스트 슬립 호텔	265
중샤오동루	237
지우펀	243
진과스	242

ㅊ

춘수이탕	238
충렬사	256
치아더	239

ㅋ

카페 85℃	253
코스모스 호텔	267
키키	259

ㅌ

타이루거 협곡	248
타이베이 101 관경대	237
타이베이 모닝	267
타이베이 아이	254
티엔와이티엔	260

ㅎ

호텔 73	266
호텔 릴렉스 II	265
호텔 코지	268
홈마오청	255
홍스푸미엔스	238
화성쥐안커빙치린	244
화시지에 야시장	254

개타

Y 호텔 타이베이	266

홍콩&마카오

ㄱ

가스등	285
골드핀치 레스토랑	309
글로우세스터 럭콕 홍콩	325

기아 요새	298
기화병가	294

ㄴ

너츠포드 테라스	317
네이션 로드	291
노아의 방주	313

ㄷ

더 그랜드 커낼 숍스	301
더 로비	319
더 베란다	316
드래곤아이	286
디스커버리 베이	290

ㄹ

라마 섬	313
란콰이펑	286
란콰이퐁 호텔	325
란타우 피크	312
란퐁유엔	287
란헝 티 하우스	316
랭함 플레이스	293
랭함 플레이스(호텔)	327
레이 가든	317
레이디스 마켓(여인가)	293
로드 스토즈 베이커리	304
뤼가드 로드 전망대	285
리펄스 베이	311

ㅁ

마가렛 카페 이 나타	303
마데라 호텔	327
마카오 대성당	299
마카오 페리 터미널	298
막스 누들	315
매그넘 클럽	286
머레이 하우스	310
메트로파크 호텔 완차이	323
미니 호텔 센트럴	322
미도 카페	318
미드 레벨 에스컬레이터	284

ㅂ

버터플라이 온 프랏	323
베네시안	301
보트 하우스	314
볼러	286
비첸향	295

ㅅ

성 도미니크 성당	299
성 바울 성당 유적	300
세나도 광장	299
섹오 빌리지	311
셀터 앳 디몹	308
소호	284
솔즈버리 YMCA 오브 홍콩	327
스위트 다이너스티	315
스타 페리	290
스타벅스 컨셉 스토어	287
스타의 거리	292
스타카토	300
스탠리 베이	310
스파이시스	316
시계탑	291
시티 오브 드림	302
심포니 오브 라이트	292

ㅇ

안토니오 레스토랑	305
애버딘	311
어반 팩 호스텔	322
예수회 기념 광장	300
오볼로 노호	326
오션 파크	313
오존	293
옹핑 360	311
윙치케이	303
이비스 홍콩 앤 셩완	323
이순 밀크 컴퍼니	303

ㅈ

작스	295
점보 플로팅	315
제니 베이커리	314
제이드 가든	317
지오디 코즈웨이 베이점	308

ㅊ

찰리 브라운	318
청킹 맨션	292
초이헝윤 베이커리	304
침사추이 해변 산책로	292
침차이키	287

ㅋ

카우키 레스토랑	305
캣 스트리트	302
콜로안 빌리지	301

큐 호텔		322
크리스털 제이드 라멘 샤오롱바오		318

ㅌ

타이청 베이커리		314
타임스 스퀘어		308
팀호완		294

ㅍ

파크 호텔 홍콩		325
패션 워크		309
퍼시픽 커피 컴퍼니		294
페킹 가든		319
포린 사원 & 청동 좌불상		312
플라타오		304
피셔맨즈 와프		302
피크 타워		285
피크 트램		284

ㅎ

하버 시티		291
허니문 디저트		305
허유산		295
호텔 LBP		324
호텔 베니토		324
호텔 파노라마 바이 롬버스		326
호홍키		309
홀리데이 인 익스프레스 홍콩 소호		326
홍콩 디즈니랜드		312
홍콩 마카오 페리 터미널		298

기타

1881 헤리티지		291
IFC 몰		290
JJ 호텔		324

싱가포르

ㄱ

가든스 바이 더 베이		354
군터스		390
그랜드 퍼시픽 호텔		400

ㄴ

나이트 사파리		312
난양 올드 커피		390
노 사인보드 시푸드		356

ㄷ

더 가든		372
더 레지던스 앳 싱가포르 레크리에이션 클럽		400
더 파드부티크 캡슐 호스텔		398
더 하이브 호스텔		396
더 화이트 래빗		379
뎀시 힐		376

ㄹ

라우파삿 페스티벌 마켓		390
래플스 시티 쇼핑센터		352
래플스 플레이스		383
랜턴		388
럭색 인		396
레 자미		391
레드닷 브루하우스		380
롱바		393
리버 사파리		385
리버 크루즈		382
리버사이드 포인트		363
리조트 월드 센토사		368
리틀 인디아		382
리틀 인디아 아케이드		362

ㅁ

마리나 베이 샌즈		354
마운트 패버 케이블카		368
마칸수트라 글루턴스 베이		391
호커 센터		356
말레이시안 푸드 스트리트		372
맥스웰 푸드 센터		390
머라이언		369
머라이언 파크		353
메르데카 광장		345
무스타파 센터		383
미향원		381

ㅂ

베어리 굿 호스텔		397
보트 키		383
부기스 빌리지		361
부기스 스트리트		361
부기스 정션		360
부킷빈탕		347
비보 시티		371

ㅅ

새미스 커리		379
선텍시티 몰		385
성 앤드류 성당		352
세라비		357
세인트 제임스 파워 스테이션		371
센트럴 마켓		344
송파 바쿠테		365
숍하우스 더 소셜 호스텔		398
수리야		346
술탄 모스크		360
술탄 압둘 사마드 빌딩		345
스카이라인 루지		369
스트레이트 키친		391
실로소 비치		370
싱가포르 동물원		385
싱가포르 보타닉 가든		386
싱가포르 아트 뮤지엄		384
싱가포르 플라이어		384

ㅇ

아랍 스트리트		360
아이온 오차드		377
아추 디저트		364
아티카		363
압둘 가푸르 모스크		361
야쿤 카야 토스트		364
얌차 레스토랑		391
에스플러네이드		353
오차드 로드		377
오차드 센트럴		378
올드 창 키		380
원더러스트 호텔		399
원더풀 쇼		354
윙크 호스텔		398
유니버설 스튜디오 싱가포르		369
이스트 코스트 시푸드 센터		392
이스트 코스트 파크		387
인사동 코리아 타운		372
일 리도		373

ㅈ

잠잠		365
점보 시푸드		365
존스 더 그로서		379
주롱 새 공원		386
주크		388

ㅊ

차이나타운		384
차임스		352
채터 박스		392
치홀리 라운지		389

ㅋ

쿠알라룸푸르 시티 갤러리		344
크리스털 제이드 팰리스		392
클라크 키		363

ㅌ

탄종 비치		370
테이스트 오브 아시아		373
토스트 박스		356
트라 피자		372
티옹바루		387

ㅍ

파라곤		377
파라다이스 다이너스티		381
파빌리온		347
파이브 스톤스 호스텔		396
파이브 풋웨이 인		397
팔라완 비치		370
팜 비치 시푸드		389
페트로나스 트윈 타워		345
푸드 리퍼블릭		380
푸드 정션		364
피자리아 모차		357
피핀 룸		355

ㅎ

하지 레인		361
허니문 디저트		393
헤리티지 호스텔		396
헬릭스 다리		353
홀랜드 빌리지		386

기타

DFS 갤러리아스코츠워크		376
KL 센트럴 역		344
KLCC 공원		346
PS 카페		378
TWG 티 살롱 앤 부티크		393
YMCA 포트 캐닝 로지		399

쿠알라룸푸르 & 말라카

ㄱ

국립 모스크		422
국립 박물관		443

ㄴ

네덜란드 광장		434
네로테카		431

ㄷ

다온	427
더 로열 출란 호텔 쿠알라룸푸르	450
도나 스파	441

ㄹ

라오 첸 아이스 카페	437
라쿠젠	447
랏 10	417
루나 바	431
르 메르디앙 쿠알라룸푸르 호텔	452
리틀 인디아	444
리틀 페낭 카페	427

ㅁ

마담 콴	446
마지드 자맥	424
말라카 리버 크루즈	436
말레이시아 왕궁	442
메르데카 광장	423
미드 밸리 메가몰	445

ㅂ

바바뇨냐 전통 박물관	436
바투 동굴	440
방사 빌리지	444
버자야 타임스 스퀘어	430
버자야 타임스 스퀘어 호텔	451
비잔	431

ㅅ

사오 남	446
산티아고 요새	435
샤브 원	427
세인트 폴 교회	435
세인트 프란시스 사비에르 교회	435
센트럴 마켓	422
송켓 레스토랑	426
수리아 KLCC	425
술탄 압둘 사마드 빌딩	423
스리 마하 마리암만 사원	442
스모크하우스 레스토랑	419
스카이 바	443
스타더스	434
스타힐 갤러리	440
스파이스 오브 인디아	446

ㅇ

아쿠아리아 KLCC	444
어로프트 쿠알라룸푸르 센트럴 호텔	451
올드 차이나 카페	426
올로 부킷빈탕 호텔	450
원 우타마 쇼핑센터	445
이슬람 예술 박물관	443
인비토 호텔 스위트	451

ㅈ

잘란알로	419
재패니즈 빌리지	430
존커 88	437
존커 스트리트 야시장	436
주크	425

ㅊ

차이나타운	422
창캇부킷빈탕	431
천후궁	445
청와 치킨 라이스 볼	437

ㅋ

콜마 트로피컬	430
쿠알라룸푸르 국제 공항	416
쿠알라룸푸르 시티 갤러리	423
쿠알라룸푸르 역	442
크라이스트 처치	434

ㅌ

타밍 사리 타워 전망대	435
톱 햇 레스토랑	441
트레이더스 호텔 바이 샹그릴라	452

ㅍ

파렌하이트 88	418
파빌리온	418
팜파스 그릴	447
페르다나 보태니컬 가든	443
페르다나 푸트라	417
페트로나스 트윈 타워	425
푸드 리퍼블릭	419
푸트라 모스크	416
푸트라자야 센트럴	416
프레셔스 올드 차이나	426

ㅎ

혼빌 레스토랑 앤 카페	447

ㅋ

JW 메리어트 호텔 쿠알라룸푸르	450
KL 센트럴 역	417
KL 타워	424
KLCC 공원	424

하노이

골든 선 모먼트 호텔	488
꺼이꺼우	479
꽌넴	479
꽌안응온	485
꽌탄 광장	471

ㄴ

노이바이 국제 공항	464

ㄷ

동쑤언 시장	464
떠이 호수	472
또히엔탄 해산물 거리	479

ㄹ

루나 드투노	478
루프톱 바 얜 레스토랑	477
리틀 하노이	482

ㅁ

못꼿 사원	470
뫼벤픽 호텔 하노이	489
문묘	476
민족학 박물관	483

ㅂ

바게트 앤 초코랏	467
바딘 광장	471
바미엔	478
바인	473
반 고이	467
반똠호떠이	473
베트남 군사 역사 박물관	476
벨리시마	482
블루 하노이 인 호텔	488

ㅅ

성 요셉 성당	464
세븐틴 카우보이	485
스프링 플라워 호텔	488
시즌스 오브 하노이	473
쏘이옌	484

ㅇ

에센스 팰리스 호텔	490
에센스 하노이 호텔 앤 스파	489
역사 박물관	477
옛 민가 보존관	466
오페라 하우스	477
와일드 로터스	485
응옥썬 사당	465
인티맥스	465

ㅈ

젠 스파	472
쩐꿕 사원	472
쩨 본 무아 467	

ㅌ

톱 오브 하노이	484
통일공원	483

ㅍ

푸떠이호	472

ㅎ

하노이 라 시에스타 호텔 앤 스파	489
하노이 야시장	466
하롱베이	483
항자 시장	476
호로아 수용소	477
호안끼엠 호수	465
호찌민 묘소	471
호찌민 박물관	470
호찌민의 집	470